KB268224

선석 신계영 연구

-역주 선석유고 합철-

윤덕진

국학자료원

선석 신계영 연구

-역주 선석유고 합철-

선석공의 생애와 관련된 사적

△ 예산군 대술면의 선석 고택 자리.

△ 예산군 송추의 오리지(梧里池) 자리.

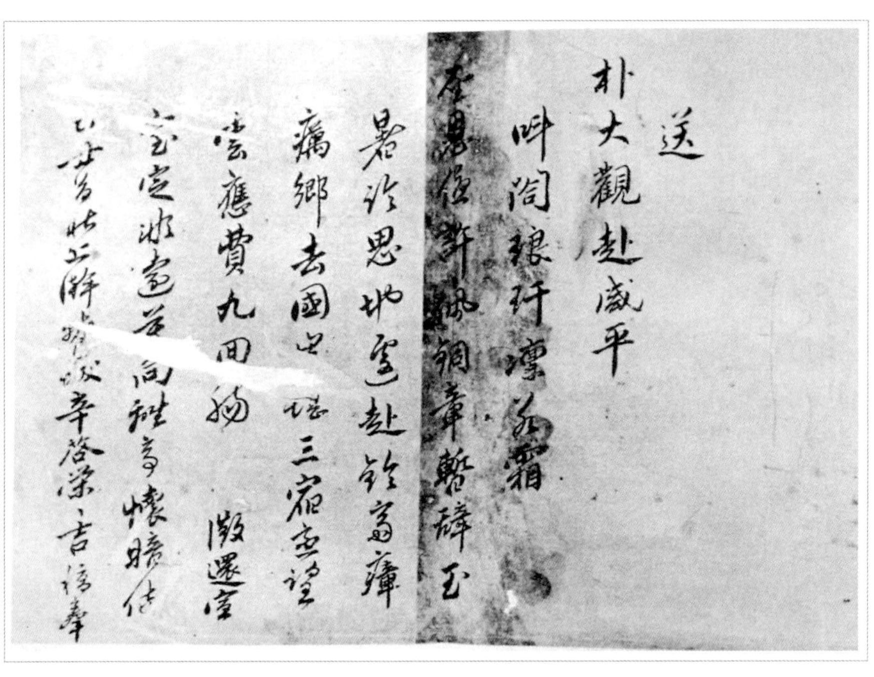

△ 石公의 手蹟(성균관대학교 박물관편, 『槿墨』에서 빌어옴)
送朴大觀赴咸平(仙이 책 140 / 241면)
叫閤琅玕凜若霜 聖恩優許佩銅章 暫辭玉署論思地 邊赴鈴齋瘼瘝鄕
去國豈堪三宿戀 望雲應費九回腸 徵還宣室定非遠 莫向離亭懷暗傷
乙丑暮秋上澣鷲城辛啓榮吉稿奉

△ 학정혈(鶴頂穴)로 알려진 선석 묘소.

△ 선석공 신도비. 예산군 대술면 묘소
맞은 편의 도로변에 세워져 있다.

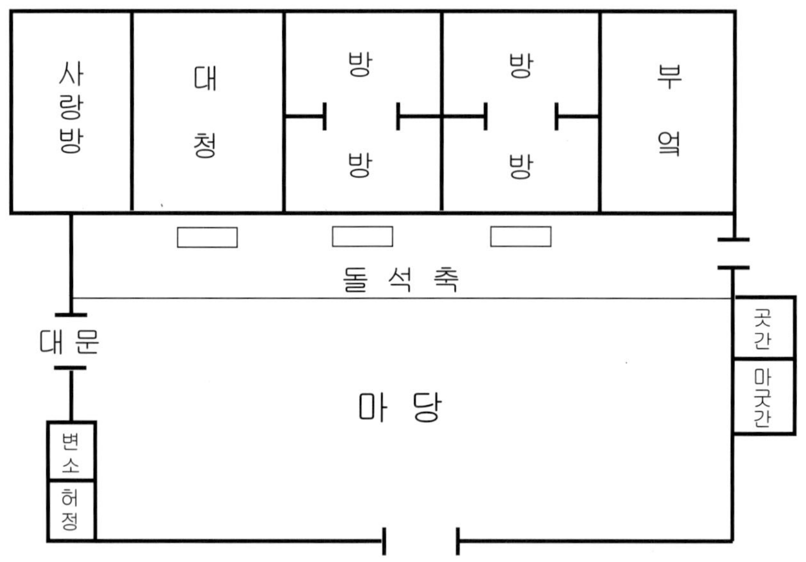

* 월선헌의 구조(신영순 회장 기억에 따름):동향(東向)임

『월선헌십륙경가』와 관련된 사적

△ 오리지(梧里池) 자리.
"梧桐 닙히 디고 흰 이슬 서리 되니/西澤 깁픈 곳에 秋色
이 느져 잇다/千林錦葉이 二月花를 브놀소냐"

△월선헌 남쪽의 양지 두덕(陽坡).
"湖天 봄빗치 斗柄 죠차 도라오니/陽坡 그는 풀이
새 엄이 푸르럿고"

△ 금오산 자락 아래 왼 쪽 구석에 바다 물이 밀고 들어온 호두포가 있었다. 긴 모래 사장이 있었고 게를 많이 잡았다고 한다. "살여흘 긴 몰래예 밤블이 볼가시니/게 잡는 아희돌이 그믈을 훗텨 잇고/狐頭浦 엔 구븨예 아젹 믈이 미러 오니/돗단 비 欸乃聲이 고기푸는 댱시 로다"

△ 월선헌 서쪽산인 용산.
이곳에 고찰 화암사(華巖寺)가 있다. "龍山 외로온 뎔 언제브터 잇돗던고/磬子 믈근 소릐 브람 셧거 디나가니/알와라 늘근 즁이 禮佛홀 져기로다"

△ 월선헌의 정면.
"園林 노픈 고듸 小堂을 지어 내니/軒窓이 瀟灑ᄒᆞ듸 眼界
조차 너놀시고" 지금은 헐린 자리에 양옥이 들어서 있다.

△ 예산의 진산 금오산을 월선헌 자리에서 바라본 풍경.
"金烏山 十二峯이 大野의 둘너시니/느는 둣 머무는 둣
氣像도 奇勝ᄒᆞ다"

△ 최근(1970년대 초)까지 남아 있던
월선헌의 남은 모습. (옆의 그림을 참조)

△ 월선헌 터에 남은 건물들.

머리말

　이 책은 17세기 가사 및 시조의 향유상을 한 지역의 특정 작가를 모형으로하여 재구해 본다는 의도로 기획되었다. 이 책의 본문에서도 밝혔지만 17세기에 들어서면서 국문 시가의 향유권은 지방으로 활발하게 확산되는 움직임을 보인다. 이 움직임을 면밀히 관찰해 보면 18,19세기에 국문 시가의 흐름이 계층과 장르의 벽을 과감히 부수며 지향 없는 어떤 방향을 열렬히 모색하는 기운이 그 안에 꿈틀거리는 것을 감지할 수 있다. 이런 세밀한 움직임은 한 명의 작가나 또는 하나의 작품에 초점을 맞출 때 선명하게 파지되리라는 예감이 이 책의 기획을 추동하였다. 애초에는 문집과 국문시가의 관련 모색이라는 일반적인 방향에 충실하려했으나 이 둘 사이의 관련이 다른 작가의 사례에서나 마찬가지로 뚜렷하게 들어나지 못하여서 주변의 다른 관련 자료로 범위가 넓혀졌다. 특히, 유례 없이 교지의 거의 전부를 후손들이 소장하고 있어서 이 작가의 생애를 재구하고 싶은 의욕을 북돋우었다. 후손들이 다른 자료를 거의 보존하지 못한 상태에서 어떤 연유로 교지를 잘 보관할 수 있었는가는 알 수 없으나 조선의 흔적을 길이 보존하려는 열망에는 무조건의 경의를 표할 수 밖에 없다. 근래 인문학의 위기라는 상황에는 다른 무엇보다도 문화를 상품화하여서 필요한 것만 보존하고 나머지는 버려두어도 좋다는 타산이 기저에 놓여 있다. 이런 점에서 이해를 따지지 않는 추숭의 마음은 소중하게 여겨야 할 것이다.

　이 책을 기획하게된 발단은 1999년의 연세대학교 원주 캠퍼스 국문과의 구비문학 답사였다. 이 때 예산에 있는 영산신씨종친회의 관계자들을 뵙고 선석의 유허를 탐방하면서 책의 기획이 가능하리라는 생각을 가지게 되었다. 이 책의 집필 방향은 2000년 2학기 연세대학교 원주 캠퍼스 대학원 국문과의 강의에서 문집을 읽고 국문시가와의 관련을 모색하는 가운데 잡혀 나갔다. 방대한 자료를 수집하느라 수고를 아끼지 않은 대학원 학생들에게 고마움을 표한다. 집필 방향이 잡히면서 문집의 편차를 재정비하고 번역을 통한 상세한 내용의 파악이 필요하다고 생각하게 되었다. 마침 영산신씨 종친회에서 번역에 필요한 경비를 조달하겠다는 약속을 받아서 2001년 봄부터 본격적인 작업에 들어갔다. 번역을 위하여는 최소한 두 분의 한문학 전공자가 필요한데 모두들 다른 일에 매어있어서 쉽게 이 일을 위해 시간을 낼 수가 없었다. 다행히 김영봉, 구지현 두 분이 바쁜 일정에도 불구하고 저자의 뜻을 헤아려 승낙하여 주셨다. 이후 상세한 주석과 아울러 본문을 가다듬느라 두 분이 기울인 노고는 생각보다 무거웠고 다른 보상으로 덜어질 수 있는 것이 아니었다. 번역 부분에 대한 권한은 당연히 이 분들의 것이며 앞으로 기회가 주어졌을 때 별책으로 내게된다면 기꺼이 전재를 마련해 드리고 싶다. 이 책의 연구 방향을 확인하기 위하여 동방고전문학회에서 한 차례의 발표를 가졌다. 발표를 주선한 관계자들에게 감사드리며 아울러 지정토론에 참여하셨던 김유경선생과 중요한 지적을 해 주신 참석자들께 감사드린다.

번역을 마치고 교지를 중심한 연보도 작성된 작업 종반에 영산신씨 종친회장인 신영순선생께서 망실되었던 필사본의 복사를 구해다 주셨다. 석인본과 차례를 대조해 본 결과 여러 군데 차이가 있고 혹간 석인본에는 없는 작품들도 눈에 띄여서 문집의 편차를 재정비할 필요가 생겼다. 석인본과 필사본을 작품마다 자구를 대조하고 순차를 조정하면서 석인본보다는 필사본이 결자도 적고 차서도 올바른 것 같아서 주로 필사본에 의존하여 바로 잡은 부분이 많고 이는 주석으로 표시하였다. 그러나 때로는 석인본에서 원본에 가까운 모습을 보여서 그럴 때에는 석인본으로 기준을 삼고 필사본의 상이처를 역시 주석으로 제시하였다. 또 하나의 문집 이본이 만들어 졌으나 이것이 결정본이라고는 생각할 수 없다. 이 책이 나오고나서 더 좋은 자료가 나와서 미비처가 바로 잡아지기를 바란다. 이 책의 번역에 관한 일은 해설을 써 주신 허경진 교수와 주로 상의하였다. 처음 기획 단계부터 격려해주고 계속적인 조언을 해주신데 데하여 감사드린다.

이 책을 편저로 할 것인가에 대하여 한참 동안 고민하였다. 번역과 해설이 남의 글이고보면 분량으로 볼 때에 자신의 글이 적기때문이었다. 그러나 문제를 제기한 주체로서의 의의 부여와 남은 문제의 해결에 대한 책임을 떠 맡는다는 의미에서 저자로서 나서기로 하였다. 이 책이 처음에 제기한 문제는 "월선헌십류경가의 생성 배경" 이라는 부분으로 집약되었다고 볼 수도 있으나 이 부분에서도 충분한 해답을 주지는 못하였음을 자인한다. 이 책을 바탕으로 해서 17세기의 시가사를 전체적으로 조망하여 이 책의 논지를 새로이 부각시키는 작업은 다음 기회로 미룬다.

언제나 국학 진흥에 대한 의욕에 차 있는 정찬용사장님과 전문가적 성실성과 학자에 대한 배려를 겸비한 편집부 여러분께 감사를 표한다.

2002년 9월 1일
학산서방에서
윤덕진 씀.

차 례

제2부 역주『仙石遺稿』와 해설 · 97

부 록 · 491

선석 신계영이 받은 교지 (사진 첨부)

제1부
선석 신계영 연구

1. 연구의 방향

1) 연구의 동기

이 연구는 국문시가 생성의 배경으로서 고전적(古典籍)에 대한 문헌연구를 기본 방향으로 한다. 한문학까지 포함한 문학사적 의미의 탐구를 통해 국문시가의 올바른 자리매김을 의도하는 것이 이 연구의 목표이다. 기본 자료인 문집의 국역(國譯) 제시로부터 출발하여 특히 가사 작품인 「월선헌십륙경가(月先軒十六景歌)」에 초점을 맞추어서 이에 대한 분석과 한문 자료와의 관련성을 모색하는데로 연구의 힘을 치중하기로 한다. 그 과정에서 교유 인물과 관련 사건을 참조한 작가 신계영(辛啓榮)의 연보를 재구하는 작업이 뒤따르게 된다. 「월선헌십륙경가」에 초점을 맞추는 까닭은 이 작품이 같은 시대의 국문 시가에서 차지하는 특별한 성격 때문이다. 이에 대하여는 이미 박노춘 교수께서 다음과 같이 지적하였다.

"선석(仙石)은 남이 모르는 괴곽(乖愎)한 문구를 골라서 쓰는 당시의 한문(漢文)교양인(教養人)들의 빠지기 쉬운 타성(惰性)을 지향하고서 글을 쉽게 쓰려고 하였다…… 가사 가운데 박혀 있는 전원(田園)점경(點景) 묘사의 주옥 같은 개소(個所)를 발견할 수 있다. 퇴관(退官)귀농인(歸農人)의 한거(閑居) 향락(享樂)생활(生活)이 솔직히 나타나 있다. 시

조 작품도 관료들의 관념적 유희적 태도에서 제작된 작품이 아니라 현실
에서 번져나온 생활시(生活詩)이다. 그 평이성(平易性)이나 허탈미(虛脫
美)에 있어서 조존성(趙存性)의 「호아곡(呼兒曲)」, 신흠(申欽)의 「상촌
시여(象村詩餘)」, 김광욱(金光煜)의 「율리유곡(栗里遺曲)」 등과 궤를 같
이 하는 느낌이다"1)

관념적인 데에서 탈피하여 실생활이 반영되는 작품 세계를 구축해나가
는 것이 17세기 국문 시가의 일반적인 성향인데 「월선헌십륙경가(月先軒
十六景歌)」는 이 성향을 충분히 받아들여 순탄하고 평범한 시어의 구사
가운데 생활시(生活詩)의 진경을 실현하였다고 평하였다. 작가가 시대의
사조를 수용하여 자기화하기 위하여는 그 시대 사조가 생성된 배경에 접근
하는 여러 경로를 필요로 한다. 신계영(辛啓榮)의 경우에는 중앙의 주요 직
책을 맡으면서 당대의 사조에 접근할 수 있었겠고, 또는 17세기에 드러나
는 문화의 지방화 성향에도 어느 정도 영향을 받았을 것이다. 문화의 지방
화 성향은 여러 방면으로 나타나지만 특히 국문 시가에 있어서는 지방의
향반들이 주요 작자층으로 떠오르는 사실이 그 실현 양태이다. 노계 박인
로 같은 작가가 영남 지역에서 보이는 실현태라면 신계영은 호서의 실례가
될 수 있을 것이다.

이 연구의 관심은 여기─ 17세기 국문 시가의 일반적인 성향이 어떻게 호
서의 양반 관료에게까지 파급될 수 있는가?-에 모아진다. 이를 위해서 먼저
착수한 일은 현재 영산 신씨 문중에서 보관하고 있는 신계영 관련 자료를
입수하는 일이었다. 2000년 4월 14일 저자는 연세대학교 원주 캠퍼스의 국
문과 대학원 석사과정생인 오태권, 김해근을 대동하고 예산의 영산신씨 종
친회를 방문하여 신계영의 12대손인 신영순씨와 인터뷰 뒤에 오리지를 비
롯한 현장을 답사하고 관련 자료를 복사하여 왔다. 자료는 다른 문중에 비
하여 잘 보관된 100매 이상의 교지와 문집인 『선석유고(仙石遺稿)』였다.

---

1) 박노춘, 「선석 신계영의 선석가사」, 『한국문학잡고』, 시인사, 1987. 305면.

특히 교지는 신계영의 연보를 재구하여 전기적 연구의 결정적 자료로 삼을 수 있을만하고 『仙石遺稿』의 문장들도 연대기적으로 재배열하면 연구의 기초 자료로서 충분한 역할을 하리라고 생각했다.

『仙石遺稿』는 1961-62년간에 학계에 알려지기 시작했다. 이상보 교수의 소개로 박노춘 교수에 의해서 일차적인 조사가 이루어지기 시작하여 당시 문교부 편수국장이며 경희대에 재직 중이던 신태현 교수[2])로부터『仙石遺稿』의 원고 사본을 입수하여 본격적인 연구가 이루어졌다. 이상보 교수가 서울 문리사범대학 국어국문학회지 제 2집 (1961. 12.18)에 「仙石의 詩歌」라는 제하의 글을 통하여 가사 작품과 시조들을 소개하며 간략히 정리되었고, 이어서 박노춘 교수가 현대문학 통권 88호(1962년 4월호)에 「辛啓榮과 그의 仙石歌辭」라는 제목으로 생애와 작품 그리고 문학성을 정리 발표한 바 있다.

2) 관련 자료의 개관

가. 석인본 『仙石遺稿(선석유고)』

신계영의 사후 300여년이나 지난 뒤인 1959년, 그의 후손 신익교(辛益敎)에 의해 유실되었던 자료들을 취합하여 석인본으로 공간된 신계영의 문집. 체제는 가로 20cm, 세로 28cm 크기의 古綴漢籍으로서, 『仙石遺稿(선석유고)』127장과 뒤에 추가된 『鷲城世稿』21장을 합하여 148장으로 제본되어 있다. 제책 상태는 무명실로 우오철(右五綴)하였고 철한 방법은 상하 여백 2cm을 두고 철간 6cm로 네칸이며 철 폭은 약 1.2cm이다. 版心의 接紙標 魚尾는 단사문화(單四文花)로 1690여년에서 1900여년까지 문집류에 많이 사용된 판심이다. 면의 모양은 면당 11행에 행간 자수 22자이며 행간

---

2) 1959년 간행된 「仙石遺稿」의 공간자인 신익교씨의 아들.

은 12.5mm이다. 글자체는 1792년 오산 차천로의 오산집을 인쇄한 목판본인 기영나무자체3)와 유사성을 보이고 있으며 자체의 특징은 글자의 테가 부드럽고 전체적으로 필사처럼 유려한 곡선이 뛰어나며 글자획이 가늘다. 표지 내에 다음과 같은 차서로 편집되어 있다.

『仙石遺稿』

序	1 - 2 장	1편
目錄	1 - 17 장	
辭	1 - 2 장	1편
詩	3 - 83 장	336편
賦	84 - 91 장	8편
箋	92 - 93 장	4편
祭文	94 - 95 장	2편이며

附錄으로

行狀	1 - 6 장	1편
御祭文	7 장	1편
挽	8 - 13 장	25편

『鷲城世稿』

詩	1 - 4 장	20편
記	5 - 6 장	1편
詩	7 - 12 장	36편
歌	13 - 18 장	8편 15수
祭文	19 장	1편
挽	20 - 21 장	8편

나. 필사본 『仙石遺稿』

필사 연대 미상으로 乾, 坤 두 책으로 되어 있다. 乾권은 「自忠州向水橋

---

3) 이 기영나무자체는 글자본이 원래 사고전서 취진판으로서 글자체는 ㄱ)강희자전체 ㄴ)필서체 ㄷ)이십일사판체가 있으며 여기서 ㄴ)에 해당하는 필서체이다.(손보기, 『금속활자와 인쇄술』, 교양국사총서21, 세종대왕 기념사업회, 1976. 참조)

村馬上醉吟」을 비롯한 201편의 칠언율시와 「追述舊事消遣無聊」(七言詩)
十首, 「老病中不堪無聊略記平生事跡梗槩書與雄兒」(五言長詩) 가 차례로
실려 있고, 부록처럼 輓章이 붙어있다. 坤권에는 「漫吟」을 비롯한 56편의
五言律詩와 「愛蓮亭聽野雨」 외 66편의 七言絶句, 「映湖舟中醉占書示座
上諸賢」을 비롯한 7편의 五言絶句가 실리고 「漫吟」 「藍島」 등등의 五言
長詩와 「蓮燭歸園」 외 10편의 七言長詩가 실려있다. 마지막으로 辭賦가
실리고 祭文과 箋 등 산문이 부록처럼 덧붙어 있다. 석인본에는 빠진 작품
이 8편 가량 있고, 글의 종류에 따른 차례가 정연할 뿐 아니라 석인본의 오
자나 결자를 충족하고 있는 부분도 꽤 되기 때문에 작가 사후 가까운 시기
에 문집을 편찬하기 위해 필사 정리한 것으로 파악된다. 유려한 필체로 일
관되어 있어서 혹 자필본이 아닐까하는 의혹이 족손 간에 있었다고 한다.
현재 문중에 보관된 복사본을 이용할 수 있고 원본은 부지소처이다.

다. 教旨

현재 영산 신씨 종친회에 보관되어 있는 선석의 교지는 모두 107매인데
이를 연도 별로 정리하면 다음과 같다.

광해 12년(1620)—4매	광해 13년(1621)—5매	광해 14년(1622)—2매
인조 원년(1623)—5매	인조 2년(1624)—8매	인조 3년(1625)—9매
인조 4년(1626)—9매	인조 5년(1627)—3매	인조 7년(1629)—1매
인조 9년(1631)—2매	인조 11년(1633)—7매	인조 12년(1634)—5매
인조 15년(1637)—7매	인조 16년(1638)—8매	인조 17년(1639)—2매
인조 19년(1641)—1매	인조 22년(1644)—4매	인조 26년(1648)—2매
인조 27년(1649)—1매	효종 4년(1653)—3매	효종 5년(1654)—1매
효종 6년(1655)—6매	효종 7년(1656)—5매	효종 8년(1657)—1매
현종 6년(1655)—2매	현종 8년(1667)—3매	영조 45년(1770)—1매

선석은 광해 11년(1619) 기미(己未) 44세 秋冬에 문과에 합격한 것으로

되어 있으니 이 교지는 관직에 있었던 전 기간에 해당하는 것으로 볼 수 있다. 따라서, 이 교지는 선석의 연보 작성에 결정적인 자료로 삼을 수 있다.

라. 조선 왕조실록 관련 기록

신계영과 관련된 실록 기사를 뽑아보면, 다음과 같이 75건이 잡힌다.

광해 14년: 1건	광해 15년: 1건		
인조 2년: 6건	인조 3년: 7건	인조 4년: 3건	인조 5년: 2건
인조 7년: 4건	인조 8년: 3건	인조 9년: 6건	인조 10년: 2건
인조 11년: 2건	인조 12년: 5건	인조 15년: 6건	인조 16년: 4건
인조 17년: 2건	인조 18년: 1건	인조 19년: 1건	인조 22년: 4건
인조 27년: 1건			
효종 3년: 1건	효종 7년: 1건		
현종 6년: 4건	현종 7년: 1건	현종 8년: 1건	
현개 6년: 4건	현개 7년: 1건	현개 8년: 1건	

주로 관직에 있었던 기간의 기사이기 때문에 교지의 분포와 마찬가지로 인조 년간에 집약되어 있다. 실록 기사는 공적인 활동에 관한 가장 신빙할 수 있는 자료이기 때문에 연보 편성에서 가장 우선시하였다.

마. 영산신씨세계(靈山辛氏世系)

필사 단권으로 된 족보로 24세손 景夏에 의해 이루어짐. 천자문으로 장의 순차를 매겼는데 "올 래(來)" 장에 선석이 실려 있다. 선석 관련 기록은 이례적으로 전후면에 거쳐 실려 있는데 선석에 대한 문중의 여망을 볼 수 있다.

2. 생애와 활동에 관한 기초 자료의 정리

1) 가계

① 가계의 개관

신씨의 본관은 영산(靈山)·영월(寧越) 2본이지만 모두 같은 혈족으로서
영산신씨가 큰집으로 알려져 있다. 시조는 고려 인종 때 송나라 사신으로
우리나라에 와서 귀화, 문하시랑 평장사를 지낸 신경(辛鏡)이다. 그의 선대
는 당나라 사람으로 현종 천보 연간, 즉 신라 경덕왕대에 귀화하였다고 하
나 상고할 수 없고, 그 후 신경이 다시 와서 신씨의 시조가 되었다고 전한
다. 신씨는 고려 말에 가장 번창했는데 신돈(辛旽)의 사건 이후 급격히 퇴
조했다. 조선조에 들어와서는 호당 2명, 청백리 2명, 공신 7명, 문과 급제자
53명을 배출했다. 본관별로는 영산이 34명, 영월이 19명이다. 영산신씨의
초당공파에서 인물이 가장 많이 나왔으며 특히 무절공(武節公) 신유정(辛
有定)과 그의 후손에서 두드러진 인물이 많이 나왔다.

유정은 고려 말에서 조선 태종 때까지의 무관으로서 충청도 병마절제사
와 평안도 도안무사를 역임하면서 전후 25회나 왜구를 격퇴하였다. 그의
아들 공숙공(恭肅公) 신인손(辛引孫)은 세종 때 형조판서·예문관 대제학
을 지냈고, 인손의 아들 문희공(文僖公) 신석조(辛碩祖)는 세종 때 사가독

서하여 호당의 효시가 되었으며 세조 때 대사헌에 이르렀다. 석조의 손자 영희(永禧)는 문명을 떨쳤고, 신계영(辛啓榮)은 인조 때 일본에 가서 임진 왜란 때 잡혀갔던 조선인 146명을 데리고 왔다. 이 외에도 영산신씨의 인물로 광주목사를 지낸 신륜(辛崙), 임진왜란 때 공을 세우고 보성군수를 지낸 신초(辛礎), 파주목사를 지낸 신응망(辛應望) 등이 있다.

한편 영월신씨의 부원군파에서도 많은 인물이 나왔다. 신응시(辛應時)는 선조 때 홍문관 부제학을 지냈고, 그의 아들 경진(慶晉)은 인조 때 대사헌을 지내고 청백리에 뽑혔는데, 이들 부자는 특히 학자로 이름났다. 신경영(辛慶英)은 경진의 4촌으로 인조 때 이인거(李仁居)의 난을 평정한 공으로 소무공신에 올랐고, 신윤문(辛允文)은 중종반정 때 정국공신 1등에 올랐다. 신윤문의 4촌 신윤무(辛允武)는 정국공신 1등에 오른 뒤 무신 정권을 세우려다 사전에 발각되어 죽임을 당했다. 덕재공파에서도 파조인 신천을 비롯하여 그의 후손에서 많은 인물이 나왔다. 응청공(凝淸公) 신천은 안향(安珦)의 문인으로 고려 충숙왕 때 정당문학을 지냈다. 중종반정 때 정국공신에 오른 신은윤은 그의 6대손이요, 선조 때 이몽학(李夢鶴)의 난을 평정하여 청난공신(淸難功臣)에 오른 신경행(辛景行)은 그의 8대손이다.

② 선석 직계 선조

고조 厚聃은 蔭仕로 성종 성화 계사년에 아산현감이 되고 忠翊府 都事로 관을 마쳤다. 예산 오리지에 복거한 것은 이 분부터라고 한다. 厚聃의 系子인 義貞은 중종 때 蔭仕로 司宰監 直長이 되고 병조판서와 좌참찬에 추증되었다. 嘉靖 을유년에 돌아갔다. 義貞의 子 鎭은 寧遠 郡守를 지냈으며 병조판서와 좌참찬에 추증되었다. 선석의 부친인 宗遠의 字는 述古로 가정 신해년 생이다. 만력 무자년에 진사시에 합격하고 금오랑에 제수된 뒤, 司評, 연천 현감, 호조좌랑 등을 지냈다. 만력 정미년에 돌아간 뒤, 좌찬성에 추증되었다. (『영산신씨세계』 및 교지 참조)

厚聃 　성종 4년(1473년)에 음사로 아산 현감. 이 분부터 예산 梧里池에 복
거하기 비롯했다함.

義貞 　중종 조에 음사로 司宰監 直長. 뒤에 호조참판에 추증됨. 중종 20년
(1525년 卒)

鎭 　寧遠郡守를 지냄. 병조판서, 좌참찬에 추증. 선조 13년(1580년 卒)

宗遠 　명종 6년(1551년) 生. 연천 현감, 호조좌랑을 지냄. 좌찬성에 추증됨.
선조 40년(1607년) 卒.

啓榮 　仙石公.

醶 　선조 35년(1602년) 生. 宣務郎을 지냄. 인조 3년(1625년) 卒.

輔辟 　인조 3년(1625년) 生. 숙종 14년(1688년) 卒.

受和 　인조 원년(1650년) 生. 형조좌랑, 보은 현감, 금부도사, ·공조좌랑, 공
조정랑, 안산군수 등 역임. 숙종 45년(1719년) 卒.

③ 선석의 외가

洪曇(홍담)이 외조부이다. 홍담(1509-1576)은 1539년(중종 34년) 별시 문
과에 합격하고 1546년(명종 1년) 예조와 이조의 정랑을 역임하였다. 1555
년 한성부 좌윤으로 사은사가 되어 명나라에 다녀온 뒤 부제학, 도승지, 대
사간, 경기도 관찰사를 지냈다. 훈구파의 거두로서 金鎧와 함께 정철 등의
사림파와 대립하였다. 청백리에 녹선되었다. 시호는 貞孝公. 표종제인 洪
憲(홍헌)(1585-1672)의 字는 正伯. 號는 沙村, 默好, 銀溪이다. 홍담의 손
자로서 정여립의 일파로 몰려 유배를 당한 洪宗祿의 아들이다. 1609년 成
均館에 입학하여 1616년 謁聖文科에 丙科로 及第, 1618년 注書, 이듬해
奉教가 되고 강원도 관찰사와 同知中樞府事를 역임했다.

2) 연보

崇政大夫判中樞府事兼判義禁府事世子左副賓客五衛都摠府都摠管
諡靖憲仙石靈山辛公啓榮年譜[4]

선조 10년(1577) 정축(丁丑:萬曆 5年)

　　9월 7일: 한양 동쪽 낙산(駱山) 아래에서 출생 (萬曆五載秋 龍鍾生鰈
域…家在洛城東) [朴] [梗]

선조 19년(1586) 을유(乙酉) 10세

　　「贈禹仁伯」 시를 지음. [狀]

선조 20년(1587) 정해(丁亥) 12세

　　「瀟湘斑竹屛」 시를 지음. [狀]

선조 21년(1588) 무자(戊子) 13세

　　「日本獻孔雀」 시를 지음. [狀]

선조 28년(1595) 을미(乙未) 19세

　　庭試에 나갔으나 考官 吳億齡이 이모부로서 소년 성취가 큰 그릇에
이롭지 않다 여겨 명단에서 뺐다는 말이 있음 [世][狀]

선조 34년(1601) 신축(辛丑) 25세

　　사마시(司馬試) 합격[狀]

　　進士로서 성균관에 입학(乃於歲辛丑 始入思樂泮) [世][梗]

선조 36년(1603) 계묘(癸卯) 27세

　　6월: 벼슬이 싫어서 시골로 내려가는 아버지를 따라 예산 梧里池로

---

4) 방증 자료는 다음의 약호로 표시함. 『朝鮮王朝 實錄』(인용문은 『CD롬 국역조선왕조실록』
을 이용하였다.)ー[實] 『仙石遺藁』의 「老病中不堪無聊略記平生事跡梗槪」ー[梗] 『仙石遺藁』
의 행장ー[狀] 敎旨ー[敎] 『靈山辛氏世系』(필사본)ー[世] 朴魯春, 「선석 신계영의 '선석가사'」,
『한국문학잡고』(1987,시인사)ー[朴]. 특히, 『仙石遺藁』의 경우, 선석 87세 때(현종 4년,1663)
작인 오언 장시 「老病中不堪無聊略記平生事跡梗槪」가 연 간지를 일일이 제시하고 있어
큰 도움이 된다.

옴. (是時癸卯夏 家嚴厭從仕 奉還桑梓鄕) [梗][朴]

선조 40년(1607) 정미(丁未) 32세

　　부친 상[狀]

선조 41년(1608) 무신(戊申) 32세

　　모친 상[狀]

　　광해군 즉위, 출사하지 않음(逮夫戊申中 嗚呼世昏濁 儒林混玉石) [梗]

광해 11년(1619) 기미(己未) 44세

　　10월 16일: 謁聖試 文科에 丙科 1인으로 급제.[狀]

　　승문원 입사 (己未秋冬交 ……縱被槐院選)[梗][朴]

광해 12년(1620) 경신(庚申:天啓 元年) 45세

　　2月: 通仕郞(정8품)으로 承文院 副正字가 되다.[敎-1]

　　2月: 務功郞(정7품)으로 陞階 받다.[敎-2]

　　4月1日: 宣敎郞(종6품)으로 陞階 받다.[敎-3]

　　5月: 承議郞(정6품)으로 陞階 받다.[敎-4]

광해 13년(1621) 신유(辛酉) 46세

　　5月19日: 奉直郞(종5품)으로 陞階 받다.[敎-5]

　　5月22日: 世子 侍講院 說書를 兼하게 되다.[敎-6]

　　10月: 通德郞으로 陞階 받다.[敎-8]

　　11月: 朝奉(散)5)大夫(종4품)로 陞階 받다.[敎-9]

광해 14년(1622) 임술(壬戌) 47세

　　2月11日: 奉列大夫(정4품)로 承政院 注書 兼 春秋館 記注官이 되다.
　　[實: 3月12日/敎-10]

　　10月20日: 中訓大夫(종3품)로 承政院注書 兼 春秋館 記事官이 되다.
　　[敎-11]

---

5) 같은 날짜 교지의 두 장이 이 부분만 다름.

광해 15년(1623) 계해(癸亥) 48세

　　1月21日: 정부가 예문관의 취재시를 보였는데 신계영(辛啓榮)은 ≪좌전(左傳)≫을 강하여 통(通)을 차지하였고, 유흠(柳欽)은 ≪강목(綱目)≫에 조(粗)를, 정성(鄭晟)은 ≪송감(宋鑑)≫에 조를 차지하였다. [實]

인조원년 (1623) 계해(癸亥) 48세

　　인조반정시 동참 (何幸癸亥春 咸池昇瑞日 大義逐重明) [梗]

　　2月22日: 通訓大夫(정3품)로 成均館 典籍이 되다.[敎-12]

　　3月14日: 中直大夫(종3품)로 藝文館 檢閱 兼 春秋館 記事官이 되다. [敎-13]

　　4月20日: 藝文館 待敎 兼 春秋館 記事官이 되다.[敎-14]

　　6月18日: 通訓大夫로 藝文館 奉敎 兼 春秋館 記事官이 되다.[敎-15]

　　7月: 典籍이 됨.[籤]6)

　　8月: 왕명으로 가도에 가다.(奉命 椵島)[籤]

　　10月7日: 兵曹佐郎이 되다.[敎-16]

인조 2년(1624) 갑자(甲子) 49세

　　正月26日: 兵曹正郎이 되다.[敎-17]

　　이괄의 난에 공주로 피신하는 왕을 호종하다.(痛矣甲子春 吠主貁深入 是時騎省郎 公山扈玉蹕)[梗]

　　2月12日: 司諫院 正言이 되다.[實/敎-18]

　　3月 7日: 成均館 典籍이 되다.[敎-19]

　　3月21日: 禮曹正郎이 되다.[敎-20]

　　4月 8日: 司諫院 正言이 되다.[敎-21]

　　4月30日: 成均館 典籍이 되다.[敎-22]

　　5月11日: 정사 정립, 부사 강홍중, 종사관 신계영 일본 사신으로 보

---

6) 필사본『선석유고』말미 부분에는 萬曆 己未(1619) 작성으로 되어 있는「籤仕錄」이 2장(4면)에 거쳐 부록되어 있다. 작성 연대로 보면 선석공 자신이 작성자인데 대체로 연보의 기록과 합치하고 여타 자료에서 빠진 부분이 더러 있다. [籤]라는 약호로 표시한다.

냄.[實]

　6月18日: 禮曹正郞이 되다.[敎-23]

　7月 3日: 司憲府 持平이 되다.[實/敎-24]

인조 3년(1625) 을축(乙丑) 50세

　3月13日: 회답사 정립(鄭岦)과 강홍중(姜弘重), 종사관 **신계영(辛啓榮)**이 일본에서 돌아와 부산에서 계문하였다. "신들이 잡혀갔던 사람 1백 46명을 불러모아 데리고 왔습니다. 태반이 호남(湖南) 사람인데 우리 지경에 이르면서는 양식이 떨어져 원통함을 호소하고 있습니다. 시급히 해조로 하여금 원적(原籍)으로 돌려보내 머물러 있게 되는 염려가 없게 하도록 하소서."[實]

　3月17日: 司憲府 持平이 되다.[敎] 최명길(崔鳴吉)을 대사헌으로, 홍서봉(洪瑞鳳)을 부제학으로, 이준(李埈)을 사간으로, 정세구(鄭世矩)·강대수(姜大遂)를 장령으로, 박황(朴潢)을 검열로, **신계영(辛啓榮)**을 지평으로, 김신국(金藎國)을 사은사로, 유순익(柳舜翼)을 부사로, 남궁경(南宮㷡)을 서장관으로, 장자호(張自好)를 성찰사 겸 동지사로, 조훈(趙塤)을 서장관으로 삼았다. [實]

　3月23日: 회답사 정립(鄭岦), 부사 강홍중(姜弘重), 종사관 **신계영(辛啓榮)** 등이 복명하였다. 당초에 정립 등이 일본에 도착하자 일본의 군신들이 매우 후한 예로 대우했는데, 증정하는 물품과 보패(寶貝)를 하나도 받지 않았고, 은화는 모두 도주에게 되돌려주고 돌아왔으므로, 신하가 국경을 나갔을 때의 의리를 잃지 않은 것이라고들 했다. 일본 국왕 원가광(源家光)이 우리 나라에 복사서(復謝書)를 써서 보냈는데, 그 복사서에, "일본 국왕 원가광은 조선 국왕 전하께 봉복(奉覆)합니다. 섣달이 되어 추위가 사람을 핍박하는 이때에 한 통의 봉서(封書)와 함께 세 사신이 온화하게 찾아주시니, 마치 봄바람 속에 앉아 있는 것 같습니다. 과인이 일본 강역을 다스리고 있으면서 갑자기 귀국의 소식을 접하고 보니, 예절을 닦아 치하하고 약간의 진귀한 토산(土産)을 보낸 것

이었는 바, 그전대로 계속해서 교린을 돈독히 하는 아름다운 뜻에 감복하며, 더욱 기쁘고 위로가 됩니다. 두 나라에 만대토록 경사가 흘러가도록 하고 감히 사이가 벌어지게 하지 않을 것을 확약합니다. 삼가 계절에 따라 나라를 위해 옥체를 보중하시기 바라며, 이만 줄입니다." 하였다.[實]

　　3月25日: 상왕이 수신사들을 인견하고 왜국의 사정을 물음.[實]

　　4月 3日: 회답사(回答使) 정립(鄭岦)과 부사(副使) 강홍중(姜弘重)에게는 가자(加資)하고, 종사관(從事官) **신계영(辛啓榮)**은 승서(陞)하고, 역관(譯官)·군관(軍官)은 모두 차등 있게 상을 내리도록 명하였다.[實]

　　5月11日: 司憲府 持平 兼 春秋館 記注官이 되다.[敎-26]

　　5月26日; 成均館 直講이 되다.[敎-27]

　　6月 2日: 兵曹正郎이 되다.[敎-28]

　　8月 2日: 司憲府 掌令이 되다.[敎-29] 엄성(嚴惺)을 사간으로, 강대수(姜大遂)·**신계영(辛啓榮)**을 장령으로, 이윤우(李潤雨)를 교리로, 심지원(沈之源)을 정언으로 삼았다.[實]

　　9月 6日: 成均館 直講이 되다.[敎-30]

　　9月30日: 司憲府 掌令 兼 春秋館 編修官이 되다.[敎-32]　　이홍주(李弘冑)를 대사헌으로, **신계영(辛啓榮)**을 장령으로, 정백창(鄭百昌)을 사인으로, 이윤우(李潤雨)를 검상으로, 이준(李埈)을 집의로, 홍명구(洪命耉)를 부수찬으로 삼았다.[實]

　　10月30日: 禦侮將軍(정3품)으로 龍驤衛 副護軍이 되다.[敎-32]

인조 4년(1626) 병인(丙寅) 51세

　　正月 5日: 虎賁衛 副司果가 되다.[敎-33]

　　2月 18日: 通訓大夫로 世子 侍講院 弼善이 되다.[敎-34] 이귀(李貴)를 연평 부원군(延平府院君)으로, 최현(崔晛)을 승정원 우부승지로, 이준(李埈)을 시강원 보덕으로, **신계영(辛啓榮)**을 필선(弼善)으로, 정홍명(鄭弘溟)을 이조정랑으로, 심지원(沈之源)을 홍문관 수찬으로 삼았다.[實]

2月28日: 司憲府 掌令이 되다.[敎-35] 장유(張維)를 사간원 대사간으로, 윤지경(尹知敬)을 사헌부 집의로, 이경헌(李景憲)·**신계영(辛啓榮)**을 장령으로, 박황(朴潢)을 헌납으로, 민응형(閔應亨)을 정언으로, 이여황(李如璜)을 홍문관 교리로, 강석기(姜碩期)를 시강원 보덕으로, 권확(權鑊)을 필선으로, 김지수(金地粹)를 문학으로 삼았다.[實]

3月 4日: 成均館 司藝가 되다.[敎-36]

4月 4日: 世子 侍講院 弼善이 되다.[敎-37]

7月17日: 司憲府 掌令이 되다.[實], [敎-38]

8月27日: 成均館 直講이 되다.[敎-39]

9月24日: 司憲府 掌令이 되다.[敎-40]

10月2日: 成均館 直講이 되다.[敎-41]

인조 5년(1627) 정묘(丁卯) 52세

정월에 강화도로 피신하는 왕을 호종함. (丁卯春正月 邊烽照北闕 鑾輿幸江都 負紲隨日轂) [梗]

正月: 號牌御使가 됨. [筮]

2月21日: **신계영(辛啓榮)**을 임진 파수 제군 독향 어사(臨津把守諸軍督餉御史)로 삼았다[實]

3月15日: 通禮院 左通禮가 되다.[敎-42]

3月19日: 世子侍講院 弼善 知製敎가 되다.[敎-43]

4月 4日: 羅州牧使가 되다.[敎-44]

5月17日: 상이 순안 어사 전라 좌도 이경여, 경상 좌도 **신계영(辛啓榮)**, 충청 좌도 최유해(崔有海), 경상 우도 강석기(姜碩期), 함경도 조정호(趙廷虎), 황해도 민응회(閔應恢), 강원도 이경의, 평안도 홍명구(洪命耉), 충청 우도 심지원(沈之源), 전라 우도 박황(朴潢) 등 열 사람을 인견하였다. [實]

인조 7년(1629) 기사(己巳: 崇禎 2年) 54세

가을에 홍문관에 복귀하다. (己巳秋 召還玉堂) [梗]

7月: 修撰이 됨 [筵]

8月: 실록 기록을 수정하지 않은 죄로 파직되다(史記未修整坐罷)
[筵]

9月 6日: 주강에 자정전에서 국정에 대하여 논함. 상이 **신계영(辛啓
榮)**에게 하문하기를, "호남에는 무슨 병폐가 있던가?" 하니, 대답하기
를, "호남 연해의 백성들은 어염(漁鹽)으로 생계를 삼고 있는데, 공가
(公家)에서 무역하여 판매하면서 그 이익을 독점하고 있기 때문에 무척
그 일을 원망하며 괴롭게 여기고 있습니다. 만약 이러한 폐단을 없애
준다면 백성이 소생할 수 있을 것입니다." 하였다.[實]

9月19日: 자정전에서 소대하면서 일식의 변고와 언관에 대해 논하다.
상이 이르기를, "옛날에는 관사(官師)가 서로 잘못을 바로잡았는데, 후
세에는 어찌하여 이러한 일을 들을 수 없는가?" 하니 검토관 **신계영
(辛啓榮)**이 아뢰기를, "이는 치세(治世) 때에나 볼 수 있는 아름다운 일
입니다. 전(傳)에 이르기를 흥국(興國)의 왕은 간신(諫臣)을 상준다고
하였으니, 반드시 언로(言路)를 넓혀 준 뒤에야 어느 정도 서로 잘못을
바로잡는 일을 기대할 수 있습니다." 하고 김남중이 아뢰기를, "오늘날
의 일로 말하건대 대관(臺官)이 말씀드려도 상께서 윤허하지 않으시는
데, 더구나 백관이 서로 바로잡아 준다 한들 어찌 기꺼이 듣고 받아들
일 리가 있겠습니까?" 하였는데, 상이 아무 말이 없었다.[實] 시정기(時
政記)를 정리 않은 이유로 파직 당함.[實]

9月21日: 상이 자정전에서 소대하였다. **신계영(辛啓榮)**이 아뢰기를,
"임금이 진정 제대로만 수신(修身)하고 정심(正心)하면 일을 처리할 때
에 저절로 공명(公明)해질 것이니, 마치 거울에 미추(美醜)가 저절로 구
별되듯 하는 것이 바로 명입니다." 하였다.

인조 8년(1630) 경오(庚午) 55세

4月: 죄에서 풀려 교리에 서용되고 정원수의 西征7)에 종사하다. (蒙

叙 敎理 鄭元帥 從事) [箋]

8月19日: 주강에 『서전』을 강하는데 知事 이귀, 최유해(崔有海) 등과 참례함.[實]

8月29日: 주강에 『서전』을 강하였다. 강을 마치고 나서 상이 이르기를, "정관(貞觀) 때 태종(太宗)이 군신(群臣)들과 이야기하면서 누차 수양제(隋煬帝) 때의 일을 거론했는데 이는 눈귀로 보고 들은 것을 가지고 경계시키기 위함이었다. 지금도 그러하니 혼조(昏朝) 때의 일을 귀감으로 삼지 않을 수 있겠는가. 혼조 때의 신하들은 임금을 사랑하는 마음이 없이 벼슬자리를 잃을까만 걱정했기 때문에 마침내 복패(覆敗)하는 지경에 이르게 된 것이니, 오늘날 상하 모두가 이것으로 경계를 삼아야 한다. 그리하여 임금의 잘못을 보면 반드시 극력 간쟁하여 임금 사랑하는 마음을 극진히 하고 벼슬을 잃을까 걱정하는 마음을 끊고서 이런 자세로 시종 면려한다면 어찌 다행스런 일이 아니겠는가. 지난 날 박승종(朴承宗)은 정승의 지위에 있었어도 스스로 이 일은 상이 반드시 따르지 않을 것이니 말해도 무익하다 하였으니, 이것이 어찌 신하의 도리이겠는가. 신하가 진실로 임금의 잘못을 보았으면 어찌 따르지 않을 것이라고 핑계대고서 말하지 않으려 해서야 되겠는가. 박승종이 아첨하면서 구차스럽게 용납되기를 바란 것이 이러했으므로 결국은 국가가 복패하는 지경에 이르게 되었으며, 그 자신도 홀로 온전할 수 없었으니, 과연 무슨 유익함이 있는가." 하니, 검토관 **신계영(辛啓榮)**이 아뢰기를, "이제 성교를 받들진대 이는 실로 국가의 복입니다." 하고, 참찬관 강석기는 아뢰기를, "군신 상하가 한 마음으로 힘을 합쳐 법받아야 할 것이 있으면 법받고 경계해야 할 것이 있으면 경계하면서 이로써 서로 면려한다면 다행이겠습니다. 이제 당 태종이 간언을 잘 따라 주어 훌륭한 정치를 이루었다는 분부를 받드니, 이는 성명께서 서책을 읽으

---

7) 『실록』 인조 8년 4월 26일에 鄭忠信의 서정에 관한 기록이 있음.

시고 착실히 체득하여 안 데가 있으신 것입니다." 하자, 상이 이르기를,
"옛사람의 말에, 자기 임금에게 간할 뿐만이 아니라 너 자신도 남의 간
언을 따르라고 했는데, 이 말이 매우 좋다." 하였다.[實]

　　11月24日: 掌令을 제수 받음.[實]

　　12월: 宗簿寺正이 됨.[筮]

인조 9년(1631) 신미(辛未) 56세

　　2月20日: 副修撰을 除授 받음.[實]

　　3月21日: 조강에 『서전』을 강하였다. 강이 끝나자 동지사 장유(張維)
가 아뢰기를, "한재(旱災)가 너무 혹심하니 눈 앞에 닥친 급한 일로 이
것보다 큰 것이 없습니다. 하늘에 실질적으로 응답해야 한다는 것이 경
연에서 항상 나오는 이야기이지만 가슴에 새기지 않으면 안 됩니다."
하니, 상이 이르기를, "구언(求言)을 해도 말하는 자가 하나도 없으니,
내가 부끄럽기 그지없다." 하자, 장유가 아뢰기를, "이 일은 괴이하게
여길 것이 없습니다. 구언을 하고 나서도 위에서 실제로 채용하는 일이
없기 때문에 사람들이 모두 진언하는 것을 무익하게 여기는 것입니다."
하였다. 참찬관 이목(李楘)이 아뢰기를, "국법을 일단 세운 이상에는 위
배하면 안 됩니다. 모든 소장과 차자를 반드시 정원을 거치게 한 그 의
도가 어찌 범연한 것이었겠습니까. 지난번 이귀(李貴)가 사서(私書)를
가지고 와 탑전(榻前)에서 올렸는데, 이런 길이 한번 열리면 반드시 뒷
날의 폐단이 있을 것이니, 그 글을 정원에 내려 참견(參見)하도록 함이
마땅합니다." 하니, 상이 그렇다고 하였다. 이목이 아뢰기를, "전일 훈
신(勳臣)들을 인견하신 것은 참으로 훌륭한 일이었습니다. 그러나 승지
와 사관이 입시를 하지 않았으니, 무엇을 근거로 이 일을 사책(史冊)에
기록하겠습니까. 정원이 입시를 청하지 않은 것도 너무나 해괴합니다."
하니, 상이 이르기를, "조종조에서도 불시에 불러 인견할 때에는 승지
와 사관이 또한 참석하지 않았다." 하였다. 검토관 **신계영(辛啓榮)**이
아뢰기를, "인군의 거조에 대해서는 반드시 기록해야 하니, 그 사체가

매우 엄합니다. 조종조에 승지와 사관이 참여하지 않았던 경우가 있었다고 하더라도 이것을 본받을 수는 없습니다. 그리고 이처럼 한재가 혹심한 때를 당하여 대신을 인견하면서 술을 내리기까지 한 것은 너무나 미안스럽습니다.” 하니, 상이 이르기를, “그대의 말이 매우 타당하다.” 하였다.[實]

　4月24日: 敎理를 除授 받음.[實]

　6月29日: 상이 가도의 차인 유격(遊擊) 백계안(白繼安)을 접견하였다. 처음에 가도에서 있었던 유흥치(劉興治)의 난에 죽은 자가 매우 많았는데, 우리 나라에서 교리 **신계영(辛啓榮)**을 보내 난에 죽은 장사들은 조제(吊祭)하고, 겸하여 임시 수장(守將) 장도(張燾)·심세괴(沈世魁) 등에게 예를 올렸다. 황룡(黃龍)이 도독으로 와서 가도의 무리들은 철수한다고 말하면서도 실제로는 하려 하지 않고 곧바로 유격 백계안을 차견하여 식량을 요청한 것이다. 상이 불러 보니, 계안이 말하기를, “도중(島中)의 생령들이 대왕을 우러러 목숨을 유지하고 있는데, 위문관을 보내 죽은 자를 조상하여 유명(幽明)을 감격시키기까지 하셨습니다. 총진(摠鎭)이 몸소 사례하고자 하였으나 뜻대로 되지 않아서 나를 시켜 대신하게 한 것입니다.” 하니, 상이 이르기를, “저 호병들이 아직도 국경에 있어 깊이 들어올 걱정이 없지 않으니, 밤낮으로 도독이 구제해 주기를 바랄 뿐입니다.” 하였다. 계안이 말하기를, “총진도 귀국이 배를 빌려주지 않은 것을 알고 있습니다. 적병이 만약 다시 침범하면 총진도 정병을 거느리고 협공하여 견제할 것입니다.” 하고, 또 말하기를, “손군문(孫軍門)의 뜻은 섬 안에 있는 무리들을 철수시키고자 하는데, 황총진은 수만은 군중을 하루아침에 갑자기 철수할 수는 없다고 여겨서 그대로 머물고자 하는 것입니다.” 하였다. 상이 예물을 주라고 명하였다. 계안이 사례하며 절하고 물러갔다.[實]

　8月 9日: 홍문관 수찬 **신계영(辛啓榮)**을 형조 정랑으로 삼았다. 이에 앞서 상이 옥당에게 싸움에 관한 송사를 청리(聽理)하게 하라는 분부를

내리자 양사가 여러 차례 도로 거두기를 요청하니 상이 억지로 따랐는데, 이때에 이르러 형조의 낭관에 결원이 생기자 상이 특별히 제수한 것이다.[實]

9月10日: 삼남(三南)에 어사를 나누어 파견하여 무재(武才)를 시험하였다. 경오년 봄에 경상 좌수영 우후(虞候) 이응징(李應徵)이 상소하여, 남쪽에 근신(近臣)을 특별히 파견하여 무재를 시험하고 그 중에서 더욱 뛰어난 자를 골라 변장(邊將)을 제수하거나 재주에 따라 거두어 쓰기를 청하니, 병조가 회계하기를, "본조 역시 재주를 품은 채 헛되이 늙어 가는 탄식이 있을까 걱정하여 이미 각도로 하여금 무재가 있는 사람 각 세 명씩을 시취(試取)하여 계문하도록 하였습니다만, 지금 이 상소를 보니 과연 크게 격려하는 일에 부합됩니다. 선조조(宣祖朝)의 예에 따라 근신을 특별히 파견하여 재주를 시험하고 논상케 하소서." 하였는데, 이때에 이르러 비로서 윤계(尹棨)·심연(沈演)·**신계영(辛啓榮)**을 공청(公淸)·전라·경상 등 도에 파견하여 무재를 시험해 보고하고 차등 있게 논상토록 하였다.[實] 어사가 되어 호서 일도의 군병을 시찰하다 (辛未九秋暮 啣命按西湖 試閱六營兵 點檢一道甲) [梗]

10月25日: 通訓大夫로 弘文館 副修撰 兼 經筵 檢討官 春秋館 記事官이 되다. [敎-46]

인조 10년(1632) 임신(壬申) 57세

2月12日: 장령 신민일(申敏一)이 인피하기를, "이번의 이 전례(典禮)는 바로 막중한 거조입니다. 지금 듣건대 물의(物議)가 들끓어 대각(臺閣)에 사람이 없다고 말하니, 결코 무릅쓰고 있을 수 없습니다. 체척(遞斥)하소서." 하고, 대사간 김광현(金光炫), 정언 심연(沈演), 지평 윤효영(尹孝永), 대사헌 박동선(朴東善), 집의 김남중(金南重) 등도 역시 이로써 인피하니, 사직하지 말라고 답하였다. 지평 조빈(趙贇)이 아뢰기를, "어제 추숭을 논계한 일로써 동료 및 간원과 함께 모이고자 하였는데, 혹자는 말하기를 마땅히 상신(相臣)들이 헌의한 것을 보아가면서

논의해도 늦지 않다하였습니다. 신이 말하기를 재상은 가하다고 말해도 간관은 불가하다고 하는 것이 우리의 직분이니, 일이 참으로 논할 만한 것이라면 논하면 되지 어찌 반드시 대신의 의논을 기다리겠는가? 하였으나 동료들은 오히려 전의 말을 고집하므로 신이 자신의 소견을 굳게 지키지 못하였습니다. 이제 신민일이 인피하는 말을 보니 물의를 받는 것이 마땅합니다. 체척하소서." 하니, 사직하지 말라고 답하였다. 옥당이 처치하기를, "이번 이 추숭하는 일은 억지로 공의(公議)를 거스르고 경솔히 예경(禮經)을 버려가며 사은(私恩)을 펴고자 한 것으로 종통(宗統)을 간범하였으니 임금의 잘못된 거조가 이보다 더 큰 것이 없습니다. 전폐(殿陛)에 서서 시비를 다투는 자는 마땅히 일을 바로잡기에 급급하여 임금을 합당한 도리로 인도하여야 할텐데 오히려 능장을 부리며 기다리자고 핑계하였으니, 간관의 직책이 어찌 진실로 그런 것이겠습니까. 모두 구차함을 면치 못하였고, 이미 소견이 있었는데도 굳게 지키지 못하였으니 역시 연약한 잘못을 면하기 어렵습니다. 아울러 체차하소서." 하니, 답하기를, "양사는 별다른 잘못이 없으니 체직시키지 말라. 그 가운데 신민일은 물의를 가탁(假托)하여 소란스런 단서를 일으킨 죄가 있으니 체차하라." 하고, 인하여 하교하기를, "양사는 별다른 잘못이 없는데 부교리 윤계(尹棨) 등은 위엄을 세우고자 하여 사리를 돌보지 않고 아울러 체차하기를 청하였으니, 일이 매우 놀랍다. 아울러 삭탈 관작하여 문외 출송하라." 하였는데, 이날 교리 윤계, 수찬 **신계영(辛啓榮)**이 직소(直所)에 있으면서 서로 의논하여 아울러 출사하기를 청하는 차자의 초(草)를 이미 완성해 놓았었는데, 수찬 이명웅(李命雄)이 밖으로부터 와 논의가 매우 준엄하여 굳이 체차를 청하였다가 드디어 견책을 입은 것이다. [實]

　6월 23日: 전에 윤계(尹棨) · **신계영(辛啓榮)** · 이명웅(李命雄)이 추존하려 할 때에 차자를 올려 그것이 예가 아님을 강력하게 아뢰었다. 그러자 상이 대노하여 성문 밖으로 방출하였는데, 이번에 심리하라는 하

교에 따라 금부가 죄를 받은 자를 기록하여 아뢰자, 상이 윤계 등을 용
서하라고 명하였다. [實]

인조 11년(1633) 계유(癸酉) 58세

　　2月19日: 通訓大夫로 司僕寺 知製教가 되다.[教-47]

　　3月 7日: 弘文館 修撰 知製教 兼 經筵 檢討官 春秋館 記事官이 되
다.[教-49]

　　3月: 都廳의 宮闕修理都監이 되다8) [筵]

　　4月13日: 弘文館 副教理 知製教 兼 經筵 侍讀官 春秋館 記注官이
되다.[教-52]

　　8月 6日: 知製教가 되다.[教-51]

　　10月28日: 通政大夫(정 3품)로 掌隸院 判決使 知製教가 되다.[教-52]

　　10月29日: 부총 정룡(程龍)의 접반사 **신계영(辛啓榮)**이 치계하였다.
"신이 가산(嘉山)에 도착하니 부총이 신을 만나 보고 그의 좌우 사람들
을 물리치고 나서 한 통의 글을 내보였는데, 그것은 바로 지니고 왔던
자문(咨文)이었습니다. 내용을 보니 우리 조정에서 섬 안의 사기가 그
전과 다르다는 것을 듣고는 나를 파견하여 비밀리에 탐사하게 하였고,
또 그대의 나라로 하여금 노적을 거절하여 배와 군량을 절대 빌려 주
지 말게 했다……는 것이었습니다. 이어 말하기를 우리 나라가 여순
의 변란으로 군량을 운반하지 못하였는데, 금년 겨울에는 오로지 귀국
의 구제만을 믿고 있으니, 원컨대 연해변에 있는 각 고을로 하여금 양
곡을 내다 팔게 하여 얼음이 얼기 전에 섬 안으로 군량미를 운반해 주
었으면 한다 하기에, 신이 답하기를, 제가 감히 마음대로 결정할 수 없
으므로 국왕에게 아뢰겠다 했더니, 부총이 자못 불쾌한 기색이 있었습
니다. [實]

　　11月 6日: 접반사 **신계영(辛啓榮)**이 치계하였다. "부총 정룡이 파주

---

8) 『실록』 인조 11년 3월 28일에 營繕都監의 명칭을 修理所로 고친 기록이 있음.

(坡州)에 도착하였을 적에 신을 보자고 요청하더니 침방으로 데리고 들어가서 좌우 사람들을 물리치고, 병부의 차부(箚付)를 내보이며 손으로 '노역(奴逆)을 거절하라' 한 조목을 가리키면서 말하기를 이것이 나에게 소관된 것 중에서 가장 큰 일이다 하였습니다. 차부의 내용 중에 '조선국이 노적에게 핍박을 당하여 위협이 더욱 심했는데도 우리를 배반하지 않은 것은 중국 조정에서 도와준 은혜를 잊지 않았기 때문이다. 그런데 저 적이 배와 군량을 빌려 달라 하자 조선이 반은 미루고 반은 들어주었다. 그러고 보면 이번에 여순을 빼앗기고 관군(官軍)이 좌절당하였으니, 조선이 그들의 뜻에 맞추어 안전을 도모하기 위하여 배를 모두 동원해 공유덕(孔有德)·경중명(耿仲明)에게 주어 등진(登津)으로 가게 하지 않을 줄을 어찌 알겠는가' 라는 말들이 적혀 있었습니다. 신이 이르기를 '소국이 중국 조정에 대하여 군신간의 의리와 부자간의 은정이 있다는 것을 만천하가 다 아는 바이다. 그런데 불행히도 추로(醜虜)에게 핍박당하여 비록 백성을 살리기 위한 계책에서 유대 관계를 면치 못하고 있으나 벌써 사유를 갖추어 주달하였다. 소국의 군신들이 매양 병력이 약하여 의리를 내걸고 일어나 적을 무찌르지 못하고 이 노적과 같은 하늘 아래 살고 있다는 것을 매우 한스럽게 여기고 있는데, 어떻게 여순을 빼앗겼다고 하여 감히 두 마음을 품을 수가 있겠는가. 설령 나라가 넘어지는 한이 있더라도 결단코 그럴 리가 없을 것이다.' 하니, 정 부총이 말하기를 '부총 심세괴는 글을 모르는 무인인지라 지금 섬 안이 몹시 굶주려 대중의 감정이 근심 중에 있으니 만일 제때에 구제해 주지 않는다면 뜻밖의 환란이 없으리라고 보장하기 어려울 것이다. 그러니 접반사가 이 사실을 빨리 위에 알려서 그들의 위급을 구제해야 할 것이다.' 라고 하였습니다." [實]

　　12月14日: 折衝將軍(정 3품)으로 龍驤衛 副護軍이 되다.[敎-53]

인조 12년(1634) 갑술(甲戌) 59세

　　正月 7日: 折衝將軍으로 忠武衛 司直이 되다.[敎-54]

2月20日: **신계영(辛啓榮)**이 치계하기를, "부총(副摠) 정룡(程龍)이 행리(行李)에 지니고 있는 비단으로 대소미(大小米) 50석과 교환하여 바다를 건너가는 데 노자로 쓰게 해 줄 것을 요청했습니다." 하였는데, 비국이 아뢰기를, "값을 받고 양곡을 바꾸어 주는 것은 미안한 일인 듯합니다. 그리고 조정에서 일일이 지휘할 수 없는 것이니, 본도의 감사와 관향사가 편리한 대로 선처하게 하소서." 하니, 상이 따랐다. [實]

5月29日: 通政大夫로 承政院 同副承旨 知製敎 兼 經筵 參贊官 春秋館 修撰官이 되다.[實,敎-55-1]

7月13日: 通政大夫로 承政院 右副承旨 知製敎 兼 經筵 參贊官 春秋館 修撰官이 되다.[敎-56]

7月29日: 通政大夫로 承政院 同副承旨 知製敎 兼 經筵 參贊官 春秋館 修撰官이 되다.[敎-57]

8月 2日: 정원이 아뢰기를, "삼가 하교를 보건대, 전 대사헌 강석기와 전 대사간 조종호 등을 모두 삭탈 관작하여 내쫓으라고 분부하셨으므로 신들은 서로 돌아보며 경악하여 무슨 말을 해야 될지를 모르고 있습니다. 오늘날 양사의 논이야말로 한 나라의 공론에서 나온 것으로서 그 마음은 정성을 다하여 바로잡아 기필코 우리 임금을 과실이 없는 곳으로 인도하려 한 것에 불과합니다. 그런데 그만 불경(不敬)이라는 죄안(罪案)을 만들어 이렇게 극단적으로 갑자기 위엄을 가할 수 있겠습니까. 성명의 시대에 이렇듯 전에 없던 처사가 있을 줄은 미처 생각지도 못했습니다. 신들은 차라리 명령을 어긴 죄로 처벌을 받을지언정 전하로 하여금 이런 잘못된 처사를 행하여 성덕에 하자를 초래하게 하고는 싶지 않습니다. 황공하여 땅에 엎드려 감히 명을 받들지 못하겠습니다." 하니, 답하기를, "공이 있는 자에게 상을 주고 죄를 지은 자에게 벌을 가하는 것은 나라를 다스리는 큰 도구로서 사람마다 제지할 수 있는 것이 아니다. 그런데 그대들은 군상을 무시하고 대간을 구해 주느라 이미 내린 명을 즉시 봉행하지 않으니, 일이 매우 놀랍다. 이런

습관을 징계하지 않으면 임금은 위에서 손을 묶어 놓고 있고 붕당들이 아래에서 권세를 마음대로 흔들어 마침내는 반드시 말하기 어려운 일이 생길 것이다. 색승지[색승지는 김남중(金南重)이다. 이때 승지는 이경헌(李景憲)·이덕수(李德洙)·**신계영(辛啓榮)**이었고, 도승지 김수현(金壽賢)은 아직 숙배하지 않았다.]를 파직하고 서용하지 말라." 하였다. 정원이 아뢰기를, "신들이 모두 형편없는 몸으로 후설(喉舌)의 직임을 맡고 있기에 군상의 잘못된 처사를 목도하고 보잘것없는 생각이나마 말씀드리지 않을 수 없었습니다. 그런데 전하께서는 벽력같은 위엄을 누그러뜨리지 않았을 뿐 아니라 또 다시 엄한 분부를 내려 임금은 무시하고 대간을 구해 주려 한다. 고 하시니, 신하가 이런 죄를 짊어지고서 어떻게 천지 사이에서 숨을 쉬며 살겠습니까. 이는 색승지 혼자서 한 일이 아닌데 파직시키고 서용하지 말라는 명이 유독 해방(該房)에만 내렸습니다. 신들이 결코 혼자서만 모면할 수 없으니, 똑같이 벌을 내려 신하로서 불충한 자의 경계가 되게 하소서." 하니, 번거롭게 아뢰지 말라고 답하였다.

상이 하교하기를, "강석기 등을 삭출(削黜)하라는 전지(傳旨)를 여태까지 써서 들이지 않으니, 이것이 무슨 도리인가. 시종 명을 어기겠다면 그 곡절을 속히 써서 아뢰라." 하니, 정원이 아뢰기를, "강석기 등을 삭출하라는 전지를 봉입(捧入)하지 못하는 뜻은 이미 모두 진달하였기 때문에 새로 아뢸 것이 없습니다. 그리고 윤명은을 멀리 귀양보내라는 명을 감히 받들지 못하는 뜻도 전계(前啓)에서 아뢴 바와 다름없습니다. 황공하여 땅에 엎드려 만번 죽음을 기다릴 뿐입니다." 하였다. 또 하교하기를, "그대들의 처사는 무리하기 짝이 없다. 속히 써서 들이라." 하였는데, 정원이 여전히 명을 받들지 않자, 상이 노하여 하교하기를, "전부터 미안한 일이 있으면 승지가 간혹 자신의 생각을 진달하는 때는 있었지만, 시종 거역하면서 거행하지 않은 일이 있었다는 것은 듣지 못하였다. 모든 일을 임의대로 따르거나 말거나 한다면 한 승지만으로

도 나라를 다스리기에 충분할텐데 하필 관직을 나누어 설치하고 대신이나 대관을 둘 까닭이 있겠는가. 지금 전지를 받들지 않는 것이야말로 전고에 없던 변고이다. 색승지를 잡아다 국문하여 죄를 정하라." 하였다. 당시 김남중(金南重)이 파직된 뒤로 우승지 이경헌(李景憲), 우부승지 이덕수(李德洙), 동부승지 **신계영(辛啓榮)**이 서로 의논하여 아뢰었는데, 잡아들이라는 명이 내리자 모두 금부에서 대죄하였으므로 정원이 텅 비었다. 사알(司謁)이 이 일을 아뢰니, 당시 아직 숙배하지 않았던 도승지 김수현(金壽賢)을 마침내 명초하였다. 김수현이 명을 받들고 들어왔을 때는 이미 이경(二更)의 밤중이었다. 김수현이 아뢰기를, "양사의 많은 관원을 삭출하라는 명과 윤명은을 멀리 유배시키라는 분부와 색승지를 잡아들여 추문하라는 전지가 모두 하루 사이에 내려져 모든 신료들이 경악하며 두려워하고 있습니다. 지금 정원이 텅 빈 채 신 혼자만 있어 처치할 때에 어찌해야 할지 모르겠습니다. 양사의 관원이 입이 닳도록 극력 간쟁하고 후설(喉舌)의 신하가 감히 명을 받들지 못하는 것이야말로 군부를 사랑하는 정성에서 나온 것이고 그 사이에 다른 뜻이 없습니다. 그런데 일시에 모두 죄책을 받았으니, 이는 일찍이 없었던 처사일 뿐 아니라 나아가 성덕에 누를 끼칠까 두렵습니다. 삼가 원하건대 성상께서는 진노를 거두시어 아랫사람들의 마음을 편안케 하소서." 하니, 답하기를, "어제 명을 어긴 승지는 부도(不道)의 죄를 저질렀으니, 죽음을 면하기 어렵다." 하였다.[實]

 8월 3일 : 상이 하교하기를, "어제 받들지 않았던 전지를 모두 속히 써서 들이라." 하니, 김수현이 아뢰기를, "오늘 개정(開政)하라는 명이 있었으나 좌승지 오숙(吳翿)은 올라오지 않았고, 우부승지 이덕수는 색승지로서 금부에서 대죄하고 있으며, 신만이 혼자 정원에 있어 진참(進參)할 수 없으니, 우부승지 이경헌과 동부승지 신계영을 부르소서." 하자, 답하기를, "아래것들이 군상을 멸시하고 명령을 행하지 않았으니, 지금 정사를 한다 하더라도 할 만한 것이 조금도 없다. 정관(政官)은 자리를 파하고 돌려 보내라." 하였다. 이에 김수현이 크게 두려워하여 전지를 써서 들였다. 김수현이 또 아뢰기를, "정원이 텅 비었으니, 우승지 이경헌과 동부승지 신계영을 패초(牌招)하여 일을 보게 하소서." 하니, 답하기를, "아뢴 대로 하라. 그리고 신계영이 정원을 텅 비게 한 처사는 더없이 통탄스럽고 놀라우니, 파직하고 서용하지 말라." 하였다. 김수현이 또 아뢰기를, "우승지 이경헌이 '함께 벌을 받은 사람으로서 감히 들어가지 못하겠다.' 고 하니, 다시 패초하소서." 하니, 상이 또 파직을 명하였다.[實]

인조 14년(1636) 병자(丙子) 61세

호란에 남한산성에 移駕하는 임금을 호종함.[梗]

인조 15년(1637) 정축(丁丑: 崇德 2年) 62세

正月: 정축년 정월에 대가가 환도하니, 묘모(廟貌)와 궁궐이 예전과 같고 늙고 어려서 잡혀가지 않은 서울 백성이 날마다 점점 더 모여 왔다. 3월에 강도에서 패망한 세 장수를 잡아와 모두 처형하고, 전사한 군졸의 한데에 드러난 해골을 묻고 근신을 보내어 제단을 만들어 제사하게 하고, 호조 참판 **신계영(辛啓榮)**을 보내어 호조의 금 3천 냥을 가지고 심양(瀋陽)에 들어가 잡혀간 남녀를 속(贖)하여 돌아오게 하시니, 인심이 기뻐서 죽고 싶어하던 생각을 잊었다.[『仁祖大王墓誌文』]

2月 5日: 상이 호조 참의 **신계영(辛啓榮)**을 불러다 보고 일렀다. "강도(江都)의 창곡(倉穀)을 급히 수습해야 하니, 그대가 속히 가도록 하라. 그리고 공유덕(孔有德)과 경중명(耿仲明)이 바야흐로 배를 수선하러 서쪽으로 갔으니, 연해(沿海)의 제도(諸島)가 약탈당할 염려가 없지 않다. 원손(元孫)이 지금 교동(喬桐)에 있고 백성들 중에도 섬에 들어가 사는 사람이 많으니, 이 뜻을 아울러 유시하여 즉시 옮겨 피하도록 하라."[實]

閏4月 5日: 嘉善大夫(종 2품)로 陞階 받다.[敎-58-1]

閏4月 5日: 義興衛 副司果가 되다.[敎-58-2]

4月28日: 속환사(贖還使) **신계영(辛啓榮)**이 뵙기를 청하니, 상이 소견하였다. 계영이 아뢰기를, "조정에서 관향은(管餉銀) 2천 5백 냥으로 족속이 없는 백성을 속환하여 오라고 하였는데, 어제 비국의 계사를 보았더니 호종 군사의 처자로서 포로가 된 자들을 속환하라고 하였습니다. 그러나 그 수효가 아마도 7백 명은 될 듯한데 가지고 가는 것은 매우 적으니, 이것이 염려됩니다." 하니, 상이 이르기를, "그렇다면 적당하게 첨가하여 주겠다. 그리고 이미 속환한 후에도 반드시 양식을 잇대어 줄 방법이 있는 다음에야 살릴 수 있을 것이니, 이 점도 대신과 의논해 정하고서 출발하도록 하라." 하였다.[實]

6月11日: **신계영(辛啓榮)**을 속환사(贖還使)로 삼아 속(贖)하기를 바라는 사람을 거느리고 심양(瀋陽)에 가게 하였다.[實]

7月27日: 嘉善大夫로 龍驤衛 護軍이 되다.[敎-59]

8月 1日: 同知中樞府事를 제수 받음.[敎-60]

8月 8日: 承政院 左副承旨 兼 經筵 參贊官 春秋館 修撰官이 되다. [敎-61, 實]

8月23日: 承政院 左副承旨 兼 經筵 參贊官 春秋館 修撰官이 되다. [敎-62, 實]

9月 3日: 江華府 留守가 되다. [實, 敎-63]

인조 16년(1638) 무인(戊寅) 63세

正月24日: 부제학 이경석이 아뢰기를, "우리 나라가 호란(胡亂)을 치루자마자 또 섬 오랑캐의 의심할 만한 단서가 있으니, 반드시 감사는 어느 곳을 지키고 병사는 어느 곳을 지키도록 미리 구획을 요리한 뒤에야 방비할 수 있을 것입니다. 그리고 강도의 소재지는 비록 고쳐 정하기가 쉽지는 않지만 빨리 수습하지 않을 수 없습니다." 하고, 홍주(영의정 李弘胄)는 아뢰기를, "그곳의 지도를 보고 김신국의 말을 들으니, 고쳐 정하는 것이 어려워 예전대로 두느니만 못합니다. 유수 **신계영(辛啓榮)**은 일을 경험하지 않은 사람입니다. 김신국은 본디 재주와 국량이 있으니, 강도의 일을 한결같이 그에게 맡기는 것이 온당할 듯합니다.”
하니, 상이 그렇다고 하였다.[實]

正月26日: 嘉善大夫로 虎賁衛 護軍이 되다.[敎-64]

2月16일: 조정에서 바야흐로 강도를 경리하자는 의논이 있었는데, 이
홍주(李弘胄)가 김신국(金藎國)이 재주와 지혜가 남음이 있어 강도의
일을 맡길 만하다고 힘껏 진달하여 이미 그를 유수에 제수하였다. 그런
데 비국이 또 전 유수 **신계영(辛啓榮)**이 재주있는 젊은 사람이니 유임
시키는 것이 마땅하다고 하였다. 신국이 상차하기를, “상처를 어루만지
고 불탄 나머지를 수습하여 전날의 토대를 회복하는 것도 한가로운 사
무가 아니니, 신의 직명을 체차하고 전임자에게 도로 제수하소서.” 하
니, 답하기를, “비국이 아뢴 것은 닭을 잡는 데 어찌 소잡는 칼을 쓰겠
느냐는 뜻이지, 경을 불가하다고 한 것은 아니다. 사양하지 말고 속히
가도록 하라.” [實]

2月25日: 嘉善大夫로 虎賁衛 護軍 兼 五衛都摠府 副摠管이 되다.
[敎-67]

3月 5日: 兵曹參議가 되다.[敎-66]

3月20日: 兵曹參議 兼 同知義禁府事를 제수 받음.[敎-67]

3月25日: 戶曹參判 兼 同知義禁府事를 제수 받음.[敎-68]

7月19日: 戶曹參判 兼 同知義禁府事 世子右副賓客을 제수 받음.[敎
-69]

7月25日: 嘉善大夫로 戶曹參判 兼 同知義禁府事가 되다.[敎-70]

7月26日: 헌부가 아뢰기를, “근래 국가의 기강이 해이해져 공정함이
사사로움을 이기지 못합니다. 대소 신료들은 다만 자기 몸 아낄 줄만
알고 국가의 일이 위급함을 생각하지 않으니, 험하나 순탄하나 두 마음
을 먹지 않는 의리가 하나도 없습니다. 지금 재상들이 청나라에 가는
것을 사지(死地)라 여겨 사람들이 모두 싫어하고 회피합니다. 부빈객
(副賓客) **신계영(辛啓榮)**은 비록 무릎병이 있으나 새로 임명됨을 사은

숙배한 뒤에 곧바로 병을 핑계 삼았고, 비국도 따라서 허락하였으니,
비국의 유사 당상(有司堂上)을 추고하고 신계영은 파직하소서." 하니,
답하기를, "윤허하지 않는다. 신계영은 추고하라." 하였다. [實]

　12月13日: 嘉善大夫로 虎賁衛 司果가 되다.[敎-71]

인조 17년(1639) 기묘(己卯) 64세

　正月 9日: 嘉善大夫로 龍驤衛 副護軍이 되다.[敎-72]

　3月 7日: 이에 앞서 좌의정 신경진이 경연 석상에서 아뢰기를, "세
자는 지금 곧 나오게 되고 대군(大君)만 홀로 머물러 있게 되니, 모실
사람이 없어서는 안 되겠습니다. 재신(宰臣) 한 사람을 들여보내는 것
이 마땅할 듯합니다." 하니, 상이 이르기를, "다른 대신과 의논하여 처
리하라." 하였다. 뒤에 대신이 오랫동안 회계하지 않자, 상이 정원에 하
교하기를, "저번에 좌상의 계사로 인하여 다른 대신과 의논하여 처리하
라고 하였는데, 그 뒤에 전혀 가타부타 말이 없으니, 그 의도를 알지 못
하겠다. 대군은 다른 나라의 사람이 아니니, 영의정과 우의정도 생각해
야 할 것이다." 하고, 이어서 하교하기를, "재신 중에 적합한 사람을 가
려 보내라." 하였다. 영상 최명길, 우상 심열이 빈청에 나아가서 대죄하
였다. 이조에서 이행건(李行健)을 뽑아 아뢰니, 상이 고쳐 의망하도록
명하였다. 다시 변삼근(卞三近)을 뽑아 아뢰니, 부빈객(副賓客) **신계영
(辛啓榮)**이 조리하여 들어가도록 명하였다.[實]

　12月 1日: 資憲大夫(정 2품)로 知中樞府事 兼 世子左副賓客을 제수
받음.[實,敎-73]

인조 18년(1640) 경진(庚辰) 65세

　1月 2日: 좌부빈객 **신계영(辛啓榮)**이 병을 이유로 체직을 청하니, 윤
허하였다.[實]

인조 19년(1641) 신사(辛巳) 66세

　3月 3日: 嘉善大夫로 順天都護府使가 되다.[敎-74]

3月 6日: 빈객(賓客) 윤지가 이미 체직된데다가 보덕 유심까지 모친의 병으로 소장을 올려 체직되었다. 헌부가 아뢰기를, "윤지와 유심이 젊은 나이로 조정에 올라 고관 미작(高官美爵)을 지푸라기 줍듯 쉽게 하였는데도 보답할 생각은 하지 않고 심양에 들어가야 할 관리가 되자 서로 잇따라 피할 궁리를 하여 기어코 체직되고 말았습니다. 인신으로서 임금을 섬기는 도리가 과연 이와 같을 수 있겠습니까. 윤지와 유심은 부모의 나이가 모두 칠팔십 세도 되지 않았는데, 혹 일시적으로 작은 병이 있다고 하더라도 어찌 이것을 가지고 사직하여 군신의 대의를 망각할 수 있겠습니까. 멀리 귀양보내소서. 또 승지는 그 소장을 봉입(捧入)하였고, 전관(銓官)은 사정(私情)에 따라 회계하였으니, 모두 추고하소서." 하고, 또 아뢰기를, "순천 부사(順天府使) **신계영(辛啓榮)**이 전에 빈객이 되었을 때는 병을 핑계대고 교묘히 피하였는데, 지금은 풍요한 고을의 수령이 되어 그의 소원을 흡족하게 이루었습니다. 파직을 명하시어 그의 죄를 다스리소서." 하니, 답하기를, "이조의 당상과 해당 승지는 추고하고, 신계영은 체차하라." 하였다. 윤지와 유심을 먼 곳에 유배하는 일을 여러번 아뢰니, 따랐다. 마침내 윤지는 부안(扶安)에, 유심은 흥해(興海)에 정배하였다.

인조 22年(1644) 갑신(甲申: 順治 元年) 69세

正月 29日: 嘉善大夫로 義興衛 副司直이 되다.[敎-75] **신계영(辛啓榮)**을 우부빈객으로, 홍희남(洪喜男)을 지중추부사로 삼았는데 희남은 곧 왜역(倭譯)이다.

4月 29日: 世子 右副賓客을 兼하게 되다.[敎-76]

6月 24日: 비국이 아뢰기를, "**신계영(辛啓榮)**을 빈객 임광(任絖)의 대신으로 삼았는데, 요즘에 세자가 심양으로 돌아온 뒤에 들여보내라는 명이 있었습니다. 그러나 지금 여기서는 세자가 심양으로 돌아오는 것이 더딜지 빠를지를 모르므로, 기다리고 있기가 어려운 형편입니다. 신계영은 이미 떠날 준비를 차리고 있으니, 그를 먼저 보내고 김광욱은

제수한 지 오래되지 않았으니, 우선 여장을 차려서 뒤따라 가도록 하소서.” 하니, 답하기를, “임광을 금년까지 그대로 더 있게 하라.” 하였다. 임광은 성품이 본디 강경하고 정직하여 매양 세자의 허물을 간하였으므로, 세자가 자못 그를 싫어하여 임금에게 하소연하였다. 이 때문에 그는 끝내 해가 지나도록 심양에 머물게 됨을 면치 못하여 연경에서 죽었으므로 사람들이 그를 불쌍하게 여겼다.

　　7月　2日: 世子 左副賓客을 겸하게 되다.[敎-77]

　　7月　14日: 우부빈객 **신계영(辛啓榮)**이 덕산현(德山縣)에서 올라오지 않고 소를 올려 자신의 노쇠한 정상을 극력 진술하였는데, 상이 그 소를 비국에 내리니, 비국도 계영이 과연 먼 길 가는 것을 감당치 못하겠다고 하므로, 상이 체차하라고 명하여, 다시 김광욱(金光煜)으로 대신하였다.[實]

인조 25년(1647) 정해(丁亥) 72세

　　11월: 安州餞慰使가 되다 [筮]

　　12월: 호조참판이 되다 [筮]

인조 26년(1648) 무자(戊子) 73세

　　閏3月　2日: 嘉善大夫로 戶曹參判 兼 同知義禁府事를 제수 받음.[敎-79]

　　9月　21日: 五衛都摠府 副摠管을 겸하게 되다.[敎-80]

　　11월: 黃州 迎慰使가 되다 [筮]

인조 27년(1649) 기축(己丑) 74세

　　正月　15日: 全州府尹이 되다.[敎-81]

효종 元年(1650) 경인(庚寅) 75세

효종 2년(1651) 신묘(辛卯) 76세

　　봄에 전주부윤을 그만두다.(辛卯春見忤方伯許積罷歸) [梗]

효종 4년(1653) 계사(癸巳) 78세

　　8月　18日: 漢城府 左尹이 되다.[敎-82]

10月27日: 五衛都摠府 副摠管을 겸하게 되다.[敎-83]

11月 6日: 戶曹參判에 제수되다.[敎-84]

효종 5년(1654) 갑오(甲午) 79세

3月 15日: 五衛都摠府 副摠管을 겸하게 되다.[敎-85]

효종 6년(1655) 을미(乙未) 80세

2월: 致仕 還鄕하다.[梗]

2月 6日: 嘉善大夫로 龍驤衛 副護軍이 되다.[敎-86]

4月 5日: 義興衛 副司直이 되다.[敎-87]

7月 27日: 虎賁衛 副護軍이 되다.[敎-88]

8月 26日: 漢城府左尹이 되다.[敎-89]

9月 19日: 龍驤衛 副護軍이 되다.[敎-90]

11月16日: 工曹參判이 되다.[敎-91]

효종 7년(1656) 병신(丙申) 81세

이 해에 回婚禮를 올리다.[狀]

2月 2日: 忠武衛 司果가 되다.[敎-92]

2月 4日: 嘉義大夫(종 2품)로 陞階 받음.[敎-93-1,實]

2月 4日: 忠武衛 司果가 되다.[敎-93-2]

4月: 虎賁衛 副司直이 되다.[敎-94]

7月 14日: 嘉善大夫로 忠佐衛 司果가 되다.[敎-95]

효종 8년(1657) 정유(丁酉) 82세

4月 11日: 龍驤衛 副護軍이 되다.[敎-96]

현종 6년(1665) 을사(乙巳:康熙 4年) 90세

4月 14日: 영부사 이경석이 뵙기를 청하니 희정당에서 인견하였다.
경석이 먼저 머리를 감고 나서 쉰 후에 몸을 씻어서 몸에 무리가 가는
것을 방지하도록 청하였다. 또 아뢰기를, "백성들이 지금 기근에 시달
리고 있는데다가 또 성상의 거둥을 맞게 됐으니 비록 폐단을 줄이려고

애쓰고 있지만 어찌 백성들에게 폐가 미치지 않겠습니까. 마땅히 각읍의 원곡(元穀)을 방출하여 그들을 구제해야 합니다. 그리고 절부(節婦)·효자를 각도에서 매년 예조에 보고하여 정부로 보고되고 있는데, 정부에 일이 많아 거행할 겨를이 없었습니다. 다른 도는 비록 모두 시행하지 못한다 하더라도 충청도만은 거둥 시에 특별히 감사에게 명하여 사실대로 보고하게 한 다음 정문을 세워주거나 관직을 제수하고, 청백리와 전쟁에서 순절한 자의 자손에게도 모두 똑같이 포상을 시행한다면 어찌 한 도의 인심을 고무시키지 않겠습니까. 또 노인을 우대하는 은전 역시 거행하지 않을 수 없는데 인조(仁祖) 때의 구신(舊臣)이 연로하여 조정에서 물러나 지금 충청에 살고 있습니다." 하니, 상이 누구냐고 물었다. 부승지 장선징이 아뢰기를, "**신계영(辛啓榮)**이 일찍이 삼사(三司)를 거치고 전직 참판에서 물러나 예산에 살고 있습니다. 이전에는 나이 80세가 되면 가자(加資)하여 가의(嘉義)로 올랐는데 특명이 있어야만 비로소 품계를 올려 가자할 수 있습니다." 하니, 상이 고개를 끄덕였다. 경석이 또 아뢰기를, "또 조종조에서는 특별히 과거를 베풀어서 인심을 고무시켰다는 고사를 들었는데, 지금 어가가 머무를 때 특별히 시행하면 좋겠습니다." 하니, 상이 조그만 종이에 써서 올리라 명했다. 경석이 물러나 짧은 차자를 올리면서 조그만 종이에다 그가 말한 것을 죽 쓴 다음 승지에게 주어 전달하게 하니 상이 받아들였다.[實]

4月 23日: 영의정 정태화, 우의정 허적, 병조 판서 홍중보를 인견하였다. <중략> 태화가 아뢰기를, "전 참판 **신계영(辛啓榮)**은 인조조의 시종신으로 물러나 예산(禮山)에 사는데, 나이가 90에 가깝고 병으로 행궁에 나와 알현하지 못하고 있으니, 특별히 은전을 베푸셔야 할 것 같습니다. 그리고 그 나머지 연로한 사람들도 일일이 찾아봐야 하겠습니다." 하니, 상이 이르기를, "방금 감사로 하여금 부로들을 초계(抄啓)하라고 하였는데, 음식물을 넉넉하게 주어야 할 것이다." 하니, 태화가 아뢰기를, "연로한 이들에게 관직의 유무를 묻지 말고 모두 노직첩(老

職帖)을 주시면 그들의 감동과 기쁨은 반드시 음식물을 받는 것보다 배나 더 클 것입니다." 하니, 상이 이르기를, "그렇다. 신계영은 이조로 하여금 특별히 가자(加資)해 주도록 하라." 하였다.[實]

　4月 25日: 전 참판 **신계영(辛啓榮)**이, 노병(老病) 때문에 나아가 뵙지 못한다고 소를 올려 대죄(待罪)하니, 상이 너그러이 답하였다.[實]

　5月 1日: 資憲大夫로 龍驤衛 副護軍이 되다.[敎-97]

　5月 6日: 知中樞府事로 제수 되다.[敎-98, 實]

현종 7년(1666) 병오(丙午) 90세

　4월 25일: 영상 정태화, 우상 허적, 호판 정치화, 충청 감사 임의백(任義伯)을 인견하였다. <중략> 태화가 아뢰기를, "**신계영(辛啓榮)**은 인조조(仁祖朝)에 삼사(三司)에 출입했던 신하인데, 지금 나이가 아흔입니다." 하니, 허적이 아뢰기를, "이 사람은 계문하기를 기다릴 것도 없습니다." 하자, 상이 이르기를, "종 1품에 초승(超陞)하라." 하였다.(實)

현종 8년(1667) 정미(丁未) 91세

　4月 8日: 상이 행궁 편전에서 신하들을 인견했다. 판부사 **신계영(辛啓榮)**이 예산(禮山)으로부터 와서 알현했는데 당시 나이 아흔이었다. 상이 어린 환관으로 하여금 부축하여 들어오게 했는데, 계영은 무리없이 절하고 무릎을 꿇었다. 상이 이르기를, "경이 그렇게 늙은 나이로 어렵고 먼 길을 오다니, 내가 매우 기쁘다." 하니, 계영이 아뢰기를, "신이 곧 죽을 나이로 이런 대면하는 은혜를 받았으니, 지금 죽더라도 한이 없습니다." 하였다. 상이 이르기를, "경은 하고 싶은 말이 있는가?" 하니, 대답하기를, "노신은 시골에 물러나 있고 이미 망령이 들었으니, 무슨 진달할 말이 있겠습니까. 다만 듣건대 여덟 명의 간쟁하던 신하가 양이해주는 조처를 받았다고 하는데, 매우 은덕있는 일입니다. 상께서는 이들을 완전히 풀어주소서." 하였다. 상이 이르기를, "내가 경의 뜻을 모두 알았다. 조용히 생각해 보겠다." 하니, 계영이 아뢰기를,

"성상의 분부가 이와 같으시니, 매우 황감합니다." 하였다. 상이 이르기를, "경은 일어나 앉아서 나를 보도록 하라." 하니, 계영이 머리를 들고 자세히 쳐다보고, 눈물을 흘리며 나갔다.

　11月 8日: 辛義貞에게 嘉善大夫戶曹參判兼同知義禁府事五衛都摠府副摠管이 追贈되고, 辛鎭에게 資憲大夫兵曹判書兼知義禁府事가 追贈되고 辛宗遠에게 崇政大夫議政府左贊成兼判義禁府事五衛都摠府都摠管이 추증되다.[敎 -99-1,2,3]

현종 10년(1669) 기유(己酉) 94세

　5月 6日: **신계영(辛啓榮)**을 지중추로, 온양인 신한선(申翰宣)을 경릉참봉으로 삼고, 온양 노인 박춘화(朴春華) 등 15인은 자급을 올려 주었다.[實]

　예산 梧里池에서 卒

영조 45년(1770) 乾隆 34년

　判府事 辛啓榮에게 靖憲公의 諡號를 내리다.[敎-100]

3) 한시문 작품 연보[9]

(가) 成長修學期: 10대 소년기에 지어졌다고 알려진 작품들.

선조 19년(1586) 을유(乙酉) 10세

　「贈禹仁伯」[遺]

---

[9] 창작 연대는 주로 『선석유고』 해당 작품 題下 追記에서 확인할 수 있고 관련 사항은 『朝鮮王朝 實錄』 해당 기사를 통해 재확인 할 수 있다. 추정 창작 연대를 제시하고 그 근거는 『朝鮮王朝 實錄』-[實], 『仙石遺藁』-[遺] 식의 약호로 표시한다. 『선석유고』의 작품 배열이 대체적으로 시기순으로 되어 있기 때문에 정확한 제작 연대를 알수 없더라도 앞 뒤 작품의 순차 관계로 미루어 대략의 시기를 추정할 수 있다. 『선석유고』의 필사본과 석인본이 거의 같은 순차로 되어있기 때문에 뚜렷하게 근거가 있는 경우를 제외하고는 『선석유고』의 순차를 존중하였다. 순차를 바꿀 경우는 근거를 제시하였다.

선조 21년(1588) 정해(丁亥) 12세

　　「瀟湘斑竹屛」 [遺]

선조 22년(1589) 무자(戊子) 13세

　　「日本獻孔雀」 [遺]

　(나) 登第仕宦 初期：광해 11년(1619) 급제하여 승문원, 승정원 등소의
　　　관리로 일하던 기간.

광해 13년(1621) 신유(辛酉) 46세

　　봄：「路上口占」 [辛酉春上洛槐院免新後歸路作：遺]

광해 14년(1623) 임술(임술) 47세

　　「挽禹長興銓」 [壬戌年：遺]

　(다) 日本使行期10)

인조 2년(1624) 갑자(甲子) 49세

　　　8월 27일：「自忠州向水橋村馬上醉吟」

　　　8월 28일：「龍湫郵次」

　　　9월　4일：「次安東愛蓮亭圃隱先生韻」「安東愛蓮堂」「愛蓮亭聽夜雨」

　　　9월　8일：「永川道上」

　　　9월　9일：「永川別席醉贈大邱太守韓晛哉」

　　　9월 10일：「慶州鳳凰坮筵上次杜老韻」「慶州川邊別筵戲贈龍溪」

　　　9월 15일：「東萊有感」

　　　9월 17일−27일：「次嶺伯李子時令公釜山舘壁上韻」「釜山舘夜吟」

　　　9월 30일：「戠蠻夷夜泊逢風雨」

　　　10월 2일：「鰐浦急潮」

---

10) 일본 사행 기간의 창작 시기는 『東槎錄』(姜弘重)을 통해 비교적 정확히 파악할 수 있다.

10월　4일:「住吉灘」「對馬島」二首

10월 10일:「次玄方韻」「次龍溪韻」三首

10월 21일:「自馬島向一岐洋中」

10월 25일:「藍島滯雨遣悶」

11월　2일:「赤間關」

11월　6일:「自津和早發向鍋懸」

11월　7일:「霜津洋中翫月」「安德祠」

11월　8일:「牛窓本蓮寺」

11월　9일:「室津逢至日有感」二首

11월 13일:「兵庫」

11월 16일-17일:「大板江中次龍溪韻」「大板夜吟」

11월 18일:「平方舡上次龍溪韻」「次荷潭韻」「淀浦」

11월 19일:「大德寺」「大德寺詠雪」

11월 27일:「次荷潭琵琶湖韻」二首

11월 28일:「佐保山」

11월 29일:「絶通磨針二嶺」「大垣」

12월　6일:「次荷潭石嶺茶院韻」

12월　5일:「富士山」

12월　7일:「淸見寺次荷潭韻」「蟠梅」「松籬」「脩竹」

12월　8일:「早發淸見寺沿海上見風浪」「吉原路上」「三島路上」

12월　9일:「箱根嶺」

12월 10일:「早發小田向大蟻」

12월 12일:「粟川路上」「本誓寺夜吟」

12월 24일:「自江戶還向粟川」

12월 26일:「大磯道中望富山」「小田原道中」二首

12월 27일:「箱根嶺」「三島道上」

12월 28일:「吉原道上立春日有感」

인조 3년(1625) 을축(乙丑) 50세

　　　1월　5일:「赤板道上」

　　　1월　7일:「大原逢人日11)有感」

　　　1월 10일:「大津次龍溪韻」

　　　1월 21일－27일:「大板次荷潭韻」二首「大板滯雨」

　　　1월 28일:「兵庫洋中次龍溪韻」「室津」

　　　2월　8일:「--岐島滯雨」

　　　2월 15일:「對馬島次龍溪燕蛾體韻」「桑老茶室次龍溪韻」

　　(라) 本格仕宦期: 일본 사행(1625) 후 1638년 까지 10여 년 간.

인조 3년(1625) 을축(乙丑) 50세

　　　가을:「送朴大觀赴咸平」[乙丑秋: 遺]

　　　「送許沃汝啓赴高城」[乙丑: 遺]

　　　「送關東伯金尙之行」[乙丑: 遺]

인조 4년(1625)－인조 7년(1629)

　　　「次李上舍皐韻贈惠圭上人」「次西郊令丈韻」二首「月夜遣懷」「自
　　洛還鄉道中」「挽朴判書 鼎賢 夫人」「挽李咸悅 耆翊」「逢秋將還鄉
　　謾吟」「步前韻留別禹仁伯」「碧蹄站上臥病對屛間畫寓懷口占」「次
　　洪正郎子方韻」「謾吟」「次禹都事見寄韻」「詠月」「悼亡子」「待人」
　　「遣懷」「謾吟」二首

인조 7년(1629) 기사(己巳 : 崇禎 2年) 54세: 9월에 파직 당하여 이듬
　　해 4월까지 향리에 머뭄.

　　　「自洛還鄉道中」

인조 8년(1630) 경오(庚午) 55세

　　　「鎖直玉堂」[庚午: 遺]

---

11) 정월 초이레

인조 9년(1631) 신미(辛未) 56세 : 椵島[12]에 弔問 직무로 다녀옴.

　　봄:「登浮壁樓仍作舡遊」[辛未春 與箕城少尹李中甫作浿江遊 : 遺/6
월 29일: 實]

　　「駒峴路上戱占」「友蓮閣逢驟雨」「次豊川壁上韻」「廣梁[13]海村對
月」「在廣梁懷安岳遊宴」「金堂[14]峴路上次三和壁上韻」「三和酒席
醉贈龍岡太守」「殷栗景濂堂次巡相李季徽韻」「廣梁雨後」「過嘉山
郡口占」

인조 10년(1632) 임신(壬申) 57세 :

　　2월:「銅雀津口占」[參玉堂上箚被削黜還鄕 : 遺/ 2월12일: 實]

　　봄:「銅雀舡上口占」[壬申春以校理劾箚兩司被嚴遺削黜還鄕時作: 遺]

인조 14년(1636) 병자(丙子) 61세:

　　9월 초순경:「送任子瀞奉使日本」[15]

인조 15년(1637) 정축(丁丑: 崇德 2年) 62세 : 속환사로 심양에 다녀옴.

　　여름:「車輦次權上舍恌韻」[丁丑夏以贖還赴瀋陽進士權恌製述官稱
號帶行: 遺 / 6월 11일: 實]

　　「碧蹄站遺懷」[萬里歸來一病深: 작품 첫 구]

　　「白馬城伏熱驟雨」「次權製述龍灣感舊韻」「白馬城大霧」「權製述
次老杜諸將韻示之繼而和之」四首「站上覽鏡有感得容口占」「病裡戱
吟」「黃州路上次金行源韻」「次金行源叢秀山韻」

　　(마) 解職在鄕期: 인조 16년(1638)부터 인조 24년(1646)까지

인조 16년(1638) 무인(戊寅) 63세

　　暮秋:「病中遺懷」[戊寅暮秋 以戶參 患脚病 解職歸鄕: 遺]

---

12) 평안도 三和縣의 남쪽 50리 바다 가운데 있는 섬.
13) 평안도 삼화현의 서쪽 52리에 廣梁鎭이 있다.
14) 삼화현 서쪽 13리의 部曲.
15) 이 해에 任絖 (1579~1644)이 일본 수신사로 감.『丙子日本日記』를 남김.

가을:「夜枕無眠」[秋夜漫漫不일明: 작품 제2구]

　　「謝禹都事來訪」[黃花雨浥金錢濕 白屋霜嚴布被濕: 작품 頸聯]

　　「次禹都事見寄韻」[위와 같이 지어졌을 것.]

　　「謾吟」[半庭殘菊曉霜酣: 其二 終句]

　　「遣興」[庭樹葉鳴秋雨過: 其二 제 3구]

　　「聞獵魚會」[江城物色屬深秋: 작품 첫구]

　　「遣懷」[去年秋暮向南州 節序居然又一秋: 작품 首聯]

　　「曉枕聽急雨」「禹都事乘月來訪把酒以謝」「鳳首庵」

겨울:「夕望」[小橋殘雪一僧歸: 작품 제 4구]

　　「謝柹村兄來訪」[梅窓日暖披襟穩: 작품 제 5구]

　　「自嘆」[위와 같은 시기에 지어졌을 것]

　　「謝田上舍佩酒來訪」[歲暮窮村足雪霜: 작품 첫 구]

　　「次洪正郎韻」[大野荒凉鴻雁瘦 孤村廖落雪霜堆: 작품 頷聯]

인조 18년(1640) 경진(庚辰) 65세:

　「初度日酒席口占示諸公」[行年六十五星霜: 작품 제1구]

인조 19년(1641) 신사(辛巳) 66세:

　가을:「謝任禮山來訪」[居然一別已三霜 雲橫鳥嶺信書瀾: 작품 제2, 3구]

　　「酒席贈任禮山」[위와 같은 때: 濁酒黃花今日會: 작품 제3구]

　겨울:「病後述懷」

인조 20년(1642) 임오(壬午) 67세

　봄:「病裡遣懷」三首

　　「錄呈禹辛二公」二首

인조 22年(1644) 갑신(甲申) 69세

　정월:「寓在駱東雪夜苦甚遣懷錄奉李永平」

　세밑:「病餘謝禹都事來訪」

인조 24년(1646) 병술(丙戌) 71세

    暮春:「遣懷」[遺]

    겨울:「披閱靈山錄中先世遺稿以寓感舊之懷」[丙戌冬: 遺]

  (바) 再仕宦期: 인조 25년(1647)부터 효종 5년(1654)까지

인조25년(1647) 정해(丁亥) 72세

    11월에 安州餞慰使로 감

    겨울:「還洛後寄鰲村諸公」

        「安州酒筵口占」[丁亥冬: 遺]

인조 27년(1649) 기축(己丑) 74세

    이 해에 전주부윤이 되어 76세(1651) 봄까지 任所에 머뭄.

    여름:「次金士常閱波亭韻」[己丑: 遺]

효종 元年(1650) 경인(庚寅) 75세

    봄:「北辰寺上殿」

효종 3년(1652) 임진(壬辰) 77세

    겨울:「次李永平元俊見寄韻」三首

        「在完山次洪姪韻」

효종 5년(1654) 갑오(甲午) 79세

    봄:「別洪子方歸楊江」[甲午春: 遺]

        「哭鄭判書廣成挽」[鄭廣成(1576-1654)]

  (사) 致仕還鄉期: 효종 6년(1655) 이후

효종 6년(1655) 을미(乙未) 80세

    정월:「贈別關西方伯沈時甫」[沈澤 乙未 正月: 遺]

        「挽南判書銑」[南 銑(1583-1655)]

효종 7년(1656) 병신(丙申) 81세

    仲秋:「對月有懷」

    가을:「雨中口占」[丙申秋: 遺]

    섣달 그믐:「丙申歲除夜口占」

효종 8년(1657) 정유(丁酉) 82세

    正月 1일:「元朝漫吟」[丁酉春 : 遺],「元曉口占」[丁酉 : 遺]

효종 10년(1659) 기해(己亥) 84세

    가을:「秋夜謾吟」[己亥秋 : 遺],「驟雨濯熱」[己亥秋 : 遺]

현종 4년(1663) 계묘(癸卯) 88세

    六月:「老病中不堪無聊略記平生事跡梗槪」

치사환향기에 지어진 다른 작품들

    「携器之及孫兒輩步出西洞口占」「燈夕謾興」「嘆老」三首「幽居卽事」三首「贈鳳首庵白足」「苦夜長」二首「贈雄兒」「臘日」「風雪」「記夢」「贈禹都事」「夜聞雨聲無眠苦吟」「自洛還鄉新禮院道上次蔡百昌韻」「歡眼昏」「悼亡賤產」「大雪後口占」二首「卽事謾吟」二首「子婦葬日病不能往舒悲」二首「挽禹長興」「龍岩峽中」「雨中」「喜晴」「仁甫移徙散井村不堪黯然口占」「披閱靈山錄中先世遺稿以寄感舊之懷」「又次錄中韻」「夜半聞諸孫讀書聲」

4) 교유 관계[16] (가나다 순 배열)

姜栢年 (1603～1681)

    字는 叔久. 號는 雪峰, 閑溪, 聽月軒. 1627年 庭試文科에 乙科로 及第,

---

16) 주로 문집에 관련 시가 실려 있는 인물을 대상으로 하였다. 시를 수창하는 것이야말로 교유의 기본적인 사항이었기 때문에 이를 통해 선석의 교유 범위를 충분히 파악할 수 있다. 『國朝人物志』『文科榜目』 등과 『民族文化百科大事典』(정신문화연구원)을 주로 참고하였다.

正言, 掌令을 지내고 1646년 姜嬪獄事가 일어나자 副校理로 강빈의 억울
함을 호소하였다가 한 때 削職 당하였다. 1660年 승지에 오르고 禮曹參判
으로서 冬至副使가 되어 청나라에 다녀왔다. 姜栢年은 신계영을 위해 挽
詩를 지었다.

姜弘重 (1577~1642)

  본관 진주(晋州). 字는 任甫. 號는 道村 1603年(宣祖36년) 司馬試에 合
格, 1606年 式年文科에 乙科 及第, 1623年 인조 반정 후 문사랑(問事郞)으
로서 광해군 때 횡포를 자행하던 대북파를 다스렸다. 승문원 판교로 있다
가 인조 2년-3년(1624-1625) 회답부사(回答副使)로 日本에 다녀와서 군자
감정이 되어 火砲術을 전함. 강원도 관찰사, 동지의금부사, 성천부사를 거
쳤다.「次龍溪韻」3편은 일본에 종사관으로 따라갔던 신계영이 그곳에서
화답한 작품이다.

金佑明 (1619~1675)

  字는 以定. 諡號는 忠翼. 현종의 장인. 1642년 進士가 되고 강릉 參奉,
洗馬를 역임. 1659년에 즉위하자 國舅로서 淸風府院君에 봉해지고 아버지
(영의정 堉)의 대를 이어 송시열과 대립하는 漢黨의 중진이 되었다. 신계영
을 위해 挽詩를 지었다.

金宇亨 (1616~1694)

  字는 道常. 號는 寄傲堂. 本貫은 光山. 1650년 增廣文科에 丙科 及第하
여 檢閱이 되고 隸書에 능하여 숙종때 寶册을 자주 썼다. 신계영을 위해
挽詩를 지었다.

金佐明 (1616~1671)

  字는 一正. 號는 歸溪, 歸川. 本貫은 淸風으로 1633년 司馬試를 거쳐

1644년 別試文科에 丙科로 급제, 承文院에 등용된 뒤 博士, 說書를 역임했다. 그러나 1646년 兵曹佐郎으로 文科重試에 丙科에 급제한 후 修撰이 되었다가 安邊에 귀양, 1649년에 풀려났다. 효종 때 대사헌, 경기도 관찰사, 대사간, 도승지 등을 역임하고 현종 초에 공조참판이 되었다. 1662년(현종 3년) 공조판서, 예조판서, 호조판서를 역임, 같은 해 병조판서겸 수어사가 되어 병기와 군량을 충실히 하고 군사훈련을 엄격히 하였다. 호조판서 때에는 서리들의 부정이 줄고 국비를 덜어 재정을 윤활하게 하였다. 글씨에도 뛰어났다. 신계영을 위해 挽詩를 지었다.

金振遠 (1588~1656)

  자는 敬伯. 金綵가 外祖이다. 계해년에 禁錮 당함. 신계영은 그를 위해 만시를 지음.(「挽金正言」)

金孝誠 (1585~1651)

  자는 行源. 1628년 괴산 현감. 沔川 郡守를 지냄.『선석유고』에「黃州路上次金行源韻」「次金行源叢秀山韻」 두 작품이 있다.

南 銑 (15830~1655)

  호는 晦谷. 자는 택지. 金命元이 外祖이다. 이조판서를 역임하고 七道監事를 지냈다. 신계영은 그를 위해 만시를 지음.(「挽南判書 銑」)

南以雄 (1575~1648)

  자는 敵萬. 1613년(광해5년; 계축) 증광시에 급제한 뒤 여러 벼슬을 거쳐 좌의정에까지 올랐다. 仁穆王后 守陵官이었으며 振武功春城府院君에 봉해졌다. 신계영은 그를 위해 만시를 썼다.(「挽南相國 以雄」)

南龍翼 (1628~1692)

자는 雲卿. 호는 壺谷. 시호는 文憲. 1646년 진사가 되고 2년 후 庭試 문과에 급제하여 효종 초에 三司의 벼슬을 두루 지냈다. 1655년(효종 6년) 통신사 종사관으로 일본에 다녀와 사가독서하고 1656년 문과중시에 장원하였다. 좌참찬, 예문관 제학을 거쳐 1683년(숙종 9년) 예조판서에 올랐으며 1687년 兩館 대제학을 지내고 이조판서가 되었다. 1689년 기사환국으로 함경도 명천에 유배되어 그곳에서 세상을 떠났다. 문장에 능하고 글씨에 뛰어났다. 신계영을 위해 만시를 지었다.

朴安悌 (1590~1663)

자는 季順. 1621년 (광해 13년; 辛酉) 庭試 甲科에 급제한 뒤 홍문관에 있었으며 승지를 지냄. 太學 掌議로 여러 선비를 거느리고 이이첨을 論劾함.

朴安孝 (1587~?)

자는 仁伯. 1616년(광해 8년; 병진) 增廣試 丙科에 급제. 신계영은 그를 위해 輓詩를 썼다. (「挽朴永興」)

朴長遠 (1612~1671)

字는 仲久. 號는 久堂, 隰川. 本貫은 高靈. 1627年 生員이 되고 1636년 別試文科에 乙科로 及第하여 이 해에 일어난 丙子胡亂으로 외조부 沈睍을 따라 강화도에 避亂했다. 1639년 檢閱이 되고 1653년 당파싸움으로 流配되었다가 풀려나 1664년 개성부 유수로 부임 중 죽었다. 신계영을 위해 挽詩를 지었다.

朴 炡 (1596~1632)

號는 大觀. 世堂의 父. 1619년(光海君11년) 庭試 甲科에 及第, 예문관, 홍문관의 관직을 거쳤다. 37세 時, 남원부사로서 도적 白龍의 난을 진압하다 순직함. 1625년(을축) 가을 신계영은 그를 위해 「送朴大觀赴咸平」을 지었다.

白足 (생몰 미상)

예산 대술면에 있었던 鳳首庵[17]의 승려. 선석공이 낙향 시에 교유하였음. 「鳳首庵口占」과 「贈鳳首庵白足」이 이 교유의 흔적이다.

邊孝誠 (1571~1647)

호는 行源. 1637년(인조 15년;丁丑) 67세로 別試 丙科에 급제함.

沈之源 (1563~1632)

자는 源之. 선석보다 한 해 뒤인 광해12년(경신) 庭試 丙科에 급제함. 인조 4년(1626) 병인(丙寅) 51세 2월 18일에 홍문관 수찬으로 임명되는데 같은 날 선석은 필선을 제수받는다. 『선석유고』에 「洪牧沈源之來訪聯枕口占以謝」가 있음.

沈 澤 (1591~1656)

자는 施甫. 호는 翠竹. 1654년 평안감사가 되어 1656년 곽산 순시 중 별세. 명필로 일컬어짐. 『선석유고』에 「贈別關西方伯沈時甫」가 있음.

安夢尹 (1571~1650)

자는 商仰. 이괄의 난(1624)에 공을 세워 振武功臣 三等 順陽君에 封함. 1625년 숙천부사. 『선석유고』에 「順陽君壽宴次郭正宗予韻」이 있음.

吳挺一 (1610~1670)

자는 斗元. 호는 龜沙. 1627년(인조 5년) 진사가 되고 1635년 성균관 유생으로 이이, 성혼의 문묘종사 반대 상소를 하고 퇴관하였다. 효종 때에 황해도,경기도의 관찰사를 지내고 1655년 사은부사로 청나라에 다녀와 이듬

---

17) 현지인의 증언에 의하면 대술면 선석 고택(지금 사당 옆)의 뒷산에 옛부터 절이 있었다고 한다.

해 도승지가 되었다. 1657년 이조참판을 거쳐 대사헌이 되고 1663년 형조
판서에 이어 한성부판윤이 되었다가 호조판서에 올랐다. 신계영을 위해 挽
詩를 지었다.

禹仁伯 (생몰 미상)

선석공의 죽마지우. 10세 시에 이웃에 이사온 뒤로 평생을 교유한 것으
로 보임.『선석유고』의「禹都事乘月來訪把杯以謝」「次禹都事佩酒來訪」
등에서 향리에 함께 지내며 가깝게 지내는 "禹都事"가 동일인으로 보임.
또, 서울에 있는 동안「病餘謝禹都事來訪」이 지어진 것을 보면 막역한 사
이임을 짐작할 수 있다.「聞仁甫不利講經不堪缺嘆口占以慰」에서 벗의 불
운을 함께 나누거나「仁甫移徙散井村不堪黯然口占」에서 애틋한 우정을
보이는 것으로 보아 "仁甫"가 바로 우인백의 字가 아닐까 한다.

尹 鍒 (1601~1669)

신축생. 향년 69세. 자는 純甫. 인조 14년(병자) 별시 급제. 三司의 벼슬
과 육조 참판을 두루 거침. 신계영을 위해 挽詩를 지었다.

李景奭 (1595~1671)

字는 尙輔. 號는 白軒, 雙溪. 本貫은 全州. 金長生의 문인으로 1613年
(光海君5年) 進士가되어 1623년 謁聖文科 乙科에 及第, 注書 待敎를 지냈
다. 南人으로 현종이 즉위한 뒤 송시열등 西人으로부터 배척을 받았으나
왕의 총애로 유임되었다. 1649年에는 領議政에 올랐으며 1659年에는 領敦
寧府事가 되었다. 글씨에 능하였다. 신계영을 위해 挽詩를 지었다.

李敏求 (1589~1670)

호는 觀海. 晬光의 子. 1612년 增廣 文科에 壯元을 함. 李适 亂 時에는
張晩의 종사관으로 활약함.

李敏叙 (1633~1688)

字는 彝仲. 號는 西河. 本貫은 全州이며 송시열의 문인이다. 1650년 進士가 되고 1652년 增廣文科에 乙科로 及第, 檢閱, 正言, 持平을 지내고 羅州牧使를 거쳐 戶曹參議를 지냈다. 1677년 光州牧使를 지내다 1683년 知敦寧府事가 되었다. 신계영을 위해 挽詩를 지었다.

李誠國 (1575~?)

호는 梅庵. 선석의 일본 사행 시에 上舍로 갔다. 『선석유고』에 「霜津夜泊次李上舍誠國韻」이 있다.

李升亨 (생몰 미상)

실록의 관련 기사로 보건대 李升亨은 창덕궁 역사를 감독했던 공인(工人)이다. 실록의 기사를 정리하여 간단한 연보를 만들면 다음과 같다. 선조 38년 2월: 릉 개축 감역관(監役官). 동년 5월: 은진(恩津) 현감이 됨. 광해 원년(元年) 8월: 낭청으로서 승진함. 광해 4년: 전(前) 판관(判官) 이승형의 개정(改正)을 헌부(憲府)가 청함. 광해 8년 11월: 고부 군수로서 호변(虎變)의 거짓 고함에 대한 탄핵 받음. 광해 10년 4월: 유몽인이 나국(拿鞫) 시 시를 읊은 사건에 관련됨. 가비(歌婢) 은개(銀介)를 두어 『고금가사(古今歌詞)』의 노래들을 가르쳤다는 기록이 보임. 『선석유고』의 「次西郊令丈韻」 二首는 내용으로 보아 이승형이 만년에 물러나 있을 때 교유하면서 지어진 것으로 보인다.

李殷相 (1617~1678)

字는 說卿. 號는 東里. 本貫은 延安이며 송시열의 문인으로 1651년 別試文科에 乙科로 급제 1656년 文科重試에 丙科로 급제하였다. 承旨, 대사간, 都承旨등을 역임했다가 송시열이 복상문제로 流配 당하자 削黜 당했다. 신계영을 위해 만시를 지었다.

李俊耈 (1609~1676)

字는 子喬. 洪霙의 문인으로 송시열과 함께 西人의 한 사람이다. 송시열과 함께 朞年說(만1년)을 주장하여 이를 실시하였다. 1637년 庭試文科에 丙科로 급제, 1652년 弼善이 되고 1657년 冬至겸 謝恩使의 書狀官으로 청나라에 갔다가 이듬해 돌아와 司諫이 되었다. 1674년 제2차 禮訟論爭이 일어나자 南人의 기년설과 대항하여 파직되었다. 신계영을 위해 挽詩를 지었다.

李弘淵 (1613~1683)

字는 靜伯. 號는 三竹. 本貫은 韓山이며 西人의 인맥은 아니였으나 1675년 西人이 失脚하고 金壽恒이 流配당하자 이를 변호하다가 削職당하고 1680년 許穆등의 南人을 숙청하는데 앞장 선 것을 보면 서인 계통임을 추정할 수 있다. 1636년 洗馬를 거쳐 侍直이 되었고 이듬해 庭試 文科에 乙科로 及第하였다. 충청도 관찰사, 의금부 당상관, 대사간등을 역임하였다. 신계영을 위해 挽詩를 지었다.

任絖 (1579~1644)

字는 子瀞. 號는 豊川, 또는 三休菴. 1609年(光海君1년) 司馬試에 合格, 성균관 재사로 이름을 날렸으나 대북의 난(유도치의 난)으로 낙향. 1623年 인조반정으로 순릉참봉, 이듬해 別試文科 甲科에 及第, 1642年 황해도관찰사를 거쳐 도승지를 역임. 1643年 左副賓客으로 심양에 들어간 소현세자를 수행하러 가서 그 곳에서 죽었다. 「送任子瀞奉使日本」은 任絖 (1579~1644)이 일본 수신사로 갈 때 지어준 시. 任絖은 『丙子日本日記』를 남김.

鄭廣成 (157~1654)

호는 濟谷. 자는 壽伯. 1603년(癸卯)에 식년시 병과에 급제하여 예문관, 홍문관의 벼슬을 역임하고 형조판서까지 되었다. 太和, 致和, 萬和의 세

아들이 있다. 선석은 그를 위해 만시를 지었다.(「哭鄭判書挽」)

鄭知和 (1613～1688)

字는 禮卿. 號는 南谷, 谷口. 本貫은 東萊이며 송시열의 직접적인 문인은 아니였으나 송시열의 追罪가 논의되자 이를 반대하였으며 제2차 禮訟論爭이 일어나 서인이 화를 입는 것에 맹렬히 반대한 것에서 서인 계통임을 추정 할 수 있다. 1637년 齊陵參奉이 되고 이해 別試문과에 장원, 이듬해 副修撰을 거쳐 原州牧使, 承旨, 대사간등을 역임했다. 신계영을 위해 挽詩를 지었다.

鄭致和 (1609～1677)

형조판서 廣成의 아들. 영의정 太和의 동생. 1628년 별시문과 을과에 급제한 뒤 검열이 되고 충청도 암행어사로 나갔다가 1636년 봉림대군(뒤의 효종)을 호종하고 돌아와 1642년 동래부사가 되었다. 1667년 우의정이 되고 동지사로 청나라에 다녀와 1668년 좌의정에 올랐다. 신계영을 위해 挽詩를 지었다.

趙復陽(1609～1671)

字는 仲初. 號는 松谷. 김상헌의 문인이다. 1633년 司馬試에 합격하고 1638년 庭試文科에 丙科로 及第하여 1640년 檢閱이 된 후 1657년 侍講官으로『樂章玉冊敎文』을 찬했다. 禮曹參判, 副提學등을 역임하고 1668년 예조판서로 대제학을 겸했다. 신계영을 위해 挽詩를 지었다.

曹文秀 (1590～1645)

경인생. 향년 56세. 자는 子實. 인조 2년 (갑자) 庭試 을과 급제. 홍문관과 호조의 벼슬을 지냄. 시호 夏寧君. 글씨로 이름이 났다.『선석유고』에「贈曹子實文秀令公赴寧海」가 있음.

崔惠吉 (1591~1662)

호는 柳下. 鳴吉의 아우. 1641년 右副賓客으로 審陽에 갔고, 1644년 冬至兼歲幣使가 됨. 1653년 영해부사, 강원도 관찰사 1655년 개성 유수를 역임함.『선석유고』에 「箕城次崔子迪令公韻」이 있음.

韓壽遠 (1602~1669)

자는 子耆. 金長生과 鄭曄의 문인으로 1633년 生員 進士 양과에 합격하고 예산 현감을 지냈다.『선석유고』에 「謝地主來訪」이 있음.

洪柱元 (1606~1672)

字는 建中. 號는 無何翁. 1623년 貞明公主와 결혼하여 永安尉에 封해졌고 1647년 謝恩使로 청나라에 가서 時憲曆을 구입해 新式曆法의 시행을 건의하였다. 成渾등을 변호하다 좌천된 洪履祥의 손자이다. 신계영을 위해 挽詩를 지었다.

洪柱一 (1604~1662)

자는 一之. 호는 玄塘. 大司憲 霫의 子. 1630년 진사에 오르고 1637년 배천 군수, 1660년 남원 부사를 지냈다.

洪柱國 (1623~1680)

자는 國卿. 호는 泛翁. 1648년(인조 26년) 진사가 되고 1662년(현종 3년) 증광문과에 병과로 급제, 주서,지평 등을 거쳐 1671년 부응교가 되고 이어 세자시강원의 벼슬을 지냈다. 1674년(숙종 즉위년) 제2차 복상문제 때 남인들의 탄핵을 받아 파직 당하였다가 1679년 경신대출척으로 안악현감에 기용되었다. 신계영을 위해 挽詩를 지었다.

洪 憲 (1585~1672)

字는 正伯. 號는 沙村, 默好, 銀溪. 本貫은 南陽이며 貞孝公 洪曇의 손자이다. 정여립의 일파로 몰려 유배를 당한 洪宗祿의 아들이다. 1609년 成均館에 입학하여 1616년 謁聖文科에 丙科로 及第, 1618년 注書, 이듬해 奉敎가 되고 강원도 관찰사와 同知中樞府事를 역임했다. 신계영의 표종제이다.

3. 「월선헌십륙경가」의 생성 배경

1) 17세기 가사로서의 「월선헌십륙경가」

　임란 직후에 「고공가」, 「고공답주인가」가 지어졌고, 박인로(1561-1642)의 「태평사」(1598), 「선상탄」(1605), 「사제곡」(1611), 「누항사」(1611)등 대표작이 또한 지어졌으며 崔晛(1563-1640)의 임란 소재 가사 「용사음」(1594-1597), 「명월음」(1594-1597)이 지어지기도 했다. 李偅(1540-1618)은 안주 백상루를 제재로 하여 「백상루별곡」(1595)을 지었으며 김득연(1555-1637)이 경북 안동에서 「지수정가」(1615)를 지었다. 忍齋 洪暹(연산군10;1504-명종13;1558)이 「원분가」를 지어 유배가사의 맥을 이었으며 조우인(1561-1625) 역시 송강을 의방하여 「관동속별곡」(1621-1623)을 지은 외에 「출새곡」(1616), 「자도사」(1623), 「매호별곡」(1624) 등을 남겼다. 그 뒤 이옥(1641-1698)의 「청회별곡」, 김기홍(1635-1701)의 「채미가」・「농부사」(1680), 노명선(1647-1715)의 「천풍가」(1698경), 윤이후(1636-1699)의 「일민가」(1698) 같은 강호가사 계열의 작품이 계속 지어지고, 임유후(1601-1673)의 「목동문답가」(1662 경)와 같은 새로운 형식이 시험되며, 「남초가」(1666 경)처럼 새로운 문물에 대한 반응을 가사로 노래하며, 기행의 폭을 넓혀 「연행별곡」(1693)이나 「서정별곡」(1694) 등이 나타나며, 한편 불승 침굉에 의한 불교

가사들이 지어지기도 했다. 주로 중앙의 양반 관료 출신이 작자층을 이루었던 16세기에 비할 때, 작가층이 지방으로 확산되며, 16세기에 시험한 여러 가지 향유 방식이 재확인되면서 새로운 향유 방식을 모색하는 움직임을 읽을 수 있다.

17세기 가사의 향유 방식은 다음의 네 가지로 요약할 수 있다. 첫째, 16세기에 통용되던 연행 방식이 그대로 유지되는 경우-진작 형식의 가창, 또는 단락을 나누어, 반복되는 동일한 악단을 중첩하여 하나의 장형시가를 노래하는 연장체의 방식이 이 경우에 해당하겠다. 16세기 말에 이루어진 「서호별곡」에 三腔八葉의 악조 표시가 되어있어 이 방식의 대표적인 사례임을 알 수 있는데 이런 뚜렷한 악조 표시는 거문고같은 사대부들이 애호하던 악기와 관련된 연행방식을 시사한다 . 둘째, 위의 방식을 벗어나 경쾌하고 빠른 율조의 새로운 곡태를 지향하는 경우-차천로 작으로 비정된 「강촌별곡」이나 허균의 첩 무옥이 지었다고하는 「원부사」 같은 경우-이 변환의 향방은 기녀 유연등과 같은 놀이문화의 확산에 따른 보다 유락적인 쪽을 지향한다고 볼 수 있다. 세째, 한시 악부 등의 가창을 통한 갈래의 확장이 있다. 여기에 관여하는 작품들은 새로운 현실 인식이나 새로운 관습(기녀 유연의 보편화)을 반영하는 것들이다. 이 방향의 귀결이 『십이가사』 가운데 「죽지사」 「양양가」 같은 한시 가창 유형으로 모아지는 것이라 할 수 있는데, 이들의 악조적 특징이 민요의 성향을 띤다는 사실[18]은, 정격 가창에서 보다 손쉽고 제약이 덜어진 가창 방식을 모색하는 데로 나아가는 국문시가 연행의 발전 방향과 일치한다. 네째, 18세기 이후의 장편가사, 그리고 오늘날 특히 여성가사에서 전승이 유지되고 있는, 가창과는 별개의 음영 방식이 지속적으로 그 면모를 유지해 오고 있었다. 신계영(1577-1669)의 「월선헌십륙경가」(1655)는 이런 움직임의 한 가운데에서 이루어지면서

---

18) 「죽지사」는 아악과 민속악(남도 지방)의 搖聲法을 섞어 쓰며 「양양가」는 아악과 민속악의 요성법을 섞어 쓰되 그 요성법과 자리는 서도 소리에 가깝다. (장사훈, 「십이가사의 음악적 특징」, 『한국 전통음악의 연구』, 보진재,1975, 316-317면.)

사대부 가사의 대표적 연행 방식인 첫 번째 방식의 흔적을 내보이고 있다.

선석공 자신이 거문고 음률에 익숙한 모습은 다름 아닌 『仙石遺藁』의 행장 안에서 찾아볼 수 있다. "仙石公 晚年 歸臥禮山梧里池松楸之鄕 以觴詠琴歌 自爲樂娛"의 대목에서 거문고 애호를 짐작할 수 있다. 또, 「田園四時歌의 夏景에서 "아해야 계면조 불러라" 나 "거문고 노라라" 같은 구절에서는 구체적인 음조나 연행 정황이 제시되어 있어 선석공이 실제로 거문고를 수반한 가창을 즐겼음을 알 수 있다. 또한, 「월선헌십륙경가」가 16경의 분단으로 나뉘어 해당 악절에 올리어 불리었음을 알 수 있을뿐만 아니라 종결부의 관례적 어구인 "草堂(초당) 煙月(연월)의 시름업시 누워 이셔/ 村酒(촌주) 江魚(강어)로 終日醉(종일취)롤 願(원)ᄒ노라/ 이 몸이 이러구롬도 亦君恩(역군은) 이삿다" 에서는 「면앙정가」에서부터 이어져 내려오는 종결 악구(이를 윤이후(1636-1699)의 「일민가」에서는 "餘音"이라 명명하고 있다.)의 흔적을 볼 수 있다.

여기에다 「월선헌십륙경가」나 四時歌의 주제가 "생활시"의 면모를 보이고 있음을 통해 선석공이 당대의 가사 향유에 깊은 관심과 애호를 지녔을 뿐만 아니라 가사의 새로운 주제 수용에도 적극적인 자세를 보였음을 알 수 있다. 관직 생활 기간의 활동을 통해서도 선석공의 실제를 존중하는 합리적인 자세를 볼 수 있었고 향리에 있는 동안에 "栽花種竹爲山林經濟" 하거나 "一家諸人 有事變節疑懷者 輒來稟質於公"한 행적에서도 실생활과 긴밀한 관련을 지닌 사고의 흔적을 읽을 수 있다. 비슷한 시기의 孤山이 지녔던 풍모를 반추케하는 선석공의 생활 자세는 孤山과 마찬가지의 질박한 언어미로 귀결하였다고 볼 수 있다. 17세기 시가의 "생활시"적 면모가 다음 시기의 "생활시"에 끼친 영향을 생각해 보면 선석공의 가사 창작은 단순한 음풍농월의 차원이 아니라 당대의 시대 조류를 잘 파악한 위에서 행해진 문학사적 의미를 지니는 것이라 아니할 수 없다.

선석공이 가사 작자로서 이런 뚜렷한 자세를 지니게 된데에는 가사 향유의 지방화라는 당대의 조류에 영향 받은 부분도 있고 중앙의 관료로 활동하면서 교유하는 어간에 당대의 가사 향유 관습에 익숙해진 부분[19]도 있겠지만, 한편 「원분가」의 작자인 洪 暹이 외가의 가계로 연결된다는 사항도 큰 작용을 했을 것이다. 洪 暹은 頤菴 宋 寅이 경영하던 "水月亭 詩壇"[20]에도 참여했으니 「水月亭歌」와 같은 서경가사에도 익숙했을 것이고 그 내력이 仙石에게까지 전해 내려왔을 것이다.

이 밖에 가사 문학 발전에 있어 강호가사의 계열을 잇는 면모를 확인할 수 있다. 16세기 강호가사 계열의 대표적인 두 작품 「면앙정가」와 「성산별곡」이 시상 전개나 어구 사용에 있어 비슷한 특징을 보임은 이미 지적된 바 있는데 그 특징을 요약하면 첫째, 사계를 기준으로 한 景의 배열 방식 둘째, 「俛仰亭三十詠」이나 「息影亭三十詠」 같은 한시 집영과의 주제적 관련 셋째, 강호가사 유형 성립의 기반이 되는 어구의 공유[21] 등을 들 수

---

19) 『선석유고』의 행장에 "인척(姻戚) 중에 북인(北人)에게 붙은 자가 승문원 정자(承文院正字)가 되어서 바야흐로 잔치를 베풀어 사람들이 많이 모였는데 공을 대하여 교만한 기색이 있었다. 이에 공은 「도리고송가(桃李孤松歌)」를 지어서 말하기를, "무성하게 핀 도리화(桃李花)야, 외로운 소나무를 비웃지 말라. 잠시동안 봄을 만나 저와 같이 화려하나, 결국에 풍상이 섞어 치면 누가 홀로 푸른 모습을 하겠는가."라고 하고 문득 술을 한잔 마시고 가버리자 이를 들은 사람들이 두려워서 숨을 죽였다."는 대목으로 보아 선석공의 시가에 대한 조예는 일찍서부터 가다듬어진 듯하다.

20) 시단이라는 용어는 정자 중심의 문예 활동에 붙일 수 있는 일반화된 말인데 그 요건은 평상적인 한시 수창 외에 관습화 된 집영시가 있어야함은 물론 서경 주제의 가사,시조를 갖추어야 한다. "水月亭八詠"과 "水月亭歌" 그리고 송인의 시조 작품이 그 요건을 충족하고 있다.

21) 다음과 같은 사례를 들 수 있다. (앞 부분은 「월선헌십육경가」; ▶뒤의 星=「성산별곡」, 俛=「면앙정가」)

013 寂寞흔 荒村애 ▶星 05 적막한 산중의

027 이바 아히들아 쇼 죠히 머겨스라 ▶星 50 청강녹초변의 쇼머기눈 아히들이

038 모드락 홋드락 ▶俛 16 안즈락 느리락 모드락 홋트락

044 驕慢흔 굇고리 끼올 줄이 무스 일고 ▶星 27 절 아눈 굇고리눈

047 烏棲山 두렷흔 峯 半空의 다하시니 ▶星 54 반공의 소소 뜰 둧

051 梧桐 닙히 디고 횐 이슬 서리 되니 ▶오동 서리둘이

054 東녁 두던 밧긔 크나 큰 너븐 들희 ▶俛 12 정자 압 너븐 들희

055 萬頃黃雲이 ▶俛 45 황운은 쏘 엇디 만경의 펴겨 디오

058 술이 니글션정 버디야 업술소냐 ▶俛 63 술이 닉어거니 벗지라 업슬소냐

069 野堂 江村을 瓊瑤로 쑤며시니 ▶俛 49 瓊宮瑤臺 星 67 瓊瑤窟 銀世界룰

있는데 「월선헌십륙경가」는 이 세 가지 요인을 충족시키고 있다. 아마도
강호가사 유형의 확산적 파급에 영향 받았을 이런 특징의 공유는 선석공
이 두 선행 작품을 수용했음을 암시할 뿐만 아니라 정자를 중심으로 하는
일종의 시단에서의 가사 연행을 향유 관습으로 하는 17세기 가사 향유에
선석공이 적극 참여하고 있음을 말해주고 있다.『선석유고』의 월선헌 소재
한시 수창은 월선헌을 중심으로 한 작은 시단[22]이 성립하였음을 말해 주고
있고 월선헌을 소재로 한「월선헌십륙경가」와「田園四時歌」는 여타 정자
중심의 시단에서 행해지는 국문시가 향유의 틀을 지키고 있기 때문이다.「월
선헌십륙경가」와「田園四時歌」에서 되풀이되어 나타나는 유사 어구[23]의

---

070 造化 헌스혼 줄 이제야 더 알 비라 ▶伬 48 조믈리 헌스ᄒ야
071 天氣 凜烈ᄒ야 氷雪이 싸혀시니 ▶伬 49 氷雪로 쑤며내니
100 千巖萬壑의 슬크지 볼가시니 ▶伬 43 千巖萬壑이
101 檀臺 늘근 솔이 가지롤 혜리로다 ▶星 46 짝 마존 늘근 솔란
113 李謫仙 이러ᄒ야 둘을 보고 밋치둧다 ▶伬 73 이태백이 사라오다　星 58 하늘의
도단 둘이 星 59 적선이 헌스흘샤
123 이 몸이 이러 구롬도 亦君恩이샷다 ▶伬 75 이몸이 이렁 굼도 역군은이샷다

22) "월선헌 시단"의 구성원을 추정할 수 있는 단서는『선석유고』에 있는 唱和詩 가운데에서
특히 월선헌을 중심으로 이루어진 다음과 같은 작품들에서 잡을 수 있다.
「謝禹都事來訪」「次禹都事遣寄韻」「謝田上舍佩酒來訪」「次洪正郎韻」「聞獵魚會」「謝
任禮山來訪」「禹都事乘月來訪把酒以謝」「在洛寄湖鄕親舊」「贈禹都事」「次枾村兄見
寄」「次白橋韻」「初度日酒席口占」「次禹都事佩酒來訪」「錄呈禹辛二公」「次洪白川韻」
「朴修撰先向湖鄕口占謝之」「病餘謝禹都事來訪」「洪牧沈源之來訪聯枕口占」「聞仁甫下第
而還口占以慰」「贈鳳首庵白足」
23) 사계 별로 다음과 같은 사례를 볼 수 있다.(앞은「전원사시가」; ▶ 뒤는「월선헌십륙경가」)
<春景>
봄날이 점점 기니 殘雪이 다 녹겄다 ▶41 白日이 漸漸 기니
梅花는 밭서 지고 버들가지 누르럿다 ▶41 殘花ᄂ 볼셔 디고
아해야 울 잘 고치고 菜田 갈게 하야라 ▶26 藥圃山田을 하매면 가리로다
陽坡에 풀이 기니 봄빛이 늦어있다 ▶22 陽坡ᄀᄂ 풀이, 52　秋色이 느져 잇다
아해야 소 좋이 먹여 논밧 갈게 하야랴 ▶26 아희들아 쇼 죠히 머겨스라
<夏景>
殘花 다 진 後에 綠陰이 깊퍼간다 ▶41 殘花ᄂ 볼셔 디고
白日孤村에 낫닭의 소래노다 ▶41 白日이 漸漸 기니
園林 寂寞ᄒ터 北窓을 빗겨시니 ▶107 寂寞히 다든 문애
거문고 노라라 낫줌을 ᄶ와괴야 ▶43 낫줌을 잠깐 드니, 44 ᄶ오올 줄이 무스 일고

면모는 바로 이 향유 관습의 흔적으로 보아야 할 것이다.

2) 서경 방식을 통해 본 「월선헌십륙경가」의 구조
ㅡ十六景의 재구성ㅡ

   아래 도표와 같이 「월선헌십륙경가」의 단락 별로 해당 경을 추정하여
총 32경을 골라냈다. 각 경의 표제어는 가사 본문의 주제어를 중심으로 하
고 다른 집영시의 선례를 참조하여 만들었다. 서경가사의 일반적인 성향
대로 四時를 바탕으로 작품이 전개되는데 春景 6경, 夏景 7경, 秋景 5경,
冬景 14경으로 배분되어 있다. 동경이 확대된 것은 서술 시점이 10월(초동)
이기 때문일 것이다. 우선, 四時를 큰 줄거리로 함은 다른 집영시에서도 일
반화된 방식으로 개별 경의 독립성을 보존하면서, 자연 경관의 전체상 제
시라는 본 의도에 부합하는 방향으로 개별 경을 재조합하는 방식으로 이루
어진다. 재조합의 방식으로 흔히 쓰이는 것은 사시(四時)의 대입이다.[24] 사
시(四時)의 대입은 작품 안에서 전개되는 시간대가 시원적 시간대라는 인
식의 반영이기도 하다. 하늘을 우러러보고 땅을 굽어본 누정의 유관자(遊
觀者)는 천지만물의 물상을 취승(聚勝)[25]으로 온전히 수습하여, 우주가 운
행되는 본원적 시공에 참여하게 된다. 그는 관람 중에 들어오는 전경(前景)
에서, 사시조모(四時朝暮)에 따라 천변만화하는 시물(時物)의 추이까지 고

<秋景>
흰이슬 서리 되니 가을이 늦어있다 ▶51 흰 이슬 서리 되니, ▶52 秋色이 느껴 잇다
긴들 黃雲이 한 빛이 되겄고나 ▶55 萬頃黃雲이 ᄒᆞᆫ 빗치 되야 잇다
東籬에 菊花 피니 重陽이 거의로다 ▶56 重陽이 거의로다
<冬景>
北風이 높이 부니 앞 뫼해 눈이 진다 ▶65 北風이 노피 부니 ▶66 暮雪이 ᄂᆞ니더니
茅簷 찬 빛이 夕陽이 거의로다 ▶109 茅齋예 빗친 빗치, ▶56 重陽이 거의로다

24) 윤덕진, 「가사의 서경 방식과 양식적 본질」, 『동방고전문학』 제3집, 2001.
25) 취승은 누정에 오르면 활연한 시야에 가득 차는 景象이 누정을 향해 몰려오는 듯하여 한
　　자리에서 萬景을 걷우어 모아 즐길 수 있다는 일종의 遊觀이다.(김은미, 『조선 초기 누정
　　기 연구』, 이화여대 박사 논문, 1992, 68면.)

려하고 있다. 순간적 정태상을 넘어서,영원한 동태상으로 파악된 경관은 실경의 완벽한 포착을 가능하게 한다.[26]누정에 천지만물이 현현하는 우주 공간이 도입되면 시간은 사시(四時)가 운행되는 우주의 시간으로 전환된다. 월선헌에서는 이 취승의 경험이 이루어졌었고 그것의 한시나 시조 가사로의 표출이 시도되었었다고 볼 수 있다.

행 분류	주제어	경의 수	표제어(가칭)	경 종류	비고
001~004	千丈紅塵		歸去來 1		서사
115~014	明時, 負譴		歸去來 2		
015~020	小堂, 勝趣		築月先軒		
021~026	양파 マ난 풀, 느즌 빗발, 藥圃山田	3景	陽坡細草/江城晚雨/耕耘藥圃	春景	
027~030	西窓, 亂峯	1景	西窓亂峰	春景	
031~034	長松, 포기마다 고지 픠니, 爛漫호 春光	2景	松間叢花/爛漫春光	春景	
035~040	金烏山, 靑嵐	2景	金烏連峰/翠黛靑嵐	夏景	
041~046	長堤嫩葉,驕慢호 굇고리,牧笛三弄聲	3景	長堤嫩葉/驕鶯覺眠/牧笛助興	夏景	
047~050	烏棲山 두렷호 峯, 朝暮애 줌긴 안개	2景	烏棲奇峰/朝暮沈霧	夏景	
051~053	西潭, 秋色	1景	西潭秋色	秋景	본사
054~064	萬頃黃雲, 重陽, 니노리, 밤블, 게 잡는 아히돌, 狐頭浦, 아젹 믈	4景	萬頃黃雲/重陽川獵/捕蟹夜火/狐頭早朝	秋景	
065~070	北風,暮雪,峰巒,白玉,野堂,瓊瑤	3景	北風暮雪/白玉峰巒/野堂瓊瑤	冬景	
071~075	梅花, 暗香, 재 우희 셔 있는 솔, 歲寒	2景	梅花暗香/歲寒靑松	冬景	
076~080	竹林, 서리, 淸香, 世念이 그처시니	2景	竹林凝霜/淸香靜慮	冬景	
081~087	柴門,섯귄 니, 石門 노픈 峯, 夕陽	2景	柴門疎霞/石門夕陽	冬景	
088~092	斜浦 긴 드리, 龍山,磬子)	2景	斜浦長橋/龍山磬聲	冬景	
093~097	江橋, 瞑色, 脩竹, 돌빗	1景	江橋瞑色,倚竹對月	冬景	
098~105	氷輪, 몰곤 빗, 丹臺 늘근 솔, 東峰 도든 돌, 簷楹	2景	氷輪淸光/月照簷楹	冬景	
106~113	淸景, 茅齋, 淸樽, 逸興		月影酬酌		
114~118	景物, 翫賞, 白髮		江湖閑情1		결사
119~123	江湖, 煙月, 終日醉		江湖閑情2		

---

26) 김은미, 위의 논문, 74면.

그런데 여느 정자 중심의 집영시처럼 「월선헌십륙경」 한시가 존재하지 않음은 무슨 까닭일까? 현존 『선석유고』의 상태를 볼 때 거의 전 생애의 시를 망라하고 있고 그 배열도 시기 별로 균정한 것을 보면 「월선헌십륙경」 한시가 있었다면 반드시 실렸을텐데 빠진 것을 보면 원래부터 한시는 없지 않았는가하는 의문이 든다. 대신, 『선석유고』 소재 한시에는 위의 여러 경에 대응하는 주제가 군데군데 존재한다.[27] 가사로만 집영하고 한시로 집영이 성립하지 않았다는 것은 월선헌 시단의 규모가 크지 않았다는데 기인할 것이다. 시단이 이루어지려면 참여하는 인원이 다양해야 하는데 『선석유고』에 실려 있는 월선헌 중심 酬唱의 규모를 보면 인원이 적고 참여 범위도 지근한 데로 제한되어 있음을 본다. 결국 월선헌 시단은 선석을 중심으로한 개인적인 규모에 머물렀고 그 때문에 집단 수창의 결과물인 집영 한시는 성립될 수 없었고 대신 개인적 서정을 토로하기에 적절한 가사와 시조가 채택되었다고 볼 수 있다. 비록 국문 시가의 경우이지만 당대의 집영시 관습에 익숙한 선석공은 그 방식을 모의하고 싶었을테고 또는 집영시가 가사의 서경으로 연결되는 선례를 따르고도 싶었을 것이다.

이상과 같이 검토해본 결과 월선헌에 작은 규모의 시단이 성립했을 가능성을 짚어볼 수 있고 이미 16세기에 정자 중심의 시단에서 한시 집영의 부대물로서 시조 가사가 이루어진 관례를 「월선헌십륙경가」가 이어받고 있음도 추정할 수 있다. 「월선헌십륙경가」와 「田園四時歌」는 생활시적 면모를 뚜렷하게 보이고 있는데 이 특징은 선석이 당대 국문시가의 조류를 잘

---

27) 아래와 같은 詩題는 개별 경으로 독립할 가능성을 보인다.
「月夜遺懷」「鳳首庵」「夜枕無眠」「夕望」「秋日遺懷」「秋日酒闌勸飮座上」「月夜謾吟」「雪後漫吟」「秋夜有感」
또, 다음과 같이 월선헌 부근 지명이 시 속에 나타나는 것을 선석 한시의 사실적 성향이 강화됨으로 볼 수도 있지만 한편, 이 지명을 중심으로한 개별 경의 가능성을 보임으로 파악할 수 있다. : 江流遠挹狐頭去 山勢雄分鳳首來 (「重陽登高」 其二) 可憐孤枕還鄕夢 幾渡狐頭浦上橋 (「寓在駱東雪夜苦甚遺懷錄奉李永平」) 僧自狐頭至 仍催鳳首歸 (「贈鳳首庵白足」)
多情初桂魄 偏照月先堂 (「謾吟」 其二) 步出西潭洞 冠童四吾隨 (「携孫兒輩步出西洞」)

파악하고 있었던 뛰어난 가사 향유자였음을 말해준다. 선석이 이런 기량을 지니게 된데에는 선행 서경가사인 「면앙정가」와 「성산별곡」의 수용이 크게 작용하였음을 어구 공유를 통해 알 수 있다. 한편, 「원분가」의 작자인 洪 暹이 외종조부라는 특수한 사실이 이 작가에게 끼친 영향도 부인할 수 없다.

16경을 재구성하는 작업은 선행 집영시의 관례를 따라 이루어졌는데 한 강 변의 부마 별업을 중심으로 번다히 이루어진 "수월정 시단"이 집영시만을 남겨놓고 「수월정가」가 망실된 것과는 대조적으로 가사만 남고 집영시는 존재하지 않는 "월선헌 시단"의 특색은 지방에 편재한 소규모 시단이었기에 나타난 것으로 본다. 그렇다고 한다면 서경가사가 집영시의 범주를 벗어나 국문시가 독자의 권역에서 이루어지는 다음 단계를 짚어보는데에 「월선헌십륙경가」와 같은 지방 시단의 가사를 살펴보는 일이 중요한 의미를 지니게 됨도 알 수 있다.

3) 「월선헌십륙경가」의 문학사적 의의
—내포지역[28] 국문시가로서의 위치—

내포(內浦) 지역은 충남의 공주 서쪽 아산만 인접 일원을 일컫는 문화지

---

28) 내포(內浦)는 바다가 육지 사이로 길게 밀고 들어온 지역을 가르키는 범칭이다. 우리나라에 여러 군데 내포라는 지명이 보이지만 보통은 금강 상류의 내포평야를 가르킬 때 쓰이거나 시조의 향제 유파의 한 가지를 가르킬 때 쓰인다. 이렇게 충청도 지역을 총괄해서 부르는 유래는 『택리지』에 나오는 "충청도는 내포(內浦)를 제일 좋은 곳으로 삼는다. 공주에서 서북 쪽으로 이 백리 지점에 가야산이 있고 서쪽은 큰 바다요, 북쪽은 경기도의 해읍과 한 큰 만을 사이에 두고 있는데 곧 서해가 쑥 들어온 것이다. 동쪽은 대평야를 이루고 평야 안에 또 큰 포구가 있는데 유궁진(由宮津)이라고 한다. 만조를 기다리지 아니하면 배를 사용할 수가 없다. 남쪽에 떨어져있는 오서산(烏棲山)은 가야산에서 따라온 지맥인데 다만 이 산 동남을 따라 공주와 통한다. 가야산 둘레의 10현을 총칭하여 내포라 한다."라 했을 때의 보령, 결성, 해미, 태안, 서산, 면천, 당진, 아산, 홍주, 덕산, 예산 등지를 총괄해 부른데에 있다.

리적 명칭이다. 물산이 풍부한 바탕 위에서 이른바 "양반골"로 불리우는 문화적 독자성을 일찍이서부터 확보하고 있었다. 서울에서 호남으로 가는 길목에 있는 관계로 문화의 중간 통로 역할을 맡게 되었던 이 지역의 시가는 서울의 가곡 중심의 시가권과 호남의 판소리 중심의 시가권을 절충하는 성격을 띨 것으로 예상되는데 이 지역의 가사 작품이 그 방증이 되어 줄 것이다.

현재 나타나 있는 이 지역의 가사는 17세기 중반으로부터 시작된다. 1625년에 부여에서 지어진 「백마강가(白馬江歌)」(황일호)는 4행 시연의 말미에 같은 여음이 반복되는 5행 1장의 9장짜리 연장체 시가이다. 뒷 시기에 분련의 양태를 보이는 가사가 나타나지만 이 규칙적인 연의 반복으로 특징 지워지는 연장체적 성격은 뒷 시기의 분련체 가사와는 다른 연행의 기반- 곧 악곡적 제한의 결과이리라 생각한다. 이 시기의 시가의 연행을 제한하는 악곡적 요인은 주로 거문고 애호와 관련되어 있다. 「백마강가」는 5행 1장의 형식을 제한하는 어떤 악곡에 얹혀 불리운 가사로 생각된다. 한편, 강복중(1563-1639)은 1638년, 1639년 양년에 거쳐 논산에서 「분산회복사은가」와 「위군위친통곡가」를 지었다. 위 두 작품은 각기 산변(山變)의 議訟과 병자호란에 관련된 頌揚, 隱逸 주제의 가사로 주제 토로에 치우쳐 형식이 소략한 특징을 보인다. 이 모습은 형성기 가사의 형식·내용 불균정의 징후로 보이는데 가사의 형성기가 한참 지난 17세기 중반에서 이런 모습을 보이는 것은 창작 지역의 성격에 말미암는다고 보인다. 문화 중심권에서 떨어진 거리는 발전사의 지진으로 비례화되어 나타나기 때문이다. 신계영의 「월선헌십륙경가」는 위 두 가지 경우의 한계를 극복한 모습으로 나타난다. 비련체의 장형 가운데 연장체의 유흔을 내함하면서 내용과 걸맞는 세련된 형태미를 드러내는 이 작품에 이르러 내포 지역의 가사 향유는 지방적 독자성을 확보하게 된다. 이를 발판으로 이루어지는 이 지역 가사의 계통은 한산 이씨 집안의 가전 필사본으로 남아 있는 이운영(1722-1794)의 『언사(諺詞)』에 실려 있는 다양한 유형의 작품들이나 1764년의 일

본 사행을 계기로 지어진 기행 가사의 집대성, 「일동장유가」로 이어지면서
어떤 지역보다도 풍부한 가사문학의 전통을 수립하게 된다.

4. 선석 시가의 원문과 주해

1) 「월선헌십륙경가」[29) 乙未 十月[30)

001	烏山 西 외로온[31) 무을	이[32) 내[33)의 菟裘[34)로다
002	石田茅屋애	終老호랴[35) 期約터니[36)
003	名韁[37)이 힘이 이셔	十載를 奔走호니
004	千丈紅塵[38)애[39)	검은 머리 다 셰거다[40)

---

29) 「월선헌십륙경가」와 시조 작품들은 석인본 『선석유고』에만 실려 있는데 저본이 필사로 남아 있었다고 한다. 필사본의 소장처를 알 수 없고 박노춘 교수가 현대문학 통권 88호 (1962년 4월호)에 「辛啓榮과 그의 仙石歌辭」를 발표할 때까지는 이 필사본을 확인한 것으로 보인다. 박교수가 정리한 것을 기준으로 삼고 석인본과 대조하여 차이를 주석으로 달았다. (석인본은 고어를 현대어로 바꾼 부분이 있을 뿐 아니라 어구를 자의적으로 해석한 부분도 있다)

30) 석인본 『선석유고』, 곧 그 저본이 된 망실 필사본에 제시된 일자.

31) "은"[遺]

32) "니"[遺]

33) "나"[遺]

34) 菟裘 (도구):노나라의 고을 이름. 노나라 은공이 은거하려던 곳. 은둔지의 의미
 [左氏] 隱公曰 使營菟裘 吾將老焉

35) "하랴"[遺]

36) "던니"[遺]

37) 名韁(명강): 명예라는 올가미 [東方朔,與友人書] 不可使塵綱名韁拘鎖 怡然長笑

38) 千丈紅塵(천장홍진): 천 길이나 되는 붉은 먼지, 곧 혼란한 세속을 가르킴.

005 田園이 거츨거든41)   松菊을 뉘 갓고며

006 鷗盟42)이 차 잇거니   鶴怨43)이라 업술소냐

007 旅館 青燈애   莊舃吟44)을 제 뉘알리

008 宦海 風浪45)이   猝然46)히 니러나니

009 岨峿47)흔 孤蹤이   罪는 어이 짓도던고

010 明時負譴48)흐야   더딘49) 몸이 되야시니

011 遲遲50)흔 行色이   眷戀51)흐다 어이흐리

012 西湖 舊業52)에53)   匹馬로 도라오니

013 寂寞흔 荒村애   破屋數間 뿐이로다

014 어와 이 生涯   이리 흐야 어이흐리

015 園林 노픈 고디   小堂54)을 지어 내니

---

39) "에"[遺]

40) "세것다"[遺]

41) "거찰거던"[遺]

42) 鷗盟(구맹): 백구와의 약속, 곧 歸去來의 뜻을 말함. "鷗盟이 차 잇"다함은 전원에 돌아
    오기로 기약한 기한이 다 되었다는 말.

43) 鶴怨(학원): 학의 원망. 앞의 "鷗盟"과 마찬가지로 전원에 돌아가는 기약을 스스로 어긴데
    대한 자책을 자연물에 빗대어 표현한 말.

44) 莊舃吟(장석음): 전국시대 월나라 사람 장석이 초나라에 벼슬하여 병이 들자 월을 생각하
    고 고향 노래를 불렀다. [史記 陳軫傳] 越人莊舃 仕楚而病 王曰 舃故越人也 亦仕越否
    中謝對曰 凡人之思故 在其病也 彼思越則越聲 不思越則楚聲 使人聽之 猶尙越聲

45) 宦海 風浪(환해풍랑): 벼슬살이의 여러 장애들을 말함인데 여기서는 구체적으로 인조 27년
    (1649) 74세 시에 全州府尹이 되었다가 효종 2년(1651) 76세 봄에 호남 관찰사인 許積(허
    적)의 미움을 사 전주부윤을 그만두었다는 사실과 관련된 정치적 변동을 가르키고 있는
    듯하다.

46) 猝然(졸연): 갑자기. 문득.

47) 岨峿(저어): 산길이 울퉁불퉁함. 곧 세사가 험난함을 말함.

48) 明時負譴(명시부견): 올바른 임금이 다스리는 태평성대에 견책을 받아.

49) 더딘: (임금에게) 내쳐진. 버림 받은.

50) 遲遲(지지): [孟子, 萬章 下篇] "孔子之去齊 接淅而行 去魯曰遲遲吾行也 "에서 나온 말.
    떠나기를 아쉬어하는 모습.

51) 眷戀(권련): 뒤돌아보며 미련을 가짐. "眷眷戀戀"의 준말.

52) 西湖 舊業(서호 구업): 예산의 梧里池. 현재는 호수는 없어지고 지금은 논이 되어 있다.

53) "애"[遺]

54) 小堂(소당): 月先軒을 말함.

016 軒窓[55]이 瀟灑[56]흔디   眼界조차 너눌시고

017 三逕[57] 松篁[58]은   새 빗출 씌여 잇고

018 十里 江山이   望中의[59] 버러시니

019 月戶風檻[60]   일 업시 비겨 이셔

020 듯거니 보거니   勝趣[61]도 하도[62] 만타

021 湖天[63] 봄 빗치   斗柄[64]죠차 도라 오니

022 陽坡[65] 근는 풀이   새 엄[66]이 푸르럿고

023 沙汀 弱흔 버돌   녯[67] 가지 누울[68] 저긔

024 江城 느즌 빗발[69]   긴 들흐로[70] 건너 오니

025 淸爽흔 뎌[71] 景槪   詩興도 돕거니와

026 藥圃山田[72]을   하매면 가리로다

027 이바 아희들아   쇼 죠히 머겨스라

028 女媧氏[73] 하눌 깁던   늙은 돌히 나마[74] 이셔

---

55) 軒窓(헌창): 마루에 난 창.

56) 瀟灑(소쇄): 씻은 듯이 말끔함.

57) 三逕(삼경): 三徑 [遺] 漢 때의 은사인 장허(蔣詡)는 집 정원에 松,竹,菊을 심은 세 길을
내었다는 고사에서 나온 말. 은자의 거처를 가르킴.

58) 松篁(송황): 솔과 대.

59) 望中(망중): "望中에"[遺] 바라보는 가운데.

60) 月戶風檻(월호풍령): 달이 비치는 지게문과 바람이 부는 누대 난간. 아름다운 달밤의 풍치
를 나타낸 말.

61) 勝趣(승취): 좋은 흥치를 자아내는 일.

62) "하고"[遺]

63) 湖天(호천): 호수에 비친 하늘, 호수가의 나무 같은 호수 주변의 분위기.

64) 斗柄(두병): 북두칠성의 자루가 북극성과 일직선이 되는 때가 입춘이 된다.

65) 陽坡(양파): 볕이 잘 드는 언덕, 월선헌 터의 앞 부분에 있는 얕으막한 언덕.

66) 엄: 움. 새싹.

67) "네"[遺]

68) 누울: 여기서 "누다"는 밖으로 돋아난다는 의미로 쓰였다.

69) 江城 느즌 빗발: 江城晚雨- 강가 마을에 내리는 저녁비.

70) 예당 평야. "들으로"[遺]

71) "저"[遺]

72) 藥圃山田(약포산전): 약초를 심은 산자락의 작은 밭.

73) 女媧氏(여와씨): 중국 창조신화의 거인. 伏犧氏의 누이. 오색의 돌을 반죽해서 하늘을 기

029　西窓 밧 咫尺의[75]　　　　亂峯이 되여시니

030　싸커니[76] 셔거니　　　　奇怪도 흔뎌이고

031　長松 훗션[77] 속의　　　　포기[78]마다 고지 픠니

032　赤城 아젹 비예　　　　불근 안개[79] 저젓는 듯

033　술 츠고 노는 사룸　　　　뷘 날 업시 올라가니

034　爛漫흔 春光이　　　　멋 가지나 상톳던고[80]

035　金烏山[81] 十二峯이　　　　大野의 둘너시니

036　느는 듯 머무는 듯　　　　氣像도 奇勝ㅎ다

037　多事흔 春嵐[82]이　　　　翠黛[83]예 빗겨[84] 이셔

038　모드락 훗드락　　　　態度도 할셔이고[85]

039　蒼然[86]흔 眞面目이　　　　뵈는 듯 숨는 양은

040　龍眠好手[87]로　　　　水墨屛을 그렷는 듯

041　殘花는 볼셔 디고　　　　白日이 漸漸 기니[88]

042　長堤 嫩葉[89]이　　　　새 그늘 어릴 저긔

043　荊扉[90]룰 기피 닷고　　　　낫줌을 잠싼 드니

　　우고 큰 자라의 발을 잘라 四極에 세웠다고함.

74) "남어"[遺]

75) "애"[遺]

76) "싹커니"[遺]

77) 성걸게 흩어져 서 있는 모양

78) "퍼기"[遺]

79) 산에 활짝 핀 진달래와 철쭉의 붉은 빛

80) "샹돗던고"[遺]

81) 金烏山(금오산): [신증동국여지승람] 예산현 북쪽 2리 지점에 있는 鎭山.

82) 늦봄에 산 둘레에 끼는 서기 푸른 기운. "靑嵐"[遺]

83) 翠黛(취대) : 푸릇하게 보이는 먼산을 미인의 눈썹에다 비유한 말

84) "비겨"[遺]

85) 많고도 많구나

86) 蒼然(창연): (이끼가 끼어) 푸르스름한.

87) 龍眠好手(용면호수): 宋나라 李公麟의 뛰어난 그림 솜씨. 李公麟이 만년에 龍眠山에 은거
　　했으므로 호를 龍眠居士라 함.

88) 하지를 지나 낮이 길어지는 때를 말함.

89) 長堤 嫩葉(장제눈엽): 하늘 하늘한 연한 잎

044	驕慢흔 괴꼬리	씨올 줄이 무스 일고
045	긔픠 ㄱ는 길희	초연이 기픈 고디
046	牧笛 三弄聲[91]이	閑興을 도와 낸다
047	烏棲山[92] 두렷흔 峯	半空의[93] 다하시니
048	乾坤 元氣를	네 혼자 타 잇고야
049	朝暮애 줌긴 안개	바라보니 奇異흐다
050	몃 번 時雨[94]되야	歲功[95]을 일윗는다
051	梧桐 닙히 디고	흰 이슬 서리 되니
052	西澤[96] 깁픈 곳에	秋色이 느껴 잇다
053	千林錦葉[97]이[98]	二月花롤 브놀소냐[99]
054	東녁 두던 밧긔	크나 큰 너븐 들히
055	萬頃黃雲[100]이	흔 빗치[101] 되야 잇다
056	重陽[102]이 거의로다	닉 노리[103] 흐쟈스라
057	불근 긔[104] 여물고	누른 둙이 술져시니
058	술이 니글션졍	버디야 업술소냐
059	田家 興味눈	날로 기퍼 가노매라

---

90) 荊扉(형비): 圍籬安置 당한 곳의 가시 삽작. 스스로 임금께 죄를 지었다고 여기는 작자의
  내면 세계의 표현.
91) 三弄聲(삼롱성): 高平低의 굴곡있는 소리.
92) 烏棲山(오서산):
93) "에"[遺]
94) 時雨(시우): 때 맞추어 오는 비.
95) 歲功(세공): 해마다 되풀이되는 일. 농사일
96) 서호 오리지
97) 千林錦葉(천림금엽): 온 숲에 단풍이 들어 아름다운 비단과 같은 모습.
98) "은"[遺]
99) "二月花를 브을소냐"[遺]
100) 萬頃黃雲(만경황운): 누렇게 익은 너른 들판의 벼.
101) 一色(일색)
102) 9월 9일 중양절
103) 川獵(천렵)
104) 게

060 살여홀 긴 몰래예   밤블이 불가시니
061 게 잡는 아히둘이   그믈을 홋텨 잇고
062 狐頭浦105) 엔 구븨예   아젹 믈106)이 미러 오니
063 돗단 비 欸乃聲107)이   고기 픈는 댱시로다
064 景도 됴커니와   生理라 괴로오랴
065 구올히 다 디나고   北風이 노피 부니
066 긴 하늘 너븐 들희   暮雪이 느니더니
067 이윽고 境落이   各別흔 天地 되야
068 遠近 峰巒108)은   白玉을 뭇거 잇고
069 野堂109) 江村110)을   瓊瑤로 쑤며시니
070 造化 헌스흔 쥴   이제야 더 알 비라
071 天氣 凜烈111)호야   氷雪이 싸혀시니
072 郊園 草木이   다 摧折112) 호얏거늘
073 창 밧긔 심근 梅花   暗香을 머금엇고
074 재 우희 셔 있는 솔113)   푸른 빗치 依舊호니
075 본더 삼긴 節이   歲寒호다 變홀소냐
076 압 뫼희 자던 안개   힛 빗출 구리오니
077 竹林의 쑬린 서리   못 미처 노갓고야
078 小爐룰 나서 혀고   窓을 닷고 안자 이셔

---

105) [신증동국여지승람 예산현 편] 狐頭浦는 예산현 北 十九里에 있는 無限川 下流를 가르
     킨다. 현재는 지형의 변화로 정확한 위치를 잡을 수 없으나 현지인들의 증언에 의하여
     대체로 예당평야의 끝머리 바다 어귀의 돌출한 지형을 가르키는 것으로 파악된다.
106) 밀물
107) 欸乃聲(애내성): 배를 저을 때 내는 구호.
108) 峰巒(봉만): 산봉우리, 묏부리.
109) 월선헌
110) 오리지 부근의 마을
111) 凜烈(늠열): 굳세고 매움.
112) 摧折(최절): 억눌리어 꺾임.
113) 월선헌터 뒤편에 있는 송림. 현재도 부분적으로 남아 있음

079 一炷淸香114)의   世念이 그처시니

080 簞瓢115) 뷔다 ᄒᆞ야   興이야 업슬소냐

081 내 건너 쓴 뫼 아래   거친 ᄆᆞ올 두서 집이

082 老樹柴門116)애   섯권 니117) 빗겨시니

083 依稀118)ᄒᆞᆫ 우타리   畫圖中 ᄀᆞ톨시고

084 牛羊이 ᄂᆞ려 오니   오ᄂᆞᆯ도 져믈거다

085 石門119) 노픈 峯애   夕陽이 붉갓ᄂᆞᆫ듸

086 우러 녜ᄂᆞᆫ 기러기   가ᄂᆞᆫ 듯 도라 오니

087 衡陽120)이 아니로듸   回雁峯121)은 여긔런가

088 斜浦 긴 ᄃᆞ리예   오명가명 ᄒᆞᄂᆞᆫ 行人

089 어드러122) 向ᄒᆞ노라   뵈얏비123) 가ᄂᆞᆫ다

090 龍山124) 외로온 뎔125)   언제브터 잇돗던고

091 磬子126) 몱근 소릐   ᄇᆞ람 섯거 디나가니

092 알와라 늘근 즁이   禮佛ᄒᆞᆯ 져기로다

093 江橋127) 츤 남긔   暝色128)이 가다가니129)

---

114) 一炷淸香(일주청향): 한 심지 맑은 향.
115) 簞瓢(단표): "簞食瓢飮"의 준말. 〔『論語』,「雍也」篇〕"孔子曰 賢哉回也 一簞食一瓢飮
    在陋巷 人不堪其憂 回也 不改其樂 賢哉回也"
116) 老樹柴門(노수시문): 오래 된 나무가 지켜서 있는 사립문.
117) 섯권 니: 가려졌다 보였다하는 엷게 낀 안개.
118) 依稀(의희): 보였다 안 보였다하는 아슴프레한 상태.
119) 石門(석문): 석문봉. 가야산 연봉의 주봉. 산정에 바위가 양쪽으로 솟아 절벽을 이룬 것이
    큰 돌문 같다하여 붙여진 이름.
120) 衡陽(형양): 중국 호남성 상담현(湘潭縣)에 있는 고을 이름.
121) 回雁峯(회안봉): 금오산 봉우리의 하나.
122) "어다려"[遺]
123) 뵈얏비: 바삐.
124) 龍山(용산): 신암면 용궁리에 있는 산. 봉우리가 앵무 부리 같다하여 앵무봉이라고도 부
    른다.
125) 용산(烏石山)에 있었다고 전해지는 사찰. '華嚴寺'(백제 시대 창건되고 영조 대에 중건
    되었음)를 가르킨 듯함.
126) 磬子(경자): 風磬.
127) 江橋(강교): 강 어구에 있는 다리.

094 棲鴉[130]는 ᄂᆞ라 들고   프른 모히 멀리 뵌다

095 閑愁를 못 禁ᄒᆞ야   ᄑᆞ람을 기리 불고

096 脩竹[131]을 지혀 이셔   ᄃᆞᆯ빗츨 기ᄃᆞ리오니

097 숨구즌[132] 녈구로미[133]   ᄀᆞ릴 쥬리 므스 일고[134]

098 長風이 헌ᄉᆞᄒᆞ야   玉宇[135]를 조히 ᄡᅳ니

099 一片氷輪[136]이   몰ᄀᆞᆫ 빗치 녜로왓다[137]

100 千巖萬壑[138]의   슬ᄏᆞ지 볼가시니

101 壇臺[139] 늘근 솔이   가지를 혜리로다

102 疎簾[140]을 고텨 것고   기픈 밤의 안자시니

103 東峰 도돈 ᄃᆞᆯ이   西嶺의 거디도록[141]

104 簷楹[142]이 치 빗최여   枕席의 ᄡᅩ야시니

105 넉시 다 ᄆᆞᆰ으니   夢寐둘 이실소냐

106 어와 이 淸景   갑시 이실 거시런둘

107 寂寞히 다든 문애   니 門으로 드러오니

108 私照[143] 업다 호미   거즌말 아니로다

109 茅齋[144]예 빗친 빗치   玉樓[145]라 다룰소냐

---

128) 暝色(명색): 저녁 해질 무렵의 어둑신한 빛.
129) 가다가니: "가득ᄒᆞ니"의 연음. 가득하니.
130) 棲鴉(서아): 깃치러 돌아오는 가마귀.
131) 脩竹(수죽): 기다란 대나무.
132) 숨구즌: 심술궂은.
133) 녈구로미: 지나가는 구름이.
134) 간신배들이 임금의 총명을 어지럽히는 것
135) 玉宇(옥우): 天帝(천제)가 머무는 곳. 천상세계.
136) 一片氷輪(일편빙륜): 겨울 달빛이 환한 것을 얼음으로 만든 바퀴에 비유한 것.
137) 녜로왓다: 옛과 같다.
138) 千巖萬壑(천암만학): 온 산 골짜기.
139) 壇臺(단대): [신증동국여지승람, 예산조] 현의 서쪽에 社稷壇이 있었다.
140) 疎簾(소렴): 성긴 주렴(발).
141) 거디도록: 걸어지도록.
142) 簷楹(첨영): 처마 난간.
143) 私照(사조): 치우치게 비치는 일. 私燭. 【禮記】孔子曰 天無私覆 地無私載 日月無私照

110 淸樽[146]을 밧비 열고   큰 잔의 ㄱ득 부어
111 竹葉 ㄱ는 술[147]룰   둘빗조차 거후로니
112 飄然[148]훈 逸興[149]이   져기면 눌리로다
113 李謫仙 이러흐야   둘을 보고 밋치돗다
114 春夏秋冬애   景物이 아름답고
115 晝夜朝暮애   覽賞이 새로오니
116 몸이 閑暇흐나   귀 눈은 겨롤 업다
117 餘生이 언마치리   白髮이 날로 기니
118 世上 功名은   鷄肋[150]이나 다롤소냐
119 江湖 魚鳥이   새 밍셰 깁퍼시니
120 玉堂金馬[151]의   夢魂이 섯기엿다[152]
121 草堂煙月의   시룸업시 누워 이셔
122 村酒江魚로   終日醉롤 願흐노라
123 이 몸이 이러구롬도   亦君恩이샷다

---

144) 茅齋(모재): 띠로 지붕을 이은 검소한 서재.
145) 玉樓(옥루): 임금이 계신 대궐의 누대.
146) 淸樽(청준): 맑은 술이 담긴 술동이.
147) ㄱ는 술: 찌꺼기가 없이 거른 맑은 술.
148) 飄然(표연): 가벼히 나부끼는 모양.
149) 逸興(일흥): 속세를 벗어난 한가로운 흥취.
150) 鷄肋(계륵): 닭의 갈비처럼 이름만 번드르하고 아무 쓸모가 없는 물건.
151) 玉堂金馬(옥당금마): 벼슬살이를 가르킴.
152) 夢魂(몽혼)이 섯기엿다: 지금 강호생활이 꿈인지 예전 벼슬살이가 꿈인지 모르는 도취의
    상태를 말함. 예전 벼슬살이는 아득히 먼 꿈 속의 일 같다는 뜻도 됨.

2) 전원사시가(田園四時歌)153)

春

봄날이 졈졈 기니 殘雪이 다 녹거다

梅花ᄂ 볼셔디고 버들가지 누르럿다

아히야 울 잘 고티고 茶田 갈게 ᄒ야라

陽坡의 플이 기니 봄빗치 느저잇다

小園桃花ᄂ 밤비예 다 피거다

아히야 쇼 됴히 머겨 논밭154) 갈게 ᄒ야라

夏

殘花 다 딘 後의 綠陰이 기퍼155)간다

白日孤村에 낫둙의 소리로다

아히야 계면됴156) 불러라 긴 조롬 ᄭ오쟈

園林 寂寞ᄒ디 北窓을 빗겨시니

거문고 노라라 낫줌을 ᄭ와괴야

--종장 유실--

秋

흰 이슬 서리되니 ᄀ올이 느저잇다

---

153) 작품의 내용이 「월선헌십륙경가」와 비슷할 뿐 아니라 많은 부분에서 어구도 공유하고 있는 것으로 보아 같은 시기(효종 6년;1655년 무렵)에 지어진 것으로 추정된다.

154) 논밧[畓]

155) 깊피[深]

156) 이 시기에는 평조 우조 계면조의 세 악조가 있었음을 『양금신보』 등을 통해 확인할 수 있다. 이 중 계면조는 민속악적 요소가 강한 악조로 평조나 우조의 담박하고 우미함보다 민간에서 애호되었을 악조이다.

긴 들 黃雲이 흔 빗치 피거고야
아히야 비즌 술 걸러라 秋興 계워ᄒ노라

東籬에 菊花 피니 重陽이 거에로다
自蔡[157])로 비즌 술이 ᄒ마 아니 니것ᄂ냐
아히야 紫蟹黃鷄[158])로 안酒 작만 ᄒ야라

冬
北風이 노피 부니 앞 뫼히 눈이 딘다
茅簷 촌 빗치 夕陽이 거에로다
아히야 豆粥[159]) 니것ᄂ냐[160]) 먹고 자라 ᄒ로라

어제 쇼 친[161]) 구둘 오늘이야 채 덥거니
긴 줌 계우 씨니 아젹날이 놉파잇다
아히야 서리 녹앗ᄂ냐 닐고 쟈고 ᄒ노라

除夕
이바 아히둘아 새히 온다 즐겨마라[162])
헌서흔[163]) 歲月이 少年 아사 가ᄂ니라[164])
우리도 새히 즐겨ᄒ다가[165]) 이 白髮이 되얏노라

---

157) 自蔡(자채): 자채벼. 상등 쌀로 치던 올벼의 한가지.
158) 紫蟹黃鷄(자해황계): 붉은 바다게와 누른 닭. 좋은 술안주를 가르키는 관용어일 수도 있
     지만 바다를 연접하고 있는 예산 지역 생활 실상의 반영으로 봄이 옳다.
159) 豆粥(두죽): 콩비지 죽을 가르킨 듯함.
160) 이나 걸러라[遺]
161) 쇼 친: 燒(불) 친, 곧 불을 땐.
162) 질겨마라[遺]
163) 헌서흔: 헌사한. 요란한.
164) 가ᄂ이라[遺]
165) 질겨하다가[遺]

이바 아히들아 날 신다 깃거마라
자고 새고 자고 새니 歲月이 멧춧가리166)
百年이 하 草草하니 나는 굿버ᄒ노라167)

3) 戀君歌168)

其一
蒼梧山 해진 후에 歲月이 깁허가니
님 그린 마음이 갈수록 새로워라
雨露恩 생각하거든 더옥 슬워 하노라

其二
늙고 병이 드러 江湖에 누워신들
님 向한 丹心이 잠드다 잊을소냐
千里에 一片魂夢이 오락가락 하난다

其三
蒼然한 三角山이 半空에 섯는 얼굴
눈에 뵈는 듯 그리움이 가 업거든
하물며 五雲宮闕169)이야 닐러 무암하리

---

166) 먼저 간다[遣]
167) 굿버ᄒ노라: 싫어하노라. 꺼려하노라.
168) 작품의 전체적인 분위기가 치사 환향 후의 戀君之情을 노래하고 있는 것으로 파악된다.
   「전원사시가(田園四時歌)」와 같은 시기의 작품으로 볼 수 있다.
169) 五雲宮闕(오운궁궐) : 오색 구름이 서린 옥황상제의 대궐. 여기서는 현실의 임금을 대유
   한다.

4) 嘆老歌170)

其一

아해제 늙은이 보고 白髮를 비웃더니

그더대 아해들이 날 웃을 줄 어이 알리

아해야 웃지마라 나도 웃던 아해로라

其二

사람이 늙은 후에 거울이 원수로다

마음이 젊었시니 옛 얼굴만 여겼더니

센머리 찡근 양자 보니 다 주거만 하노라171)

其三

늙고 병이 드니 白髮을 어이하리

少年行樂이 어제런듯 하다마는

어디 가 이 얼굴 가지고 옛 내로라 하리

---

170) 「嘆老」라는 오언율시가 80세인 효종 7년(1656)에 지어졌다. 이 노래도 이 때 같이 지어
　　　진 것으로 볼 수 있다.
171) 다 주거만 하노라: "다 죽어가는 늙은이로만 보인다"는 탄식.

제2부
역주 『仙石遺稿』와 해설

1. 원문과 역주 『仙石遺稿』 차례

－윤덕진 정리－

| 七言絶句 |

| 長詩 |

－부록(附錄)－

崇政大夫 判中樞府事 兼 判義禁府事　世子左副賓客 五衛都摠府都摠

2. 원문『仙石遺稿』

-김영봉 · 윤덕진 교열-

仙石遺稿序

吾邦人文之盛著於宣仁之際 德行文章之士輩出 仙石辛公其一人也 公釋
褐後歷敭館閣屢膺使命皆稱職 時望蔚然人皆期以遠大 在亞卿已恬退逍遙
林泉以養性靈 壽躋耄期 人謂下界有仙 主上亦眷之屢加 秩至一品付判福
而祿之 顯宗之幸溫泉也 時公年九十餘 尙康旺在禮山 特召至行所 恩禮有
加 二疏之榮不足道也 三達之尊世皆仰之 凡公所享福履皆自求者 然方其
逍遙林泉也 當孝顯晟世 國家無事 民生熙熙 公豈膺時而表其太平氣像歟
公與我十世祖濟谷公年差一庚 同蓮榜又與九世祖陽坡公有僚寀之誼 是世
好不絶 余亦與公後孫左卿辛君諱益敎字友好 一日左卿以公遺著一卷來示曰
我先祖富著述 子孫貧不能刊行 藏于篋中 往年遭祝融之災 收捨所餘斷簡
殘錄編爲一卷 亦皆韻語 文則數篇而已 雖此小小欲刊而壽之 子其一言弁
之 余以不文辭 左卿曰 子於吾先祖事可無相乎 十歲之好安在 余無以更辭
謹受而讀之 嘗聞公十歲已能屬詩 才名早擅於場屋 意其文詞璣珠玲瓏 悅
人心目 及其讀之有撲眞之氣 而無雕鏤之痕 性情渾然 穎華不露 蓋脾中淸
氣 滿而自溢 非琢肝腎而爲之者也 夫富貴文章人人所願 人所最費心事也
公則視富貴如浮雲 而富貴自至 爲文章如湧泉之自然流出 蓋公天分甚高

不以事物爲心　而事物自致也　以余淺學敍公高標　固知不稱重違左卿之請
書此而應之　檀紀 四二九二年 己亥 三月 旣望 東萊 鄭寅書 謹序

| 詩 |

| 七言律詩 |

路上口占 二首 辛酉春上洛槐院免新後歸路作

　我自南來未一旬　歸程頓覺物華新　繞山紅錦嬌含雨　隔水靑絲細拂人
　佳節每爲千里客　羇愁還愧百年身　遙知湖右同遊伴　應對芳樽穩賞春

其二

　催着歸鞭馬首南　客中佳節近三三　溪風乍動柳初嫩　山雨欲收花正酣
　縱翫不嫌擡病眼　閒吟寧憚駐羸驂　行人莫怪遲遲去　無限春風[1]滿意探

自忠州向水橋村馬上醉吟

　萬疊靑山千曲溪　緣崖石路自高低　閑禽喚侶投林樾　倦客垂編信馬蹄
　老樹秋酣紅錦皺　遠峰雲淡翠眉迷　却牽醉興歸來晚　旅店烟生日欲西

龍湫郵次

　大嶺衝霄鳥道危　萬重圍嶂碧參差　回頭北極雲千里　擧目南鄕海一涯
　秋序欲闌山似錦　客愁無限鬢如絲　龍湫岩畔郵亭晚　浮世功名酒滿巵

次安東愛蓮亭圃隱先生韻

　浮生羇恨入秋多　客裡逢辰意有加　磊落壯懷頻撫劍　參差孤夢幾還家
　霜侵兩鬢人將老　雨過千山菊自花　莫道驛亭[2]征邁苦　明朝鯨海泛孤槎

慶州鳳凰臺筵上次杜老百年多病獨登臺韻

　薄暮寒空雁叫哀　古城寥落客初回　遠山雲氣隨風亂　大野秋容帶雨來

---

1) 필사본에는 "無恨春光"으로 되어 있음.

2) 필사본에는 "程"

萬里羈懷悲逝水　千年陳迹有荒臺　高歌豪竹忘歸去　更進華筵酒一盃

東萊有感 甲子奉使日本

蕭條殘郭是萊城　憶着當年意未平　廢堞不修衰草合　荒墟無主夕陽明
靑山尙帶凄凉色　流水長含嗚咽聲　義魄想應餘憤在　却慚今日海東行

次嶺伯李子時令公釜山館壁上韻　海口有太宗臺

步上荒城藉草萊　夕陽殘堞角聲催　遠天暮色雲千里　倦客羈愁酒一盃
落雁暗從孤島沒　漁舟遙帶晚潮廻　傍人指點滄波外　萬丈危岩是古臺

戞蠻夷夜泊逢風雨　戞蠻夷釜山海口

鯨海茫茫接入瀛　扶桑折木眼中平　波春大壑魚龍吼　雨打空洲雁鶩驚
一夜新愁雙鬂變　九重殊渥寸心明　天公願借長風便　穩送星槎萬里行

鰐浦急潮

嵯峨亂峭鰐州東　巨浪春撞勢轉雄　石齒驚雷轟大壑　湖頭飛雪暗長空
瞿塘急峽非强敵　灩澦孤根亦下風　白首萬師泣且語　安危只付彼蒼穹

住吉灘

誰將利斧劈山眉[3]　路入壺中別有天　百里澄湖明鏡滑　千尋列壁翠屛懸
波恬大壑龍眠穩　松老危岩鶴夢圓　不是武陵應閬苑　欲停孤棹訪眞仙

對馬島　二首

繚繞層巒作海城　澄江一道接鵬溟　瓊岩突兀波心立　彩鷁輝煌鏡面橫
松檜滿山階竹老　樓臺撲地市衢平　霜橙香橘鱸魚膾　時送賓廚慰遠行

其二

小島如萍大荒間　卉衣遺俗作東蠻[4]　地連鵬海偏多雨　天入鰲雲不見山
霽月想同湖上色　新愁能減鏡中顏　何當竣事歸鄕國　嬴得漁樵放浪閑

次玄方韻

大士聲華聞有年　相逢益嘆道腴全　人天眼豁三千界　水鏡心通二五玄

---

3) 석인본에는 "肩"
4) 석인본에는 "蠻"

蓬島花宮淹日月　銀鉤瓊索動雲烟　酒筵燒燭清歡足　綺語眞超玉版禪

次龍溪韻　三首　龍溪副使姜任甫名弘重

蕭蕭風色暮來寒　悄倚禪窓意不寬　長笛秪令傷客抱　深盃無賴盡人歡
月明雁背天機靜　浪浸鰲頭鶴路難　此去故園千萬里　湖山已判隔年看

其二

鬢邊華髮孰能禁　客裡新愁自不任　大海長天欲暮日　片雲孤島未歸心
匣藏龍劍將安試　樽有蠻醪亦細斟　雲外征鴻撩我思　悄然空作越中吟

其三

龍泉三尺匣中鳴　欲斬長鯨計未成　已見霜華棲鬢髮　從知天意薄書生
孤舟一葉爲浮宅　駭浪千層是去程　旅館夜涼仍不寐　可憐殘燭伴人明

自馬島向一歧洋中

小嶼淹留半月強　片帆催掛向扶桑　團團羊角吹高浪　渺渺鰲頭接大荒
許國敢辭東去遠　貪程正爲北歸忙　一肩孤島看看近　徒5)倚蓬窓喜欲狂

藍島滯雨遣悶

疾風吹雨海茫茫　絶嶼淹留倚竹床　燒燭看書揩病眼　把杯開笑慰愁腸
重衾不暖知寒緊　孤枕無眠覺夜長　默筭歸期心緒亂　鏡中雙鬢6)日蒼蒼

赤間關

落騷壺中鏡面平　碧岑屛擁夕陽明　架巖畫閣朱簾捲　壓水飛樓翠檻橫
門外去來商舶影　枕邊漁釣棹歌聲　地形奇勝兼天險　上下津關急瀨鳴

安德祠

蠻皇勢弱孼臣強　蝸角紛紛作戰場　孤島7)地窮天日黑　扁舟事急海波長
金袍幼主鴻毛擲　玉皃香魂漁腹藏　四百年來餘怨在　儼然遺像古祠荒

霜津洋中翫月

欹着烏巾倚舵樓　爲牽良夜與悠悠　銀河淡淡月如練　玉鏡盈盈波若油
長簫一聲雲四捲　高歌數曲酒三籌　風光笑語雙清絶　不覺霜華透弊裘

自眞和早發向鍋懸

蘭橈催棹趁霜朝　極浦蒼茫上早潮　風順波恬行意王　天晴[8]海闊笛聲驕
一杯蠻釀聊相勸　三尺羈愁未盡消　徙倚舵樓時騁眼　落霞飛處片帆飄

牛窓本蓮寺

牛渚磯邊夕照明　碧山西麓上方淸　寺門正對海門谺　石路遙連村路橫
翠竹長松迷院落　朱柑綠橘媚軒楹　寒鐘不解征人苦　閑送黃昏三兩聲

室津逢至日有感　二首

去年玆辰廁鷺行　衣裳顚到五更霜　丹墀月轉龍旗影　紫極風飄獸篆香
一朵瑞雲環日表　千官端笏祝嵩[9]岡　天涯回首堪腸斷　滿地蒼波鴈路長

其二

節序居然客裡催　羈懷忽忽與誰開　繡添弱線歲將暮　葭動浮灰春又來
雲物不殊孤島外　夢魂長繞[10]故山隈　明朝轉向鵬溟去　悄對殘燈鬢欲皚

兵庫

淡淡平湖接大溟　亂山如畫擁津亭　長天皓月舂層浪　極浦寒潮沒晩汀
旭日上時雲氣赤　缺霞飛處島容靑　無窮異態軒窓外　鴂舌爭誇小洞庭

大板江中次龍溪韻

縹緲樓臺枕石磯　畫欄朱箔媚晴暉　滿江蠻舫迎飛鷁　駕浪虹橋拂彩旂
玉節高懸唐日月　雕題長覿漢像威[11]　蓬窓極目長郊外　烟樹千村夕照顧

大板夜吟

星槎秋指海天東　歲律將闌途道中　積水危檣隨遠客　破帆虛館足霜風
孤燈冷影依依暎　片月寒光處處同　松浦桑溟千萬里　可憐歸夢逐歸鴻

---

8) 필사본에는 "淸"
9) 석인본에는 "高"
10) 필사본에는 "繞長"
11) 필사본에는 "威像"

平方舡上次龍溪韻

備前島下水分流　愛巖山巓雲欲收　天影依依浮鏡面　波聲激激轉灘頭
蒼烟古木迷荒占　粉堞茶樓接上游　盡日依舡看不足　蠻江誰道辦淸遊

次荷潭韻

蠻江雨後泛蘭舟　浪激沙灘不可留　獵獵彩旗當晚日　嗚嗚畫角起眠鷗
靑山逈峙留元氣　綠水中分作二州　爲客半年無好況　今朝剩作別區遊

淀浦

層樓粉堞枕滄浪　江上飛橋虹影長　拂地絲櫻專小院　滿林香橘足淸霜
八幡祠古叢篁老　兩柱門孤夕照凉　木道已窮關路遠　客邊愁思更茫茫

大德寺

紫野之東龍寶山　山隈十里大禪關　千章杉檜雲霞老　百尺樓臺日月閑
細路參差脩竹裏　飛甍隱映古松間　此中蘭若知多少　處處鍾聲殷翠鬟

大德寺詠雪

整整斜斜西復東　蹁躚鶴舞亂層空　高山大野朦朧裏　古栢脩篁掩映中
初訝寒梅飄落蘂　却疑飛絮逐回風　俄然境落山川變　揮廓方知造化功

次荷潭琵琶湖韻　二首　近江州有百里湖名曰琵琶湖

平湖勝狀見未曾　此日江州興欲騰　波浸長天雲影靜　秋涵明鏡暮光澄
浮空夕帆渺千點　壓水畫樓高幾層　倦客回頭心目豁　却疑征旆入巴陵

又

長湖勝狀[12]屬江州　客裡翻成畫裡遊　神島波光迷竹渚　漁村人語隔蘆洲
寒松弱柳石橋晚　殘雪濕烟沙路脩　百尺欄干臨鏡面　風光不讓岳陽樓

佐保山

舟車行遍海天東　形勝無如佐保雄　粉堞寒光干碧落　畫閣飛影落靑銅
漁村多傍野村密　壕水遠連江水通　坐看波烟神島竹　萬竿浮翠淡雲濃

絶通磨針二嶺

---

12) 필사본에는 "淸勝"

雙嶺迢迢畏道懸　登臨回首却懷然　眼空大野疑無地　手弄孤雲可上天
百里平湖回脚底　一輪晴日掛身邊　山頭翠盖飄飄去　況馭冷風訪羽仙

大垣

蒼茫寒日下遙岑　暗氣13)微微生野林　細路暗尋林火遠　危樓高入海雲陰
長籬繞屋烟篁老　小艇浮壕雪水深　霜夜慾闌虛館冷　可堪欹枕作孤吟

次荷潭石嶺茶院韻

迢迢崇嶺作雄關　關上茶樓白日閑　納納乾坤浮戶外　依依花竹襯雲端
群山足比秦山險　畏道眞同蜀道難　富士箱根爲伯仲　千年松檜雪霜寒

富士山

融液專凝日域東　富山中嶽襯寒空　絶巓尙帶千年雪　大壑長噓萬里風
俯壓群岑殊不讓　孤撐元氣獨爲雄　若爲羽化峯頭立　折木扶桑眼底窮

打屋嶺峽中

漠漠窮陰歲欲遒　客邊無物不爲愁　疾風吹面塵生口　長路關心雪滿頭
荒店濕烟迷古峽　小渚眠鷗傍寒流　何時竣却浮槎役　歸伴西湖閑白鷗

清見寺次荷潭韻

花宮縹渺翠微隈　客倚晴窓眼忽開　寒瀑瀉巖飛白練　小塘侵砌長靑苔
竹依孤嶂脩竿瘦　梅臥閑庭老幹廻　日晏忘歸看不厭　僕夫何事苦相催

蟠梅

庭上蜿然卽古梅　客來耽翫爲徘徊　龍騰老幹停還走　繡錯繁柯去復廻
蟠屈非緣造化妙　平鋪却任匠心裁　先春玉操猶依舊　滿樹寒英待臘開

松籬

誰綴千松作一籬　梅邊翠帶不參差　鳩收豈借搜林斧　編密元因滿樹枝
初訝雲屏開繚繞　還疑蕙帳展透迤　歲寒未了蒼蒼色　霜雪高標猶自持

脩竹

娟娟叢篠萬竿脩　倚着層崖翠欲流　風拂危梢迷洞府　月分疎影倒禪樓

---

13) 필사본에는 "色"

高標獨秀千林雪　爽籟長含萬壑秋　古栢寒松爲老伴　花宮顏色足淸幽

早發淸見寺沿海上見風浪

漠漠頑雲日色韜　墨風吹海正號饕　怒濤撞石玉龍走　駭浪捲沙銀屋高
晴晝驚雷喧大壑　空洲飛雪打孤舠　始知造化故多意　要使畸人詩料豪

吉原路上

寒潮千曲繞長洲　滿眼平蕪客路脩　雪嶽撑霄銀柱立　烟濤耀日玉虹流
頑雲冪海天如醉　細棧緣崖地欲浮　却羨漁郞太閑適　晴沙汀畔弄扁舟

三島路上

藍輿風駕涉脩程　朔吹蕭蕭獵彩旌　白竹籬邊沙路細　黃蘆洲畔野橋橫
長鯨蹴海生層浪　斷雁賓雲送晚聲　物色撩人詩料好　蠻童信步莫催行

箱根嶺

巍乎畏道若登天　萬折千回屬絶巓　細棧東開江戸口　重蠻西拍富山肩
雲沈列壑叢篁老　雷轉層崖吼瀑懸　迴看人寰烟霧隔　此身疑作羽衣仙

箱根湖

十里平湖大嶺頭　別區風物自淸幽　壺天日上金波動　洞府雲收玉鏡浮
賓館梅窓臨小渚　漁村竹戸傍寒洲　金泥行色太忽卒　愧殺晴沙閑白鷗

早發小田向大蟻

男兒素慕子長遊　今日扶桑興更悠　雁帶片雲千里沒　天連積水一帆浮
茶樓隱暎蒼松道　漁戸蕭條白鷺洲　頗覺邇來襟抱豁　不須孤嘯作牢愁

稟川路上

淸秋浮海遍東蠻　行迫扶桑歲欲闌　梅動郊原知臘近　水凝沙渚覺天寒
山雲釀雪風威凜　野店經霜樹影殘　聞說江關路已盡　不禁黃色上眉端

本誓寺夜吟 江戸

稜稜霜氣夜深生　燭影幢幢照壁明　小砌風篁含細韻　上方鍾漏送寒聲
看書有味頻揩眼　見月多情幾步楹　悄悄可堪羇思苦　撫劒空作不平鳴

自江戸還向稟川

受命乘槎竣事還　一旬纏滯海東關　非緣使者能專對　自是王靈襲小蠻
去路蒼茫天入海　寒雲黲黷日沉山　僕夫忘却長途苦　屈指歸期喜動顏

大蟻道中望富山

朔吹蕭蕭宿雨晴　郊原歸路晚沙平　橋橫野水行人渡　雲斷江天旅雁征
梅綻已知春意動　歲闌偏覺客愁生　侵霄雪嶽看看近　頻送吟眸似有情

小田原道中　二首

大蟻松途接小田　回旌到處却依然　蠻童多作舊顏面　槎客將迎新歲年
絶域淹留知有數　窮冬風雪浩無邊　海東長路何時盡　默筭歸期意茫然

其二

倦客催歸日欲曛　小田原外水沄沄　長汀極浦玉屑暗　瘦14)竹寒松沙路分
望眼欲窮天拍海　山容漸隱雪和雲　身疲不禁憑輿睡　亦怕長空雁叫群

箱根嶺

奔川電吼小橋危　千丈懸崖石路欹　山繞羊腸天險壯　湖平鰲背地機奇
松篁晴雪開新畫　洞壑閑雲送好詩　懶倚小轎清甎足　莫嘆征邁太遲遲

三島道上　夜津古城在三島西十里許

三島州西大野平　夜津村外小灘橫　荒城石古莓苔合　小市人稀棟宇傾
山帶歸雲隱復出　雁驚鳴角落還征　川原日晚寒生樹　滿眼風烟惱客情

吉原道上立春日有感

玄冬穩送卽新春　異域偏傷歲月新　細菜誰知供節物　老梅無賴惱畸人
肩輿短日江郊路　頭鬖寒霜見在身　商略吾生知已矣　幾時歸臥玉溪濱

濱松道上次荷潭韻

不堪殘雪峽道脩　何況饕風更惹愁　漠漠飛塵吹客面　蕭蕭征馬渡沙頭
微茫大野日光閃　黲黷長空雲氣流　斗覺春寒大料峭　病夫還欲襲重裘

赤板道上　吉田正月初五夜　夢見南川　朝來得見京書　知盡室已赴嶺北　不勝悲懷　口占舒之

---

14) 석인본에는 "修"

客窓孤夢恨依然　鄕信朝來雁忽傳　得脫圓扉離死禍　許投邊地苟生全
星槎渺渺鵬溟外　雲嶺迢迢雁塞邊　此後相逢那易得　含悲不覺涕漣漣

大原逢人日有感

悄悄無眠倚小屛　夜深殘燭照虛楹　蠻鄕送歲逢人日　鵬海浮槎滯客星
春色已闌梅滿樹　鄕心空羨雁回翎　何時歸去孤山下　散步晴沙細草汀

大津次龍溪韻　主倭贈長劍於使臣　行中或有可捧之言　故寓意於詩中　而終却之

虛館香殘日欲昏　客懷寥落掩禪門　氷壺玉露須相勉　蒼水朱條不可捫
竹塢有溪宜洗耳　梅窓對月欲無言　防身莫恨無長劍　男子行藏忠信存

大板次荷潭韻　二首　以先來送姜德聚　故頸聯及之

西還三日滯蠻城　雨過春江風欲生　歸夢幾隨孤雁去　鄕心先寄片帆行
匣中雪鍔寒光老　鏡裡霜髭壯志驚　徙倚旅窓回首望　白雲何處是秦京

其二

藹藹春光滿海城　萋萋細草喚愁生　梅天節序吟邊過　柳塢郊扉夢裡行
羈恨暗隨微雨動　江波晚逐逆風驚　星槎幾日歸萊浦　駟騎翩翩向玉京

大坂滯雨

西歸屈指計前程　不道蠻江滯未行　多事浮雲韜海日　無端飛雨暗江城
黑風吹浪層層湧　白髮緣愁箇箇明　安得此身生兩翼　飄然飛去洛陽城

兵庫洋中次龍溪韻

舟車道里七千餘　跋涉經年意不舒　照眼寒梅香掩苒　滿頭華髮影蕭疎
江心潮上沙汀沒　海面雲收玉鏡虛　一掛蒲帆風與便　飄然行色問何如

室津

水國潮生客棹輕　古津梅雨濕行旌　金書已見蠻酋襲　玉節能令海怪淸
帆力晚迎風便健　羈魂時逐浪花驚　靑春作伴還鄕興　須趁烟花滿洛城

一岐島滯雨遣懷

小島淹留倚竹床　春愁催着鬢邊霜　一宵海雨桃含笑　數頃山田麥吐芒

雲物不遮千里夢　風光能斷九迴腸　遙知湖上西山麓　藉草端宜把酒觴

對馬島次龍溪燕蛾體韻

鵬溟渺渺夕生波　蝶夢翩翩夜到家　對馬島前飛白雨　立龜峯上暎紅花
鰲雲韜日斷征雁　螺響遡風驚宿鴉　畫鷁幾時歸釜浦　駏蹄催向漢江涯

桑老茶屋次龍溪韻　桑老 玄方也

蒲團坐穩掩玄關　經可琴聰伯仲間　道妙金沙空法眼　手栽瑤樹對屛顏
開樽話別懷猶惡　煮茗留人意更閑　欲向離亭贈一語　詩情奈與客愁關

送朴大觀赴咸平　乙丑秋

叫閤琅玕凜若霜　聖恩優許佩銅章　暫辭玉署論思地　遽赴鈴齋瘴癘鄕
去國豈堪三宿戀　望雲應費九回腸　徵還宣室定非遠　莫向離亭懷暗傷

送許沃汝啓赴高城　乙丑

大嶺之東縹氣浮　一區天地卽滄洲　丹砂窟接三淸界　白玉峯懸萬瀑流
海日夜含成佛殿　山雲晝鎖望仙樓　使君素有烟霞習　好作秋風五馬遊

送關東伯金尙之行[15]　乙丑　尙金大憲德諴從子

關東形勝冠靑丘　玉節宣風屬素秋　巡察嚴威今替府　按廉優秩古諸侯
壺山露氣生叢桂　瀛海蟾華暎畫樓　剩想此行佳興足　仙區到處辦淸遊

次李上舍阜韻贈惠圭上人

道高山襯蔚藍天　雲柱巖棲碧眼禪　金錫杖邊花爛熳　風霆筆下墨千綿
蓮經法妙窮千偈　茶戶身閑息萬緣　談罷無生夜籟靜　亂峯明月聽啼鵑

次西郊令丈韻　李僉知升亨　二首

平生景仰丈人眞　今幸林臯忝後塵　下榻逢迎幽契密　忘年許與夙心親
琴樽山館賞遊足　花柳郊扉來去頻　身外已知皆夢事　不如同釣石灘濱

其二

一發狂言批逆鱗　聖恩優許臥湖濱　可憐白首茅齋客　誰識靑袍粉署臣
幸有仙禽爲老伴　閑培藥草不全貧　棲遲丘壑餘生足　分作天公度外人

---

15) 석인본『선석유고』에는 실리지 않았음.

月夜遣懷

江郊積雨晚來晴　玉宇雲收月影淸　叢竹隔簾呈爽氣　候虫依草作秋聲
良宵轉覺丹心苦　流景偏催白髮生　愁依小窓仍不寐　却憐孤鶴獨多情

自洛還鄕道上逢大雨

漠漠頑雲釀積陰　支離秋雨欲成霖　簑衣難禁布衣濕　野水却添溪水深
倦僕惆泥登斷岸　羸驂愛草入長林　此行艱苦平生最　兩鬢搔來雪滿簪

鎮直玉堂　庚午

久鎖鰲扉鬢欲晞　淸明時節正芳華　烟籠光化門前柳　雨浥含春苑裏花
天襯玉墀遲日轉　地連銀漢彩雲多　無端枕上滄浪夢　不憚西湖道路賒

銅雀津口占　参玉堂上箚　被削黜還鄕

自慚樗散荷恩私　謾積淸班尸素譏　胸裏葵忱明向日　鬢邊霜髮長憂時
狂言未暴繩愆志　大罪翻成去國悲　駐馬江干猶北望　傍人莫道故遲遲

鳳首庵口占

倦客乘春訪道林　諸天爽氣坐來侵　白雲繞壑階庭靜　翠樹粧山洞府深
太古靈區無世事　上方眠衲絶機心　晴窓徙倚忘歸去　不覺斜陽下遠岑

友蓮閣逢驟雨　安岳以元帥從事從西征

薄春前山急雨催　滿地荷葉散瓊瑰　初疑鐵騎從天下　還訝鯨濤捲地來
猛勢奔騰驅霹靂　驕聲淅瀝動樓臺　居然鑒却流金暑　滌盡煩襟更把杯

次豊川壁上韻

寥落孤城大海頭　夜深羈思轉悠悠　凉生古館風吹樹　人倚危欄月滿樓
有酒可能酬勝賞　此行非爲做淸遊　腐儒無補靑油箒　畫角聲中多少愁

廣梁海村對月

孤村日暮掩柴扉　老樹棲鴉得意飛　家在湖中音信斷　人留關上夢魂歸
蕭疎愁鬢驚秋色　寥落羈懷對月輝　直到夜深眠不得　滿空凉露欲添衣

在廣梁懷安岳遊宴

長夏驅馳任轉蓬　海天今日又秋風　蟬聲老樹荒村外　草色平郊細雨中

蓮幕病懷長忽忽　楊山歸夢劇忽忽　盈盈一水如千里　回首雲岑意不窮

廣梁戲吟

莫道兵戈有是非　廟堂神筭在揚威　元戎目下無空島　惡相胸中達遠機
蓮幕腐儒長抱病　樓舡瘦卒謾思歸　秋風已動關河外　節序居然近授衣

登浮碧樓仍作舡遊　辛未春　與箕城少尹李重甫　㟜　作浿江遊

倦客來登浮碧樓　故人爲辦春江遊　綾羅島畔柳烟織　錦繡山前花雨收
豪竹哀絲爭落日　畫舡飛棹逐輕鷗　窮歡不覺斜陽盡　十里淸波月影流

駒峴路上戲占　駒峴　卽中和黃州之界

拂袖歌筵判去留　隔江春樹幾回頭　濃花嫩柳離魂結　細草平郊驛路脩
千里新愁驚白髮　一鞭殘日向黃州　西遊浪作年年別　可笑剛腸亦已柔

車輦次權上舍怢韻　丁丑夏　以贖還使赴瀋陽　進士權怢　製述官稱號帶行

此行非爲做遐遊　勝地凄涼水自流　長路多情唯老樹　荒墟何處是高樓
叢祠暮鳥啼餘恨　古峽蒼烟鎖斷丘　怊悵繁華成一夢　斜陽立馬謾搔頭

白馬城伏熱驟雨

遮左頑雲掩太陽　江城雨色送微涼　火師退舍威還拙　風伯前驅勢轉强
却訝秋期來已近　更驚炎序去何忙　靑蠅斂翼飛蚊散　斗覺憑欄睡味長

次權製述龍灣感舊韻

大野西頭百尺臺　登臨極目暮雲開　鶻山遠拱遼關走　鴨水平吞碣石回
碧草連天人事絶　黃沙滿地客秋催　悲歌獨立斜陽盡　殘郭烟生畫角哀

白馬城大霧

瘴霧濛濛暗山河　蒼茫境落入無何　倘非鵬海環蓬島　疑是蟾宮耀桂華
容與長郊迷路客　飛廻老樹失巢鴉　居然大風東南起　快覩靑天白日斜

權製述次老杜諸將韻示之繼而和之　四首

孤臣未死氣如山　幾撫秋蓮望玉關　國恥可忘千載後　君讐猶戴兩儀間
徒慚報效無長箠　敢憚驅馳不暫閑　安得乾坤整頓手　早揚威武掃完顏

其二

漠漠燕雲雁不來　山河寥落帶餘哀　數行老淚關邊路　一曲悲歌江上臺
絶塞行裝龍吼匣　新愁排遣酒崇杯　蒼生百萬還鄉望　其奈吾無專對才

其三

鴨綠江爲東國標　西隣腥祲未全消　燕山征盖猶旁午　楚海浮槎轉寂寥
受任何意[16]誇玉節　抱羞無面戴金貂　空丹一片胸中悃　奈葰涓埃報聖朝

其四　方伯李子章總兵柳琳

雁塞風塵接馬城　時危誰是建戎旌　甘棠惠化新方伯　細柳威風舊摠兵
天日只知臨有漢　山河休道裂爲淸　灣[17]州慷慨林防禦　倚劍長吁氣不平

碧蹄站遣懷

萬里歸來一病深　鬢邊偏覺雪霜侵　任專人府承天寵　歲暮殊方傷客心
旅館小燈通五夜　故山長路隔千岑　臘梅已報春消息　湖上寒葩夢裡尋

站上覽鏡有感得容字口占押進退韻

素髮居然作老翁　鏡中非復舊時容[18]　身心寂寞如枯木　蹤跡飄零似轉蓬
白馬古城雲撲地　碧蹄孤館雪封松　他鄉物色堪腸斷　愁對前山夕照紅

站上病中遣懷

歸去來兮計未成　風塵遊官有何榮　身爲春夏秋冬客　迹遍東西南北程
白髮滿頭無好況　黃金橫帶亦浮名　病吟孤館寒宵永　悄對殘燈作越聲

病裡戲吟

白首凄其吾已矣　少年時事若前生　花邊狂語千眸注[19]　醉後高歌萬耳[20]傾
老去逢人還自愧　向來知已總無情　慇懃獨有新安伴　風雨深宵倒履迎

鎭直摠部

岧嶤之直護鉤陳　正是東風三月春　上苑濃花紅欲爇　御溝垂柳碧初勻

---

16) 필사본에는 "心"
17) 석이본에는 "蠻"
18) 석인본『선석유고』에 "客"으로 잘못됨.
19) 석이본에는 "住"
20) 석인본에는 "里"

職親陛戟星辰近　地密周廬雨露新　莫怪腐儒心膽壯　禁中頗牧亦何人

贈曺子實文秀令公赴寧海倅

君今江海着鞭先　嶺路千重咽晚蟬　宮裏簿書多暇日　壺中雲物媚秋天

軒窓靜處山圍座　樽酒開時月滿筵　東廓病翁無好況　暮年乾沒愧華巓

病中遣懷　二首　戊寅暮秋　以戶參患脚病　解職歸鄉

柴門寂歷傍江城　扶病歸來別有情　秋晚小堂新月色　風高大野亂鴻聲

琴書已散吾將理　籬落雖殘亦可營　契活荒凉焉得說　此身閑寂21)夢魂淸

其二

蕭蕭風色日催寒　斗覺湖天節序闌　大野年荒賓雁瘦　小庭霜重菊花殘

塵生陶葛愁難禁　灰撥錢壚意自寬　暮島投林門已掩　數聲長嘯獨憑欄

夜枕無眠

愁人無睡到鷄鳴　秋夜漫漫不肯明　世事艱危心膽裂　官途顚沛夢魂驚

歸來丘壑松篁老　搖落湖山風月淸　戀闕寸丹猶未折　起望天北淚縱橫

夕望

長郊騁目思依依　落日蒼茫映翠微　極浦平沙孤雁下　小橋殘雪一僧歸

龍岩古峽迷寒樹　狐浦荒村鎖夕霏　徙倚短扉棲鳥盡　竹梢凉露濕荷衣

謝禹都事來訪

屢蒙臨枉感難勝　一叩高屛病未能　葭質愧依瓊苑樹　塵襟幸接玉壺氷

黃花雨泡金錢濕　白屋霜嚴布被稜　佳約尙違良宵22)會　可憐孤影伴靑燈

謾吟　二首

默想時艱面有慚　病懷寥落自難堪　鬢毛盡皓鴻噫五　忠惘空丹會進三

已分行身同抹摋　不妨居世作聾癡　佳辰易邁黃花老　急索村醪辦一酣

其二

橫黃雖渥豈無慚　杞國之憂自不堪　賈傅方知哭者一　展禽何慍默之三

君恩未答身先老　世事難言口已瘖　臥病江湖驚歲晩　半庭殘菊曉霜酣

遣興 三首

金烏山下小灘橫　晚悟堂前大野平　出岫閒雲歸遠壑　滿天明月透虛楹
江湖余樂鷗盟重　松菊猶存鶴夢淸　一病支離身亦老　不妨於此送[23]餘生

其二

石峰東麓是柴荊　一臥茅齋世慮輕　庭樹葉鳴秋雨過　水村人語夜潮生
時危轉覺宜肥遯　歲歉方知可力耕　回首官途眞夢事　江湖滿地與誰爭

其三

自笑心期與世違　又因衰病解朝衣　雲林棲息還初服　塵路奔忙悟昨非
有素山容當竹戶　多情蟾影入松扉　寄語東洛名場伴　莫怪踈蹤歸未歸

謝柿村兄來訪

夜來眠況問如何　深荷忘勞屢杖過　大慰京鄕相阻思　欲蘇鍼灸未痊痾
梅窓日暖披襟穩　竹塢風淸遣興多　只恨樽空挽不得　滿天明月獨吟哦

次禹都事見寄韻 三首

雨後窮陰鎖海天　寒光凜凜動山川　身閒不惡琴爲伴　家瘦難期酒作年
虗老匣中龍吼劒　空悲鏡裡雪侵顚　平生意氣誰能會　逢着時危只自憐

其二

敢將燕石比頑蒼　注酌俱虛愧葆光　流景可憐催白髮　靈方未誠擣玄霜
堪愁世路羊腸險　爭笑樊籠鶴脛長　有約靑山知不負　浩然孤嘯欲焚章

其三

甚矣吾衰頭已皓　歸來林壑問何如　淵明投紱覺迷道　孫焯尋山知遂初
逸興幾牽村酒動　幽懷頻向野翁攄　月光堂靜無塵事　閒把孤桐弄步虛

自嘆

形如枯木首如蓬　右脚蹣跚左耳聾　紫竹杖邊傴僂影　靑菱花裡昂藏翁
荒凉計活樽無綠　零落行裝劒欲紅　商量餘生吾已矣　宦情從此馬牛風

---

23) 필사본에는 "畢"

謝田上舍 汝霖 佩酒來訪

歲暮窮村足雪霜　蓬門草徑轉荒凉　可憐頭24)白新居士　誰識腰黃舊侍郎

孤枕睡酣山日晚　小庭人靜蠟梅香　慇懃賴有携壺伴　剩辦歌呼醉裡狂

次洪正郎 子方 韻

自憐人事日摧頹　況復居然節序催　人野荒凉鴻雁瘦　孤村寥落雪霜堆

愁邊衰鬢頻看鏡　臘後窮陰未放梅　對酌小堂誠幸耳　須殺五馬伴春迴

聞朴士經田士說作獵魚會於無限川病裡口占書送

江城物色屬深秋　令節端宜辦勝遊　抱露寒葩妝短籬　叫霜孤雁下長洲

盤堆綺饌銀鱗細　杯凸香醪綠蟻浮　西塢病翁人事絶　小齋牢落惱新愁

遣懷 二首

去年秋暮向南州　節序居然又一秋　藥物關心無好意　風光入眼有新愁

寒宵孤夢歸丹鳳　晚境幽期托白鷗　戀主寸忱猶未折　幾回扶病倚危樓

其二

天時人事苦相催　一臥湖山兩鬢皓　萬25)木霜酣秋序盡　空洲沙冷雁聲哀

吟邊佳節忽忽去　病裡新愁袞袞來　樽酒已空江月黑　黃花從此不須開

謝任禮山振來訪(且邀26))

聚散悠悠苦不常　居然一別已三霜　雲橫鳥嶺信書闊　月照烏山離恨長

青眼忽開疑夢寐27)　白頭相對慰參商　可能更杜蓬門未　欲採黃花泛酒觴

酒席贈任禮山

浮生身世卽萍蹤　洛下分携湖外逢　濁酒黃花今日會　白鬢紅頰若干容

飛觴談笑愁何在　促膝團圓興更優　祗恨明朝星散後　亂山關路隔千重

曉枕聽急雨

疾風吹雨急撞捵　勢若戈槍奮九攻　茅店寒鷄休喔喔　蘆洲驚雁飛嗈嗈

---

24) 필사본에는 "戴"

25) 필사본의 "晩"

26) 필사본에만 덧붙음.

27) 필사본에는 "寢"

田翁却怕漂朝刈　村婦還愁廢曉舂　踈竹撲窓梧葉戰　小齋孤睡未從容

禹都事乘月來訪把杯以謝

故人乘興索村醪　夜叩蓬門意氣豪　蟾影轉時花影轉　歌聲高處笛聲高
三更玉露明如練　千里銀河色似刀　談笑未闌詩料就　湖山風月屬吾曺

鳳首庵

蹣跚病脚怵蹄攀　懶倚藍輿訪石關　洞府幽深松路轉　諸天寥廓桂壇閒
歸雲欲擁庭邊樹　新月初銜眼底山　淸夜不眠塵事[28])少　却愁明發苦催還

暮投要路院

峽路千重草色深　數椽頹院傍踈林　地連湖海人南北　天襯峯巒月古今
棲鳥那[29])知孤客恨　歸雲偏惹故鄕心　長吟倚柱黃昏近　碧樹依依萬壑陰

次林白湖寄鄭子愼韻　白湖集次卷中韻

靑山屛擁碧溪流　偃蹇故人此地遊　逸氣肯懷丹桂怨　閒情已被白雲留
巖扉月滿松陰轉　石榻春深蕙帳幽　睡起晴窓牽晚興　烏巾竹杖下沙洲

次江郊曉行韻

客子侵晨尋古渡　一燈明處是江村　殘霞隔水山容淡　落日橫沙樹影分
倦僕帶眠迷細路　孤鴻失侶叫寒雲　河傾斗轉天將曙　强策羸驂過石門

次廣寒樓酒席韻

雨後春江漾夕波　樓頭垂柳濕烟斜　詩情欲借風光逸　客興聊憑酒力多
紅燭影含靑嶂月　碧藕香襲白蘋花　佳人亦解離筵恨　更唱陽關惜別歌

次贈淸溪僧韻

瘦鶴寒松道骨奇　白雲深處掩禪扉　檀壇香韻飄丹壑　寶殿鍾聲隱翠微
境接金沙龍象老　神留玉洞夢魂稀　閒來住杖淸溪曲　山雨霏霏濕草衣

次耽羅客館韻　二首

日暮轅門畫角殘　將軍無事倚雕欄　霜酣錦葉秋光晚　露洗珠篇夜色寒

---

28) 필사본에는 "慮"
29) 필사본에는 "豈"

大海驚濤春枕底　老蟾清影透雲端　風烟絶勝仍歡賞　誰道人間幷四難

其二

春潮捲海繞城長　水國微茫暮色蒼　別院濃花紅萬朶　仙山琪樹碧千章
笛橫珠箔危欄月　風送羅帷寶篆香　清賞可肩滕閣勝　揮毫其奈愧三王

次高唐途中韻

濕烟殘雪溪橋畔　短策孤吟驢背人　喬樹棲鴉正得意　亂雲歸雁堪傷神
黃茅路細水村遠　白竹籬殘漁戶貧　沙步斜陽忽開眼　老梅獨占江南春

次武揚堂韻

熊虎將軍聘六奇　縱橫雲鳥按邊時　黑龍江上開新館　黃草山前建大旗
夜冷靑油劍怒吼　秋高紫塞馬驕嘶　威風已動陰山外　行見强胡祭北陲

次卽事韻 四首　此下自述

湖外丘園俗物稀　岩扉寥落夕陽移　寒齋靜伴孤桐在　暮歲幽期老菊知
篇捲烏山雲散後　酒醒狐浦雪晴時　棲鴉欲盡黃昏近　月上東峯也未遲

其二

石峰之下月先堂　居士賦歸三逕荒　蟾影自來如有意　年華易去爲誰忙
可憐病鶴垂風翮　爭識幽蘭抱國香　時序欲闌梅欲動　愁邊雙鬢日蒼蒼

其三

三尺孤30)桐一幅巾　只要身健不嫌貧　林深石古烟霞老　村僻庭閑鳥雀馴
踈迹自知同木客　沉病況復作楓人　中宵不寐緣何事　竹塢梅窓月色新

其四

此身閑處此心寬　古井年來不起瀾　已分冥棲安素履　豈嫌華髮映黃冠
靑山寂寂無時事　翠竹娟娟傲歲寒　莫道家貧無長物　踈容欲付紫金丹

次蘭雪軒望高臺韻 四首

老臺百尺冠嵬峨　客子來觀感慨多　地軸北高千嶂合　海門東豁一帆過
龍興霸業開三國　虎踞雄關扼兩河　回首塞天秋日暮　向風彈劍奏悲歌

---

30) 필사본에는 "枯"

其二

摩雲之嶺襯寒霄　雄作東韓塞北標　山勢東馳鐵峽壯　地形西坼玉京遙
孤城月冷笳吟咽　大漠秋高虜氣驕　聞道將軍新按節　威風不讓漢嫖姚

其三

憑高望眼幾回穿　落日歸心劍外天　海口雲生迷斷雁　隴頭霜冷咽悲泉
關城暮角風牽急　塞磧寒沙月照偏　從古遠遊男子事　壯懷時復撫秋蓮

其四

青萍三尺卽行裝　短日凄凄易夕陽　嶺表霜飛宮樹老　關邊秋盡野臺荒
愁牽長嘯歌悲壯　目送孤鴻意杳茫　萬里來登還望遠　塞天搖落陣雲黃

寄洪子方

沉病經歲未全療　一臥滄江再送秋　怒目向西頻撫劍　危忱懸北幾憑樓
燈殘永夜魂依夢　雪落空洲雁叫愁　莫謂投閑多意緒　國恩如海死難酬

聞 上候差復視政喜極口占

禁林霜落玉樓寒　寶扆興居久欠安　喜報初傳心惝悅　驚魂纔定涕汍瀾
悠悠枕上三更夢　耿耿胸中一斗丹　安得蹣跚趁北闕　肜庭拜舞祝南山

塞上行次白湖韻

秋盡江城木葉稀　朔風吹海黝雲飛　黃沙磧冷邊鴻怨　白草山長虜馬肥
曉角寒聲喧玉塞　夕烽殘影落金微　將軍晚渡交河去　獵罷歸來雪滿衣

次杜老登高韻

雲31)濕風高雁叫哀　野長山遠水縈迴　忽忽流景欺人去　衰衰羈愁帶雨來
憂國幾年彈老劍　望鄕何處倚高臺　吾衰甚矣頭空皓　萬事無如酒一杯

遣懷 五首

抱病丘園二載强　歲闌湖上足風霜　琴爲老伴撩幽興　竹護踈籬繞小堂
衰鬢自憐新着白　瘦腰誰識舊橫黃　孤村寂歷烟光歛　嘯倚柴門送夕陽

其二

---

31) 석인본에는 "雪"

平生自許國忘家　壯志其如老病何　雄劍暗騰千斗氣　新愁催着滿頭華
桐絲鏡匣封蛛網　草逕蓬門掛雀羅　睡罷小齋懷悄悄　夕陽扶杖數歸鴉

其三

一掩郊扉歲再闌　病懷牢落獨憑欄　階邊梅意先春動　簾外蟾光入夜寒
萬里羈愁橫鐵笛　五更歸夢向金彎　曉來霜氣侵虛幌　唯見孤燈映壁殘

其四

海國風烟惱客愁　孤吟竟夕倚江樓　歸鴉32)影帶黃昏色　斷雁聲唧紫塞秋
白髮無情人易老　靑山不語水空流　平生意氣誰能會　暮境幽期托白鷗

其五

羈懷鬱鬱向誰開　抱病登臨江上臺　鳳首過雲和雁去　狐頭夕飇帶潮來
窮陰釀雪霾寒日　殘臘先春放早梅　物色惱人愁緖亂　急沽村酒覓深杯

在洛下次李典籍郁思鄕韻　四首

南國歸期墮杳然　東華遊宦日如年　愁邊節序霜侵鬢　夢裡江湖月滿舡
梧葉隔窓鳴夜雨　雁行橫塞怨秋天　羈愁多少說無處　挑盡殘燈題短篇

其二

自憐衰鬢日蒼然　況復流光屬暮年　梅臉欲肥催臘雨　鄕心偏在釣魚舡
五更孤枕夢隨雁　數點殘星霜滿天　悄倚小屛仍不寐　謾吟彭澤賦歸篇

其三

利路名場首不回　水村山郭眼偏開　田園欲蕪須長往　富貴無心寄倘來
宦意春空雲一片　閑情漁市酒三杯　此翁自是悠悠者　樗散元非濟世才

其四

秋老江鄕客未迴　故園叢菊爲誰開　魚鰕有約夢先去　鴻雁無情書不來
遊宦極知身外事　浮生須盡掌中盃　缺人世故茫如海　從此傾情麴秀才

鎭直摠部次李典籍傷時韻

秋氣凄凄滿禁城　碧天如水露華淸　關河萬里銀蟾影　閭閣三更玉漏聲

---

32) 석인본에는 "鴻"

正想遼雲南望恨　可堪蠻掖北馳情　孤臣此夜無窮淚　更灑西風骨亦驚

其二

雨色初收秋滿城　曉風吹露霱河淸　邊鴻暗訴離群怨　禁漏寒催報夜聲
紫鳳樓頭看月恨　白龍堆外望雲情　君羞國恥何時雪　念及艱憂[33]夢亦驚

重陽登高[34] 二首

强扶羸病獨登臺　爲愛風光坐不廻　佳節能令黃花[35]笑　故人誰送白衣來
淸霜欲落年華晚　皓月將圓客興催　世事紛紛吾已老　把杯何處好懷開

其二

獨上荒城百尺臺　蘆洲秋晚雁初廻　江流遠挹狐頭去　山勢雄分鳳首來
苒苒年光玄鳥變　悠悠人事白駒催　風烟無賴新愁亂　羈抱何時得好開

次李典籍洛城逢秋韻

閑愁暮緊獨憑樓　客裡偏驚節序流　蛩響早知秦苑夕　蟬聲欲報漢宮秋
世情隨處非靑眼　時事由來已白頭　悵望湖天三太息　終南山外夕陽收

謾興追步前韻　還鄕後作

抱病起登城上樓　樓前平野大江流　歸鴉落日水村晚　斷雁濕雲沙步秋
湖海三年非乞骨　乾坤萬事入搔頭　一聲漁笛風烟暮　愁緒蒼茫不易收

次登江上臺韻　二首

大醉狂歌倚木杯　暫過江漢上高臺　雲烟作態舒還卷　鷗鷺忘機去又來
欲向桃源尋綺角　更敲蓮社覓宗雷　傍人莫報斜暉盡　沙路何妨帶月廻

其二

欲排閑愁强把杯　爲牽春色獨登臺　江空天闊片雲去　沙白渚靑孤鳥[36]來
濕霧散飛千嶂雨　黑風驅送一聲雷　湖山異態供淸賞　倦僕休嫌坐不廻

謾吟

江海經年抱病人　夢魂無復向要津　羇孤影伴青藜杖　衰颯頭慙白氎巾
歲暮荒村門掩月　客稀窮巷席生塵　胸中多少不平事　回首閑雲堪愴神

在洛[37]寄湖鄉親舊

湖上丘園俗物稀　老梅脩竹護柴扉　青山入夢吾當往　白髮欺人歲又歸
千里旅情長忽忽　一春離思劇依依　揮鞭豈待花如霰　石嶽同遊竟不違

奉呈禹都事

一臥江湖病轉癃　愁邊流景劇忽忽　黃花着雨秋光晚　赤葉驚霜樹影空
浮世等看飛鳥外　餘生欲付醉眠中　野翁爭席君休訝　此老如今亦野翁

次柿村兄見寄韻

一掩郊扉三載了　病吟猶作未歸人　路長江漢青山阻　歲暮湖天白屋貧
寂寞丘園松菊老　蕭疎頭鬢雪霜新　依依枕上三更夢　時逐孤鴻到紫宸

次白橋韻　白橋邊承旨孝誠

居士歸來山不孤　小園蘭畹間芋區　休官豈是逢三黜　棲壑端因有八愚
戀闕心隨千里夢　憂時鬢變五年吁　君能已致青雲上　自笑冥行謾索途

初度日酒席口占示諸公

行年六十五星霜　萬事居然髮已黃　病裡身心俱寂寞　世間榮辱摠茫洋
丘園靜契新居士　城市浮名舊侍郎　一醉樽前殊不惡　菊花佳節近重陽

謝禹都事佩酒來訪

良宵雲索却多猜　故翳蟾光久不開　西塢畸人扶杖立　東隣佳客佩壺來
手隨綺饌頻翻案　情着香醪正凸杯　珍重高情難盡謝　起居何似夜深迴

病後述懷　辛巳冬

居然一病去年冬　病未全蘇歲又窮　肌肉盡消皮着骨　形客已脫頻成童
燈殘永夜愁無寐　風打寒窓雪滿空　却喜鷄聲催報曙　呼兒開戶看天東

錄呈[38]禹辛二公　二首

臘盡荒村歲欲窮　可憐頭白再生翁　興居眠食千愁裏　春夏秋冬一病中
世路功名蝴蝶夢　親知聲問馬牛風　蓬門晝掩經過少　殘雪[39]疎籬夕照紅

其二

薪憂纏自戊寅秋　一臥江湖歲五遒[40]　兄弟婿亡三收淚　饑寒疾共百爲愁
人生有幾悲塡臆　世事無心雪滿頭　猶幸東隣某某在　源源相訪背之不

病裡遣懷　三首　壬午春

羈愁羸病苦相催　節序居然春又來　池[41]面波生梅雨過　渡頭潮落水烟開
燒香遣興詩三疊　對月排愁酒一杯　已絶世間軒冕夢　分甘垂釣臥蒼苔

其二

斗柄初回天地春　吾今六十七年人　星霜荏苒愁邊過　頭鬢蕭疎鏡裡新
浮世已知身是客　餘生況復病爲隣　葵忱未折江湖遠　幾向秦雲望北辰

其三

地僻幽棲客到稀　小庭芳草繞柴扉　鰲堤古樹靑烟羃　蛇浦長洲白鷺飛
梅臉未開春悄悄　柳眉初展雨霏霏　閒吟步屧黃昏近　謾數歸鴉帶落暉

錄奉禹辛二公

盡日蓬門掩寂寥　病夫心緒極無聊　小庭春冷梅枝瘦　大野雲醄雨意嬌
坐對濕烏依古樹　臥看孤鶩度層霄　此時端合披襟欵　路隔林巒不敢邀

次洪白川韻　洪柱一來訪示其製仍和之洪公纔被臺評故及之

枉顧幽棲荷不遺　湖山春色欲闌時　雨過林塢花香濕　日映軒窓竹影移
浮世舌灾傷薄俗　晚途心契樂新知　此身羸病今三載　一叩高屛恨太遲

錄呈禹辛諸公

病掩郊扉穩送春　小堂遲日影爲隣　殘紅別樹隨風散　軟綠粧林帶雨新
玄燕雙飛尋舊主　黃鸝三囀請幽人　懸燈勝話君休負　八日佳辰未一旬

---

39) 석인본에는 "雲"
40) 지은 연대가 1642년 임오(壬午)년임을 알 수 있다.
41) 석인본에는 "地"

謾興

我是前身鶴背仙　別天星月好蹁躚　金華洞老三花樹　玉界山晴九點烟

浪跡塵寰春夢懶　靜棲雲壑道心專　何時更馭冷風去　笑向蓬壺路十千

端午日憶昔年洛中盛事有感而口占

裊裊銀繩樹梢懸　翩翩來去羽衣仙　飛瓊馭鶴歸三島　弄玉乘雲下九天

燕俠驊騮馳大道　秦娥歌管咽華筵　昔將盛事今寥落　正値佳辰一喟然

挽金生伯輝

與君情事倍相親　東洛西湖俱作隣　蒙枉頻繁多眷意　把杯談[42]笑見天眞

窮鄕忽失閑中伴　委巷誰尋病裡人　佳節閉門秋色晚　欲題哀挽自沾巾[43]

夢直玉堂感而口占

一臥滄浪[44]七載强　歲闌羇思轉茫茫　地非楚澤形容瘦　病似相如消渴長

東駱[45]舊棲茅屋破　西湖新契石田荒　可憐孤枕寒宵夢　鳴佩依然鎖玉堂

遣懷

饕風號怒朔雲迷　虐雪飄揚短日低　古樹枝殘鴉凍蹄　晚川沙冷雁酸嘶

行看流序吹葭管　坐撥寒灰掩石閨　世事多艱身且老　此翁殊未厭幽棲

寓在駱東雪夜苦甚遣懷錄奉李永平　甲申正月

悄悄春寒出獒貂　夜深羇思轉無聊　頹簷積雪侵窓凍　破壁饕風獵帳驕

浮世已知同逆旅　餘生端合付漁樵　可憐孤枕還鄕夢　幾渡狐頭浦上橋

朴修撰　季順　先還湖鄕口占贈之

江湖臥閱五星霜　抱病西來鬢已蒼　破屋數間塵滿壁　荒庭一畝草生塘

夢闌浮世宦情薄　春動故園歸思忙　我亦浩然從此逝　石峯烟月好徜徉

病餘謝禹都事來訪　甲申歲末

誰敎時序去還來　節迫新元三日才　風色欲紓池上柳　春心已動檻前梅

---

42) 필사본에는 "歡"

43) 석인본에 "中"

44) 필사본에는 "江"

45) 석인본에는 "洛"

三秋一病玄冬盡　孤枕千愁白髮催　寂寞荒村殘雪裡　蓬門今幸爲君開

挽朴沔川大華母夫人

系出簪纓婦德徽　老星南極正騰輝　專城榮養人皆艶　崇爵恩封世所稀

纔拜壽筵歌且舞　便題哀挽夢耶非　板輿歌吹光陰路　忍見丹旌寂寞歸

次權石洲壓海亭韻

湖西特地有高亭　縹緲危甍插鷺汀　極浦歸帆當戶牖　亂山晴靄46)透窓櫳

沙鷗立渚雙雙白　烟島浮空點點靑　高臥何人塵想絶　此間應照小微星

謾吟次權石洲海村韻

寂歷孤村急暮砧　半邊殘照映寒林　烟光羃樹開新畫　雪意和雲釀積陰

養拙不妨門巷僻　排愁端合酒杯深　孔明臥龍47)南陽日　抱膝空成梁甫吟

遣懷　二首

風叫江郊暮色寒　古林疎雨亂鴉還　孤村寂歷靑烟濕　小屋蕭條翠竹殘

天地無情人已老　光陰如瀉歲將闌　此翁幽趣誰能會　回首世間行路難

其二

牢落幽棲世事稀　冷烟殘照掩荊扉　雲霾凍浦魚龍蟄　雪滿空洲雁鶩饑48)

歲瘦家貧歡意少　頭童齒豁壯心違　孤吟獨立斜陽盡　謾數寒林宿鳥歸

洪牧沈源之令公來訪聯枕枕上口占以謝

洪陽牧伯我心兄　枉顧窮扉荷舊情　下榻逢迎開一笑　懸燈談話到三更

饕風捲地茅齋冷　虐雪滿天客意驚　別眼重靑知不遠　爲沽春酒待迴旋

聞仁甫下第而還口占以慰

虐雪初晴月欲圓　灞江行色轉凄然　長身未致靑雲上　短策催還瘴海邊

莫道榮枯別有地　只緣時命總關天　願公加勉屠龍志　黃紙題名隔此年

挽李尚貞

---

46) 필사본에는 “靄”
47) 필사본에는 “龍臥”
48) 석인본에는 “餓”

杜叩郊扉卽去春　兩開靑眼宿心親　相期更做連床話　不道今爲隔世人
琴與瑟和仍享壽　鳳隨凰逝未盈旬　承家賴有三株樹　餘慶行當付貳身

次成公時芬望海亭觀海韻　觀海李子時

縹緲危甍壓海澨　無邊物色侈吾君　山圍大陸千峰列　潮捲滄溟幾派分
極浦歸帆雲外過　平湖漁笛月中聞　興來散步沙汀晩　閒伴忘機鷗鷺群

口占遣懷　丙戌暮春

蓬門掩晝與誰親　牢落茅齋影伴身　佳節尋常愁度日　殘年人抵病爲隣
家貧跡冷人情薄　地老天荒世事新　時序已闌花欲落　爲沽村酒賞餘春

謝地主來訪[49]　韓君壽遠

病臥丘園十載強　佳辰愁緖正茫茫　可憐頭白新居士　誰識腰黃舊倚郎
草屋荒涼蛛網冒　蓬門牢落雀羅張　幸蒙皁蓋勤來訪　嬴抱窮村滿路光

不堪無聊抽次杜律嚴公野亭韻

晴窓正對古人書　寂寞幽棲類隱居　談世不嫌衣有虱　安貧寧嘆食無魚
輕風捲雨花香濕　遲日臨庭竹影疎　爲報園童須愼手　莫敎蘭畹放春鋤

又次酬郭判官韻

自幸殘年保姓名　敢言天意薄浮生　恩休不是三逢黜　病蟄何妨百不成
冷跡落南雙鬢變　危樓望北寸心明　搏風無計扶搖上　鵬翮難期九萬程

挽趙判書夫人

淑德端宜君子配　生平福祿恰緩之　弸貂早歲榮誰右　皷瑟稀年樂未虧[50]
玉樹盈庭金馬彥　瓊枝滿眼石麟兒　居然大化終難脫　祇恨人間鳳影悲

中秋月夜

雨餘秋氣轉凄其　獨夜風光惱客思　玉露華生靑竹葉　金波影透碧梧枝
寒虫暗訴三更恨　老雁長號萬里悲　直到宵分坐無寐　孤吟愁絶不成詩

還洛後寄鰲村諸公　丁亥冬

---

49) 석인본에는 실려 있지 않음.
50) 석인본에 "戱"로 잘못 됨.

十年重拂破朝衣　擧目鵁班識面稀　浮世極知人事變　暮途尤覺宦情微

漁樵契密吾當往　猿鶴盟深夢已歸　遙想故園秋色盡　小庭梧葉帶霜飛

松都次金行源令公韻 金僉知孝誠以平壤問安承旨同行

憶着三韓定鼎功　當時事業亦英雄　繁華已冷千秋月　興廢都輸一簸風

樵路不分文石陛　兎原誰識覇[51]王宮　池臺寂寞山河老　古樹霜酣葉正紅

箕城次崔子迪令公韻 崔參判惠吉 以平壤饋慰使同行

共辭丹陛促鞭行　驛路遙連浿水城　八日聯鑣如有數　一朝分袂豈無情

風高古峽灘聲轉　月滿長洲樹影橫　回首塞天歸思惱　五雲何處是秦京

到順安寄崔金二令公

揖罷西來路轉悠　古城烟樹幾回頭　固知人世足別離　況此關河分去留

孤館雨聲驚客夢　深宵燈燼惹羈愁　想應浿水同行伴　收拾風光寄唱酬

安州夜酌

歲暮邊城霜雪催　獨留孤館意難裁　山圍大野江聲遠　天入長雲雁叫哀

寒夜欲闌紅燭盡　饕風轉緊翠帷開　絃歌不禁鄉園思　更把新愁付酒杯

謝李淸安元俊來訪

廿載西湖抱病身　東華今作越吟人　紛紛世事看衰鬢　苒苒年光屬早春

委巷荒凉門掩雪　破廬牢落席生塵　感君情意獨珍重　憐我孤眠來顧頻

次金士常閱波亭韻 己丑夏

湖上幽人孤草亭　亭中春酒滿銀缾　雲嵐作態生層嶂　鷗鷺忘機下晚汀

素月籠沙詩興動　好風吹水醉眠醒　知君已絶紅塵想　垂釣何妨送暮齡

湯艾東城外歸路口占 錄呈 李淸安

晚出城東訪舊蹤　古原殘照依孤松　靑山綠水昔年色　白髮蒼顏今日容

把酒豈能窮跌宕　放歌聊自撥衰怖　重遊佳約君休負　會待晴春花正濃

挽朴永興 安孝 二首

家世簪纓冠搢紳　雲衢高步亦靑春　人間事業官三品　夢裡流光壽六旬

---

51) 석인본에는 "羈"

雙璧影虧拉血淚　孤鸞舞罷叫蒼旻　驚呼無限親朋意　却向闊天倍愴神

其二

聞君之逝我懷悲　大別無端遠別時　屈指泉途多故舊　回頭世路少朋知
凄凉飛旐關河外　髣髴歸魂浴水湄　樽酒歡遊成一夢　不堪和淚寫哀詞

黃州客館謾吟

黃州近慰安州餞　丁亥之冬己丑春　跋涉一千餘百里　衰遲七十有三人
孤蹤敢歎賢勞獨　暮境誰憐遠征頻　商量半生成底事　去來關洛鬢成銀

北辰寺上殿 庚寅春 以瑢源錄迎候境上 留待於北辰寺 將有小雨 乘閑口占

乾沒雄州簿領間　偶緣公務過春山　飛泉一道穿巖迤　古木千章護石關
亂峀參差迷眼底　危甍縹緲襯雲端　天公憐我鈴齋苦　爲借花宮半日閑

其二

白崎之東北辰寺　山下風物屬新春　樓頭危檻連蒼檜　石齒飛泉繞翠筠
望眼欲窮天襯峀　屯雲多戲雨留人　頹愁一枕成閑睡　剩作瑤臺夢裡身

示諸姪

歸去來兮胡不歸　一官三載太支離　心爲形役寧無愧　病與年深亦可悲
惠未及民徒費廩　材非識務只憂時　故園春動吾將逝　爲報庭梅開莫遲

次李永平元俊見寄韻 壬辰冬

孤蹤抹撥不須悲　歸去田園有二宜　羸老殘骸無所用　支離一病亦難醫
山河積雪寒嚴節　天地窮陰歲暮時　手撥爐灰心緒靜　忘言默坐莫嫌癡

其二

籬護松篁門掩蓬　忘形爭席摠園翁　梅枝疎影迎新月　梧葉嬌聲鬪晚風
地僻湖山塵事少　契深魚鳥宦情空　燒香默坐寒宵盡　昕昕明星正在東

其三

山野疎蹤與世違　吾衰且甚賦歸宜　黃花白酒陶潛興　落木凄風宋玉悲
過客光陰秋序盡　故人消息雁書遲　朱絃欲絶知音少　幸有吾君是子期

在完山次洪姪韻

宦遊羈思入秋多　況復霜宵對月華　病枕遠聞鍾報曉　鈴齋厭見吏趨衙
身同病驥愁長道　魂逐孤鴻到遠家　最是北望無限痛　蒼梧山色隔天涯

挽沈正郎

老境同庚有幾人　蘭亭勝事已成陳　積年阻闊緣多病　此日存亡倍愴52)神
三品做官非滿德　八旬慳壽亦歟仁　白頭故舊情何極　欲寫哀詞涕濕巾

哭鄭判書廣成挽

爀世門屏誰第一　人間五福獨能幷　早登53)雲路多時望　晚處田園少宦情
八座超班新膴渥　三台繼照舊家聲　白頭年伴今餘幾　此日存亡倍濕纓

別洪子方歸楊江　甲午春

握手重歡問幾時　居然此別劇依依　漁樵有約吾將去　簪紱無心子亦歸
風54)靜春江帆影穩　雨過林壑蕨芽肥　君行得意何須嘆　白首徒傷會面稀

挽南判書　鈗

襟期不讓玉壺淸　正直咸推金矢貞　節按七區留惠化　班高八座擅英聲
相憐白髮偏多病　幾對靑眸別有情　大別居然成一夢　欲題哀挽涕沾纓

贈別關西方伯沈時甫　沈澤　乙未　正月

西門鐵鑰付何人　妙簡蠻坡掌誥臣　草木知名分竹日　湖山動色憩棠辰
材全文武吹噓55)悷　契合昭融雨露新　病裡居然關外別　一杯無計送行塵

挽李忠義　雲卿

多君落拓托深知　珍重交情山可移　半世歡遊窮跌宕　暮年沉病失追隨
忽驚南極星光晦　却恨西湖鶴弔遲　昔日風流今寂寞　一聲隣笛不堪悲

對月遣懷　丙申仲秋後

西風鏖暑動微凉　節序居然秋夜長　砌草露重虫唧唧　海天雲盡月蒼蒼
靑梅枝影移虛檻　紅桂花香襲小堂　直到宵分坐56)不寐　却敎愁緖轉茫茫

---

52) 석인본에는 “傷”
53) 필사본에는 “騰”으로 되어 있음.
54) 석인본에 “星”
55) 필사본에 “虛”

雨中口占

海國秋雲結晚陰　無端飛雨過西岑　縱橫亂脚迷長野　踈颯寒聲鬧暮林
巷僻人稀衰草合　鳥樓門掩濕烟深　此時孤嘯意難盡　風外丁東何處砧

聞仁甫不利講經不堪缺嘆口占以慰

五十無聞本不期　可憐懷璞鬓毛衰　碧桃紅杏何須恨　露菊香蘭自有時
肯使霜蹄愁蜀坂　行看雲翼奮澠池　大材從古成之晚　鬱鬱蒼松歲暮姿

秋夕日阻雨未拜先塋兼見兒輩口占叙悲

漠漠秋雲釀積陰　支離一雨便爲霖　黃潦欲溢狐頭浦　黑霧彌橫鳳首岑
魂去松楸悲慕切　心懸欒棘戀思深　寒齋伴影情懷惡　空望前山淚滿襟

挽李興陽　敏行

早登雲路任驅馳　五馬春風漳海湄　世眷慇懃行過日　高情珍重遠遺時
何知水土還成疾　纔返丘園遽[57]結愁　老病竟違鷄絮奠　不堪揮淚寫哀詞

順陽君夢尹壽宴次郭正宗予韻

華堂高宴趁餘春　滿座貂金耀綺茵　孝著花山宣化宰　福全烟閣繪形人
樽前彩舞翻雙影　案上嘉羞備八珍　誰倡瓊琚侈盛事　仙舟詞客亦爲賓

秋日謾吟遣懷　六首

十里平郊落照明　古城荒店夕烟生　溪霞欲斂暮山紫　江雨乍收秋水清
潮上晚川孤雁叫　風高老樹亂鴉鳴　湖天寂歷黃昏近　悵望遙岑無恨情

其二

新霜夜落薄暮催　深掩蓬門暖始開　古樹風高鴉噪亂　晚川沙冷雁聲哀
晴窓日上小堂静　孤枕涼生殘夢回　悵望秋山魂欲斷　松楸何處白雲堆

其三

抱病棲遲寂寞濱　小齋牢落影無隣　霜酣老樹秋光晚　雲盡寒空霽色新
書劍壯懷悲白髮　漁樵浪跡隔紅塵　佳辰莫恨生涯薄　白酒黃花也不貧

---

56) 석인본에 "仍"
57) 석인본에 "劇"

其四

一臥丘園世慮空　謾將幽契托田翁　漁樵浪跡湖山外　軒冕浮名夢寐中
荒店日斜凉杵動　暮江潮落濕烟籠　柴門老樹秋霜早　病葉蕭蕭下夕風

其五

凄凄羇恨入秋稠　病裡居然又送秋　葉墮新霜辭老樹　雁迷微雪下空洲
蕭條白屋砧聲苦　搖落蒼山暮色愁　抱膝孤吟寒日盡　獨憑軒檻更搔頭

其六

自憐蒲柳早驚秋　一臥江湖抱二憂　漢北馳心懸象闕　駱58)東歸夢在狐丘
紅塵何處開靑眼　丹壑棲來已白頭　秪是戀君忱尙赤　幾多怊悵倚危樓

寄洪文川 子方

東洛艱開各飽更　春江先作片帆行　靑燈曾伴十年夢　白首相思千里情
烟壑棲遲眞得計　雲衢軒冕亦浮名　路長南北音信59)闊　斷腸湖天秋月明

初度日酒闌口占勸飮座上

星霜荏苒水東流　八十行年又九秋　滿目風光猶舊態　傷心人事摠新愁
黃花欲笑佳辰近　皓月初高淸夜脩　爲報諸君須盡醉　莫嫌酒薄無珍羞

月夜謾吟 四首

挑盡靑燈夜色闌　荒村寂歷獨憑欄　老蟾泣露金波冷　斷雁驚霜玉宇寒
世事已非頭鬂變　秋光欲暮菊花殘　孤吟坐到星河落　忽忽羇懷不自寬

其二

寒齋病客愁悠悠　荏苒光陰水急流　赤葉黃花秋盡恨　斷鴻殘月夜深愁
魂驚存沒悲塡臆　年迫耄期雪滿頭　怊悵餘生能幾詐　不妨60)丘壑任優遊

其三

碧落雲收霽色開　曉來星漢正昭回　金風入樹秋山晚　玉露滿空旅雁哀

---

58) 석인본에 "洛"
59) 필사본에는 "昔"
60) 석인본에는 "如"

拂曙紫霞生遠壑　媚晴紅日滿高臺　荒村處處砧聲起　認是田家穡事催

其四

小齋牢落篆香淸　獨夜孤吟意未平　萬里晴河寒月影　三更碧落斷鴻聲
驚霜病葉蕭蕭下　戀物新愁袞袞生　悄倚小屛仍不寐　隔窓啁哳曉鷄鳴

不堪無聊邀仁甫

寒齋塊縶極無聊　强戲兒孫慰寂寥　形似枯蓬長悄悄　心如飛絮正搖搖
孤村日暮凉砧急　晚木霜酣病葉凋　此夕可能來訪未　良宵皓月滿層霄

雪後謾吟

素節將闌玄律催　朔風吹雪正飛迴　長空晶屭龍鱗散　小院玲瓏玉屑堆
境落寒光疑皓月　庭柯冷影作繁梅　老翁龜縮晴窓下　端合當鑪把酒杯

送禹都事

抱病歸來漢水[61]濱　自君之去影爲隣　悲歡更對樽前面　笑語還疑夢裡身
聚散固知元有數　去留何必暗傷神　多情一片湖天月　分照相思兩地人

秋夜謾吟　己亥秋

八十加三歲老翁　自春徂[62]夏百憂中　形神寂寞如枯木　鬓髮蕭疎似短蓬
流序居然秋又至　餘生已矣病還癃　小堂牢落凉宵永　悄對孤燈意不窮

記夢中事

春盡關河客未迴　驛程殘照意悠哉　鄕園歸思雲千里　官閣離愁腸九回
潮落暮江汀草濕　雨過荒壘野棠開　明朝縱翫仙山色　將奈長途行邁催

間良寺次尹元璧韻

古寺重尋漳海濱　暝鍾時到報黃昏　老僧見客掃紅葉　病鶴驚秋啼白雲
樽前把酒吾當飮　海內知心子獨存　明發分携山岳隔　共看明月思無垠

贈邊士淨[63]　讀書於咽嘴寺

美子匡山飽遨遊　汪洋學海泛虛舟　登竿世事鬢先白　轉燭光陰江自流
一榻何須勞寸肺　三杯端合報淸秋　缺儂象表鷗盟重　欲拂烟簑碧水珍

追述舊事消遣無聊　十首

雁塔題名卽妙年　非才愧在輩流前　時丁昏濁襟期潔　秘跡丘園性命全
酒肆歌筵窮跌宕　水村山郭任蹣跚　誰知晚節登雲路　橫帶黃金到雪巓

其二

晚折蟾宮桂一枝　塵泥蹤跡近丹墀　鶴天玉署元非據　烏府薇垣亦不期
紫綬承流三人地　黃金橫帶兩明時　半生恩渥踪涯分　未報涓埃鬢已絲

其三　甲子奉使日本

曾泛星槎樂浪東　壯遊長入夢魂中　片帆鯨海四千里　畏道羊腸三萬重
風浦洪濤連日域　富山危岧襯雲空　男兒弧矢平生志　只恨浮桑不得窮

其四　丁卯春自江都差御史管餉臨津江上九陳軍兵

曾憶仙仗駐江都　虜騎長驅近海隅　衣繡一麾承國命　沿江萬竈管軍需
三春髮白舟車運　九壘憂紆庚癸呼　獨夜巴山孤館裏　殘燈挑盡幾長吁

其五　丁卯春自臨津還江都以弭善除拜羅州牧己巳秋　召還玉堂

三刀一夢愜銓衡　保障南州五馬行　戶損賦寬慚尹鐸　心勞政拙類陽城
數年簿牒雖無效　百里湖山似有情　去時春坊還粉署　金章玉佩摠恩榮

其六　辛未冬壬申春　以御使巡按湖西一道軍兵

辛未之冬衣繡行　西湖巡閱六營兵　陣開雲鳥旌旗簇　令肅風雷鼓角鳴
峽路新春看嶽色　海樓淸曉聽潮聲　昔時勝賞渾如夢　其奈吾衰白髮生

其七　丙子扈駕南漢

無端風雨暗乾坤　一髮孤城國步屯　奮義澶淵誰是準　求哀楚壘有如元
蚍蜉援絶終無奈　豺豕威張不忍言　未效臨危身死節　忸怩天地苟生存

其八　戊寅秋　以承旨被薦大臣　拜江都留守　出待勅行於碧蹄站

長江失險托非人　保障重恢廟筭新　簡擧初緣黃閣老　居留便委禁筵臣
一城瓦礫蓬蒿地　四境創殘餓悴民　可笑半年成底績[64]　碧蹄孤館鬢如銀

其九 己丑春以戶參拜完山尹辛卯春見忤於方伯許積罷歸

　　完山爲邑最名疆　南紀雄藩豊沛鄉　令尹衙門都護府　湖關特地大道傍
　　營軒棨戟連琴閣　原廟丹靑映粉墻　牒訴倥傯吾老矣　射工之中亦何傷

其十 乙未春以戶參遞還鄉

　　弱植偏蒙天雨露　暮年多病厠朝端　金吾摠府兼御任　京兆民曹佐貳郎
　　人事漸隨時事變　世途還似蜀途難　一臥江鄉爲野老　分甘蓬蓽足淸寒

| 五言律詩 |

謾吟 三首

　　磊磊諸葛亮　本是躬耕翁　跡秘雲林遠　心雄宇宙空
　　三分策指上　萬甲兵胸中　一遇風雲65)會　千秋名不窮

其二

　　堂堂陶靖節　歸去來柴荊　松菊開三逕　琴書了半生
　　黃花白酒興　山月水雲情　浩浩樂天命　掉頭軒冕榮

其三

　　幽棲門巷僻　長夏客來稀　寥落黃茅屋　蕭踈白竹扉
　　驕鴛隔樹語　乳鷰傍簷飛　莫恨生涯薄　此間無是非

安東愛蓮堂次荷潭韻

　　小閣連喬木　虛簷雨氣昏　池涵秋水色　山帶暮雲痕
　　景物供詩料　行裝荷主恩　浮槎滄海上　直欲泝河源

永川道上次龍溪韻

　　薄暮雲陰散　斜陽在遠山　風高霜信近　愁緊鬢毛班
　　許國心猶壯　離家夢幾還　邇來驚大瘦　把鏡照蒼顏

---

64) 석인본에 "蹟"
65) 석인본에는 "雪"

釜山館夜吟

羈懷何處着　殘郭枕寒潮[66]　地盡南溟闊　天長北極遙

愁來心忽忽　魂去路迢迢　唯有秋宵月　多情照畵橈

一岐島

絶島維舟晩　寒天欲暮時　殘村依短麓　驚浪打踈籬

寂寞龍宮寺　荒凉聖母祠　阻風愁信宿　衰鬢半成絲

自一岐島向藍島洋中次李上舍誠國韻

蓬[67]島鼇雲歛　桑枝旭日紅　寒潮生極浦　捍索嘯長空

白鳥征帆外　靑山醉眼中　舵樓橫晚篸　寥亮遡缺風

其二

新霜飛水國　天氣屬初寒　但覺孤舟窄　寧知大地寬

檣烏當落照　畫鷁任狂瀾　世路險於此　休言過海難

藍島洋中次龍溪韻

浮家千里遠　去國一身輕　天濶日初落　浪高風欲生

圖南鵬整翮　辭北鴈迷程　黃帽指前路　一肩[68]孤島橫

山崎夜泊[69]

嗟吾衰甚矣　樗散復何爲　末路功名薄　孤舟性命危

壯懷看古劒　愁鬢着新絲　多謝床頭燭　寒宵照客帷

津和夜泊[70]

征帆何處落　深夜傍蘆叢　山近風聲弱　波澄月影空

大荒孤枕外　身世一舟中　莫怕鵬溟險　安危在吴穹

霜津夜泊次李上舍誠國韻

---

66) 필사본에는 "湖"

67) 석인본에 "藍"

68) 석인본에 "眉"

69) 석인본에는 "雨"로 잘못 되어 있다.

70) 석인본에 "雨"로 잘못됨.

孤棹依沙渚　長空片月懸　蠻村依古壘　隣舫起寒烟

魚躍玻瓈鏡[71]　人唧藥玉缸　夜深吹鐵篴　仙鶴下層天

牛窓洋中次李上舍誠國韻

清秋槎上客　歲暮滯玄間　落日低滄海　孤雲傍遠山

容顏愁裡減　節序夢中闌　莫作名場戀　浮生指一彈

次荷潭韻

蘭舟浮鏡面　景物入閑吟　竹翠村非遠　沙鳴水不深

天低江樹闊　山帶壑雲陰　薄暮霜風緊　烟洲下夕禽

藤澤道上次荷潭韻

受命扶桑外　龍鐘愧續貂　肩輿逢峽苦　征馬得沙驕

路遠蠻音慣　天寒客愁饒　歸期春未暮　何用賦魂招

次龍溪韻

藍輿藤澤路　斜日透簾明　望眼迷鰲極　歸心寄鴈[72]程

天長雲北去　歲暮客東行[73]　空羨烟沙鳥　閑眠絶世情

金川路上次龍溪韻

殊方時序晏　關路一何遙　老木霜華冷　長空雁影飄

詩情愁裡減　容色鏡中消　古匣龍泉在　寒光射紫霄

平方夜泊 缸人來報上使之缸已到定浦故末句及之

水程猶未盡　竟日又宵行　蘆渚波聲轉　蓬窓月影淸

枕欹眠不穩　吟苦句還成　聽得篙工報　前缸抵浦城

歲除日藤枝道上口占

梅塢春光早　關雲日影沉　流年餘一夜　歸路隔千岑

風急沙吹面　愁繁[74]雪滿簪　遙知東洛伴　樽酒好相尋

---

71) 석인본에는 "境'으로 되어 있음.
72) 석인본에는 "鶴"으로 되어 있음.
73) 석인본에 "來"
74) 석인본에는 "緊"

關原道上 關原卽家康與輝元相戰之地

　　迢遞關原道　平蕪古戰場　天垂大野盡　峽束[75]亂山長
　　壅竹迷寒影　岩梅送暗香　憑輿和睡過　落日轉蒼茫

贈江月長老

　　藍輿穿竹逕　乘興訪諸天　寶殿金沙淨[76]　仙樓玉磬懸
　　遊人留擧白　大士妙談玄　明發扶桑隔　瑤臺一夢圓

兵庫賞梅

　　薄暮投賓館　疎林立玉人　淸魂如着雪　瘦骨不留塵
　　孤泛江城雨　專含水國春　貪看三繞樹　香露濕衣巾

次荷潭贈江月韻

　　沙界花宮靜　雙林鍊道深　龍神聽說法　狐女走觀心
　　砌竹風含韻　庭梅月送陰　雲區無世事　爽氣襲仙襟

金堂峴路上次三和壁上李日休韻

　　揮鞭登大嶺　弱馬劫雲根　滄海歸帆影　靑山宿雨痕
　　小橋通細路　老樹護孤村　遲暮經過遍　遐遊亦聖恩

三和酒席醉贈龍岡太守李尙馪

　　兼官珎重意　留客錦筵開　玉斝香醪嫩　銀盤綺饌堆
　　哀絲爭落日　淸唱動高臺　蠟燭何嫌盡　前山好月來

挽朴判書鼎賢夫人

　　系出簪纓貴　宜家婦德全　福綏鍾鼎列　榮動桂枝聯
　　蘭玉承餘慶　貂金耀耆年　斑斑形管績　螭首貫新阡

挽李咸悅 喬翊

　　降禍何偏酷　天崩未一朞　那知昔者疾　便作溘然悲[77]

---

75) 석인본에는 한 글자 缺字.
76) 석인본에 "靜"
77) 석인본에 "愁"

故壟雙新塚　盧堂兩素帷　西湖不盡淚　今復爲君垂

逢秋將還鄕謾吟

微凉生曉枕　孤客早知秋　露重蛩音濕　天晴蟾影流

鄕心付桂笏　世事入搔頭　明發過江漢　雲山歸路脩

步前韻留別禹仁伯

浮世別離足　春風又素秋　愁添秦邸月　恨結漢江流

會合幾靑眼　飄零俱白頭　相思有片夢　不憚道途脩

碧蹄站上病臥對屏間畵寓懷口占

斗屋依山麓　蒼松間翠篁　林深猿嘯穩　庭閑[78]鶴眠長

倘非淵明宅　懸知魏野庄　人間有此境　吾欲共倘伴

次洪正郎子方韻

江郊風色暮　村僻少人行　菊傲新霜折　鴻驚急雨鳴

遣閑琴作伴　排悶酒爲兵　莫嘆樽無綠　囊中有孔兄

謾吟

玄律行時令　窮陰釀雪霜　寒光生遠樹　短日易斜陽

葉脫山容瘦　風饕雁影忙　可憐庭畔菊　花老尙含香

次禹都事見寄韻

遠岫斜陽歛　長郊暝色生　地偏滄海近　天闊暮雲平

古渡潮初上[79]　前山月未盈　水村知不遠　漁篴一聲橫

咏月

碧落纖雲歛　寒蟾盡意明　光添夕露皓　影帶曉霜淸

大野成銀海　荒村作玉京　通宵看不寐　河漢欲西傾

悼亡子

爾忽棄余去　于今十四春　女粧迎好匹　男學近成人

子子孤孀影 零零兩老身 魂其有知未 何處與誰隣

待人

一別驚秋盡 湖天月再虧 山長魂去苦 雲濶雁來遲

古渡潮廻後 遙岑日下時 前郊幾騁[80]眼 屈指計歸期

遣懷

海國秋將晚 郊扉日欲斜 愁生搔白髮 酒盡負黃花

抱病悲身世 逢辰戀物華 不堪懷悄悄 依杖數歸鴉

謾吟 二首

休官歸小築 破屋兩三間 地僻門常掩 庭空草自班

黃雲連四野 靑靄起千山 倚杖斜陽盡 誰知此老閒

其二

雨後新秋氣 凄凄十分凉 流光何苒苒 羈愁[81]轉茫茫

翠篠含風淨 紅葉露浥香 多情初桂魄 偏照月先堂

黃州路上次金行源令公韻

世事嗟如許 取辭行邁勞 回頭京國遠 擡眼塞天高

輿仄愁登嶺 驂羸怵過橋 吾衰知甚矣 無復嘯吟豪

次金行源叢秀山韻

誰劈千尋壁 神功勞巨靈 蒼蒼帶秀色 矗矗露奇形

飛溜懸丹壑 疎松倒翠屛 分明笙鶴韻 乘月下鷗汀

挽南相國以雄

國老今無幾 天胡不憖遺 英豪其氣節 淸素卽襟期

銘鼎勳庸炳 登廊德望宜 堂堂貫世業 一一在豐碑

携器之及孫兒輩步出西洞口占

步出西潭洞 冠童四吾隨 殘花春盡日 芳草雨晴時

---

80) 석인본에 "聘"

81) 필사본에는 "思"

麥浪迷山壟　蒲芽護野池　扶杖[82]佇立久　幽興正催詩

燈夕謾興

小屋睡初起　晴窓日欲斜　身被獘鶴敞　頭岸破烏紗

倚杖看脩竹　呼童掃落花　觀燈卽此夕　村酒莫嫌賖

嘆老　三首

甚矣吾衰也　行年八十翁　頭童齒已豁　眼眛耳將聾

世事浮雲外　餘生片夢中　佳辰愁裡過　秋桂爲誰紅

其二

男兒虛老矣　丘壑寄餘生　壯志頻看劒　閑蹤謾濯纓

江湖曾有約　天地亦無情　已作漁樵伴　何須問姓名

其三

橫黃舊侍郎　戴白臥江鄕　志壯悲年老　愁繁[83]怨夜長

鷄呼茅店月　鴈叫海天霜　欲枕轉無寐　前村砧杵涼

幽居卽事

丘壑棲遲晚　田廬計活踈　梅窓臨野豁　竹榻向山虛

籬菊淸霜後　村舂細雨餘　此間塵事少　幽興問何如

其二

吾衰嗟已矣　身世寄田家　地僻山容近　庭空月色多

短鋤培藥苗　長嘯和樵歌　莫道常岑寂　風光供日哦

其三

幽棲門巷僻　秋盡到人稀　村密炊烟羃　林深宿鳥歸

琴書怖不理　形影苦相依　薄暮霜風起　空庭黃葉飛

贈鳳首庵白足

僧自狐頭至　仍催鳳首歸　嫩霞迷人野　細雨濕寒衣

---

82) 필사본에는 "節"
83) 석인본에는 "緊"

路迴靑山隔　秋深黃葉飛　遙知雲衲老　待爾倚禪扉

苦夜長漫吟遣愁　二首

孤枕睡初罷　寒宵猶未中　窓虛滿雪月　天闊吼霜風

戀別愁無限　傷亡淚不窮　居然鷄報曉　隣杵響丁東

其二

深夜苦無寐　悄然心不平　小窓寒月影　孤枕斷鴻聲

白髮千莖短　靑燈一點明　披衾仍耿耿　河漢已西傾

贈雄兒

吾家千里驥　天上石麒麟　楚璧連城價　南金絶世珍

氷壺其氣宇　秋月卽精神　高大門閭慶　懸知在爾身

臘日口占

土鼓迎新臘　流光屬小春　天寒梅意懶　歲暮客愁縮

雪積蒼山老　年荒白屋貧　柴門日欲盡　孤嘯對松筠

風雪

婺女司嚴節　窮陰歲暮天　饕風掀宇宙　虐雪晴[84)]山川

急景催殘臘　寒威折細綿　老翁深掩戶　縮頸擁爐眠

丙申歲除夜口占

此宵足何惜　明日是新年　節序星回標　形骸雪滿巓

椒醪寧取醉　蒲戲亦堪憐　大袚猶無恙　何辭地上仙

挽金正言　振遠

雲路翱翔客　湖山漫浪人　浮沉隨世事　談笑見天眞

邂逅開樽日　暌違抱病辰　存亡歸一夢　老淚灑新春

淸明日

寒食淸明節　東風細雨天　山梅黃苒苒　墺草碧芊芊

病客愁千緖　新春月再圓　流光隨逝水　不禁雪滿[85)]巓

---

84) 석인본에는 缺字.

挽李子高內室

夫子有嘉配　令譽今孟光　瑟琴歡一室　蘭玉滿高堂

浮世百年計　春宵殘夢凉　翩翩孤鳳影　對月最堪傷

驟雨濯熱漫吟遣懷　己亥秋

急雨鑒殘暑　新凉生井桐　虫音依砌草　蟾影透簾櫳

斗覺秋期近　能令愁緒空　夜闌仍不寐　隣杵響丁東

記夢

秋夜西州舘　重逢怨別人　翠眉眞態舊　靑眼宿情新

錦帳香燈映　紗窓曉月淪86)　依然一枕事　其奈夢非眞

贈禹都事

湖山三載別　雲樹兩鄕情　去路千岑隔　離愁片夢驚

君歸得上策　我老少餘生　何處相思苦　寒宵孤雁聲

夜聞雨聲無眠苦吟

窮陰彌晦朔　白屋轉荒凉　凍雨蕭蕭下　寒宵細細長

燈殘憐隻影　愁緊熱中腸　撫枕悄無寐　況聞雁叫聲87)

| 七言絕句 |

間良道中　辛丑　仲冬

據鞍揮策向長郊　朔風蕭蕭白馬驕　少日壯心猶未折　翻身直欲向河橋

愛蓮亭聽夜雨　安東客舍別館

星河冥漠夜如何　風動羅帷燭影斜　悄倚小屛眠不得　隔窓梧葉雨聲多

愛蓮亭卽事

澗水循除潊潊鳴　曲欄閑倚有餘淸　重陽令節知非遠　滿砌黃花欲吐英

---

85) 석인본에는 "添"
86) 필사본에는 "灐"
87) 필사본에는 "霜"

戲次龍溪韻 龍溪安東有故人故戲之

　銷盡離魂問幾年　楚臺行雨更依然　臨分摻手多情意　男子柔腸亦可憐

慶州川邊別筵戲贈龍溪 龍溪有情妓作別於此故戲之

　座上佳人暗恨生　秋波低處淚珠傾　月城之畔星臺下　幾使男兒惱別情

次荷潭韻[88] 荷潭作少詩與兒妓次韻戲之

　好緣何必結三生　金石剛腸一笑傾　半夜瑤臺香夢穩　星眸雲鬂最留情

金浦 此下日本經過處記所見

　兩山開處小湖淸　紅樹蒼崖落照明　漁戶蕭條僧舍泠　隔窓蕉葉間霜橙

在馬島病中聞龍溪與軍官輩把酒歡笑

　深夜寒霄月影流　病懷寥落自生愁　隔窓歌笑眞堪羨　樽酒團欒樂未休

病中述懷

　中宵不寐意難裁　愁水愁風鬂欲皚　安得此身生羽翼　飄然東去又西來

次龍溪贈玄恕上人韻 玄恕卽玄方弟子

　禪心淸淨水流空　妙歲談玄道已通　他日雙林說法處　應令人鬼雜天龍

夢中拜亡親感泣而作

　分明夢裡拜雙親　覺後那堪淚滿巾　應愍孤兒來異域　精靈隨到海天垠

記夢遣懷

　翩翩蝶夢到湖鄉　依舊秋場興正長　急雨無端驚旅枕　海天愁思更茫茫

洋中石門 自藍島向赤關洋中

　雲濤東望浩無垠　千丈蒼然石作門　疑是憑夷宮已毀　遺墟寂寞一扃存

海中白沙

　碧海之中素練橫　瓊沙十里夕陽明　若爲羽化飄然去　閑伴眠鷗帶月行

阿彌陀寺

　赤關西塢梵王家　松老危岩一逕斜　竹榻梅窓無世事　小階把樹[89]着寒花

---

88) 석인본에 없음.

89) 석인본에는 “對”로 됨.

文字城

越州之北赤關東　壓海荒城插半空　脩竹滿山烟樹絲[90]　夕陽明處淡雲籠

蠶島絶壁小庵

深宵鷁路不分明　翠壁依依束[91]海橫　縹緲半空知有寺　孤燈懸處小鍾鳴

海中小島

昔聞蓬島小圓峰　上有千秋不長松　風雨何年漂到此　望中疑是玉芙蓉

藍島酒席次玄方韻

密席深杯莫細傾　爲橫長篴寄歡情　明朝掛颿扶桑外　愁聽鯨波欸乃聲

贈大板支待倭

十日淹留本不期　豈知潮縮雨支離　主人高義將何報　謝意都輸一首詩

留大板思鄕

鄕山杳杳海雲頹　水國春晴雁不廻　唯有枕邊蝴蝶夢　片時飛去又飛來

山崎洋中見鯨噴波

積水茫茫不見涯　斜陽欲歛去舟遲　無端雪浪兼天起　認是長鯨蹴海時

鰐浦阻風不得渡海不堪無聊口占遣懷

蠻庵如斗亂峯圍　兩岸紅葩暎客衣　釜浦山容遙入眼　奈無雙翮不能飛

錦城餞筵醉中留別

來自春坊去玉堂　去來行色摠恩光　三年大府臨民惠　不直離筵酒一觴

殷栗景濂堂次巡相李季徽韻

何人好事爲開塘　千朵芙蓉護小堂　山日欲低山雨歇　清香油襲紫霞觴

廣梁雨後口占

憑高一望思依依　落日蒼茫下翠微　斗覺郊原多爽氣　雨師驅送祝融歸

贈隱跡寺道安上人

我家山外爾山中　名敎雖殊隱迹同　自是金烏分一牛　白雲舒卷嶺西東

---

90) 필사본에는 "綠"
91) 석인본에는 缺字.

淸州客舘別田士說

　他鄕同作俠旬遊　把酒狂歌興更優　斜日驛亭君獨去　亂山殘雪倍離愁

題沃川赤同江驛樓

　亂山開處大江流　江上高樓臨渡頭　倦客催歸寒日暮　淡烟啼鳥摠是愁

過嘉山郡口占

　曾唧朝命此經過　綺席淸樽皓齒歌　花落小庭人不見　碧山無語夕陽斜

銅雀舡上口占　壬申春以校理劾箚兩司被嚴譴削黜還鄕時作

　遲遲行邁向江干　風色蕭蕭春日寒　薄暮92)停橈無限93)意　美人遙隔彩雲端

道中滯雨

　旅邊愁緒正紛紛　何況支離雨翻盆　遙想故山花欲笑　一春閑甑亦君恩

赤間關次玄方韻　四百年前八歲蠻皇被賊臣所逐到此事急宮娥負投海云

　日暮津關水急流　客懷寥落自生愁　烟橫孤島層波濶　寂寞忠魂何處遊

次玄方藍島阿昆曇觀音寺韻　玄方言觀音頗靈故擲錢祈福

　寒宵風露浩無邊　月滿孤帆94)浪接天　男子行裝忠信在　停舟何必擲金錢

小田原雪中黃柑

　閱盡風霜歲暮時　小庭猶見橘橙垂　夜來凍雪封寒樹　白玉黃金映陸離

昌原太守餞筵口占上使呼韻　兵營妓有善歌洛陽曲者

　關雲迢遞隔秦京　滿目風光惱客情　忽聽佳人歌一曲　怳疑身在洛陽城

在馬島口占遣懷

　西去孤雲不可攀　黃昏空羨鳥知還　羈魂不道層波隔　一夜忽忽歸故山

見白湖集有感

　無雙豪士白湖公　落拓襟期古俠風　今也則亡難可作　獨留瓊什滿天東

次白湖香奩韻

---

92) 석인본에 "春"
93) 필사본에는 "恨"
94) 석인본에는 "枕"

臨分摻手願重看 紅淚遺痕尙未乾 獨對孤燈魂欲斷 一簾微雨錦衾寒

秋夜口占

雨後蟾光滿小堂 玉風吹露動微涼 生憎竟夜秋虫響 不解畸人愁緖長

醉中戲次白洲贈任太守振韻 十首

秋晚千林錦黻紅 小庭黃菊媚霜風 良宵醉興君知否 好月淸光處處同

其二

深夜茅齋燭跋紅 滿天銀露帶金風 淸樽對月何嫌醉 白髮蒼顏歲不同

其三

酒力欺人兩頰紅 岸巾狂興謫仙風 停杯爲問靑天月 跌宕襟期同不同

其四

霜酣晚木巧粧紅 病葉蕭蕭下夕風 寥落小庭孤鶴在 月宵羈思與人同

其五

靑簑閑映蓼花紅 晚拂漁絲約渚風 莫道巒坡舊學士 暮年幽興野翁同

其六

厭見囂塵九陌紅 宦情還似馬牛風 閑中賴有諸公在 杖屨逢迎臭味同

其七

鬢毛垂白臉銷紅 病枕無眠惻曉風 一臥滄江秋又晚 羈懷寥落與誰同

其八

竹外寒花稱意紅 數枝芳艶傲霜風 田園好作閑中伴 晚節幽期物我同

其九

江郊斜日歛殘紅 玉宇秋晴雁背風 孤鶴一聲山月白 浩然淸興有誰同

其十

十載龍堆狼祿紅 匣中雄劍吼長風 何時掃盡楡關外 會[95]見車書萬國同

步前韻贈任太守振

---

95) 석인본에는 "繪"

湖樹秋晴錦葉紅　使君高盖趁鷹風　賢聲已入千村頌　惠澤行看化一同

又步前韻戲吟

雲鬟花顔映粉紅　羅衣飄處動香風　晴春一別秋光暮　見月相思兩地同

廣陵客舘贈洪天古逈

雲樹離懷十載强　他鄉邂逅鬢俱蒼　多情此夜孤燈話　却怕隣鷄報曉忙

待人戲吟 二首

田家望雨憫農心　已送三春夏又深　可笑天公多戲意　謾敎今日作雲陰

其二

故人珍重願來心　山不爲高海不深　應恨奮飛無羽翼　豈嫌江路片雲陰

次白洲韻

夜風96)吹露薄寒97)催　正合當壚把酒杯　月滿層宵雲影斷　數行邊雁帶霜迴

其二

閑愁殘病苦相催　暮境逢辰忺把杯　安得仙山不老草　更敎春色鬢邊迴

碧蹄站上病裡遣懷

客邊時序屬窮陰　歸思茫然病轉深　遙想鰲村某也某　草堂烟月好相尋

洛城旅枕口占

孤夢初回曉漏遲　枕邊愁緒亂如絲　多情一片西峯月　不惜淸光照客帷

安州酒筵口占 丁亥冬

强扶衰病倚高樓　月滿華筵醉興優　却怕靑娥笑白髮　樽前不盡舊風流

自洛還鄉新禮院路上次蔡百昌韻

客路將窮日欲低　石村烟樹望中迷　强鞭羸馬催歸興　遙指柴門大野西

嘆眼昏

佳辰忽忽意難裁　秋序居然病裡催　兩眼眵昏看不穩　滿階黃菊不須開

悼亡賤産

---

96) 석이본에는 "雨"
97) 석인본에는 "雲"

前冬一別死生分　衣袖空沾血淚痕　骨肉恩情從此絶　異鄕何處托孤魂

大雪後口占 二首

深夜饕風吹大雪　玉龍鱗甲滿乾坤　老夫縮頸朝怖起　晴日已闌猶掩門

其二

大雪無端深夜落　山河便作別乾坤　崇朝村巷人蹤滅　白屋無烟晝掩門

歲除夜口占 二首

腰帶黃金壽八旬　田園高臥又新春　此翁雖老身猶健　欲訪蓬萊羽化人

其二

歲律將窮暖律廻　靑陽消息着寒梅　絃歌聲裡淸歡足　堂滿佳賓酒滿罍

次李佐郎郁韻 二首

江郊如掌望中平　雲外千峰翠黛橫　獨倚小齋西日盡　暮天寥廓塞鴻鳴

其二

午鏡忽忽掃翠眉　何人馳馬馱琴兒　翩然一去無消息　認是巫山雲散遲

卽事謾吟 二首　午睡方酣尹引儀來坐窓外

江雲漠漠雁流哀　剪剪輕寒未放梅　烟足土床春睡穩　不知窓外故人來

其二

郊原殘雪未全消　聊峭春寒襲弊貂　晝掩柴門人事少　篆香燒罷轉幽寥

子婦葬日病不能往舒悲 二首

無端一病轉侵尋　獨夜寒齋淚滿襟　遙想亂山殘雪裡　一坏新塚凍雲深

其二

茅店鷄鳴曙色闌　小窓孤枕透輕寒　老夫睡罷披衣起　悵望前山淚未乾

挽禹長興銓 壬戌年

大別那知隔未還　此生無復接容顔　九原倘與亡親舒　爲報孤兒性命頑

龍岩峽中

羸驂晚向峽東行　老眼濛濛細霧橫　十里溪山舊面目　望中如夢不分明

雨中口占 丙申秋

蕭蕭秋雨欲成霖　寂歷孤村草色深　盡日蓬門人不到　但有棲鳥入踈林

喜晴

雲歛湖天積雨收　靑山爽氣媚淸秋　今宵霽月眞堪賞　其奈新愁不自由

元朝漫吟 丁酉春

丙申已盡丁酉來　此老行年八十一　怊悵餘生能幾何　把杯纔閱七千日

丁丑新安作追記書之[98]

此日相逢本不期　?燈說盡隔年思　前期未定今宵短　更斂愁眉怨別離

仁甫移徙散井村不堪黯然口占

住隔牛鳴一小原　披襟猶恨未源源　況是大野長川外　悵望前山十里村

披閱靈山錄中先世遺稿以寓感舊之懷 丙戌冬

敬披遺簡揖淸塵　舊跡班班入指陳　文采風流猶不泯　雲仍繼業在何人

其二

屠孫[99]維能踐後塵　吾先盛跡摠成陳　堂堂世業今寂寞[100]　敢曰承承亦有人

又次錄中韻

靈鷲山前有古村　吾宗冠盖擅名門　何由一按觀風節　再拜摩挱壁上文

夜半聞諸孫讀書聲

深夜寒天斗星橫　小堂揚越讀書聲　老夫側耳欣欣意　可占諸孫學業成

| 五言絶句 |

映湖舟中醉占書示座上諸賢 二首

萬事已前定　此行何足嘆　佳山與美水　處處皆奇觀

---

98) 석인본에는 빠짐.
99) 필사본에는 "裔"
100) 필사본에는 "寥落"

其二

　　錦葉明江岸　黃花映客衣　長天日未午　使節莫催歸

永川別席醉贈大丘太守韓㒳哉令公

　　遠客催行邁　前山欲雨時　臨分無限意　唯有酒杯知

醉次嶺南伯李子時令公韻

　　此酒莫留殘　明朝有遠別　何嫌燭火堆　東嶺來新月

淀浦茶花

　　至後花如雪　却嫌梅太遲　春光偏一樹　造化不無私

題畵

　　蘆渚生秋風　夜凉烟水濶　漁翁立小舟　獨釣寒江月

漫吟101)

　　行年八十老　白髮橫黃金　大笑拂衣去　湖山春正深

其二

　　世路也如此　何須問是非　江湖余所樂　心事白鷗知

秋夜吟102)

　　秋夜何漫漫　老人苦無睡　忽聞颯颯聲　梧葉鳴踈雨

其二

　　秋夜何漫漫　霜天不肯曙　生憎失侶鴻　酸叫惹愁緒

苦霖中漫吟　二首

　　茅店濕烟沉　靑薪朝炊急　雲日已高春　饁婦搔頭泣

其二

　　晚雨何支離　春耕已失時　蒼蒼者亦老　見事吁其遲

鳳首庵白足來見起懷口占　丙申

　　爾自鳳庵來　應知石村事　雪後山中寒　吾兒無恙未

---

101) 長詩「漫吟」에　重出.
102)「其一」만　長詩「漫吟」에　重出.

元曉口占 丁酉

臘盡窮寒凜 山齋布被稜 曉來成小睡 殘夢報秋登

贈禹仁伯 十歲作

東隣有友人 愛之如一身 冬寒不相見 苦待花柳春

瀟湘斑竹屛 十二歲作

蒼梧山色屬三湘 恨入江波萬古長 千載淚痕消不得 至今斑竹帶斜陽

日本獻孔雀 十三歲作

一雙奇禽出海東 遠人來獻明光宮 剪羽長鎖金籠裡 意在南天白雲中

逐瘧詩

我本天台綠髮仙 謫下人間今百年 玉皇勅賜龍泉劍 分付丁寧斬瘧神

| 長詩 |

老病中不堪無聊略記平生事跡梗槩書與雄兒

萬曆五載秋 龍鍾生鰈域 三韓右族裔 世系頗輝爀 家在洛城東 結髮志于學 早遊翰墨場 不道成就晚 乃於歲辛丑 始入思樂泮 周旋冑子行 交遊皆俊士 是時癸卯夏 家嚴厭從仕 奉還桑梓鄉 怡愉送日月 何料風樹悲 遽纏烏哺日 終天痛至疊 命頑猶不絶 萬事遂無心 與世同抹搬 逮夫戊申中 嗚呼世昏濁 儒林混玉石 色擧宜自潔 浪跡湖海濱 忘機唯白鷗 漁樵契已深 居然經十秋 齒蹟不動心 已矣靑雲志 己未秋冬交 偶赴芹宮試 一躍登龍門 時來天幸耳 縱被槐院選 未悛江海志 何幸癸亥春 咸池昇瑞日 大義遂重明 快覩彝倫植 鵷鷺滿朝端 班行復肅穆 新承雨露恩 猥通金閨籍 蠻坡連鶴天 忝鎖岑嶢直 仍從大夫後 追趨靑瑣闥 薇垣及烏臺 春坊曁玉堂 駑劣行承乏 備員叨歷揚 踈才有何補 續貂譏徒積 入朝卄餘載 往事難具述 痛矣甲子春 吠主貐深入 是時騎省郎 公山扈玉蹕 丁卯春正月 邊烽照北闕 鑾輿幸江都 負紲隨日轂 王師扼臨津 衣繡管兵食 百里數萬竈 僅免庚癸呼 辛未九秋暮

啣命按西湖　試閱六營兵　點檢一道甲　豈敢憚[103]賢勞　恨未擧其責　分憂三
大地　催科政甚拙　奉使兩異域　專對才且劣　埋金節未著　製錦治亦蔑　腐儒
豈適用　空丹一斗血　丙子國運否[104]　犬羊大充斥　仙仗離丹禁　急向南漢廓
黑雲壓七里　社稷如一髮　天心幸助順　吾東危復活　漢儀縱依舊　天地顏猶赤
丁丑首春晦　冠冕還紫極　特授地部位　江都收燼穀　銀臺夙夜務　騎曹佐貳官
隨行歲不半　超陞亞卿班　金吾及摠府　亦帶兼御職　可憐戊寅夏　鶴腫生右膝
適差賓幄任　其奈萬里役　廟堂察情勢　齊名敢啓達　雖得免征邁　痛缺夷險節
仍作病廢人　解職歸鄕曲　沈綿臥床褥　死病非止一　人事自此絕　荏苒歲已十
幸於丁亥冬　少愈夙昔疾　聖朝無棄物　起廢收殘骨　扶病入脩門　倘悅夢初覺
橫黃旣綸分　進取非所期　況吾衰甚矣　鬢髮颯捿其[105]　完山歲再閱　奈無治
劇效　黽勉六七載　愧蔑涓埃報　年遲亦濡滯　昨非今始悟　在朝將焉用　未死
可以歸　進退無損益　有同乘雁飛　乙未春二月　行年七十九　浩然歸去來　田
園摠依舊　江湖余所樂　宿願今始副　老夫興不淺　屢空安足恤　第隔天日遠
葵忱猶未折　空懷犬馬戀　望眼幾向北　江湖有石田　事業惟稼穡　農人告春及
布穀催東作　扶杖出郊坰　荷鍤尋阡陌　甘作老農圃　但願歲不饑　秋風動新涼
前川魚蟹肥　黃雲滿四野　禾黍漸登場　莫言生理苦　斗覺秋興長　園翁與溪友
携酒來相訪　良辰及美景　招邀同翫賞　況復有至樂　家累渾無恙　童稚滿眼前
歡笑慰寂寞　曾孫亦有兒　螽斯慶溢目　驥子最英秀　價比連城璧　餘慶在爾躬
足興堂搆業　伉儷且偕老　共享八十七　餘生能幾何　所[106]喜無疾憂　此外復
何求　畢命依松楸

漫吟

　　百歲辛知事　世間朝暮人　餘生能幾許　歌舞送殘春　寄語吾宗戚　好保相愛

---

103) 필사본에는 "嘆"
104) 석인본에는 "丕"
105) 석인본에는 빠짐.
106) 석인본에는 "孔"

情 休言後屬遠 出自弟與兄 吾宗自麗朝 十八[107]代冠冕 到今衰甚矣 諸族
須加勉 同居一閭井 朝暮好相隨 我齒今望九 可憐能幾時 行年八十老 白
髮橫黃金 大笑拂衣去 湖山春正深 世路也如此 何須問是非 江湖余所樂
心事白鷗知 秋夜何漫漫 老人苦無睡 忽聞颯颯聲 梧葉鳴踈雨 頭[108]白新
居士 腰[109]黃舊侍郎 葵忱猶未折 孤夢向洛陽 海上垂竿翁 胸中龍虎略 一
朝載後車 終樹鷹揚績

藍島

鵬溟杳接天 孤島如浮萍 解纜泊小磯 日落雲冥冥 板閣絶瀟灑 新搆待星
行 大竹截爲椽 細竹編作籬 中堂甚弘敞 鋪席如瑠璃 銀燭影輝煌 金壁[110]
光陸離 須臾薦盤殽 錯落羅珍羞 山鷄與水鳥 啄剐黃金稠 對案猶未撤 杯
盤相繼呈 玉壺盈綠醲 香橘壓霜橙 雕題曳長袴 進退頗中規 瓊觴頻跪進
欲慰畸人思 奇花與異卉 玲瓏映畵簷 蟠桃結翠實 老栢垂蒼髵 蕭踈數竿竹
瘁葉含風霜 古楂梅意動 宛似聞暗香 仙鶴啄神龜 翩然自翶翔 巧制逼眞態
造化還無功 島俗疑客禮 以此爭爲隆 寓目淸賞饒 亦足忘覊愁 夜闌始罷休
醉興劇悠悠 鷄聲催曉色 河漢已西傾 遙空旭日昇 曙霞收大瀛 昭昭分物色
怳然夢初醒 庭前鋪何物 翠石小如錢 園中千章樹[111] 柯葉色蒼然 沙汀不
盈尺 怒濤喧枕邊 居人最鮮少 矮屋依山阿 契活何草草 充腸但魚蝦 山田
無十畝 身世寄葉舟 生涯何太陋 禮法焉能修 蠻酋願一謁 跣足立中庭 匐
匍豈知勞 但喜光輝生 自謂致尊敬 百金爲面儀 聖人有垂誨 無處是貨之
却之豈不恭 嚴辭動獸心 風便天不借 淹留日欲沉 客懷正鬱鬱 雙鬢雪侵尋
排愁無過酒 鼎坐兀稱觴 哀絲與豪竹 隨風聲激揚 夷雛亦側耳 騈首如堵墻
只有[112]增鬧擾 曷禁愁緒長 明將掛風帆 一瞬窮扶桑

---

107) 필사본에는 "十三"
108) 석인본에는 "垂"
109) 석인본에 "橫"
110) 필사본에는 "屛"
111) 필사본에는 "木"

大板

　西浦潮鷄鳴　客舫侵曉發　催櫓到江口　桑枝轉旭日　蠻舠競相迎　江水爲之窄　彩鷁碍淺流　行裝移小舶　舵樓絶瀟灑　窓檻流丹碧　江流分復合　蕩潏勢轉急　微風吹細雨　凍雲忽冪冪　蘆洲連渚沙　雁鶩飛還集　沿流數十里　兩岸人家撲　茶戶插翠旗　畵閣捲朱箔　商舡與賈舶　啣尾依江磧　何物最壯觀　木石相委積　晋野石能言　蜀山亦應兀　長橋處處橫　淸波虹影射　下容五十丈　上方殺車軸　通行成大陸　利涉捨舟楫　行行歷長橋　彩纜始停[113]泊　蠻酋塞汗干　駿奔導玉節　門閭何井井　衢路如絃[114]直　市塵挾左右　隧分貨亦別　閭閻盛東南　不知幾萬落　樓臺接飛甍　眼力迷不及　雕題鬭路岐　魚頭紛戢戢　拭目覩漢儀　攢手或俯伏　千行寂無譁　相顧但嘖嘖[115]　行程稅古寺　堂宇頗軒豁　錦帳掩翠戶　金屛繞畵壁　霜橙與香橘　離離映翠竹　到地所見夥　十步九移目　層城在其東　地勢甚磅礴　飛樓出半空　雉堞連雲矗　但未施堊彩　仍知功未訖　景像紛不一　怳惚難具述　援筆寫新詩　只恐有遺略

送任子澄奉使日本　子澄 任絖之字也 官戶參 號三休庵

　往者甲子秋　啣命赴桑域　乘槎與肩輿　途道窮水陸　于今二[116]紀餘　歷歷猶在目　潮[117]急鰐浦東　山開住吉北　對馬島如萍　立龜峯削玉　茫茫風浦孤　杳杳藍島隔　排潮石門蒼　橫海沙汀白　赤岸最險隘　怒濤撞硝石　津關扼上下　形勝天所作　蠧島水盤回　石浦波蕩潏　牛倉蓮寺靜　兵庫梅窓豁　海盡屬江口　急瀨分復合　長橋處處橫　利涉捨舟楫　樓臺撲兩岸　眼力迷不及　云是大阪城[118]　地勢頗磅礴　江水淸且淺　小舟沙猶戞　平方枕滄浪　粉樓香烟抹　淀浦

木道窮　蒼茫紫野濶　福見舊夷都　百戰餘荒堞　脩[119]篁護東寺　屹立千層塔
列肆分萬隧　大道如弦直　茶戶樹翠斾　畵欄勝珠箔　中有黃金屋　蠻皇之所宅
祇園六十寺　錯落開一麓　關路[120]出江州　沃野連阡陌　道邊有古寺　大佛高
百尺　琵琶湖浸天　淡淡琉璃滑　粉堞拱危樓　壓水勢突兀　地勝佐保山　鎭雄
名護屋　關原壘己古　絶河何年絶　針峴襯雲高　墨川奔海急　森森白河松　黛
色迷古峽　壯哉矢作橋　淸波虹影落　巍然富士山　玉柱擎南極　淸寺擅名勝
懸崖瀉飛瀑　松原截海門　環抱如拱揖　箱根嶺勢峻　畏途幾百折　翠壁繞絶巓
澄湖涵碧玉　小田與大蟻　金川及藤澤　行行到江戶　道里千有六　跋涉飽艱危
賢勞焉得說　壯遊足良覿　庶使羇懷豁　到今勞夢魂[121]　令人思不歇　君又作
此行　淸秋仗玉節　朝廷重專對　妙簡當朝傑　氣節凜風霜　忠信素所蓄　蠻貊
足以行　雕題自襲服　當屈尉佗膝　南憂從此絶　況復有媍節　襟期皎如雪　懸
知陸大夫　名聲動巴粵　行藏一任天　履危非所恤　男兒弧矢志　夷險固不擇
想應經過地　山河宛如昨　餘事錦囊詠　一一收物色　但願愼行李　珍重且努力
春來早言歸　須趁花未落　此別動經年　離腸幾回結　相思兩地情　共看長天月

蓮燭歸園

　星臨紫禁夜沉沉　魚鑰初收銀漏傳　龍光幸近萬死餘　獸袍細襲金鑪烟　瓊
筵纔罷下文陛　蓮燭分輝恩渥專　堂堂四海蘇太使　煥乎文章星麗天　驥足早
展靑雲衢　春風玉佩鳴花磚　無端一筆作禍祟　千里黃崗霜滿巓　鷄竿雲葉雨
露新　瘴海身爲香案仙　岧嶤鎖直夢耶眞　禁鍾驚起靑稜眠　黃門宣詔露門開
咫尺威顏雲錦筵　丁寧玉音及從事　感懷盈襟雙涕漣　夜如何其歸玉署　至尊
催賜雙金蓮　煌煌寒影照觚稜　院路何嫌迷柳邊　玄墀劍砌緩步歸　斗覺身邊
恩色偏　蠻坡便作不夜界　碧樹增彩端門前　淸輝滿院溢榮光　新渥驚心忘舊
愆　蠻鄕厭見熠燿飛　靑銚今宵明燭旋　銀釭豈借列錢耀　芸閣不勞靑藜燃　令

___

119)　석인본에 “修”
120)　석인본에 “道”
121)　석인본에는 “魂夢”

狐金燭何足誇 謫仙蓮炬堪幷肩 歸來宇宙仰末照 千載風雲元祐年

送趙屼歸覲錢塘遂赴永嘉

嘉陵太守鳳之雛 文彩堂堂承乃家 鵬溟早搏九萬翼 粉署高步人皆華 金章翻作半刺史 天下名區唯永嘉 五馬行色若登仙 況是歸寧路不賖 餘杭大府古諸侯 棨戟雄臨湖水涯 徘衣光襯彩衣舞 歡慶兼將榮耀加 蒼頭國老白眉郞 紫綬恩徽動高牙 西平有子不專美 歸省江淮安足誇 嘉州尙此[122]淸絶地 別區雲物連三巴 無邊光景在眼中 楚山蒼蒼吳水斜 風流不讓謝康樂 東閣春晴梅早花 公餘樽酒興不淺 嘯詠淸思凌雲霞 吟邊物色少分留 彩毫揮處飛天葩 琴鶴淸芬是家法 玉壺寒露應無瑕 秦山豈嘆白雲遙 楚水歸帆民不遮 飄然此去正得意 惜別不須空咨嗟 臨分摻手贈以言 肯作離亭歌楚些

傳書洞庭君

洞庭之於九州間 爲物最鉅波滔天 靈區怳惚非人世 顯晦殊道何茫然 誰將怨女尺素書 碧雲宮裡勤來傳 三淸智氣柳氏子 落拓襟期稱謫仙 人間謾抱碧桃恨 灞水歸路由涇川 晴沙斜日鳥驚飛 何物神娥愁道邊 紅顏薄命夫壻敖 可憐紈扇先秋捐 風霜鬖鬚牧羊怨 血辭寫盡囊中牋 丁寧掩泣再拜愆 遠寄東湖知有緣 慇懃誠托不可孤 短鞭催向三巴烟 湖陰社橘動神機 水國波折虹橋連 瑤扃叩罷彩雲邊 玉緘驚起龍王眠 千行哀怨入神眸 一宮悲淚如傾泉 居然赤甲劈天飛 涇水頑童歸一涎 祥飈忽吹紫氣來 鳳簫聲中鸞[123]馭旋 仙標宛爾昔日容 玉佩笑迎香風前 相看悲喜骨肉情 爲感高義垂哀憐 金樽霞醱玉樓月 歌管淹留玳瑁筵 蛟人泣珠不足報 一心靡他之死地 三生好緣竟莫違 翠幕金屛香夢圓 飄然雙袂十洲天 一枕朝暮三千年 噫吁嘻 不語神怪古聖訓 此說吾見騷人篇

終身荷聖情

分龍令節屬天中　畏景初烘星鳥明　宮中聖人復新渥　玉函晴雪香羅輕　仁風鑒暑亦聖恩　寸心銘佩終吾生　小臣身世本布衣　不才猥躋天衢亨　薇垣華貫窃備員　白筆彤驕叨寵榮　絲毫莫補舜衣裳　一片空丹葵藿誠　時當地臘火德新　祝融鞭烏炎令行　佳辰睿眷軫授衣　九重寵頒皆長纓　恩波亦幸及駑劣　自天題封臣姓名　彤墀稽首拜手受　披拂珍於鬼骨清　着來長短稱意內　斗覺終身紆聖情　含風細葛玉絲軟　曇[124)]雪蛟綃銀綾橫　裁縫不但尙方制　織是天孫機杼成　濯熟那須玉井水　爽氣如襲金天晶　榮光豈徒誇縉紳　異彩能使千人驚　服之何憂灾不衷　美人之貽恩感幷　衣被龍光永爲好　報答庶效朝陽鳴

鳳管遙聞更起愁

金殿沈沈螢亂飛　玉簾初下珊瑚鉤　羅幃寂寞[125)]掩孤嚬　獨憑紗窓離恨稠　風便[126)]忽聞鳳簫聲　更惹空閨無限愁　蓮花一作眼中刺　鈇斷金魚今幾秋　君恩如水去不迴　自恨紅顏誰怨尤　苔深玉階絶鳴鑾　洞房[127)]秋生孤影留　梧桐葉凋夜色寒　碧窓愁見金波流　無端何處鳳吹酣　玉聲寒亮行雲收　遙知仙樂下重霄　綺筵分明開玉樓　良宵欲闌樂未央　別有何人隨冕旒　可憐榮枯咫尺異　此夜愁腸堪白頭　翻思昔日侍君側　鳳管聲裡窮歡[128)]遊　如何今作斷腸聲　舊曲聞來愁不休　南宮歡樂北宮怨　妾獨胡爲身命謬　銀瓶繩絶更誰引　萬恨千愁非自由　含悲欲奏相思曲　更將紅淚沾箜篌

酒酣後復拜千金賜

講筵初罷下玉墀　日斜宮槐秋色媚　東樓賜[129)]爵渙新渥　乍開黃封香滿觶

---

124) 필사본에는 "疊"

125) 필사본에는 "歷"

126) 필사본에는 "邊"

127) 석인본에 "庭"

128) 석인본에 "恨"

129) 필사본에 "錫"

龍光旣溢醉以酒　況拜千金鸞鳳字　文思天子御紫宸　太平日月敷文治　秋晴
講殿闢書幃　粉署群英咸列侍　微臣亦幸近淸光　黃卷書中參講議　天香滿袖
溢榮光　一堂吁咈經綸志　琅然環佩退逶迤　別掃東宮侈恩饋　群僚已酣洞庭
春　更驚黃門頒盛賜　拜手爭展一幅絹　照眼銀鉤行寵異　摩挲斗覺爽心目　却
訝層霄翻鳳翅　紫薇佳詠130)入揮寫　睿思分知別有意　微忱倍激一寸丹　浹髓
非徒酣一醉　人間萬金倘可求　錯落驪珠天所畀　美人之貽永爲好　絶世恩榮
誰與比　自愧龍鍾最駑劣　千載風雲今幸値　生逢堯舜豈偶然　致澤初心期一
試　殊榮豈獨萬口喧　應向千秋傳勝事

圖形寄夫

　良人一去交河北　十見秋霜凋井梧　悠悠千里長相思　綠怨紅愁銷玉膚　聊
將何物寄邊使　樵悴殘形翻入圖　春風三五蝶作媒　粉樓夢酣花氍毹　芳盟纔
托百年老　玉塞居然君執殳　紅閨寂寞錦被冷　照鏡空悲鸞形孤　閑雲漠漠雁
無情　音信誰傳天一隅　蘭窓明月暗魂消　孤枕殘燈離思紆　光陰肯爲獨妾遲
雲鬖已秋花顏枯　如今無復舊時容　爲問郞君知耶無　含悲却展一幅絹　鏡裡
容顏和淚模　分明幻出悴羸形　遠寄關河增一吁　花殘玉瘦可奈何　微君之故
胡爲乎　郞乎莫訝繪非眞　畵裡枯形今日吾　郞乎莫驚太衰謝　寸腸欲盡餘殘
軀　形雖可畵心豈畵　別有千盤愁恨俱　緘封未了轉凄然　淚痕班班牋131)上濡
君歸倘得重握手　請看未死眞形模

錦里逢迎有主人

　我家何在在成都　錦官城外花溪濱　風塵鴻洞不奠居　飄泊殊方今幾春　瑣
尾之餘還舊棲　賴有逢迎賢主人　鄭公堂堂瑚璉器　甫也相隨爲老賓　黃鐘牛
鐸幸同調　半世交道無溜澰　金城按節屬銀漢　萍水重逢情轉親　襟期珍重不
我遐　竹裡行廚蒙枉頻　居然離合苦不常　避地蓬轉天南垠　幷州豈獨入夢思

---

130) 석인본에 "緣"
131) 석인본에 "牒"

雲樹蒼茫傷我神　我公今幸再剖符　玉壘千里無腥塵　吳儂從此可以還　更有
依歸明府仁　靑眼歡迎想依舊　白頭寧患交情新　遙知故人待我歸　孤影不復
愁無憐　重還茅屋且慰意　況依帲幪丈人眞　歸期可趁春未暮　正値江風吹白
蘋　藥欄江檻庶重理　復岸頭邊烏角巾　小逕曾被五馬諳　竹塢肯使重開茵　樽
前倘把昔日杯　多少離懷聊一陳

直爲鱸魚也自賢

　君不聞　秦家丞相東市嘆　上蔡黃犬那能牽　又不聞　馬曹從事柱笏言　爽氣
空望西山巓　爭似東吳張舍人　片帆早掛秋江舡　縱爲鱸魚尙且賢　何況知機
歸浩然　堂堂張也江海客　末路謾被名韁纏　靑雲高步紫薇垣　個儻襟期誰與
肩　聲名忽入幕府選　泛綠依紅知幾年　威弧不弦世事非　履霜從知氷至堅　池
魚及殃古所戒　曳裾肯戀朱門權　秋風吹起物外思　夢落吳江蘆渚烟　尊鱸風
味此時好　短棹秋波聊可旋　孤帆渺渺海天闊　行色飄然同水仙　功名一寸心
已灰　浩浩淸興應無邊　思歸非爲食無魚　見幾而作唯其賢　冥冥鴻鵠弋何慕
浪跡好放三吳天　莫道嘉魚我所欲　意脫危機知有緣　戲吁噫　魴魚禎尾世滔
滔　乾沒之徒還可憐

桃源主人送漁舟子

　我本靑山絶俗人　君是滄浪垂釣子　生平身世馬牛風　邂逅相逢眞幸爾　居
然分手落花邊　薄暮壺天愁不已　秦宮一自鹿爲馬　赤子盡向長城死　超然肥
遯肯虛徐　草屋來結淸溪涘　雲山萬疊深復深　別一乾坤無俗累　閑中種桃不
記春　滿岸紅霞蒸遠邇　松關長掩鶴夢閑　回首人寰雲萬里　無端何物作塵媒
多事殘紅逐流水　漁郞珍重爲尋源　來泊片舟花影裡　黃冠細覰綠簑衣　石壇
逢迎靑眼視　慇懃笑話永今夕　世事千般煩入耳　窓梅相對却有情　月下淸襟
忻共披　塵緣忽催故園思　還向烟波戒行李　忽忽告別不可挽　短棹歸去漁商
市　音容從此兩渺然　握手重逢何日是　山人豈解別離苦　此日離愁猶未弛　棲

山幽迹莫浪傳 俗兒知之吾所恥 蒼茫雲水好歸歟 渚柳岩花風欲起 斜陽揖罷空佇立 落霞輕飛暮山紫

茂陵秋日謁玄宮

南冠北塞一介臣 萬死千生頭滿蓬 生還幸覬漢日月 茂陵其奈愁雲籠 哀哀十載戀闕心 拜謁玄宮悲132)不窮 彤墀初受使乎命 玉音丁寧承聖聰 龍庭萬里仗玉節 許國斗膽無强戎 凶威詎屈丈夫膝 一節彌地133)大窖中 風霜如海羝不乳 獸心肯饒孤臣忠 關雲漠漠雁影闊 日邊消息無由通 皇靈忽襲驕虜心 楚囚更返天山東 歸來故國夢耶眞 入眼山河今古同 龍鬚莫攀鼎湖寒 玉座高拱新重瞳 含悲何處奏使事 白首來謁喬山宮 喬山寥落秋氣高 寶帳蕭瑟玄壇空 傴僂位激犬馬懷 血淚滿襟呼蒼穹 天顏怳怳在眼中 獨立荒山憎悁恫 黃壚冥漠隔風雲 盡瘁初心嗟未終 陟降英靈尙監臨 欲向泉臺訴丹衷 秋原物色摠悲134)凉 石獸無語夕陽紅 吞聲躑躅不忍去 半山松栢生悲風

| 辭 |

續歸去來辭

歸去來兮 江湖余樂胡不歸 旣余之齒髮遲暮 一疾又從以支離 縱未忍便訣堯舜 奈此身耄無能爲 況淸時任賢使能 拔茅彙征兮 俊乂咸造 惟樗散之進退 若江湖135)乘雁之多少 空素餐之可愧 分亦宜於知足 滄浪夢於旅枕 莊舃吟之懷越 策匹馬於東門 浩然歸之行色 丘園何處 于彼湖西 百年菟裘 數椽草廬 三逕松篁 一榻琴書 湖山舊色 親戚新懽 眄鰲堤而馳情 對石峰而怡顏 尋鷗盟於釣渚 伴鶴夢於松關 剪春韭於西圃 種秋菊於東籬 雲無心

---

132) 석인본은 缺字
133) 석인본은 缺字
134) 석인본에는 "荒"
135) 필사본에는 "海"

而出壑 月有情而入扉 倚竹窓而寄傲 安小齋之容膝 送日月於瀟灑 付宦情
於蕉鹿 昔顏回之在陋巷 一簞食兮不改樂 古之人縱莫能企及 亦不憂乎屢
空 頂十年之烏紗 手一枝之鳩筇 餐霜菊之落英 嗅雪梅之淸香 任閑放於林
泉 終此生而倘佯 歸去來兮 心已灰於名場 嗟老病自知無用 非與世而相違
國恩厚而虛負 素志乖於險夷 血一斗兮雖赤 奈雙鬢之已秋 望美人兮天一
方 寒余眼於危樓 處江湖豈獨無憂 撫世事而長嘆 謾回首於秦雲 悵孤吟兮
行路難 已矣乎 寄形於世復幾時 曷不怡神送餘岭 胡爲乎 心爲形役 同夢
死而醉生 噫 浦柳之衰質 且望秋而先零 詎强扶此殘骸 賭身外之浮名 矧
拖紫而紆朱 非余心之所榮 有石田足以自老 富貴浮雲兮於我何 熙熙然作
聖世閑氓 托靜契於烟霞 與園翁溪友而爭席 醉烟月而忘機 依松楸而畢命
不負平生復奚疑

石松栢

　緊草木是謂地毛兮，禀一氣而生植，唯松栢歲寒不變兮，固物性之難奪，
琢山骨乃作霜資兮，笑矣乎秦皇之巧獲，喬山之象役，期萬葉之不老，原夫
六膝西跪，函谷東開，四海一之，虎視雄哉，窮心志於浩蕩，從耳目於侈靡，
宮阿房於中天，城萬里兮連雲，立金人於彤庭，駕石橋於滄津，銘功泰山，
五松爲大夫，聘望琅琊，三山在何處，嘗念光陰石火，人世朝菌，金甌弊屣，
萬乘浮雲，盧生已亡，秘訣誰傳，徐市莫返，靈藥難服，長生已矣，羽化無術，
無寧作身後計兮，占萬年之幽宅，於是發刑徒起土役，銀作海石爲槨，驪山
之隈巍然玄宮，金羊石馬，銀雁玉魚之屬，莫不錯落於其中，猶慮夫草木之
易衰，致園陵之埋沒，命般輸而運巧，揮鍊石之斧斤，奪造化之神功，辦一
壼之長春，遂乃隳巉岩劈嵂峭，彫之琢之，松耶栢耶，蒼鬐白甲，傲佛冒雪，
貞姿鶴骨，龍形宛然，屈鐵古枝，嚴霜隕物，不患翠葉之凋落，飄風動地，何

憂老幹之摧折, 與天齊長, 天陵偃盖之松耶, 與地等久, 大谷倒生之栢耶,
蒼然後凋之勁節, 介于石而愈確, 伴石獸而屹立, 生半山之顔色, 嗚呼, 顧
畏民巖, 古訓其曰, 不作無益, 先聖有戒, 有生而死, 如晝必暮, 物盛則衰,
天理難誣, 好怪者罔或不亡, 矧民怨而天怒, 是知因山起土, 築民怨毒, 刻
石爲木, 剝民飢骨, 鹿一挺於秦關, 致海岱[136]之雲擾, 一抔之土未乾, 呂左
之卒大叫, 咸陽玉闕火紅三月, 驪原金棺灰冷一夕, 二世三世至于萬世之計,
曾不滿一瞬而成空, 寒烟斷壟, 鶴弔秋風, 宿草荒原, 猿愁夜月, 偃蹇魁形,
獨立於荊棘之中, 飽雪霜而剝落, 謾使窮天地誇耀之志, 作笑資於天億, 噫
吁嚱, 本固邦寧, 永孚于休, 可畏非民, 虐民則讎, 倘當日樹德懋滋, 俾兆民
以允殖, 命不僭貳若草木, 國勢可措於盤石, 何祖龍罔念作狂, 樂其誕而荒
惑, 知高塚之可固, 不念宗社之將覆, 唯思石松之可久, 莫悟邦本之先蹶,
役志荒誕, 唯日不足, 荼[137]毒生靈, 自底亡滅, 眞所謂大愚者於汝政兮, 何
毒披汙[138]竹而綴詞, 戒後來好誕之人辟.

蜀得龍

若知夫龍之爲物乎, 長三百六十之鱗虫兮, 固非常鱗凡介之儔匹, 能幽能
明能細能巨兮, 風雷滿腹變化而不測, 或在天而飛, 或在淵而躍, 憑雲氣而
上下兮, 寔天用之神物 夫何隆中之臥龍兮 甘蟄屈而在田 同蟄龍之在身兮
足草堂之春眠 居然大人之利見兮 張禮羅而致之 此所謂人中之龍兮 有是
哉蜀能得之 開玉壘之山河兮 契千載風雲之期 迹其靑蛇一躍 漢炎將灰 三
精霧塞 九宇颷回 奸雄朶頤於羊鼎 鄴下江東摠非漢家之有 般紛紛以詐力
相高兮 龍爲魚兮鼠變虎 于時堂堂帝胄 日有大耳 一片前州[139] 投袂而起
提一旅而叫義兮 誓重恢馬上之舊物 香一炷於桃園兮 已壯士之雲從 固知

---

136) 원전의 垈는 誤字.
137) 원전의 茶는 誤字.
138) 원전의 汙는 誤字.
139) 석판본에는 日有大耳 一片前州 두 구가 서로 바뀌어져 있는데 필사본을 따랐다.

得人者昌兮　思駕馭乎英雄　南陽有士　人耶龍耶　躬耕壟上　龍德而隱者耶
不求聞達　遯世而無悶者耶　匪熊匪羆匪虎匪貔兮　允矣覇王之良弼　伯仲間
於伊呂兮　三代上之人物　秘其跡時潛則潛兮　蚖哉惡覩志哉　適會水鏡之淸
鑑兮　媒伋引於旁求　效莘野之殷聘兮　勤草廬之三顧　感知遇飜然而起兮　作
蛟龍之雲雨　乘九九之方亨兮　屋而樑兮川而舟　恢龍韜於戰伐兮　期整頓乎
金甌　神機密勿鬼神蕭瑟兮　黃鬚紫髯莫不風斯下矣　庶幾龍成之五彩兮　復
作芒碭之佳氣　斯乃龍雲之際會兮　沛然若魚之有水　吳之狗兮魏之虎　碌碌
爾安足數　於嚱　漢祚將殄　天不助順　雄圖未施　大星劇殞　八陳漫留於江磧
羽扇零落於龍匣　吁嗟乎龍亡大澤兮　鰌鱔蛟鰐亂舞而雜襲　終然斷蛇之赫
業兮　歸一馬之爲龍　只使前後出師死而後已之　義氣英聲兮　凜凜然流萬祀
而不窮

剪綵花

粤昔大業天子　席當强業　聘浩蕩志　于荒于佚　窮奢極侈　宮室是崇　四十
所之臺殿　慢遊是好　二百里之園苑　瓊海波中　蓬萊方丈之崒崔　龍鱗渠上
十六別院之翬翼　嘉木異卉　總作園實　天葩爛熳於琪樹　嫩140)葉綠蕚於瓊林
滿眼春光　侈悅荃心　烟朝月夕之愛翫　擲萬機而耽樂　三千粉黛之歌舞　窮日
夜而頜頜　嗟歡賞之幾何　星霜倏忽如馹隙　風光易老　芳菲蕭索　紅消翠歇
紫藥141)無色　鸞韶雖宣　難報春知　鞨皷未鳴　催花無期　園林埋沒兮奈樂何
王色不怡　運奇巧於心機　幻天工之財成　于以剪之　齊紈楚帛　于以裁之　濃
花嫩142)蕚　綴萬樹之長條　回一苑之春姿　奇葩爭艶　北枝南枝　嬌英鬪娟　上
林下林　宛韶華之如昨　湯悅目而賞心　絃歌暖香　悅好鳥弄春之嬌音　舞袖冷
影　訝戲蝶翩蹮143)之彩翅　長春景物　別一天地　初非生樹　何患風破而狼藉

---

140) 원전의 嫻은 誤字.
141) 원전의 御는 誤字.
142) 원전의 嫻은 誤字.
143) 원전의 글자는 없는 글자로 誤字.

易而新之 不憂殘紅之栖綠 變秋冬之暮景 作陽春之令節 誰云光陰之代序
造化權於掌握 縱歡娛而淫逸豫 眛箟桑之大計 嗚呼 翫物喪志 周太保之陳
戒 崇奢者亡 楚令尹之格說 玉樹後庭之盤樂 是宴安之鴆毒 臨春結綺之奢
麗 亦喪國之媒蘗 何隋帝殆有甚焉 蹈霞轍而莫恤 耳目是役 侈靡無極 窮
心所欲 唯日不足 上苑之綵蕚未衰 長堤之垂柳乍綠 誰知晉陽之桃李 已着
乾坤之春色 江都千里 龍艦莫返 綵花無主 繁華烟散 歌臺舞殿兮何處 麋
鹿遊於池沼 凄凉西原之風烟 付野花與啼鳥 歸來千百載下 幾多奢惑之人
辟 捶汗竹而永喟 美堯階之蓂莢

按劍定從

　　環中趙於虎視 朝暮下之邯鄲 走以急於西隣 口舌爭之兩端 定從約於一
劍 勇哉氣之毛生 賭援師於片言 全一髮之孤城 生戰國之乾坤 負節俠之志
氣 着客籍於平原 間三千之珠履 蘊大材而莫售 混楚璞於燕石 時金虎之呀
口 擇六肉而束食 氣已矗於呑趙 兵忽着於彈丸 勢析[144]骸之阢迫 庶有安
於求援 將大請於西楚 公子於是使乎 約賓幄之全材 人十九而餘無 公挺身
而自薦 錐處囊而穎脫 遂聯鑣而西邁 賓主會之一席 紛舌戰之衝衝 日之中
而不決 激壯士之雄膽 歷玉階而直上 嘖纔及於猶豫 竪壯髮而挺劍 大其聲
而奮舌 王怒叱之何遽 曰秦楚之報讐 羞怨積而難雪 一戰二戰三戰 喪地燒
陵辱先 在百世而必報 義不共於一天 一心力而共討 非爲趙也爲楚 凜口噬
之從橫 無楚衆於十步 楚侯居然愁悟 決一言而歸好 奉珠盤而涖盟 次者次
者同歃 齊不愶而質信 賦無衣而興師 解重圍於一擧 有趙國於無之 偉先生
之勇義 天下士之氣魄 奮布衣之一怒 挫萬乘於寸舌 竟盖隣而同仇 樹奇績
於存趙 重國勢於九鼎 一按劍而有裕 自無嚴於諸侯 膽一身之都是 彼堂下
之碌碌 乃因人而成事 想當日之相士 狗吠鷄鳴止耳 俾國士以陸沈 賤丈夫
而目笑 漸乃召之自衒 足不免於其詔 後也悔而敬嘆 作上賓於貳宮 一階上

---

144) 원전의 折은 誤字.

之義氣 千載下之英風 愁撫劍而疾視 是匹夫之小勇 無好小而大之 吾嘗聞
諸鄒聖

逃祿

　唉官人之食爵 恐失富而没没 少安世之辭錢 多子張之干祿 何於菟之逃
祿 異禹人之求之 愧自封而勤民 悟招殃於食浮 若敖氏之有子 國之棟於芊
楚 勤毀家而紓難 忠社稷之是固 三弊屜於國柄 一懸磬之家食 以不貪而爲
寶 凜清襟於氷雪 唯歲頒之廩祿 欲其富之寵錫 非餽也之無處 縱受焉其何
愧 然執雁而食君 豈端使然祿仕 鞠人謀人保居 責實大於庇恤 願民生之多
曠 羸餒甚而不殖 猶己溺之溝壑 求牧與芻敢緩 是食焉而怠事 專祿戮之難
道 若固有而自享 信虛授而虛受 寧奉身而逃之 脫殃咎於納履 萬鍾於我何
加 確素節於芥視 掉臂往而不顧 其心若將浼己 復往因於王止 廉與義其罔
缺 偉令尹之辭祿 可廉頑於頹俗 所樂富而悲貧 我豈異於人哉 先恤民而後
己 心不累於利回 豈却之爲不恭 諒取富之有幅 墨豈憂於食姦 亡不違於足
欲 民父母焉係望 空素餐之尅剌 非逃祿也逃死 如其智如其智 朝不夕之何
憂 一筐糗之飽德 綿血食於厓郇 楚良臣之第一 然當祿不當辭 夫子之訓可
法 至於逃之矯節 乃戰國之氣習

腰笏引舟

　鷗波穩而不動 春淡沱於汀洲 映朱幡於惠舸 展良覿於泝流 腰牙笏而手
彩纜 何使君自若如此 軫民生之奪時 忘此身之笏止 孕山河之淑氣 蘊濟時
之大手 淹驥足於雲衢 屈牛刀於下邑 政必先於息民 念不懈於稼穡 認航安
而民安 上民功而不蔑 屬西疇之春及 而穡事之方殷 何大河罔念克敏 泛舟
遊而勤民 從流上而忘返 指我疆而倘佯 替瀺滅於引纜 奈吾民之不遑 顧余
窮有餘閑 唯此役之可代 將手中之執板 插腰間之橫帶 屈八尺於舟頭 援百
丈於沙渚 任傴僂於風前 牽浩蕩之江色 胡竹符之邑宰　服篙工之勞役 寔

過恭之非禮 致官長之驚問 曰民事不可緩 有毋輕之明訓 當農蚕之是至 勤
朝暮而從事 盡四肢而就功 咸食力而資活 倘違時而驅役 其不幾於失業 寄
此笏之自任 余不忍爲胥虐 言有脊而動人 宋彼哉之慚忝 捲中流之歡賞 催
匹馬之行色 偉河侯之惠恤 固生生之誠篤 心旣勞而鞠人 躬執役兮何病 手
一舉於江干 民樂業於四境 想當日之振笏 意亦嚴於不惡 責非假於脣舌 得
諷刺之仁術 儘恤民之良宰 超古今而寡近 倘振笏於岩廊 非巨川之舟楫 移
引舡之好手 濟民物於九宇 竟陸沈於百里 舟自橫於野渡 余摭乘於千載 爲
唐室而永唱

階下拜蟋蟀

可愛草之微虫 早知秋而哀鳴 能使人而戚戚 妾獨胡爲有情 怡然拜於階
下 亮有感於起余 認金氣之近止 占予美之歸歟 昔分手於重門 問旋歸之曷
月 以秋風而爲期 情脉脉而相別 三千里之玉關 杳兩地之消息 影獨留於空
閨 魂暗結於戍樓 曾日月之幾何 度一日如三秋 閱南園之綠草 蝴蝶飛兮喚
愁 掩獨夜之紗窓 螢影度兮消魂 紛入耳而觸目 摠爲祟於離思 忽有聲於黃
昏 泣露草而咽咽 秋期近於天上 得氣先於微物 是俟候之蛩唫 如報余以佳
期 顚倒衣裳下階 折纖腰而拜之 非爾虫之是拜 拜秋候之將至 非秋至之是
喜 喜郎還之期邇 物無心而啁啾 人自喜而傴僂 夫豈曰拜下禮也 驚喜動於
私情 郎君歸之有約 秋以期兮丁寧 秋風至則郎亦歸 余日望之何極 嘆斗柄
之遲回 怨井梧之未落 夜復夜兮孤枕 筭歸期而沾臆 聞此宵之喞喞 時令屆
於素節 期已符於跂予 重握手之有日 望何勞於登山 報豈待乎枝鵲 欣欣然
有喜色 拜不殫於僕僕 蟋蟀兮 爾之聲大慰妾心 爾雖昆蟲微物 妾所以一拜
再拜兮 謝爾吟

義娼

詠涉溱而興唱 袒左右於西東 般紛紛目挑而心招兮 掃末俗之貞風 夫何

粉樓之有娼 長一痛而之死 矢靡他而不渝 如其義如其義 彼姝者於長沙 名
一代之善謳 手數関之樂章 學士秦之風流 詠其詞而想其人 願一見之何由
忽過客之邂逅 幸矣子眞是耶 飛玉屑於問答 副景慕之宿志 雙靑眼而喚酒
歌以侑之多情 圓香夢於一宵 結好緣於三生 嚴程限之難挽 悲莫悲兮還相
別 成話言於臨分 報此別而貞潔 吳山高兮楚水長 斷幾年之離腸 嗟眉宇之
入夢 沾余襟之琅琅 冀握手之有日 哀賦鵬之傳音 痛此生之永訣 曷有極於
我心 衰其服而哭奔 數百里之長程 慘行館之旅櫬 但一片之丹旋 手撫棺而
三周 淚眼枯而成血 恨生離於兩地 願相從於同穴 寧尙寐而無覺 肯全生於
晷刻 竟自絶而莫恤 遂一節於雙櫬 向日慘而無光 行路爲之惻隱 太守嘉之
立傳 揭以號曰義娼 心與事之班班 名萬祀之流芳 噫天賦之良性 豈貴賤之
有間 雖男豊而女嗇 固無晦之一端 彼靑樓之婦鬼 隨所養而誨淫 紛以色而
事人 一笑中之千金 何物女之守信 輕捨命於一羽 堅一心於潔身 報悅己之
奇遇 縱有感於豪風 本貞靜之其志 是女中之君子 宜得名之以義 歸叔季於
鄭衛 哂行露之厭浥 聞溧陽之義女 有英烈之姱節

擬平安道走回軍兵等請自作先鋒直擣奴賊巢穴

　　出征喪其雄方 痛一敗之塗地 逃讐不如死 願當先驅而蕩巢 非曰能之 所
欲忠者 恭大武無敵 上兵伐謀 引封疆而克勤 三陲絶刁斗之警 畏天威而時
保八區 奠袵席之安 何圖山戎之蠢玆 敢抗天朝而越厥 長蛇食吐生戰場於
淸邊 狂揄嗞人 通夕烽於紫闕 金戈耀雁塞 周怒方赫於東征 玉節下鯷岑
魯賦悉起於北討 方期晉師之館穀 遽被宋人之鼓儳 朱儒禍我於狐駘 將復
誰咎 子玉失律於鷄父 不敗何求 影留龍堆 擬作異域之俘虜 身脫虎口 幸
返故國之山河 未死餘生 縱免血刃之鬼 含義苟活 寧無曳兵之羞 賈餘勇而
先登 我欲戰矣 作前隊而直擣 彼惡當哉 固知無面於東歸 祗願洒恥於西喪

苟不能荷戈執殳 效死力於沙場 則何以奮義 竭忠報國恩於毫髮 立於矢石
所盡一心而靡他 當爲士卒先 雖萬殞而無悔 唯願敵王所愾 若夫成功則天
伏望憐臣死綏之誠 察臣效命之悃 遂令塞上之殘喘 命作關外之先鋒 則振
再擧之軍聲 踏碎穹廬之部落 攄一失之宿憤 焚老上之五庭 當誕將天威 翦
此朝食 一戰屠沙漠 縱有愧漢軍之功三箭定天山 庶幾追唐師之積

大殿陳慰

　錫壽無疆 聖箕方慶於華祝 遭家不造 深痛遽結於天崩 食毛之徒 扠血曷
已 恭仁孝之性 睿哲其資　盡三朝問寢之誠 憂形于色 遵五月居廬之制 慟
迫於心 肆當欒棘之辰 第切憂愛之悃 念猥叨恩遇 偏劇攀號 尹玆南州 莫
趍奔慰之列 瞻彼不極 益激悲疚之懷

中宮陳賀

　朝夕視君膳 久繫億兆之心 日月繼高衢 聿膺五百之運 延頸之際拭目以
看 恭惟睿哲同堯 謳歌歸啓 天降割不弔 遽抱在疚之悲 民匪后何依 遂行
踐位之禮 有新其命 無疆惟休 念憂國忘軀 戀主勞肺 職守豐沛 雖阻拜賀
於楓宸 祝同華封 倍激懽抃之葵悃

山木杖

　杖兮杖兮 質重而勁 色白而澤 頭昂而魁 體圓而直 稟精雲霞 托根岩壑
鬼慳神秘 閑度幾春 人有所求 物亦歸人 物我相得 作手中物 聲鏗爪甲 杜
拾遺之桃竹耶 火迸石上 蘇學士之鐵柱耶 荷造物之眷餉 得老境之良友 扶
爾而起 不患長腰之屈伸 仗爾而行 何憂兩脚之衰歇 余將探禹穴於洞庭 挹
淸風於君山 俄然一擲於葛陂 乘雲氣上寥廓 遊紫淸而還也

洪上舍太初祭文

嗚呼哀裁 已乎太初 與吾兄永訣於此生耶 音容冥漠 長夜不晨 一夢人間
九原誰作 嗚呼痛裁 已乎太初 以兄之高才 而抱璞沉陸 終於窮鄉 以兄之
盛德 而纔亨稀壽 亦歉大耋 彼蒼者天 一何無報於吾兄耶 嗚呼痛哉 余之
齒稍長於兄矣 自兄弱冠 忘年許與 肝膽相照 常慕兄之氣岸之落拓 襟袍之
寬和 許以知己 情如同氣 雪榻螢窓 聯袂磨憂 酒筵騷壇 披襟歡笑 忘形追
隨 至于半生 以余不才 幸先釋褐 而子方継之 吾儕次第之望 唯在於兄矣
豈知終抱碧桃之恨 衣布虛老乎 天耶命耶 嗚呼痛裁 捿遲一壑 安其素履
无悶於世 以終平生 吾兄之志 固知無歉 而朋儕之嘆惜 豈淺鮮哉 嗚呼痛
哉 今余老病 釋黻永退 相住不遠 只隔數舍 而世事多魔 亦未謀源源之奉
乙未秋 兄與圓甫 聯鑣來訪 把酒歡笑 信宿而歸 厥後數載 兄亦抱病 時或
邀迓 不果來會 隔年貽阻 戀會如渴 思欲一就問疾 兼討鬱陶 而殘骸難動
孤負此心 雲樹之思 徒自耿耿 孰謂從此而遽至於永隔幽明乎 嗚呼痛裁 兄
之棄世 在於初秋 而風端之傳 始聞於逾月之久 兄之就窆在於暮秋 而人之
傳說 亦聞於入冬之後 是何人事之不如情者若是耶 嗚呼痛裁 憑木之哭 臨
窆之訣 勢雖末由 一杯之酹 數行之挽 亦未免闕焉 有若相忘者 然平生相
愛之情 到此掃地 嗚呼痛裁 已乎太初 兄之眉宇 更不得接 而粹然之容 曖
曖於眼中 兄之語笑 更不得聞 而琅然之音 怳怳於耳邊 思兄一念 愈久愈
切 此身未亡 何日忘之 嗚呼痛哉 吾衰已甚 朝夕待盡 倘能相從於泉裡 則
其幾何離 而此理茫昧 吾未可知也 嗚呼通哉 天寒漸緊 衰疾轉劇 櫬伏床
席 寸步難致 欲送孫兒 代余之哭 而草土之餘 身病亦重 待蘇而送 稽遲到
今 時月已久 彌曾痛嘆 靈筵一哭 恨未親之 綴寄荒辭 少舒悲痛之懷 靈其
知耶不知耶 嗚呼痛哉 已乎太初 此生永訣 長慟而己 長慟而己

再從弟奉事得榮祭文

嗚呼哀哉 天可必乎 天不可必 有才無命 仁且不壽 天不可必 嗚呼哀哉
君之後於吾 二十有五年 豈知今日先我將逝 使我長慟 嗚呼哀哉 名雖再從
情則同氣 一日相阻 不啻三秋 況分幽明 九原誰作 嗚呼哀哉 一子零丁 三
女未笄 嗟嗟二嫂 子子儔依 嗚呼哀哉 盖新卜斯丘 距吾先塋未滿半息 泉
裡有知 魂兮相隨 甚吾之一大幸 嗚呼哀哉 臨柩一哭 情豈靡篤 吾衰甚矣
起身無計 和淚緘辭 以寓一哀而已

－附録－

**崇政大夫 判中樞府事 兼 判義禁府事 世子左副賓客 五衛都摠
府都摠管 府君 行狀** 曾孫受和撰

公諱啓榮, 字榮吉, 號仙石, 諡靖憲, 靈山人, 以麗朝平章事諱鏡爲始祖,,
九年而有諱革, 禮部尙書靈山府院君, 生諱原慶, 亮節功臣左政丞, 生諱富,
都元師密城君, 生諱有定, 都按撫使, 諡武節, 父子皆武烈名世, 事蹟載諸
國乘, 生諱引孫, 事我世宗, 刑曹判書藝文館大提學, 諡恭肅, 生諱繼祖, 以
南臺歷司憲執義官, 至戶曹參判, 寔公之五世祖也, 高祖諱厚聃, 牙山縣監,
忠翊府都事, 曾祖諱義貞, 司宰監直長, 贈戶曹參判, 以季父司醞署令, 諱
從聃之子, 爲后於都事公, 祖諱鎭, 寧遠郡守, 贈兵曹判書, 考諱宗遠, 戶曹
佐郎, 贈左贊成, 三世皆以公貴追榮, 妣贈貞敬夫人南陽洪氏, 左參贊貞孝
公曇女, 公以萬曆丁丑九月初七日降生, 性溫粹靜重, 謙恭篤厚, 風儀秀麗,
德氣和朗, 至有兒時鶴秀才稱, 而一見可知其吉祥君子也, 十二歲作瀟湘斑
竹屛詩, 蒼梧山色屬三湘, 恨入江波萬古長, 千載淚痕消不得 至今斑竹帶
斜陽, 十三歲作日本獻孔雀詩, 一雙寄禽出海東, 遠人來獻明光宮, 剪羽長

鎖金籠裡, 意在南天白雲中, 贊成公大奇之, 詞藝日進, 名聲藉甚, 年十九, 擢庭試, 吳晩翠億岭, 以公之姨母夫, 爲考官, 覽卷嘆曰, 此兒將成偉器, 不可使早登科第, 未就其才, 遂拔去, 贊成公聞甚嗟惜, 公少不介懷, 其不以得喪榮辱動其心, 人服其量, 辛丑中司馬, 癸亥夏, 贊成公厭於從仕, 捲還桑梓之鄉 _{禮山梧里池先榮下}, 公輒隨焉, 左右怡愉, 克盡孝養之節, 丁未丁憂, 戊申又遭內艱, 執喪盡禮, 前後無違, 服関時値昏濁, 無意於世間, 或赴擧亦非素志, 多忤時輩, 屢被泮儒削籍之罰, 己未擢謁聖文科, 始隷槐院, 歷說書注書間不就, 被薦翰苑不卽應講紀, 翌日始付檢閱, 仍兼春坊, 歷侍敎奉敎, 歷典籍, 兵曹佐郎, 正郎, 禮曹正郎, 正言, 持平, 直講, 掌令, 弼善, 司藝, 尙衣院正, 羅州牧使, 修撰, 校理, 司成, 宗簿寺, 司僕寺正, 癸酉通政, 判決事, 知製敎, 同副右副承旨, 戶曹參議, 丁丑嘉善, 左副承旨, 江華留守, 都摠管, 兵曹參判, 同義知經筵, 禁戶曹參判, 右副賓客, 全州府尹 _{時孝廟己丑}, 漢城左尹, 丙申嘉義, 顯廟乙巳, 年迫九耋, 特進階資憲, 拜知中樞府事, 仍入耆社, 丁未特除崇政判中樞府事, 己酉四月初八日考終于寢, 壽九十三, 上遣官致祭, 葬于禮山治東, 贊成公墓同岡百步許壬坐原, 公自少好尙氣節, 登第日李爾瞻嘉曰, 花童綉服吾請助之, 時公在月沙李相公座, 一座皆難其對, 相顧默然, 公夷然徐答曰, 老大孤露, 科名非榮, 況假戲具權門以取悅於人目乎, 人皆爲公危之, 公不以爲意, 有舊要參造認疏者, 公聞之卽就其第, 責蔑理悖倫之罪, 遂與絶交, 器園在座, 悚然心服, 當公以內翰赴闕時, 器遠謂公曰, 公與某絶交之語, 烈如秋霜, 令人膽寒, 嘗於人宴席, 有倡凶疏者一人預焉, 公於稠座中正色責之曰, 近日事爲無天地, 而君首倡其議, 士大夫肯與汝共座而同杯酒耶, 因拂袖而起, 其人愕然, 遽執公衣, 公拔佩刀斷裾而出, 滿座懍然失色, 有姻親附北者, 爲承文正字, 方設宴盛集, 接公有驕色, 公作桃李孤松歌曰, 盛開桃李花莫笑孤松, 暫時逢春如彼穠, 終然風霜交誰獨也翠容, 却飮而去, 聞者悚息, 甲子之公山, 丁卯之江都, 丙子之南漢 俱有扈蹕周旋之功, 癸亥及辛未, 奉命椵島, 不敢以賢勞憚焉, 逮乎從事日本, 氷蘗自持, 一物無所取, 南人咸服, 淸謹以督餉巡兵, 衣繡唧命, 周遍畿湖嶺三道, 多行惠政, 及還 一路士民攀轅而送之曰, 吾輩得保田里, 皆我公賜也, 鄭元師忠信之征島夷也, 上下敎以直提學以下極擇與偕, 忠信奏請公爲從事, 公以校理被辟, 每進講, 討論詳明, 敷奏的確, 講書泰誓篇, 公進曰, 天之立君, 專以爲民, 故一篇之中, 三致意焉, 上宜留念, 又言撫我則后, 虐我則讐, 故曰, 可畏非民, 民不可不畏也, 且商罪貫盈已爲獨夫, 武王猶以勝負言之, 可見聖人臨事畏懼也, 仍陳所經略西路武守, 剝割生民, 媚事權貴之弊, 請交差文官, 講訖李貴進追崇事, 公進曰, 小臣章句之學, 尙此不知, 況於大禮乎, 國論已定, 豈以榻前一言以爭之乎, 仍及唐太宗事曰, 太宗治多假僞, 不務誠實, 故終於唐而已, 人君之道, 必先誠實, 至於聽納諫爭之道, 尤拳拳反覆開陳, 昏朝時人 皆患得鄙夫貪權諂諛, 終至於覆敗, 此實言路壅閉之致, 古人曰, 城門閉言路開, 路開逆耳順旨辨之何難, 仍請復夕講夜對之禮, 詢訪時政得失生民疾苦, 又請修龍岡東津山城, 蓋從事西路時, 熟諳三縣民情故也, 當追崇之議, 引司馬公議濮王事, 力爭其不可, 駁兩司之巽軟, 請盡遞, 由是忤上旨, 被削黜之罰, 其後上思公直言, 復甄叙如舊, 資階緋玉, 仍帶三字銜, 差詔使程副摠兵龍接伴使 過冬南漢, 唱酬詩什, 編入皇華集, 在喉司時, 請勿追崇五諫臣, 有遠竄之命, 以不奉傳旨, 至於空院而出, 被罷職不叙之罰, 丁丑下城初, 以戶議收拾江都穀物, 差遣瀋陽, 贖還剽掠人, 臨事周旋, 咸得其宜, 竣事還, 輒被奬諭, 羅全兩州, 以湖南大瘼, 素號難治, 公剗瘼蘇疲威惠幷行, 吏民爭稱神明, 立碑頌德, 尹完山時, 年踰七耋, 簿書堆積, 聽斷如流, 無異少時, 方伯許積素聞公治劇才, 使人覘知盖稱賞, 而見忤罷還, 戊寅除賓僥之任, 仍有出疆之命, 以脚病啓達廟堂, 遞還湖鄕, 至丁亥十年處鄕, 連有除旨, 皆不赴, 間膺京兆民曹之命, 公嘗欲疏訟姜嬪冤疏, 未及上, 金監司弘郁抗疏杖死, 公嘗愧其未先, 作歌而悼之, 一時傳誦, 乙未告休, 一切除拜皆以病遞, 丙申値重牢宴, 李承旨程席上詩, 南極星辰雙耀座, 北堂琴瑟再開筵之句, 載入德水世稿, 丁未顯廟幸溫陽溫泉, 公自鄕廬祇迎路左, 上命宦侍扶腋特賜召對, 公面陳湖西民瘼, 仍請宥還李翻等七諫臣, 盖翻等論其時相臣辱國罪, 怍旨流竄也, 北使來, 以邊民越境採蔘事歸罪灣尹, 事將不測, 且責大臣使待罪館所, 右相許積密勸上 自當上詣館所, 北向叩頭, 終以罰金論, 於是兩司合辭爭擧劾, 幷及其時三公, 上命竄諫臣, 公孝友之行, 根於天賦, 推以睦婣, 亦盡其誠, 眷顧宗族, 曲有恩義, 凡於周卹之道, 勿論疎戚, 若有急 則其所取資 如外儲然, 遠近族黨, 莫不仰德, 與人相接, 雖務寬容, 至於論人善惡辨事是非, 極其嚴截, 有不可犯者, 一家諸人, 有事變節疑晦者, 輒來稟質於公, 公一言剖析, 援證精密, 人咸服其訓誨之的確, 公恬於名利, 不事朋遊徵逐, 恥俯仰時議爲聲援, 故歷事三朝, 前後凡五十餘, 年位不過正卿, 使毗世幹邦之才, 未克有所展布, 可勝惜哉, 晚境歸臥禮山松楸之鄕, 觴詠琴謌, 以自樂娛, 仍以栽花種竹, 爲山林經濟, 所居亭舍, 扁以月先軒, 十六景長歌, 四時短詠, 若干詩篇藏于家, 全享湖海淸福, 人至比之地上仙, 御祭文, 皓眉黃髮風神如鶴之句, 令人讀之, 想見其文采風流也, 公之下世, 今已七十餘年, 未有狀德之文, 則其於平生言行, 固無所尋逐, 然以當時士友間挽誄之語, 槩得其大略, 東里李相殷詩曰, 聲譽初從太史傳, 明時宿望玉堂仙, 歷敭臺省仍崇品, 歸臥田園自盛年, 久堂朴公長遠詩曰, 仁祖初元名士多, 至今誰突我公過, 耆英邈壽百除七, 晚節貞心終非他, 雪峯姜公栢年詩曰, "尊兼三達行超倫, 四十年前舊從臣," "怡神靜墅閑居際, 扶腋行宮晉接辰," 公於筆藝, 深得古人心法, 西溪朴公世堂, 見公書詩經篇目, 敬置案上, 蓄眼不厭曰, 其所筆畫, 自合古家法規度云, 配貞敬夫人平山朴氏, 僉正廷徽之女, 郡守光山金伯幹外孫, 端莊靜穆, 事君子順而正, 先公六年卒, 祔公墓左, 生一男一女, 男醱宣務郎早夭, 女適文參判李慶震, 宣務娶郡守豊川任順之之女, 生一男一女, 男輔辟司饔參奉, 後贈承政院左承旨, 女適大憲朴潢子世桓, 李慶震四男二女, 男楷椋楫參奉楥, 女權㤼金載章, 參奉娶承旨密陽朴安悌之女, 生一男三女, 男受和尙衣僉正, 女適李鎭周參奉, 崔錫恒左議政, 李弘監司, 側室男台和通德郞, 以和萬戶, 女梁盆機李大著朴世桓, 子泰延縣監泰進, 內外子孫餘不盡錄, 嗚呼文獻不備, 事行多軼, 只據歷官行實之最表著於人耳目者, 謹錄如右, 以竢立言君子之裁擇焉.

維康熙八年歲次己酉五月癸巳朔二十七日己未國王遺臣禮曹正
郎曹致中諭祭于云云

惟靈眞淳, 其性篤厚, 其風出處, 始終惟孝惟忠, 黃甲之三, 其聲猶奕, 當
昏自靖, 弗隨而植, 有待時淸 遂振厥武, 不窒而亨 如驥得路 翰苑玉署, 其
進有階, 揚名臺閣, 唧命東西, 陞之銀臺, 貳于地部, 括囊而歸 其履若素 禮
宜優老 仰躋崇秩 前歲晉接 記猶昨日 皓眉黃髮 風神如鶴, 國有耆英, 予
眷彌篤, 雖處于野, 若有所倚, 生豈無涯, 壽星遽墜, 言卿之齒, 九十有三,
爵以齒尊, 台鼎與參 考終如卿 世罕其人, 然予愴心, 喪一舊臣, 三朝宿德,
存者無多, 替奠菲薄, 靈其知耶.

五福箕疇壽最先, 公加九袠又三年, 田園謝事優遊日, 行殿承恩咫尺天,
南極忽驚沉瑞彩, 東山那得聽歌絃, 春來夜道違從入, 無復人間見地仙.
崇政大夫行禮曹判書兼判禁府事知春秋館事 金佐明再拜哭挽

年耆官崇更早休, 似公須向潞公求, 鑾臺玉署依俙夢, 粉社湖村爛熳遊,
退亦有憂非獨樂, 歸仍乘化豈長留, 城東尙記床前拜, 拜罷哀詞涕自流.
嘉善大夫行承政院都承旨兼經筵參贊官春秋館修撰館藝文館直提學尙瑞院正
南龍翼

期頤之壽貳公班, 一亦爲尊二絶難, 況是急流能勇退, 長敎自在飽淸閑,
謝安逸興東山月, 白傅高風八節灘, 尙億行宮延訪日, 爭瞻鶴髮近龍顏.
輔國崇祿大夫領敦寧府事兼五衛都摠府都摠管淸風府院君 金佑明拜挽

三朝黃髮老成臣, 綠野優閑更幾春, 殊禮當時推大耋, 凶音此日愴中宸,

終悲洛社風流盡, 已覺南躔壽曜淪, 路遠新阡違執紼, 欲題哀挽倍沾巾.
通政大夫禮曹參議 李俊耈再拜哭挽

仁祖初元名士多, 至今誰突我公過, 耆英遐壽百除七, 晚節貞心終匪他,
東海散金資惠養, 康衢擊壤當脣歌, 小生只撫登龍跡, 還喜全歸葬薜蘿.
資憲大夫行司憲府大司憲兼知春秋館事世子賓客 朴長遠再拜哭挽

叔姪敦仍誼, 高曾派始分, 從容梧里月, 琴酒石山雲, 壽遠仁方驗, 官崇德
以聞, 驚傳晦南極, 太史奏天文.
通政大夫兵曹參知　金宇亨再拜

行宮往歲入朝回, 恩禮偏隆御席開, 壽滿百年除七筭, 班招一品近三台,
早時聲望靑雲上, 晚境風流綠野隈, 南極老星翻晦彩, 故園花柳摠含哀.
資憲大夫議政府右參贊兼知義府事同知春秋館事世子右賓客 趙復陽

享得稀年世幾人, 公加二十又三春, 芳名早除淸朝進, 崇秩重承聖渥新,
謝絶榮途仍樂志, 優遊故里久頤神, 曾陪兩舅同隣會, 感古傷今涕滿巾.
綏錄大夫永安尉 洪柱元再拜

尊兼三達行超倫, 四十年前舊從臣, 壽到頤岭天報厚, 位躋崇品聖恩新,
怡神靜墅閑居際, 扶腋行宮晉接辰, 洛社耆筵今寂寞, 孤山何處覓芳塵.
嘉善大夫行龍驤尉副司直兼同知春秋館事藝文館提學 姜栢年再拜哭挽

聲譽初從太史傳, 明時宿望玉堂仙, 歷歈臺省仍崇品, 歸臥田園自盛年,
九耋加三今古罕, 累朝如一渥恩偏, 翻然乘化無餘憾, 世誼追思獨涕漣.
其二
每憶行朝賜對時, 黃門扶腋上丹墀, 趨參中節精神旺, 奏語驚人左右奇,
古謂三尊幾盡有, 今胡一老不曾遺, 傷心耆舊知誰在, 痛是先公豈獨私.

通家侍敎生 延安　李殷相　再拜痛哭

一臥田園萬念灰，　世間榮悴儘悠哉，　聲華早已驚先輩，　奏語猶能動向來，
安享遐岭幾百歲，　恩超崇秩近三台，　南天壽曜今沉彩，　可耐哀詞掩淚裁.
中訓大夫世子侍講院說書　李潤朝

朝衣少日惹爐烟，　退老人稱地上仙，　二品加階從一品，　百年幾至最高年，
進言帳殿天顏喜，　依舊精神近侍傳，　只恨終違耆社會，　南雲回首涕空漣.
大匡報國崇祿大夫領中樞府事　李景奭

人生七十由來少，　況復公添卅有年，　昭代殊恩加壽爵，　判樞崇秩近台纏，
參商彼此心同苦，　中表存亡淚獨懸，　玉樹孫枝餘慶在，　箕疇五福始終全.
表從弟嘉善大夫同知中樞府事　　洪憲

遐岭九十又三年，　恬退尤稱晚節全，　雅望淸朝閑宰相，　高懷平地老神仙，
行宮乍喜登前席，　壽曜俄驚閟上天，　憶昔版曹僚寀忝，　不堪臨挽涕潸然.
資憲大夫刑曹判書　　鄭知和

先人同榜今無在，　二百人中公獨存，　嚮往一心恒懸德，　浮沉十載阻趨門，
恩榮造次皆殊命，　齒爵于今最達尊，　從幸溫泉聞不淑，　强題挽詞寄新原.
前校理　李敏叙

老來閑趣在歸田，　謝絶名途晚節全，　踰耄鶴岭仁壽驗，　超班犀帶聖恩偏，
人間福祿終無憾，　膝下兒孫更有賢，　白首後生常佩德，　不堪題挽涕潸然.
大匡輔國崇祿大夫判中樞府事　鄭致和

先君早與同蓮榜，　小子還叨伴玉堂，　縱隔朝端鄕月煥，　喜瞻湖右老星光，

九旬身健餘豪興, 一品班高荷寵章, 缺世却催仙夢返, 爲題哀挽最悲傷.
大匡輔國崇祿夫議政府領議政兼領經筵弘文舘藝文舘春秋舘觀象監事世子師
鄭太和

公於先子意相傾, 丁丑年同月日生, 差較前後時獨異, 欲論脩短理難明,
自憐魚索常懷慟, 遙向烏山更愴情, 不哭崇資兼大耋, 但悲家世涕縱橫.
其二
癸卯年中按節時, 一趨床下拜風儀, 情猶不盡從容侍, 生豈無涯掩淚悲,
人世更誰先子友, 禁懷唯有小生知, 想今泉路逢迎否, 欲問冥冥理可疑.
世敎生通政大夫刑曹參議 李弘淵

辛丑于今六十九, 題名二百獨公存, 官高八座聯台位, 世有三尊曜星垣,
德義已爲先子畏, 風流猶及後來尊, 人間五福知無憾, 孤露餘生哭自呑.
中直大夫行兵曹佐郎 李敏采

誰見人生盡百年, 於公始識有眞仙, 平時謝事投簪紱, 勝日開筵聽管鉉,
一品埈階新尙齒, 亞卿華貫昔登賢, 哀榮存歿無遺憾, 耆德還應世世傳.
嘉善大夫吏曹參判 尹鑮

聖主臨行殿, 高年寵渥殊, 公惟廟裏舊, 秩是判中樞, 次月班曾歷, 歸田許
晚娛, 城東瞻故宅, 落照已山隅.
資憲大夫工曹判書兼五衛都摠府都摠管 吳挺一 再拜

敭歷淸華際盛時, 貳卿名位荷殊私, 恩加峻秩三階近, 壽享遐期百歲垂,
每仰六丁難挽勇, 何堪一老不遺悲, 外家隣好兼先分, 承訃行朝涕自隨
前校理 洪柱國 再拜慟哭

天有壽星公之壽，　地有樂園公之樂，　看公晚節卽地仙，　賀公崇秩眞天爵，
公是先朝玉堂仙，　長裾玉佩趨文石，　易象進退觀我生，　解印何煩詹尹卜，　南
山之南北山北，　一笛一琴梅與鶴，　摩挲金狄幾甲子，　弱水蓬萊雲影隔，　去歲
行宮謁聖主，　黃髮歸來同御席，　公能應對奏一言，　請放七諫言路廓，　明時達
尊誰敢並，　欲將群生躋壽域，　寵祿仍高判樞院，　犀帶輝煌冠朝籍，　西湖一曲
感君恩，　願放封人三獻祝，　誰傳唐世九老圖，　宛似漢時商山客，　嗚呼小子夙
撫頂，　思量故事渾如昨，　完山風雨哭王母，　大尹深恩偏感激，　窮魚未曝報恩
腮，　獨立乾坤雙泪適，　春來過公拜床下，　邂逅良圖慰疇昔，　望公顏色把公臂，
隱几微言有酬酢，　郡知幽問未閱月，　乘化而歸順其適，　風有淪喪德業孤，　尙
惜遐岭未滿百，　作歌挽公公不留，　天遠湖山何處哭

靑松　沈攸　再拜慟哭

3. 역주 『仙石遺稿』

―구지현 · 김영봉 공역 ―

(구지현 : 詩 전체와 辭   김영봉 : 賦와 箋, 祭文 및 附錄)

『선석유고』 서문

　우리 나라 사람의 문장은 선조와 인조 즈음에 현저하게 융성해져 덕행과 문장을 갖춘 선비들이 배출되었는데, 선석(仙石) 신공(辛公)도 그 중의 한 사람이다. 공께서 처음 관직에 임명된 후로 관각(館閣)을 두루 거쳐 승진하였고, 여러 번 사신의 임무를 맡았으니 모두 직임에 걸맞았으며, 당시의 인망이 높아 사람들이 모두 크게 될 것으로 기대하였다. 아경(亞卿)[145]의 지위에 있을 때, 벼슬을 사직하고 물러나 자연 속에서 소요함으로써 성령을 기르며 노년에 이르니, 사람들이 하계에 신선이 있다고 하였다. 주상께서도 또한 돌보시어 자주 품계를 올려 종일품(從一品) 판중추부사를 맡기고 녹봉을 주시었다. 현종께서 온천에 행차하셨을 적에 공의 나이 90여세였으나 여전히 건강하고 정정하였다. 예산에 살고 있었는데 행재소[146]로 특별히 불러 예우하셨으니 이소(二疏)의 영예[147]를 더함이 있었던 것은 말할

---

145) 육조나 한성부 등에서 판서나 판윤의 다음 가는 벼슬, 또는 그 벼슬에 있는 사람. 참판이나 좌윤, 우윤을 가리킨다.

146) 임금이 왕궁을 떠나 멀리 거둥할 때 임시로 머무는 숙소.

147) 한(漢)의 선제(宣帝) 때 명신 소광(疎廣)과 그의 조카 수(受)가 각기 태부(太傅)와 소부(少

것도 없다. 삼달존(三達尊)[148]은 세상이 모두 우러러보는 것이며, 공이 누린 복록은 모두 스스로 구한 것이다. 그러나 막 자연 속을 소요할 때가 효종과 현종의 태평성대를 맞아 국가가 무사하고 백성들이 화목한 때였으니, 공께서 어찌 시대의 부름을 받아들여 태평의 기상을 드러내겠는가?

공과 내 10대조 제곡공은 한 살 차이로 같은 때 과거급제를 했고, 또 9대조 양파공과 동료였으니 대대로 교분이 끊이지 않았다. 나도 공의 후손인 좌경(辛益敎의 字)과 사이좋게 지냈다. 하루는 좌경이 공의 유저 한 권을 가지고 와 보여주면서 말하였다.

"우리 선조께서는 저술하신 것이 많은데, 자손들이 가난하여 간행하지 못하고 궤속에 넣어두었는데 지난해 축융의 재난[149]을 만났다네. 나머지를 수습하여 훼손되고 빠진 것을 한권으로 편집하였는데 모두 운문이고 문장은 몇 편 되지 않더군. 비록 이것이 적디 적으나 간행해서 보존하려고 하니 자네가 서문을 쓰게."

내가 글솜씨가 보잘 것 없다고 사양하니 좌경이 말했다.

"자네가 우리 선조의 일에 모른 척할 텐가? 십대를 이어온 교분은 어디 있단 말인가?"

내가 더 사양하지 못하고 삼가 받아 읽었다. 공은 이미 열 살에 시를 지을 줄 알았고, 재주 있다는 이름을 일찍부터 과장에 떨쳤다고 들은 적이 있다. 그분의 문장을 생각하면 구슬처럼 영롱하여 사람의 마음과 눈을 기쁘게 한다. 읽어보면 순박하고 진실한 기운이 있으며, 꾸미고 다듬은 흔적이 없다. 성정이 혼연하여 뛰어난 재화를 드러내지 않지만 비장에 맑은 기운이 가득하여 저절로 넘치니, 이리저리 궁리해서 짓는 사람이 아니다. 부귀와 문장은 사람마다 바라는 것이고 제일 마음을 쓰는 일이다. 공의 경우는 부귀를 뜬구름처럼 보는데도 부귀가 저절로 이르렀고, 문장 짓는 것이

傅)로 있었는데 동시에 연로함을 이유로 치사하여, 당시 사람들이 훌륭하다고 하였다.
148) 천하고금을 통해 존경받아야 할 세 가지. 조정에서는 작위, 향리에서는 나이, 사회지도자
로서는 덕이다.
149) 축융은 불의 신. 축융의 재난이란 화재를 말한다.

마치 용솟음치는 샘이 자연히 흘러나오는 것과 같았으니, 공의 천분이 매우 높아 사물에 마음을 쓰지 않아도 사물이 저절로 이르기 때문일 것이다. 나의 얕은 학문으로 공의 높은 경지를 서술한다는 것이 어울리지 않는 일임을 잘 알기에 좌경의 청을 거듭 사양하였다가 이것을 써서 답한다.

단기 4292년 기해 삼월 기망 동래 정인서가 삼가 서문을 쓰노라.

| 詩 |

| 칠언율시 |

길 가면서 입에서 나오는 대로 두수

신유년 봄에 서울 승정원에 올라가 면신례를 치른 후 돌아올 때 지었다.

내가 남쪽에서 온 지 열흘이 안 되었는데
돌아가는 여정에 갑자기 풍경 새로워졌다.
산 감싼 붉은 비단은 가볍게 비를 머금고 있고
물 건너 푸른 실은 한들한들 사람을 스치네.
좋은 시절에 매번 천리 떠난 나그네 신세이니
나그네 시름이 오히려 내 한평생에 부끄러워라.
호수 오른쪽 함께 놀던 짝 어렴풋이 알겠으니
꽃다운 술로 대접하며 봄을 편안히 즐기리라.

두 번째

돌아가는 길 재촉하여 말머리 남쪽 향했으니
나그네길에 좋은 시절 삼짇날이 가까워서네.
개울가 바람은 여린 버들 조금씩 흔들고
산 비 뿌려 꽃은 한창 피어났구나.

마음대로 구경해도 병든 눈 치켜뜨는 것 싫지 않은데
한가로이 읊조리며 어찌 병든 말 멈추는 것을 꺼리랴?
가는 사람들아, 더디게 간다고 이상히 여기지 말라.
끝없는 봄바람을 마음껏 더듬어 보리라.

충주에서 수교촌으로 가는 말 위에서 취해 읊다

만겹 쌓인 푸른 산 천 구비 도는 개울
벼랑 오르는 돌길 저절로 높았다 낮아지네.
한가한 새는 짝 부르며 숲그늘로 사라지고
피곤한 나그네는 채찍 늘어뜨리고 말에 길을 맡기노라.
늙은 나무 가을 무르익어 비단 붉게 마전한 듯하고
먼 봉우리 구름 엷어 푸른 눈썹처럼 아련하네.
취흥에 끌려 느지막하게 돌아오니
주막에 연기 나고 해는 서산으로 지려하네.

용추역 객사에서

대관령 하늘을 찌르고 섬길은 위태로운데
수만겹 둘러싼 산들은 들쭉날쭉 푸르르네.
머리 돌려 북쪽 끝 바라보니 구름은 천리이고
눈 들어 남쪽 지방 바라보니 바다끝까지 닿았도다.
가을도 끝나려는지 산은 비단폭 같고
나그네 시름 끝이 없어 귀밑머리는 실 같구나.
용추암 언덕 객사에 날 저무는데
덧없는 세상 공명을 생각하며 술잔을 채우노라.

안동 애련정에서 포은 선생의 운을 차운하여

덧 없는 인생의 나그네 슬픔 가을되자 심한데

객지에서 시절을 만나니 생각 더욱 깊어지네.
넓고 큰 회포에 자주 검을 어루만졌으나
어지러운 외로운 꿈에 몇 번이나 집에 돌아갔던가?
서리는 양 귀밑에 파고들어 이제 늙어가는데
온 산에 비 지나간 후 국화는 스스로 피었구나.
역정 거치는 길 괴롭다 말하지 마오.
내일 아침 넓은 바다에 작은 뗏목 띄울 터이니.

경주 봉황대 잔치 자리에서 두보의 〈백년다병독등대(百年多病獨登臺)〉 운을 차운하여

어스름녘 추운 하늘에 기러기 울음 슬프고
쓸쓸한 옛성을 이 나그네 처음 왔네.
먼산 구름은 바람따라 흩어지고
큰들의 가을 경치 비에 젖어드네.
만리 떠나온 나그네, 슬픔 속에 세월 흐르고
천년 된 옛자취 낡은 누대만 남았구나.
낭랑한 노래, 울리는 피리 소리에 돌아가기 잊은 채
다시 화려한 잔치석상에 나가 술 한 잔 드노라.

동래에서 감회가 있어

갑자년 일본에 사신으로 가다

쓸쓸하게 무너진 성이 바로 동래성이니
그 해를 생각하면 마음 편하지 않네.
버려진 성가퀴 수리 않은 채 시든 풀에 묻혀있고
황량한 터 주인 없이 석양 속에 횡하구나.
산은 여전히 서글픈 기색 띠고 있고

흐르는 물 오래도록 오열을 삼키고 있네.
의로운 혼백 틀림없이 남은 울분 있을 텐데
오히려 오늘 바다 동쪽으로 가야 하다니.

영백150) 이자시 영공151)의 운을 부산역관 벽에 차운하여
해구에 태종대가 있다

황폐한 성 걷는 걸음 무성한 잡초 밟히고
무너진 성가퀴에 지는 해를 뿔피리 소리가 재촉하네.
먼 하늘 땅거미 내리는 구름은 천리에 뻗었고
피곤한 나그네 시름겨워 술 한 잔 드노라.
내려앉은 기러기 조용히 외딴 섬으로 사라지고
고깃배는 멀리에서 밀물따라 돌아오네.
옆 사람이 푸른 파도 너머를 가리키는데
수만길 찌를듯한 바위가 태종대라네.

감만이에서 밤에 배를 정박하는데 풍우를 만나다
감만이는 부산 해구이다

넓은 바다 망망하여 사방으로 닿아있어
부상에 나무를 자른 듯 눈 앞이 탁 트였네.
파도가 큰 바다 말아내니 어룡이 울부짖고
비가 텅빈 모래섬을 때리니 기러기 놀라네.
온 밤 새로운 근심에 양쪽 귀밑머리 변했으나
임금님 특별한 은택에 마음은 밝다네.
하늘이 순풍을 빌려주어
성사 가는 만릿길 안전하게 보내주었으면.

---

150) 경상도 관찰사를 가리키는 말.
151) 영감과 같은 말이다.

악포의 빠른 물결

삐죽삐죽 높이 솟은 악주 동쪽에

거대한 파도 말려와 부딪치자 물기세 험해지네.

이빨 모양 바위에 치는 천둥 큰 골짜기 울려대고

호수머리에 날리는 눈 하늘을 가리는구나.

가파른 구당협152)도 대적이 되지 못하고

염예퇴153) 깊은 바닥도 여기에 댈 바가 아니네.

흰머리에 근심하는 군사 울면서 하는 말,

안위를 저 하늘에 맡길 수밖에 없다고.

길탄에 머물다

누가 날카로운 도끼로 산 등성을 찍어냈나?

길이 호중으로 들어가니 별세계가 있구나.

백리에 펼쳐진 맑은 호수 깨끗한 거울처럼 매끄럽고

천길 줄지은 절벽은 푸른 병풍처럼 펼쳐 있네.

파도 잔잔한 넓은 바다에 용이 편안히 잠들었고

소나무 오래된 높은 바위에 학이 좋은 꿈 꾸고 있어,

무릉도원이 아니면 낭원154)일 테니

외로운 배 세워두고 진짜 신선을 찾아가려네.

대마도 두수

둘러싼 첩첩 산봉우리 바닷가 성을 이루었고

맑은 강 한 줄기가 붕새 나는 남명155)까지 이어졌는데

---

152) 장강 삼협의 하나.
153) 구당협 어귀의 험한 여울.
154) 곤륜산 꼭대기에 있다는 봉우리 낭풍전의 동산. 신선이 산다고 한다.
155) 붕새는 등 넓이가 몇 천리가 되는 지 알 수 없을 정도로 큰 새인데, 바다 기운이 움직여
　　 큰바람이 일면 그 바람을 타고 남쪽에 있는 바다(남명)까지 날아간다고 한다.

아름다운 바위가 우뚝하게 파도 가운데 서있고
채색한 배는 반짝거리며 거울 위를 지나가네.
소나무와 노송은 산 가득히 대나무와 늙어가는데
누대는 곳곳에 있고 시장 네거리 평평하게 뻗어있네.
상등156), 향귤, 농어회를
때맞춰 손님 주방에 보내 먼 길 온 걸 위로해주네.

두 번째

작은 섬이 부평초처럼 광막한 바다에 떠있는데
동쪽 오랑캐 풀옷 입는 것이 이어져온 풍습이라네.
땅은 붕해157)까지 이어져 유독 비가 많고
하늘은 오운158)으로 들어가 산이 보이지 않네.
밝은 달 보니 고향 풍경 몹시도 그리워
새로 인 수심이 거울 속 얼굴 줄어들게 할만 하네.
어느 때나 일 마치고 고국에 돌아가
고기 낚고 나무하며 한껏 한가로워 보려나?

현방의 운을 차운하여

높은 선비 빛나는 명성 들은 지 몇 년인데
만나보고 넉넉하고 온전한 도에 더욱 감탄하노라.
지혜로운 이의 안목 삼천세계159)를 아우르고
물과 거울처럼 맑은 마음은 음양과 오행의 현묘함을 꿰뚫었네.

---

156) 서리를 맞고서 익기 시작하는 귤의 일종.
157) 남명과 같다.
158) 혼의는 첫번째가 육합의이고, 두 번째가 삼진의인데 육합의 안에 설치하고, 세 번째는 사
　　유의인데 삼진의 안에 설치하고 또 오운은 육합의 아래 설치한다. 《金史 · 曆志》
159) 불교어로 소세계의 천배인 소천세계, 소천세계의 천배인 중천세계, 중천세계의 천배인 대
　　천세계를 통틀어 이르는 말.

봉래도의 화궁160)에 해와 달이 머무르고
아름다운 줄사다리가 구름 속에 움직이네.
술자리 촛불 타도록 즐거움이 충분하고
아름다운 말들은 부처를 정말 뛰어넘는구나.

용계의 운을 차운하여

용계는 부사 강임보로 이름은 홍중이다
　쓸쓸하게 부는 바람 저녁 되자 추워지니
　조용히 절 창에 기댄 채 마음 조급해지네.
　피리 소리 나그네 마음 아프게만 하고
　가득찬 술잔에도 어쩔 수 없이 즐거움 다해 버렸네.
　달은 기러기 등을 밝혀 세상이 고요하고
　물결은 거북 머리161)를 적셔 뱃길이 위험하구나.
　이번 길 고향에서 천만리 머니
　고향에서 이미 떨어져 한 해 건너야 보겠구나.

두 번째

　희끗희끗한 귀밑털 누가 막을 수 있으랴?
　나그네 길 새로운 근심 이길 수 없네.
　넓고 넓은 바다와 하늘에 날 저무는데
　조각 구름 뜬 외딴 섬에 돌아갈 마음 없네.
　칼집 속의 용천검162) 어디서 써보랴?
　술동이에 있는 오랑캐 술을 조금씩 따르노라.

---

160) 절을 가리킨다.
161) 발해 동쪽으로 몇 억만리 되는 곳에 귀허가 있는데 신선이 사는 다섯 산이 있다. 바닥이
　　없어 조수에 떠다니므로 천제가 거북 열다섯 마리로 하여금 번갈아 머리에 이고 있게 하
　　였다고 한다.
162) 춘추 때 구야자와 간장이 함께 만들었다는 보검 중의 하나.

구름 밖으로 날아가는 기러기 나의 그리움을 부추기니
근심 중에 공연히 월나라 노래 불러보네.[163]

세 번째

석 자 용천검이 칼집 속에서 울어
큰 고래 베려 하나 계획이 서지 않네.
서리가 귀밑에 희끗희끗 내린 걸 보니
하늘의 뜻이 서생에게 박한 것을 아네.
한 조각 외로운 배를 떠다니는 집으로 삼았으니
천 층으로 솟구치는 파도가 갈 길이라네.
여관의 추운 밤에 여전히 잠 못 드니
가련하다, 꺼져가는 촛불만이 나를 짝해 밝히고 있네.

대마도에서 일기도로 향하는 바다 가운데에서

작은 섬에서 반달 남짓 머물다
한 조각 돛 걸기 재촉하여 부상을 향하노라.
몰려오는 회오리 바람[164] 높은 파도를 일으키고
막막한 동쪽 바다 아득히 이어져 있구나.
나라에 몸 바쳤으니 동쪽 먼 사신길 사양하랴만
노정을 재촉하는 것은 빨리 돌아가려는 것이라네.
외딴 섬 한켠이 볼수록 가까워져
봉창에 바짝 기대어 기뻐 미칠 것만 같네.

남도에 비 때문에 체류하면서 번민을 떨쳐 버리려

---

163) 전국시대 월나라 사람 장석이 초나라에서 벼슬을 하여 관작이 집규에 이르렀다. 그러나
　　 부귀하여도 고국을 잊지 못하여 병중에 월나라 노래를 불러 그리움을 달랬다고 한다.
164) 양각풍(羊角風)은 양의 뿔처럼 비틀려 올라가는 바람, 즉 회오리 바람을 이른다.

거센 바람 비를 불어오는 바다 망망하여
절해고도에 머무르며 대나무 침상에 기대
촛불 태워 책을 보며 병든 눈 비비다가
술잔 들고 웃어 보며 근심스러운 마음 위로하네.
겹이불 따뜻하지 않으니 추위가 대단한 걸 알겠고
외로운 침상 잠 못드니 밤이 긴 걸 깨닫네.
가만히 돌아갈 날 따져보니 마음만 헝클어지고
거울 속의 양 살쩍 날마다 희끗해지네.

적간관에서

호중에 돛을 내리니 거울면처럼 잔잔하고
병풍처럼 둘러선 푸른 봉우리에 석양이 빛나네.
바위에 세운 채색 누각에 붉은 발이 말려있고
물 가까이 날듯한 누대에 푸른 난간이 가로질렀네.
문 너머에는 상선의 그림자 오가고
베갯머리까지 고깃배 뱃노래 들려오네.
지형 뛰어난 경관에 천혜의 험함까지 갖춘데다
수문을 넘나드는 급한 여울이 울부짖네.

안덕사

오랑캐 왕 세력이 약하고 간신이 강하여
달팽이 뿔 같은 땅165)이 어지러워 전쟁터가 되었는데,
외딴 섬 땅이 궁벽하여 하늘의 해가 어두운 데다

---

165) 장자에 나오는 고사로, 대진인이 혜왕을 깨우치기 위해 든 비유. 달팽이의 왼쪽 뿔에 촉
   이라는 나라가 있고 오른쪽 뿔에는 만이라는 나라가 있는데 서로 영토를 두고 싸워 주검
   이 몇만이나 되고 패군이 쫓겨갔다가 십오일만에 돌아왔다고 한다. 달팽이 뿔은 보잘 것
   없는 땅을 가리킨다.

작은 배는 일이 급박하나 바다 물결 멀었다지.
금 도포의 어린 임금 기러기 깃털처럼 내던져져
옥 같은 용모와 향기로운 혼을 고기 뱃속에 장사지냈으니,
사백년 이래 남은 원한 그대로 있어
엄숙한 옛 초상 오래된 사당이 황량하구나.

상진의 바다 가운데에서 달을 구경하며

오사모 기울여 쓰고 조타실에 기대어
아름다운 밤에 끌려 한가롭게 떠가네.
은하수 담담하여 달은 흰비단 같고
옥거울에 찰랑이는 파도는 기름 같구나.
한줄기 피리소리 속에 구름은 사방에서 걷히고
노래 몇 곡 크게 부르며 술 세는 산가지 세 번 놓았네.
풍경과 즐거운 대화 양쪽 모두 절정이라
서리가 낡은 갖옷에 파고든 것을 몰랐네.

진화에서 아침 일찍 과현을 향하다

서리내린 아침결에 작은 배 노를 재촉해서
포구 너머 창망한데 아침 물결을 탔네.
순풍이라 파도 잔잔하여 떠날만 하고
하늘 맑고 바다 넓은데 피리 소리 높구나.
오랑캐의 술 한 잔을 서로 권하나
석 자 깊은 나그네 수심 풀지 못한다.
갑판을 서성이며 때때로 둘러보니
저녁노을 내리는 곳에 돛단배 하나 표연히 간다.

우창의 본련사

　우저의 물가 자갈 저녁노을에 반짝이고
　푸른 산 서쪽 기슭 위는 바야흐로 맑은데,
　절문 앞은 바로 해구가 넓게 펼쳐졌고
　돌길은 멀리 이어져 마을길 가로지르네.
　푸른 대나무와 큰 소나무가 사원 담을 가렸고
　붉은 밀감과 푸른 귤이 난간 기둥에 대롱거리네.
　차가운 종소리는 여행 온 이 괴로움 풀어주지 못하고
　공연히 황혼녘에 두 세 번 울려 퍼지네.

실진에서 동지를 맞고 느낌이 있어

　지난해 이 때쯤 조정백관들 모시고
　위아래 옷 거꾸로 입은 채 오경 서리내릴 때까지 뛰어다녔지.
　달이 바뀌어 궁궐에 용의 깃발 드리워지고
　바람이 짐승모양 향로의 연기를 날려보냈지.
　한 조각 상서로운 구름이 해 주변을 둘러싸
　모든 관료 홀을 들고 높은 산기슭에 올라 축원하였네.
　하늘 끝을 뒤돌아보며 끊어지는 마음 감당하랴?
　땅 가득 푸른 파도에 뱃길은 멀구나.

두 번째

　계절 바뀌자 불현듯 나그넷길 재촉하니
　나그네 급한 마음 뉘에게 열어 보이랴?
　수방에 가는 선 더해지니[166] 한해가 저물어가고

---

166) 동지 이후에 날이 점점 길어져 여자들이 놓은 수에도 전보다 선이 더 늘어나게 된다고
　　한다.

갈청 태운 재가 떠도니167) 봄이 또 오는구나.
경물이 외딴 섬 너머도 특별할 것이 없어
꿈꾸는 혼은 고향산 주변을 떠도네.
내일 아침이면 먼 남쪽 바다 향해 가리니
꺼져가는 등 앞에서 초조하여 머리 희어지려 하네.

병고에서

찰랑이는 평평한 호수는 큰 바다로 이어지고
들쭉날쭉한 산은 그림같이 물가 정자를 안고 있네.
높은 하늘의 밝은 달은 물결 따라 층층이 일렁이고
먼 바다 차가운 파도는 저녁 물가로 사라져 가네.
아침해 떠오를 제 구름색이 붉더니
노을이 내리는 섬은 푸르름을 품고 있네.
창 밖으로 기이한 자태 끝없이 보이니
떠들썩하게 작은 동정호라 다투어 칭찬한다.

대판의 강에서 용계의 운을 차운하여

아득히 높은 누대가 물가 큰바위에 놓였는데
채색 난간 붉은 주렴에 햇빛이 아른거리네.
강 가득히 오랑캐 방주가 날렵한 배를 맞이하고
물결에 얽힌 무지개 다리에는 채색깃발 펄럭이네.
옥부절은 당나라 해와 달처럼 높이 걸려
이마에 문신한 오랑캐 한나라 위의를 오랫동안 바라보네.
봉창으로 먼 교외 멀리 바라보니
안개 긴 나무 사이 수많은 촌락에 석양이 비추는구나.

---

167) 옛날에 갈청을 태운 재를 밀실의 나무상 위 십이율관에 채워넣어 두었는데 기후가 바뀌
　　면 재가 날아올랐다고 한다.

대판에서 밤에 읊다
　성사로 가을에 바다 동쪽으로 향해
　길 위에서 한 해가 끝나가려 하네.
　파도는 배를 넘나들 듯 먼길 떠난 나그네 따라오고
　해진 장막의 빈 여관은 서릿바람 많구나.
　외로운 등불의 차가운 빛이 희미하게 비치고
　조각달 시린 달빛은 곳곳마다 함께 하네.
　송포의 부상 남쪽바다 천만릿길을
　가련하다, 꿈마다 돌아가는 기러기 쫓는다.

평방의 배 위에서 용계의 운을 차운하여
　비전도 아래 물길이 갈라지고
　애암산 봉우리에 구름이 걷히는데,
　하늘 그림자 희미하게 거울같은 수면에 떠돌고
　파도 소리 세차게 여울을 굽이치네.
　푸른 이내 고목에 서려 아득히 희미하고
　회칠한 성가퀴의 주막들이 절경으로 이어져
　하루종일 배에 기대 보기에 부족하니
　오랑캐 강의 좋은 놀이 누가 했다고 말하랴?

하담의 운을 차운하여
　오랑캐강에 비 온 후 배 한 척 띄워내니
　물살 거센 모래내 머물 수 없구나.
　나부끼는 채색 깃발 저녁해를 가리고
　웅웅 울리는 뿔피리 소리 잠든 갈매기 깨운다.
　푸른 산 멀리 우뚝하여 원기가 머물고

푸른 물이 가운데를 나누어 두 섬이 되었네.
나그네 된 지 반년 동안 좋은 일이 없었는데
오늘 아침 특별한 놀이가 남아 있었구나.

정포에서

충층누대와 흰 성가퀴가 푸른 물결 베고 누웠고
떠있는 다리의 무지개 그림자 늘어져 있네.
땅에 닿을 듯한 사앵(絲櫻)은 작은 뜰을 온통 차지하고
숲 가득한 향귤에는 맑은 서리 충분하구나.
팔번사 낡았고 대숲은 덥수룩한데
양 기둥 남은 문만 외로이 석양 속에 처량하네.
나뭇길 이미 끝나고 관문까지 길은 멀어
나그네 근심스러운 생각 더욱 아득하여라.

대덕사

자주빛 들의 동쪽은 용보산인데
산모퉁이 십리쯤이 대선관이라
수천그루 삼나무 노송나무 구름과 노을 속에 늙어가고
백자 높이 누대에서 세월 보내기 한가롭다.
작은 길 이리저리 곧은 대숲 사이로 나있고
날 듯한 처마가 늙은 소나무 사이에 모습을 감추네.
이 속에 난초와 두약이 얼마나 되는 지 알겠으니
곳곳마다 종소리가 깊은 푸르름을 싸고 돈다.

대덕사에서 눈을 읊다

똑바로 내렸다 비껴 내렸다, 서쪽 또 동쪽에서

너울너울 학이 춤추듯 하늘을 어지럽히는구나.
높은 산 넓은 들녘 몽롱한 속에
오래된 동백과 쪽 뻗은 대나무가 그림자 속에 덮여있네.
처음에는 겨울 매화 꽃잎이 떨어져 날리는가 싶더니
버들솜이 회오리바람에 날리는가 했다네.
갑자기 세상에 떨어지자 산천이 변하였으니
한순간에 조물주의 공을 깨닫겠구나.

하담의 비파호 시의 운을 차운하여 두수

강주에 오백리 되는 호수가 있는데 비파호라 한다.
너른 호수 멋진 모습을 본 적이 없다가
이날 강가에서 흥겨워 날 듯 하였지.
파도가 하늘을 적시고 구름빛은 고요한데
가을이 밝은 거울에 잠겨 저녁빛 속에서 맑구나.
공중에 뜬 저녁배는 수천 점으로 아련한데
물가 아름다운 누각은 높이가 몇 층인가?
피로한 나그네 머리 돌리니 마음과 눈이 탁트여
정패168)가 파릉169)으로 들어가나 의심하였네.

또 한 수

넓은 호수의 멋진 모습이 강가에 있어
나그네길이 그림 같은 놀이로 바뀌었다네.
신선 사는 섬의 반짝이는 물결은 대숲가로 사라지고
어촌의 사람 말 소리 갈대섬 너머로 들려오네.
겨울 소나무와 부드러운 버들 선 돌다리에 해가 지고

---

168) 관리가 먼 곳으로 갈 때 가지고 가는 깃발.
169) 동정호의 주변에 있는 산 이름.

눈 남아 젖은 안개 낀 모래길이 곧게 뻗어 있네.
백척 난간이 거울 같은 호수면에 있으니
풍광이 악양루 못지 않구나.

좌보산

배와 수레로 바다 동쪽을 두루 돌았으나
형세가 좌보산만큼 웅장한 데 없었네.
흰 성가퀴의 차가운 빛이 푸른 하늘을 찌르고
그림같은 누각의 날듯한 그림자는 청동(靑銅)에 어리네.
어촌의 여러 방향에 들마을 빽빽하고
해자는 멀리 이어져 강물까지 통해 있는데,
앉아서 물안개 속 신선 섬의 대나무 바라보니
수많은 대에 어린 푸름이 담담한 구름보다 짙네.

절통령과 마침령 두 고개

두 봉우리 멀리멀리 아찔한 길이 걸려있어
올라서 돌아다 보니 송연해지네.
눈 앞의 넓은 들 사라져 땅이 없는 것 같고
손으로 솟은 구름을 만지니 하늘에 오를 것만 같구나.
백리에 펼쳐진 호수는 발밑을 감돌고
둥근 밝은 해는 몸 옆에 걸려 있네.
산꼭대기 푸른 덮개 표표히 떠나가니
추운 바람 타고 신선을 방문할 수 있을까나.

대원

희미한 겨울 태양이 먼 봉우리에 내리쬐자

밝은 기운이 조금 들과 숲에 일어나네.
더듬어 가는 오솔길에 숲의 횃불은 멀고
치솟은 누대는 바다 구름 그늘로 들어가네.
집 둘러싼 긴 울타리 대숲 오래되었고
작은 배 띄운 해자의 맑은 물 깊도다.
서리내리는 밤 빈 여관 싸늘함을 막아보려고
베개 기대어 홀로 읊는 걸 견딜 수 있으랴.

하담의 석령다원(石嶺茶院)의 운을 차운하여

높고 높은 봉우리를 웅장한 요새로 삼았는데
요새 위의 주막이 대낮에 한가롭다.
감싸 안은 천지는 문 밖에 떠 있고
무성한 꽃과 대나무는 구름 끝에 닿아 있네.
여러 산이 험한 태산에 비길만 하니
위태로운 길이 정말로 촉도 가는 길만큼이나 어렵구나.
부사산과 상근령이 백중이 되니
천년 된 소나무와 노송이 눈서리 내리는 추위 속에 서있다네.

부사산

녹은 액체가 오로지 일본 땅 동쪽에서만 엉겼는지
부사산 가운데 봉우리가 겨울 하늘에 닿는구나.
까마득한 산꼭대기는 천년된 눈을 둘렀고
큰 골짜기는 만리의 바람을 길게 토해낸다.
다른 산들 굽어보며 특출함을 양보하지 않아
외로이 원기를 지탱하여 홀로 웅장하다네.
날개 달린 신선 되어 봉우리 꼭대기에 선다면

부상의 절목170)을 눈으로 끝까지 다 볼 수 있을텐데.

타옥령 골짜기 가운데에서
　쓸쓸한 한겨울 한해도 저물려 하니
　나그네 주변에 시름겹지 않은 것이 없다네.
　거센 바람 얼굴에 불면 먼지가 입에 생기고
　긴 여행길 걱정은 머리에 가득 쌓인 눈이라네.
　황량한 여관의 축축한 연기에 오래된 골짜기 희미하고
　작은 못 잠든 갈매기 옆으로 차가운 물이 흐르네.
　어느 때나 배타고 떠나온 사신길 마치고
　돌아가 서호의 한가로운 흰갈매기와 짝하려나?

청견사에서 하담의 운을 차운하여
　절은 아득한 푸르른 산 모퉁이에 있는데
　개인 창가 기댄 나그네 눈이 갑자기 열리네.
　차가운 폭포는 바위에 흰명주를 풀어내고
　작은 못은 돌계단에 들어와 푸른 이끼가 자랐다.
　대나무는 외로운 벼랑에 기대어 뻗은 줄기 수척하고
　매화는 한적한 뜰에 누웠는데 늙은 줄기 굽이치네.
　해 지도록 돌아가길 잊은 채 보는 것이 싫증나지 않는데
　노복은 무슨 일로 괴롭게 재촉하나?

줄기가 굽은 매화나무
　뜰가에 구불구불한 것은 바로 오래된 매화나무인데
　손님이 와서는 너무 좋아 주변을 맴도네.

---

170) 별이름으로 미수(尾宿)의 별칭이다.

용이 서린 늙은 줄기 멈춘 듯 다시 뻗었고
이리저리 얽힌 무성한 가지 나간 듯 도로 돌아오네.
서리서리 굽은 것이 조물주의 재주가 아니라면
펼쳐 놓고 공장이 마음대로 마름질한 것이리라.
봄보다 앞서 오는 옥같은 지조는 예와 다름없어
나무 가득 시린 봉오리 섣달 기다려 피었다오.

소나무 울타리

누가 천 그루 소나무를 엮어 울타리 하나 만들었나?
매화 주변 가지런하게 푸르름이 둘러쌌네.
숲의 도끼를 어찌 빌려 모아다가
가득한 나뭇가지를 빽빽하게 짜놓았나.
처음에는 구름병풍이 펼쳐져 빙돌아 올라가나 했다가
혜초 장막이 굽이굽이 펼쳐진 줄로 의심했네.
추운 시절에도 푸르른 색이 다하지 않아
눈서리 속에 고상한 품성 스스로 지키고 있구나.

키 큰 대나무

아름다운 대숲에 수만 줄기 쭉쭉 뻗어
층층벼랑에 붙어있어 푸름이 흐를 것만 같네.
바람은 뾰족한 나무끝을 스치고 동부[171]로 사라지고
달은 성긴 그림자를 나누어 신선누각을 뒤집어 놓았네.
고결한 표상 홀로 수천 숲의 눈속에서 빼어났고
상쾌한 바람은 수만 골짜기에 가을을 머금었네.
늙은 잣나무와 겨울 소나무가 짝이 되어 늙어가니

---

171) 도가에서 신선이 산다는 골짜기.

절 풍경이 맑고 그윽할만 하구나.

아침 일찍 청견사를 떠나 바닷가에서 풍랑을 만나다

펼쳐져 있는 답답한 구름이 햇빛을 덮고
검은 바람 바다에 불어대 사납게 울부짖는데
성난 파도 바위에 부딪쳐 옥룡이 떠나고
놀란 파도 모래를 휩쓸어 은빛 지붕이 높이 솟는다.
맑은 낮에 격렬한 천둥이 큰 골짜기를 울리고
빈 섬에는 날리는 눈이 외로운 거룻배를 때리니
비로소 깨닫네, 조물주 장난이 많아
기인에게 시의 재료 넓혀주려고 함을.

길원 가는 길 위에서

차가운 물결 수천 구비 긴 모래섬을 휘감는데
눈 앞 가득한 평원에 나그네길 멀구나.
눈 쌓인 산에는 하늘을 받쳐 은기둥이 서 있고
안개 낀 파도에는 햇빛이 뛰놀아 흰 무지개가 흐르네.
답답한 구름이 바다를 덮어 하늘이 취한 것 같고
좁다란 사다리로 벼랑을 오르니 땅이 붕 뜰 것만 같네.
어부의 한적한 삶이 차라리 부러워라.
갠 모래밭 물가 언덕에서 작은 배나 손보겠지.

삼도로 가는 길 위에서

가마에 바람을 매어 먼 노정을 지나는데
삭풍은 휙휙 불어 채색깃발 나부끼네.
하얀 대울타리가에 모랫길 좁고

누런 갈대언덕에 소박한 다리 가로 질렀네.
큰 고래가 바다를 차 층층이 물결 일고
뒤떨어진 기러기 구름에 머물러 때늦은 소리를 보내네.
풍경이 사람을 부추키고 시 쓸 재료가 좋으니
오랑캐 아이에게 갈 길 맡기고 재촉하지 말지어다.

상근령에서

높다란 위태로운 길은 하늘로 올라가는 것 같아
천만번 꺾어지고 굽이져서 깎아지는 꼭대기로 이어졌는데,
가는 사다리길은 동쪽 강호 입구로 이어졌고
겹겹 봉우리는 서쪽 부사산의 어깨를 치고 나오네.
구름 잠긴 줄지은 골짜기에 대숲이 오래되었고
천둥이 울리는 층층절벽에 울부짖는 폭포가 걸려있네.
인간 세상 돌아 보니 안개가 막혀있어
이 몸이 깃옷 입은 신선 되었나 생각했다네.

상근호에서

십리 너른 호수가 높은 언덕에 있는데
딴 세상 풍물이 맑고도 그윽하구나.
호리병 속 하늘[172)]에 해 뜨자 금빛 파도가 움직이고
신선세계 구름 걷히자 옥같은 거울이 떠오르네.
여관의 매화 핀 창이 작은 못에 닿아 있고
어촌의 대사립은 차가운 모래밭에 이웃해 있네.

---

172) 후한(後漢)의 비장방(費長房)이 시장의 아전으로 있을 때, 시장의 호공(壺公)이 약을 팔다
가 장이 파하면 가게에 걸어놓은 호리병 속으로 들어가는 것을 보았다. 하루는 그를 따
라 호리병 속으로 들어가 보니 화려한 건물에 음식이 잘 차려져 있어 호공과 함께 술을
마시고 돌아왔다. 호리병 속 하늘은 보통 선경, 별천지를 뜻하는 말로 사용된다.

화려한 행색으로 떠나는 길 너무 바빠
개인 모래밭 한가로운 흰갈매기에 부끄럽기만 하구나.

아침 일찍 소전을 떠나 대의로 향하다

이 남아가 평소에 자장[173]의 유람을 사모했기에
오늘 부상에 와 흥이 더욱 그윽하다.
기러기는 조각 구름 띠고 천리 너머 사라지고
하늘 이어진 물에 돛단배 한 척 띄웠네.
찻집은 푸른 소나무길에 모습을 감추고 있고
어부의 집은 백로섬 속에 적적하구나.
요즘들어 가슴속 넓어진 걸 자주 깨달으니
생겨나는 우울함에 홀로 휘파람 불 필요 없다네.

품천 가는 길 위에서

맑은 가을 바다에 떠 동쪽 오랑캐땅 두루 돌고
부상에 도착해보니 한 해가 끝나려 하네.
매화가 교외 언덕에 움 트니 섣달 가까운 걸 알겠고
모래섬에 물이 어니 날씨가 추워진 걸 깨닫네.
산구름은 눈을 빚어내고 바람 위세 싸늘한데
시골 여관에 서리 내리자 나무 그림자 여위었네.
듣자니 강호의 관문까지 길이 끝나면
어쩔 수 없이 눈썹끝이 누렇게 바랜다 하네.

본서사에서 밤에 읊다

강호에서

---

173) 사기를 지은 사마천의 자.

모진 서리 기운이 밤 깊어 생겨나고
촛불 빛은 환히 벽을 밝게 비춘다.
섬돌가 대나무에 부는 바람 운치가 있고
산사의 종은 차가운 소리를 흘려보내네.
책 보기 재미있어 눈을 자주 비비고
달 보니 다정하여 마루를 몇 걸음 걸어보네.
초조한 나그네길 괴로움을 감당하랴?
검 어루만지며 공연히 평안치 못한 소리를 낸다.174)

강호에서 품천으로 돌아가다

명을 받들어 배 타고 와 일을 마치고 돌아가는데
열흘씩이나 해동관에 머물었으니,
사신이 응대를 잘해서 그런 게 아니라
왕의 영험함이 하찮은 오랑캐에 끼쳤기 때문이라네.
가는 길 아득하여 하늘은 바다로 들어가고
차가운 구름 세차서 해가 산에 잠긴다.
노복은 먼 여행길 괴로움을 잊었는지
돌아갈 날 손꼽으며 기쁨에 얼굴 펴는구나.

대의 가는 도중에 부산을 바라보며

삭풍은 불어오고 오랜 비 개었는데
교외 언덕 돌아가는 길 저녁 모래사장 너르다.
들판의 강에 다리가 가로질러 지나는 사람 건너고
조각구름 뜬 강하늘에 기러기 떠나가네.
매화가 피어나니 봄기운 생동하는 걸 알겠고

---

174) 한유가 시에 뛰어난 맹교를 위로하여 지은 글에 사물이 화평함을 얻지 못하면 운다고 하
    였다.

한 해 저물어가니 나그네 수심 생겨나는 걸 깨닫노라.
하늘 찌르는 눈쌓인 산이 볼수록 가까워져
정든 듯한 눈빛을 자주 보낸다.

소전원 가는 길에 두수

대의의 소나무길이 소전원과 접했으니
깃발 돌려 가는 곳마다 그대로일세.
오랑캐 아이 익숙한 얼굴 많이 보이는데
배 타는 나그네 새로운 해를 맞이하겠지.
이역 땅 머문 날 정해진 수가 있지만
한창 겨울 눈보라 끝이 없다네.
해동까지 먼 길을 어느 때나 다 가려나?
묵묵히 돌아갈 날 헤아리다 망연해지네.

두 번째

지친 나그네 돌아갈 길 서두르나 날은 따뜻해지려하고
소전원 밖 물은 소용돌이 치는구나.
물가 너머 저멀리 어둑어둑하고
쭉 뻗은 대나무와 푸른 소나무가 모랫길을 나누었네.
눈을 들어 하늘이 바다에 닿는 곳까지 보려하나
산의 모습은 눈과 구름에 점점 묻혀버리네.
몸 수척해 어쩔 수 없이 수레 기대 바라보니
넓은 하늘에 무리를 부르는 기러기가 걱정되네.

상근령

세찬 물살 울부짖어 작은 다리 위태롭고

천 길 깎아지른 벼랑에는 돌길이 기대어 났네.

양창자 같이 돌아가는 천연의 험난한 기세 장대하고

호수 잔잔하여 거북이 등 같은 땅의 기틀 기이해라.

소나무와 대나무 눈 개자 새로 그린 그림 같고

골짜기 한가로운 구름은 좋은 시를 보내 오네.

작은 가마 편안히 탄 채 볼거리 충분하니

먼 여행길 일부러 질질 끈다 탄식하지 마오.

삼도 가는 길

야진의 고성이 삼도 서쪽 십리쯤에 있다.

삼도주 서쪽에 큰 들이 펼쳐져 있고

야진촌 밖에는 작은 시내 가로질러 있네.

황폐한 성에는 바위 오래되어 이끼가 끼었고

작은 도시 사람이 드물어 집들이 기울어져 있네.

산은 돌아가는 구름을 둘러 숨었다가 다시 나타나고

기러기 뿔피리 소리에 놀라 뒤떨어졌다 다시 대열로 돌아가네.

천원에 날이 저물자 한기가 나무에서 생겨나고

눈에 가득한 경치는 나그네 회포 일으키네.

길원 가는 길가에서 입춘을 맞은 느낌

겨울 보내고 나면 곧 새봄인데

이역땅에 외떨어져 맞는 새해 가슴아파 하노라.

세채175)를 절물176)로 바치는 것을 그 누가 알랴?

늙은 매화가 어쩔 수 없이 나그네를 위로하네.

어깨 매는 가마 타고 낮에 잠시 강호의 교외로 나서니

---

175) 특정한 지방의 특정한 계절에 나는 흔하지 않은 채소.

176) 철에 따라 나는 산물.

머리에 내린 겨울 서리를 내 몸에서 보노라.
제멋대로인 내 생애 끝나감을 아니
어느 때나 돌아가 옥계 물가에 누워볼까?

빈송 가는 길에 하담의 운을 차운하여
　잔설에 좁은 길 먼 것도 감당하지 못하는데
　거센 바람이 수심을 더욱 불러일으키는데랴
　까마득히 날리는 먼지 나그네 얼굴에 불어오고
　히힝대는 여행길 말이 모래언덕을 건넌다.
　흐릿한 넓은 들에 햇빛이 번쩍이고
　아득한 하늘에 구름기운이 흐르네.
　봄추위가 대단히 매섭다는 걸 깨닫고
　병든 몸에 갖옷 겹쳐 입으려 한다.

적판 가는 길에
길전에서 정월 초닷새 밤 꿈에 남천을 보았다. 아침이 되어 서울에서 온 편
지를 받고 온가족이 영북에 이미 도착했다는 것을 알게되어 슬픈 마음을
이기지 못하고 나오는 대로 표현하다
　나그네 방 외로운 꿈에 서린 한 그대로인데
　고향편지를 아침에 기러기가 홀연 전해주었네.
　감옥문 벗어나 죽음을 면해
　변방땅에 구차한 목숨 온전하게 되었다고.
　배 타고 아득히 멀리 남쪽 바다 밖으로 왔는데
　구름 낀 봉우리 너머 기러기 변방으로 날아가네.
　앞으로 서로 만날 일 어찌 쉽게 이뤄지랴?
　슬픔에 젖어 모르는 새 눈물이 줄줄 흐르는구나.

대원에서 인일177)을 맞아 느낌이 있어

　근심스러워 잠 못들고 작은 병풍에 기댔는데

　밤 깊어 깜박이는 촛불 빈 마루를 비추는구나.

　오랑캐 땅에서 해를 보내고 인일을 맞으니

　남쪽 바다 떠있는 뗏목에 떠돌이별이 머물고 있다.

　봄빛은 흐드러져 매화는 나무에 가득하고

　고향생각에 공연히 돌아가는 기러기 부럽기만 하네.

　어느 때에야 고산 아래 돌아가

　맑은 모래에 가는 풀 자란 물가를 산보해 보려나?

대진에서 용계의 운을 차운하여

주왜가 사신에게 장검을 선물하자 일행 중에 받을 만하다고 말하는 자가
있었다. 그러므로 시에 뜻을 부쳐 마침내 물리친다

　빈 관사에 향이 스러지고 해는 저물려 하는데

　나그네 마음 쓸쓸한 채 절문을 닫노라.

　깨끗하고 고결한 인품은 서로 권면해야 하는 것이니

　창수178)의 붉은 실은 건드려서는 안 되는 것.

　대숲언덕에 시내가 있다면 귀를 씻어 마땅하고

　매화 핀 창가에 달 대하니 말하고 싶지 않네.

　몸을 지키기 위해 장검이 없음을 한탄하지 말라.

　남자가 벼슬하나 은거하나 충과 신은 가지고 있는 것이니.

대판에서 하담의 운을 차운하여 두 수

먼저 온 강덕취를 전송하였으므로 경련에 언급하였다.

　서쪽으로 돌아가는 길에 삼일을 오랑캐성에서 머물었으니

---

177) 음력 정월 초이렛날.
178) 신선 이름.

비가 봄강을 지나자 바람이 일어나려 하네.
돌아가는 꿈에 몇 번이나 외로운 기러기 따라갔던가?
고향 그리운 마음이 먼저 돛단배에 기대 떠나네.
칼집에 있는 흰 칼날의 차가운 빛 시들었고
거울 속 서리내린 수염에 장대했던 포부가 놀라네.
여관 창문에 기대어 머리 돌려 바라보니
흰구름 가는 어느 곳이 서울이더냐?

두 번째
아른아른한 봄빛이 바닷가 성에 가득하고
우거진 가는 풀이 시름을 불러 일으키네.
장마지는 계절을 읊조리며 보내고
버들 언덕의 교외 밖 문을 꿈속에서 다녔네.
나그네 한은 남몰래 가랑비 따라 일어나고
강물결 저녁 무렵 역풍 쫓아 솟구치네.
우리 배는 어느 날에야 동래포구로 돌아가
역마 타고 날 듯이 서울로 향하려나?

대판에서 비 때문에 체류하다
서쪽으로 돌아가는 길 손꼽아 노정을 따지니
오랑캐 강에 막혀 못 간다 말하지 마오.
일 많은 뜬 구름은 바다의 해를 가리고
쓸 데 없이 날리는 비는 강가 성을 어둡게 하네.
검은 바람이 풍랑을 일으켜 층층이 솟구치게 하고
백발로 인한 시름 하나하나 분명해지니,
어떻게 해야 이내몸 양쪽 날개가 돋아

표연히 낙양성으로 갈 수 있을까?

병고의 바다에서 용계의 운을 차운하여
　배와 수레로 온 길 칠천여리
　떠나와 해를 보내니 마음 편하지 못한데,
　눈을 밝히는 매화에서 향기 날리지만
　흰머리 가득하여 모습만 수척해지네.
　강가운데 물결 일어 모래밭에 와 사라지고
　바다 구름은 잔잔한 수면 위에 모여있다.
　부들로 짠 돛을 걸어 바람에 날아갈 듯하니
　표연히 떠나는 행색 어떤지 묻노라.

실진에서
　수국에 물결 일어 나그네 배 노젓기 가볍고
　옛 나루의 장마비가 깃발을 적신다.
　임금의 조서를 오랑캐 추장이 받는 것 이미 보았고
　옥부절로 바다가 쾌청하도록 명령할 수 있다네.
　돛은 늦도록 바람 맞아 굳건하고
　나그네 혼은 때때로 물거품 쫓다 놀라지만,
　봄날에 고향 돌아가는 기쁨을 짝하였으니
　봄풍경 낙성에 가득할 때 돌아가겠지.

일기도에서 비 때문에 체류하여 시름을 풀다
　작은 섬에 머물러 대나무 침상에 기대자니
　봄시름은 살쩍에 서리내리길 재촉하네.
　하루밤 바다 비에 도화꽃 웃음을 머금고

몇 경 산밭에 보리 싹이 내밀었네.
구름도 천리 가는 꿈은 막지 못하나
풍경은 아홉 구비 창자를 끊을 수 있어,
호숫가 서쪽 산기슭 가늠해 보니
풀에 앉아 술잔 들기 좋을 듯 하네.

대마도에서 용계의 연아체 운을 차운하여
남쪽 바다 아득하고 저녁 물결 이는데
나비 되어 꿈속에 날아 밤에 집에 도착했네.
대마도 앞에는 우박이 날리고
입구봉 위에 붉은 꽃이 보이는구나.
거북 같은 구름은 해를 가려 줄기러기 끊어내고
소라고둥같이 북풍이 메아리쳐 잠든 갈가마귀 깨운다.
채색한 배 언제나 부산포로 돌아가
역마 타고 한강가로 달려 가려나?

상로의 다실에서 용계의 운을 차운하여 상로는 현방이다
부들자리에 편안히 앉아 절문 닫아 걸고
경서는 금총179)과 백중간이 될만 하네.
불경의 금빛 글씨는 법안180)을 틔워주고
손수 심은 아름다운 나무가 쇠약한 얼굴을 마주했네.
술동이 열고 이별을 말하니 마음 왠지 착잡하지만
차 데워 사람을 만류하니 생각 더욱 한가로워
이별 정자에 한 마디 부치려 하니

---

179) 송(宋) 전당(錢塘)의 시승(詩僧) 사총(思聰). 거문고를 잘 탔다고 한다.
180) 불교에서 말하는 오안 중의 하나로 지혜의 눈을 이른다.

시정이 객수 때문에 막힐손가?

함평에 부임하는 박대관을 전송하며 을축년 가을

    궁에서 부르는 글월이 서리처럼 차가운데
    성은이 넉넉하여 구리 관인을 차게 되었네.
    학문 토론하던 옥서181)를 잠시 떠나
    갑자기 장기 일어나는 곳 영재로 부임하게 되었구려.
    서울 떠나 그립고 그리운 마음182) 어찌 감당할까?
    구름을 바라보며 마음 쓰느라 창자가 아홉 번 비틀리겠지.
    보냈다가는 불러들인다는 궁궐에서 정한 것이 멀지 않으니
    송별하는 정자 향해 몰래 가슴 아파 마오.

옥여 허계가 고성으로 가는 것을 전송하며

    대관령 동쪽에 옥색 기운 떠도는데
    천지의 한 구역이 바로 창주라네.
    단사굴은 삼청계로 이어져 있고
    백옥봉에는 만폭동 폭포가 걸렸다네.
    바다의 태양은 밤에 성불전에 머물고
    산 구름은 낮에 망선루를 감싸니
    그대가 평소 자연에 습관을 들였다면
    가을 바람에 다섯말 수레 타고 놀러 다니기 좋으리라.

강원도 관찰사 김상을 전송하며

을축년. 김상은 대사헌 김덕성의 조카이다

---

181) 홍문관을 이른다.
182) 삼숙련(三宿戀)은 불교용어로, 승려는 같은 뽕나무 아래 사흘을 묵지 않으니 연연해하는
    마음이 없음을 보이는 것이다. 삼숙련은 이 연연해 하는 마음을 가리킨다.

관동지방 경치 뛰어나 우리나라에서 최고인데
옥절 들고 교화 펴러 가는 때가 가을이로구나.
위엄 있는 순찰 임무 지금 고을 바꿔 나가니
높은 벼슬 안렴사는 옛날에 제후였다네.
호산의 이슬 기운이 계수나무 속에서 생겨나고
동해의 달빛은 화려한 누각에 어리겠지.
이번 길 즐거운 흥이 충분할 것을 생각하고도 남으니
신선 사는 곳 도처에서 훌륭한 유람을 하겠구나.

진사 이부의 운을 차운하여 혜규상인에게 주다

도고산은 짙푸른 하늘에 닿았고
운주암에는 벽안의 선사가 살고 있으니,
석장183) 주변에는 꽃이 흐드러졌고
휘몰아치는 붓 아래에 천필의 비단이 검어진다네.
연경184)의 법이 묘해 수천 게송을 다하였고
차 달이는 집 몸이 한가로워 수만 인연을 끊었다지.
애기 끝나자 생사 초월해 밤바람마저 조용하고
험난한 봉우리에 뜬 밝은 달이 두견소리 듣는다.

서교 어른의 운을 차운하여 두 수 첨지 이승형이다

평소에 어르신의 모습을 우러러오다
오늘 다행히 숲속에서 뒤따르게 되었네.
의자 내려 맞이하시니185) 그윽한 사귐 긴밀해지고

---

183) 승려들이 짚는 지팡이로 흔들리면 소리가 난다.
184) 묘법연화경의 준말로 법화경을 말한다.
185) 후한의 진번이 딴 손님이 오며 접대를 하지 않았으나 서치가 오면 달아매둔 의자를 내려
　　 극진히 대접했다고 한다.

나이 잊은 교유는 평소 마음 속 친구로 허여하였네.
거문고와 술 있는 산속 집이 완상하며 노닐기에 충분하여
꽃 피고 버들 늘어진 서교댁에 자주 왕래하였지.
내 몸밖의 일 모두 꿈 같은 일이라는 걸 깨달았으니
개울가에 앉아 함께 낚시하는 것만 못하리.

두 번째

한 번 쏟아낸 미친 말이 용의 비늘을 거슬렀으나[186]
성은이 넉넉하여 강가에 눕게 되었네.
가엾구나, 흰머리의 초가집 나그네가
푸른 도포 입고 분서[187]에 있던 신하임을 뉘 알랴?
다행히 학이 있어 늙은이 짝이 되어주고
한가롭게 약초 키워도 아주 가난한 건 아니라네.
산골짜기 떠돌더라도 남은 여생 만족하니
내 분수는 하늘의 규범 밖 사람 되는 것이라네.

달밤에 회포를 풀며

강가 교외 계속된 비가 저녁 되자 개어
옥우[188] 위 하늘에 달빛이 맑구나.
대숲에서 주렴 너머로 상쾌한 기운이 전해지고
계절 벌레는 풀 옆에서 가을 소리를 내네.
좋은 밤에 불현듯 임금 향한 마음의 괴로움 깨달으니
흐르는 세월은 흰머리 나기만 재촉하네.

---

186) 용의 목 밑에 비늘이 있는데 이를 거꾸로 쓰다듬으면 용이 노한다고 한다. 여기서는 임
　　금의 노여움을 일으켰음을 말한다.
187) 한대(漢代)의 상서성을 이름.
188) 천제나 선인이 산다는 옥으로 만든 궁전.

작은 창에 기대 여전히 잠 못드는데
외로운 학 홀로 정 많음이 안쓰럽네.

낙성에서 고향으로 돌아오는 길에 큰비를 만나다
　막막한 궂은 눈이 며칠동안 흐린 날씨를 만들더니
　지리한 가을 비가 장마비로 변하려 하여,
　도롱이 걸쳐도 베옷 젖는 것 막을 수 없고
　들개천 흘러넘쳐 계곡물 깊어졌다.
　게으른 종은 진흙이 싫어 강가 벼랑으로 오르고
　파리한 말은 풀이 좋아 긴 수풀로 들어가네.
　이번 길 고생이 평생에 가장 심하여
　양쪽 머리털 쓸어보니 비녀에 눈이 가득하다.

옥당에서 연이어 여러날 숙직을 하며 경오년
　오랫동안 옥당 문을 지키느라 귀밑머리 허옇게 되려는데
　청명절이라 바로 꽃 피는 때라서
　안개는 광화문 앞 버들 휘감고
　빗방울은 봄을 머금고 정원의 꽃잎 적시네.
　하늘은 옥같은 섬돌까지 닿아 날은 길어지고
　땅은 은하수까지 이어져 채색구름 많구나.
　어쩔 수 없이 베갯머리에서 창랑을 꿈꾸니
　서호가는 길 먼 것은 상관없다네.

동작나루에서 입에서 나오는대로 읊다
옥당에서 올리는 상소에 참여했다가 삭출당하여 고향으로 돌아가다
　쓸모없는 이내 몸[189) 입은 은혜 많은 것이 부끄러웠는데

공연히 청반190)을 채우고 있다 하릴없이 녹만 먹는다 비난받았네.
가슴속 해바라기 마음191) 해를 향한 것이 분명하지만
귀밑에 서리 내린 머리 긴 세월 근심 때문이라오.
함부로 한 말이 바로잡으려는 뜻 드러내지 못하고
큰 죄 되어 서울 떠나는 슬픔으로 바뀌었네.
강가에 말 세우고 여전히 북쪽 바라보니
옆사람아, 일부러 질질끈다 말하지 마오.

봉수암에서 입에서 나오는대로

게으른 나그네 봄을 틈타 숲을 찾아 갔더니
온 하늘의 상쾌한 기운이 앉은 자리까지 들어오네.
흰구름은 골짜기 감돌고 뜨락 고요한데
푸른 나무로 치장한 산에 동부192)가 깊숙이 있다.
태고적부터 신령스러운 곳이라 세상일 따위는 없고
산사의 잠든 스님은 일 꾸미는 마음 끊었다네.
맑은 창가에 기대 돌아가길 잊었더니
모르는 사이 석양이 먼 봉우리 너머로 진다.

우련각에서 소나기를 만나다

안악으로 원수의 종사관이 되어 서쪽 행군을 따라갔다.
봄빛 엷어진 앞산에 소나기 쏟아지니
땅에 가득한 연잎에서 옥구슬이 흩어지네.
처음에는 철갑 입은 기마가 천하를 종횡하나 했다가

---

189) 저산(樗散)은 가죽나무가 재질이 좋지 않아 잘 쓰이지 않는 것을 나타내는 말로, 자신에
  대한 겸사로 많이 쓰인다.
190) 깨끗한 벼슬로 주로 홍문관 등의 품계가 낮은 벼슬을 가리킨다.
191) 해바라기가 해를 향하듯, 임금을 향한 신하의 마음을 말한다.
192) 신선이 산다는 골짜기.

고래같은 파도가 땅을 뒤엎으며 오나 의심했지.
세찬 기세로 내달려 번개를 쫓고
큰 소리 내며 쏟아져 내려 누대가 흔들리네.
문득 한바탕 격전이 도리어 더위를 물리치니
번잡스러운 가슴 싹 씻어내고 다시 술잔 잡는다.

풍천 벽 위의 운을 차운하여

쓸쓸한 외딴성 있는 넓은 바다 끝에
밤 깊자 나그네 마음 근심스러워지네.
서늘해지는 낡은 여관에 바람이 나무를 불어대고
위태로운 난간에 기대니 달이 누각에 가득하다.
술 있으면 멋진 경치에 응할 수 있겠지만
이번 길은 유람을 위한 것이 아니라네.
쓸모 없는 선비들이 청유[193] 계산을 돕지 않으니
화각 소리 가운데 수심이 얼마인고?

광량의 해촌에서 달을 대하여

외딴 마을 해 저물어 사립문 닫아거니
늙은 나무에 깃든 갈가마귀 제 맘대로 날아다니네.
집은 호중[194]에 있는데 소식 끊어지고
몸은 관상에 남은 채 꿈꾸는 혼만 돌아간다.
근심에 성겨진 머리털 가을빛을 놀라게 하고
쓸쓸한 나그네 가슴은 달 대하여 환해지네.
밤 깊도록 잠 못들어
허공 가득한 차가운 이슬에 옷만 적신다.

---

193) 특산물을 가리킨다.
194) 호서지방 즉 충청도를 가리킨다.

안악에서 있었던 잔치를 광량진에서 그리워하며

여름 내내 말을 달려 쑥처럼 굴러 다니다 보니
바다 하늘에 오늘 또 가을 바람이 불어오네.
매미 우는 늙은 나무는 황량한 마을 밖에 있고
풀빛 짙은 들 밖에는 가랑비 내리고 있네.
연막195)의 병든 가슴은 늘 시름시름 앓는데
양산으로 돌아가는 꿈 속은 바쁘기만 하구나.
넘실거리는 물줄기 천리를 갈 듯한데
머리 돌려 구름 잠긴 봉우리 바라보니 생각은 끝 간 데 없네.

광량진에서 장난 삼아

전쟁에 시비가 있다 말하지 마오.
조정의 신묘한 계책은 위엄을 높이는 데 있어,
큰 군대의 눈 아래에는 비어 있는 섬이 없고
악한 재상의 흉중에는 영달할 계책 뿐이라오.
연막의 쓸모 없는 선비 오랫동안 병을 앓고
성루와 배의 여윈 병졸들은 돌아갈 생각뿐이라오.
가을 바람 이미 관하의 밖에 부니
계절 어느덧 바뀌어 수의196)가 가까워 오는구나.

부벽루에 올라 뱃놀이하다

신미년 가을. 평양성의 소윤 증보 이계와 패강을 유람하다.
지친 나그네 부벽루에 올랐더니
옛친구가 봄든 강에 놀이를 마련해 두었네.
능라도 언덕에 버들은 연기처럼 얽혀있고

---

195) 재상의 저택을 가리킨다.
196) 음력 9월을 이른데 이 때 겨울옷을 마련한다.

금수산 앞에는 꽃비가 지나간다.
아름다운 관현 소리가 지는 해와 다투고
화려한 배의 나는 듯한 노가 가벼운 갈매기를 쫓는구나.
끝없는 즐거움에 석양이 다한 줄 몰랐는데
십리 펼친 맑은 파도에 달그림자 흐르네.

구현 가는 길가에서 재미 삼아 나오는 대로
구현은 중화와 황주의 경계이다
잔치 자리에서 소매 떨치며 떠나고 머물 사람 갈리고 나서
강 너머 봄나무를 몇 번이나 돌아보았나?
짙은 꽃과 여린 버들이 나그네를 영결하고
가는 풀 돋은 들판 너머로 역로가 뻗어있네.
천리길 가는 새로이 근심하다 흰머리에 놀라고는
어스름 내릴 제 채찍 휘둘러 황주로 향한다오.
서쪽으로 떠도는 길에 해마다 이별하니
우습게도 강심장이 이미 물러졌다네.

수레를 타고 상사 권식의 운을 차운하여
정축년 여름 속환문제로 심양에 갔는데 진사 권식이 제술관 칭호를 겸했다
이번 길은 멀리 유람 나온 것이 아니어선지
명승지도 처량하고 물은 저절로 흘러가네.
오랜 노정에 다정한 것은 오직 늙은 나무뿐
황폐한 옛터 어디쯤이 높은 누각인지?
수풀 우거진 사당에 저녁 새가 남은 한을 노래하고
옛 계곡 무른 이내가 가파른 언덕을 숨기고 있다.
쓸쓸함과 번화함이 잠시의 꿈일뿐이니
해 저무는데 말 세우고 공연히 머리 긁노라.

백마성 복더위에 내린 소나기

요하 왼쪽197)에는 답답한 구름이 태양을 가렸는데
강성에 오는 비가 약간 시원함을 보내준다.
화공(火功) 군대 물러나 위엄이 꺾이자
풍백198)이 앞을 달려 세력이 강해졌네.
가을이 벌써 가까웠나 의심하면서
더운 계절이 이다지도 바삐 가버리나 더욱 놀랐지.
파리가 날개 접고 나는 모기 흩어지니
난간에 기대 잠드는 맛 괜찮음을 문득 깨달았다.

권 제술관의 〈龍灣感舊〉 운을 차운하여

너른 들 서쪽머리 백척 누대에
올라가 저멀리 저녁구름 열리는데,
골산은 멀리 읍하며 요동의 관문으로 달리고
압록강은 평탄하게 갈석을 감돈다.
푸른 풀 하늘까지 닿았는데 인사는 끊기고
황사는 땅에 가득하여 나그네 시름 돋우는데,
홀로 서서 석양 지도록 슬픈 노래 부르니
무너진 성곽에 연기 피어오르고 뿔피리 소리 슬프다.

백마성의 짙은 안개

습한 안개 빽빽하여 산하를 어둡게 하니
아득한 경계는 무하199)로 들어가는데
남쪽 먼 바다가 봉래섬을 둘러싼 것이 아니라면

---

197) 중국 요하의 왼쪽 지방으로 즉 우리 나라를 가리킨다.
198) 바람을 주관하는 신.
199) 무하유지향(無何有之鄕). 아무 것도 없는 허무자연의 낙토

월궁에 빛나는 계수나무 꽃이리라.

넓은 들에서 머뭇머뭇 나그네는 길을 잃었고

늙은 나무로 돌아오던 갈가마귀는 둥지를 잃었네.

어느덧 큰 바람이 동남쪽에서 일어나더니

푸른 하늘에 밝은 해 지는 것을 갑자기 보았도다.

권 제술관이 두보의 제장(諸將) 운을 차운하여 보여주어서 이어 화답하다 네 수

외로운 신하 죽지 않은 채 기개는 산과 같아

몇 번이나 가을 연밥 만지며 옥관200)을 바라보았던가?

나라의 수치가 천년 지난다고 잊혀지랴?

임금의 원수와 아직도 같은 하늘을 이고 있다니.

부끄럽게 은혜에 보답하려 해도 좋은 계책 없으니

한가로울 틈 없이 말 달리는 것을 감히 꺼리랴?

어떻게 해야 천지를 정돈할 솜씨를 얻어

일찌감치 위무를 드높여 완안201)을 쓸어버리나?

두 번째

막막한 연운202)에 기러기 편지 오지 않고

산하는 쓸쓸하게 남은 비애를 띠고 있다.

국경너머 길 가는 노인네 얼굴에 몇 줄기 눈물 흐르는데

한 곡조 슬픈 노래가 강가 누대에서 들려오네.

변방으로 떠나는 행장의 용천검이 칼집에서 울부짖어

새로운 수심 물리치려 술잔 높이 든다.

---

200) 감숙성 돈황 서쪽에 있는 관문. 여기서는 변방을 가리킨다.

201) 송화강 하류에 거주하던 여진의 한 부족.

202) 하북성과 산서성의 북부 일대, 유주를 가리킨다.

수백만 백성들은 고향 돌아가길 바랄텐데
이내 몸 사신으로 응대할 재주 없는데야.

세 번째

압록강은 우리 나라 끝이 되는데
서쪽 이웃의 더러운 요기 완전히 쓸어내지 못했으니
연산 가는 수레는 오히려 자주 왕래하고
초땅으로 띄우는 배는 쓸쓸하게 되었다네.
임무 맡고 무슨 생각으로 옥절을 자랑할 것이며
수치스러운데 무슨 낯으로 금초[203]를 쓰랴?
다만 가슴 속 일편단심 품었으니
어떻게 해야 조금이라도 성조에 보답하나?

네 번째

관찰사 이자장과 총병 유림

북쪽 변새의 먼지바람이 마성으로 이어지니
때는 위급한데 군대 깃발을 세울 이 누구인가?
감당의 덕화[204]를 이룬 새로운 관찰사와
세류영[205]의 위풍 지닌 옛 총병일세.
하늘의 해는 한나라를 대할 줄만 알 뿐이니
산하가 찢기어 청나라가 되었다고 말하지 말라.
만주의 강개한 임경업 장군
칼에 기대 길게 탄식하며 기색이 고르지 못하리라.

---

203) 금당(金璫)과 담비꼬리로 장식한 관. 높은 지위의 사람이 쓰던 관이다.
204) 백성들이 주소공(周召公)의 선정에 감동하여, 그가 쉬어갔던 자리의 감당나무를 소중히
    여겼다고 한다.
205) 한무제 때 주업부(周業夫)가 세류에 주둔하였는데, 군율이 매우 엄격하여 황제의 사자조
    차 그냥 들어갈 수 없었다고 한다.

벽제참에서 회포를 풀며

　만리길 돌아와 한 번 병이 깊어지더니
　귀밑머리에 눈서리 내렸음을 문득 깨달았네.
　조정의 창고를 맡아 임금의 은혜를 받들었으나
　타향에서 한 해가 가니 나그네 마음 아프다.
　여관의 작은 등불 밤새도록 켜 있고
　고향산천은 수천 개 언덕 너머 있겠지.
　섣달 매화 이미 봄소식을 알리니
　호숫가 겨울에 피는 꽃을 꿈 속에서 찾아가네.

역참에서 거울을 보다 느낌이 있었는데 용(容)자를 얻어 앞뒤로 압운하다

　흰머리로 어느덧 늙은이가 되었으니
　거울 속에 다시는 옛날 모습 돌아오지 않겠지.
　심신은 마른 나무처럼 적막하고
　종적은 굴러다니는 쑥처럼 영락하였네.
　옛 백마성에는 곳곳마다 구름이 가득하고
　외딴 벽제관에는 소나무에 눈이 쌓였다.
　타향땅 경치에 끊어지는 창자 감당하랴?
　근심스레 앞산 바라보니 저녁 노을 붉구나.

역참에서 병중에 회포를 풀며

　고향땅 돌아가겠다던 계획은 아직도 이루지 못하면서
　먼지 바람 속 떠도는 관리가 무슨 영광이 있다고.
　이내 몸 봄 여름 가을 겨울 나그네 신세요
　이내 발길 동서남북 길마다 두루 돌았네.

백발이 머리에 가득해도 좋은 상황 없으니
황금띠를 차더라도 헛된 이름일 뿐이지.
병들어 외딴 여관 추운 밤에 길게 읊노니
꺼져가는 등불 근심스럽게 마주하고 월나라 노래 불러보네.

병중에 장난삼아 읊어보다
흰머리 처량하니 아마 나도 끝났나 보다.
젊은 시절 일들이 전생 같으니.
꽃 옆에서 미친 듯이 말하니 수천개의 눈이 바라보고
취한 후 소리 높여 노래하니 만 개의 귀가 쏠려드네.
늙어서 사람 만나자니 스스로 부끄럽고
예전에 알던 사람들 모두 다 무정하구려.
간절히 바라니, 새 편안한 짝이 있다면
비바람 치는 깊은 밤이라도 신을 거꾸로 신고 맞으련만.

총부에서 연일 숙직하며
꼬박 며칠째 숙직하며 구진206)을 지키니
바로 동풍 부는 삼월 봄이네.
대궐 동산 향기 짙은 꽃은 붉다못해 시들려 하고
궁궐 도랑에 늘어진 버들은 푸름이 고루 물들었다.
직접 섬돌 옆에 호위하는 일 맡아 별들이 가깝고
땅에는 궁궐 초소 빽빽한데 이슬이 새로 내렸네.
쓸모 없는 선비 담이 크다 이상하게 여기지 마오.
궁중의 염파와 이목207)이 또한 누구겠는가?

---

206) 자미성 주변에 있는 별들을 가리킨다.
207) 전국시대 월나라의 명장들.

영해의 수령으로 부임하는 자실 조문수 영공에게

그대 지금 강해를 채찍질하여 먼저 가면
천겹 언덕길에 늦은 매미 오열하겠지.
관서에서 장부 보는 일 한가한 날이 많아
호리병 속의 물건이 가을날 유혹하겠지.
동헌 창가 고요한 곳 산이 둘러싸 있을 테고
술동이 여는 때면 달이 뜰에 가득하리라.
성 동쪽 병든 노인 좋은 일이 없어
늘그막 남의 것 탐내니 백발에 부끄럽다오.

병중에 마음을 풀어보다

무인년 늦은 가을 호조참의로서 다리병을 앓아 해직하고 고향으로 돌아가다

강성 옆에 자리잡은 사립문 괴괴하나
병든 몸 지탱해 돌아오니 느낌 별다르네.
가을 저무는 작은 집에 달빛은 새롭고
바람 높은 너른 들에 기러기 소리 어지럽다.
거문고와 책 이미 흩어졌으나 내 정리할 것이고
울타리 무너졌어도 두루고 지낼만 하니
살아가기 황량함을 어찌 말할 수 있으랴만
이 몸 한적하여도 꿈꾸는 혼 맑다네.

두 번째

쉭쉭 불어대는 바람이 날마다 추위를 재촉하니
문득 강호에 지내는 생활이 해가 끝나감을 깨닫는구나.
너른 들 흉년 들어 기러기 수척하고
작은 뜰 된서리 내려 국화가 시들었네.

먼지 속 살아가는 도홍[208]의 근심은 금할 수 없으나
술잔 데우는 화로에 불 돋우고 나니 마음 절로 넓어진다.
저녁새 수풀에 깃들어 문 이미 닫고 나서
몇 번 긴 휘파람 불며 홀로 난간 기대 있노라.

밤에 잠들지 못하고

근심하는 이 새벽닭 울도록 잠 못 이루는데
가을밤 흘러도 흘러도 밝아오지 않는구나.
세상사 힘들고 고달파 심장은 찢어지는데
벼슬길에서 의지가 꺾이니 혼까지 놀랐다.
고향으로 돌아오니 소나무와 대나무 늙어 있고
시들어 떨어진 강호에 바람과 달이 맑으나
임금 그리는 한 조각 붉은 마음 꺾인 것은 아니라서
북쪽 하늘 일어나 바라보면 눈물이 마구 흘러내린다.

저녁의 조망

먼 교외에 눈을 돌려도 그리움 여전하고
지는 해 아득하게 푸른 산에 어렸구나.
먼 바닷가 모래밭에 외로운 기러기 내려 앉고
작은 다리에 남은 눈 위로 스님 한 명이 돌아간다.
오래된 골짜기의 용바위는 겨울 나무 사이로 희미하고
황량한 마을의 여우나루는 저녁 안개에 잠겼어라.
낮은 사립에 기대있다 보니 새는 다 숨어버리고
대나무 끝의 서늘한 이슬이 연잎을 적시네.

---

208) 남조때 양(梁)의 도홍경(陶弘景)과 진(晉)의 갈홍(葛洪). 모두 도교의 신비스러운 인물들이
다.

우도사가 방문해 준 것에 감사하며

여러 차례 왕림해 주시니 감사한 마음 이길 수 없어
높은 댁 한 번 찾아뵈어야 하나 병 때문에 못하였으니,
갈대의 재질로 아름다운 동산의 나무에 기대기 부끄러우나
속세의 생각으로 다행히 맑고 고결함을 접하였다네.
국화에 내린 빗방울이 금전화를 적시고
서민 사는 집 서리 매서워 무명이불에 파고 든다네.
좋은 밤 모이자는 약속 언제나 어기게 되고
가엾게도 외로운 그림자 푸른 등불 짝하고 있네.

마음대로 읊어보다 두 수

그 때의 어려움 묵묵히 생각하면 얼굴에 부끄러움 떠오르니
쓸쓸한 병 앓는 가슴으로 감당하기 어려워라.
귀밑털 다 희어져 양홍처럼 희(噫)를 다섯 번 읊고[209]
충성스러운 붉은 마음은 나아가길 세 번 했다네.
내 몸 입신출세와는 나뉘어 사라져갈 것이니
세상에 살며 귀머거리 벙어리 행세하는 것도 나쁘지 않겠지.
좋은 시절 쉽게 지나가고 국화꽃 늙었으니
급히 시골 탁주 찾아 한 번 즐겨보노라.

두 번째

지나친 은혜 입었다하나 어찌 부끄러움이 없으랴?
사직과 나라에 대한 근심 스스로 감당할 수가 없네.
가태부[210]가 통곡해야 할 까닭이 하나임을 알았으나

---

209) 후한(後漢)의 양홍(梁鴻)이 서울을 떠나면서 <오희가(五噫歌)>를 지었는데, 매구의 마지
   막에 희(噫)자를 썼기 때문에 얻은 이름이다.
210) 전한 사람 가의(賈誼). 양 회왕 때 태부를 지냈다. 정사에 대해 소를 올렸는데, 그 시작이

전금[211]이 어찌 화를 내리, 세 번 쫓겨나도 묵묵히 따랐으니.
임금의 은혜 보답하기도 전에 몸이 먼저 늙었고
세상 일 밀하기 어려워 입이 이미 말 못하게 되었네.
강호에 병들어 누워 저물어가는 한 해에 놀라니
뜨락 반나마 시든 국화에 새벽 서리 맑구나.

흥을 돋구어 보다 세 수

금오산 아래 작은 여울 가로 지르고
만오당 앞에 너른 들이 펼쳐져 있는데,
산굴에서 이는 한가한 구름은 먼 골짜기로 돌아가고
하늘 가득한 밝은 달은 빈 대청까지 새어드네.
강호는 나의 즐거움이라 갈매기와 한 약속이 중요하고
소나무와 국화 여전히 남아 있어 학의 꿈 맑아라.
한 번 병들자 파리해지고 몸 역시 늙었으니
여기서 여생을 보내는 것도 괜찮겠구나.

두 번째

석봉 동쪽 기슭이 바로 보잘 것 없는 내 집[212]이라
한 번 초가집에 누우니 세상 걱정 가벼워졌다오.
뜰의 나뭇잎은 가을비 지나가는 지 울어대고
강마을 사람들 밤물결 인다고 말을 한다네.
때가 위험해지자 비둔(肥遯)[213]이 마땅함을 깨닫고
흉년 들었으니 힘써 밭을 갈아야 함을 알게 되었소.

'통곡해야 할 만한 것이 하나, 눈물을 흘릴 만한 것이 둘, 길게 탄식해야 할 것이 여섯'
이라고 시작하여 하나하나 논한 바 있다.
211) 노나라 대부 유하혜의 이름. 공자가 현(賢)이라고 칭한 바 있다.
212) 본문의 시형(柴荊)은 섶나무와 가시나무로 엮은 문으로 누추한 집을 가리킨다.
213) 주역 둔(遯)괘의 상구(上九)에 나온 말로 여유있게 은둔하는 것을 이른다.

벼슬길 돌아보면 정말 꿈속 일 같으니
강호에서는 가득한 땅을 누구와 다툴 일 있겠소?

세 번째

생각이 세상과 어긋남을 스스로 웃어 버리고
또 쇠약해진 병 때문에 조복을 벗었다네.
구름 낀 산에 깃들어 살며 옛날 옷으로 갈아입으니
먼지 이는 길에 분주했던 지난 잘못 뉘우치노라.
익숙한 산의 모습이 대나무 문으로 보이고
다정한 달 그림자가 소나무 사립으로 들어오는구나.
명성을 쫓던 동락의 동료들에게 말을 부치니
돌아갔는지 안 돌아갔는지 종적 묘연해도 이상히 여기지 말라고.

시촌의 형이 방문한 것에 감사하며

밤 되어 잠자리 어떤가 물어보러
수고로움 잊은 채 자주 방문해 주시니,
서울과 시골로 떨어졌던 그리움에 크게 위로가 되고
침과 뜸에도 낫지 않던 병이 나아지려 하네.
매화 핀 창에 햇볕 따뜻하여 옷깃을 풀어도 참을만 하고
대숲 언덕 바람이 맑아 울적함을 많이 풀어냈네.
다만 한스러운 건 술동이 비어 가져올 수 없는 것이라
하늘 가득한 밝은 달에 홀로 시를 읊조리노라.

우도사가 부쳐온 시에 차운하여 세 수

비온 후 음침한 날씨가 바다 하늘 옭아맸고
겨울 빛이 세차게 산천을 움직이네.

몸 한가로워 거문고 짝하는 것은 싫지 않으나

가세가 줄어 술을 해마다 만들 기약 하기 어려워라.

헛되이 늙어 칼집 속에 용천검 울부짖는데

거울 속에 눈 쌓인 머리에 공연히 슬퍼한다.

평생의 의기 펼 때 누가 만날 수 있으랴?

만난 때가 위태로움을 다만 스스로 불쌍히 여길 뿐.

두 번째

감히 연석214)으로 울창한 푸르름을 따르려 하였다가

따르던 술 함께 비어버리니 보광215)에게 부끄럽다.

흐르는 세월은 가련하게 백발을 재촉하고

영묘한 처방전 가지고 현상216)은 아직 찧어보지도 못했네.

세상 살아가는 구불구불한 험한 길에서 근심 감당하랴?

우리 속 학의 다리 길다고 다투어 비웃는구나.

청산과 했던 약속 저버리지 않으리라는 것을 아니

거리낌없이 홀로 휘파람 불며 문장을 태우려 하네.

세 번째

심하구나, 나의 쇠약함이여. 머리 이미 허옇다네.

고향으로 돌아가는 것이 어떠한 지 물어보세.

도연명은 관끈 던지며 길 잃었음을 깨달았고

손작217)은 산을 찾아서 처음의 뜻을 이루었지.

214) 송나라의 어떤 사람이 연산에서 나는 돌을 보물인 줄 알고 비단으로 싸서 상자에 보관했
　　다가 세상 사람들의 비웃음을 샀다고 한다.
215) 재주나 지혜를 드러내지 않는 사람을 비유하는 말.
216) 신화 속에 나오는 신묘한 선약의 하나.
217) 진나라 사람으로 재주가 뛰어났다. <수초부(遂初賦)>를 지어 자연에 은거할 뜻을 드러
　　냈다고 한다.

빼어난 자연의 흥취에 얼마나 촌가의 술을 끌어왔는지
그윽한 회포를 자주 촌노인에게 말을 한다네.
월광당 조용하여 세속의 일따위 없으니
한가롭게 거문고로 보허곡을 뜯어본다.

스스로 탄식하며

모습은 마른나무 같고 머리는 쑥대 같은 데다
오른쪽 다리 절고 왼쪽 귀는 안 들리면서,
자죽218) 지팡이 곁에 곱사등이 그림자 드리운 채
푸른 마름 꽃 안에 기세당당한 노인네.
살아가는 살림 황량하여 술동이 속에는 녹주219)가 없고
쓸쓸히 버려진 짐 속에는 검이 붉게 녹이 슬려하는구나.
남은 인생 헤아려보면 나는 이미 끝났으니
벼슬 생각은 이로부터 상관 없는 일이라네.

상사 전여림이 술 가지고 방문한 데 감사하여

한 해 저물어가는 궁벽한 마을에 눈과 서리 많기도 하여
쑥대 문 앞 풀 우거졌던 길이 황량해졌네.
가련하다, 머리 희어진 새로 은거한 선비,
황금띠 허리에 차던 옛 시랑임을 누가 알아보랴?
외로운 침상에 해가 산을 넘도록 달게 잠자는데
작은 뜰엔 인기척 없이 섣달 매화 향기롭네.
간절히 바라노니, 술병 들고 오는 친구 있어
다시 취하여 미친 듯이 노래 불러 보았으면.

---

218) 대나무의 일종으로 표면에 흑자색 반점이 있다.
219) 녹색을 띤 이름난 술.

정랑 홍자방의 운을 차운하여

  인사가 날마다 퇴락해감을 스스로 불쌍히 여기노니
  어느덧 계절마저 재촉하는 데랴.
  너른 들 황량하여 기러기 수척하고
  외딴 마을 쓸쓸한데 눈서리 쌓였구나.
  근심스레 희어지는 머리 자주 거울을 보게되고
  섣달 후 혹심한 추위 속에 매화 아직 피지 않네.
  작은 집에서 같이 술 마시는 것이 정말로 행운이니
  오화마 죽여서라도 술과 함께 돌아와야 하리.

박사경과 전사열이 고기 서리하러 무한천에 모였다는 얘기를
듣고 병중에 나오는 대로 써서 보내노라

  강성의 풍경이 깊은 가을로 바뀌었으니
  좋은 계절 끝나기 전에 멋진 놀이 해야만 하리.
  이슬 머금은 차가운 꽃송이가 낮은 산기슭을 꾸몄고
  서리를 부르는 외로운 기러기 긴 모래밭에 내려앉겠지.
  접시에 쌓은 화려한 음식에는 은빛 물고기 가는 회를 놓고
  볼록한 술잔의 향기로운 술에는 녹의[220]가 떠 있으리.
  서쪽 언덕 병든 늙은 이 사람은 찾아오는 일 끊긴 채
  작은 서재에서 쓸쓸히 새로운 근심에 괴롭다오.

생각을 늘어놓다 두 수

  지난 해 가을 끝날 무렵 남주로 향했었는데
  어느덧 계절이 또 다시 가을이로구나.
  신경쓰는 건 약뿐이니 좋은 생각이 없고

---

220) 술 위에 뜨는 녹색 포말.

풍경이 눈에 들어와도 새로 근심만 생기누나.
추운 밤 외로이 궁궐로 돌아가는 꿈만 꾸고
늘그막 그윽한 약속은 백구에게 부탁하였네.
임금 향한 붉은 마음 아직도 꺾이지 않았으나
병든 몸 지탱해 높은 누각에 몇 번이나 서 보려나?

두 번째

하늘의 때와 사람의 일이 서로 괴롭게 재촉하여
한 번 강호에 눕자 양쪽 귀밑털 희어지네.
수만 그루 나무가 서리에 젖어 가을도 다해 가고
빈 모래섬 모래 차가워 기러기 소리 슬프다.
읊조리다 보니 좋은 시절 총총히 가버리고
병든 가운데 새로운 근심은 끊임 없이 이어지네.
술동이 이미 비었고 강에 뜬 달 어두워졌으니
국화꽃도 이제부터는 필 필요 없겠구나.

예산 군수 임진이 와준 데 감사하며

만남과 이별 많아도 괴로움은 익숙해지지 않아
한 번 이별하곤 어느덧 세 해가 지났구려.
구름 가르는 높은 언덕 때문에 편지 오가는 일 드물어
달 비추는 오산에 이별의 한 깊기만 했었지.
반가운 눈 놀라 뜨고 꿈인가 의심하며
흰머리로 마주하여 멀리 떨어져 지냄221)을 위로하니,
다시 이 쑥대문을 왕림해 줄 수 있으려나?
국화꽃 따 술잔에 띄우려네.

---

221) 서쪽의 참성(參星)과 동쪽의 상성(商星)은 멀리 떨어져 있어 만나기 어렵다. 본문의 참상
(參商)은 멀리 떨어져 만나보기 어려움을 일컫는 것이다.

술자리에서 임 예산군수에게 주다
　뜬 구름 같은 신세 정처 없이 떠돌아 다니다가
　낙성 아래에서 헤어졌다 강호에서 만나니,
　국화 옆에서 막걸리 마시는 오늘 만남에
　흰머리지만 붉은 얼굴 조금은 용납해주오.
　술잔 오가며 담소하니 근심이 어디 있는가?
　무릎 바짝대고 단란하니 흥이 더욱 넉넉하네.
　다만 한스러운 것은 내일 아침 별 다 스러지고 나면
　높은 산 험한 길 천만겹 가로막히는 것이라네.

새벽에 잠자리에서 소나기 소리 듣다
　거센 바람 비를 몰아 세차게 두들겨대니
　기세가 마치 창칼로 떨쳐 일어나 마구 공격하는 것 같네.
　초가집 겨울 닭은 꽥꽥거리기를 멈추고
　갈대숲 놀란 기러기 울며 날아가네.
　농사짓는 노인은 아침에 벨 낟가리 떠내려갈까 걱정하고
　시골 아낙은 새벽 방아 못할까 근심하겠지.
　성긴 대나무 창을 치고 오동잎은 흔들리니
　작은 서재 혼자 누워도 조용하지 못하구나.

우도사가 달이 좋다고 찾아와서 잔을 들어 감사하다
　옛친구 흥이 나서 시골 술 찾아가지고
　밤에 쑥대문 두드리는 의기가 호방하네.
　움직이는 달빛 따라 꽃그림자 움직이고
　노래소리 높은 곳에 피리소리도 높구나.
　삼경에 내린 옥 같은 이슬 흰 명주처럼 밝고

천리 뻗은 은하수는 칼날 빛 같네.
담소가 끝나기 전 시 지을 재료가 나오니
물과 산, 바람과 달이 우리들에게 속해 있다오.

봉수암에서

절룩거리는 병든 다리가 산 오르는 걸 두려워하여
게으르게 가마 타고 석관을 찾아갔네.
동부는 그윽하고 깊은데 소나무길 돌아가고
하늘은 아득하게 넓고 계수나무 뜰 한가롭다.
돌아가는 구름은 정원의 나무를 안으려 하고
새로 난 달 처음으로 눈 아래 산에 걸려 있네.
맑은 밤 잠 오지 않고 더러운 세상사 적으나
아침이면 괴로이 돌아가길 재촉할 게 근심스럽네.

저녁에 요로원에 묵다

가파른 천 겹 골짜기 길에 풀색 짙고
서까래 몇 개 남은 퇴락한 사원 옆에 숲 성기다.
땅은 호수와 바다 이어져 있지만 사람은 남북으로 갈리는데
하늘은 봉우리에 닿은 채 달은 예나 지금이나 똑같구나.
둥지 깃든 새가 어찌 외로운 나그네의 한을 알랴?
돌아가는 구름이 고향 그리는 마음 불러일으킨다.
기둥에 기대 길게 읊조리다 보니 황혼은 가까워오고
푸른 나무 무성하게 수만 골짜기에 그늘을 드리우네.

임백호가 정자신에게 부친 시의 운을 차운하여
백호집에 나온 운을 차운하다

푸른 산 둘러친 곳에 푸른 물이 흐르는데

수많은 고상한 이들 여기 와서 놀았다지.

빼어난 기상에 재주 펼치지 못한 한을 품을 수도 있겠지만

한가로운 마음은 이미 백운에게 만류당했네.

바위굴 문222)에 달빛 가득하여 소나무 그늘이 움직여가고

돌침상에 봄 깊자 혜초 장막 그윽해지네.

잠에서 깨어 맑은 창가에 뒤늦은 홍 끌어내어

검은 두건에 죽장 짚고 모랫벌로 내려가노라.

「강교효행(江郊曉行)」 시를 차운하여

　나그네 동틀 무렵 오랜 나루터 찾아가니

　등 하나 밝혀 있는 곳이 바로 강마을이었네.

　남은 노을 서린 물 너머로 산의 자태 담담하고

　지는 해 모래사장 가로질러 나무그림자 나누어 놓았네.

　게으른 노복이 졸다가 지름길을 잃었고

　외로운 기러기 짝 잃은 채 추운 구름 속에서 우네.

　은하수 기울어 두우가 돌더니 날이 밝으려 하는데

　파리한 말 억지로 채찍질 해 석문을 넘어가네.

「광한루술자리」 시를 차운하여

　비온 뒤 봄든 강에 저녁물결 일렁이고

　누각 앞 늘어진 버들은 안개에 젖어 기울었네.

　시 쓰는 마음 빼어난 풍경을 빌려보려 하나

　나그네 홍은 술힘 센 데다 기댈 뿐이네.

　붉은 촛불 빛은 푸른 산에 뜬 달을 가렸고

---

222) 은자가 사는 곳을 비유하는 말이다.

푸른 연꽃 향기가 흰 마름꽃까지 끼쳐온다.
좋은 사람과 이별 잔치의 한을 푸노니
다시 양관의 이별 노래[223]를 부르노라.

「贈淸溪僧」 운을 차운하여

야윈 학과 겨울 소나무는 도골[224]이 기이한데
흰구름 깊은 곳에 절문이 닫혀있네.
박달나무 제단의 향기가 깎아지른 벼랑에서 날리고
본당의 종소리는 푸른 숲 속에 은은하네.
경계는 금모래밭까지 이어졌는데 나한상은 낡았고
정신은 동부에 머물러 돌아갈 마음 없구나.
한가로이 와서 잠시 청계곡(淸溪曲)에 지팡이 멈추니
산비가 흩날려 풀옷을 적시는구나.

「탐라객관」 시를 차운하여 두 수

해 저무는 군영에 화각 소리 스러지고
장군은 아무 일 없이 조각한 난간에 기댔다.
서리가 비단 같은 잎에 내려 가을 풍경 다해 가는데
이슬은 주옥 같은 편액 씻어내고 밤기운은 차갑구나.
큰 바다 거센 파도는 베갯머리까지 닥쳐오고
달의 맑은 빛은 구름 끝에 새어나오네.
아름다운 풍경은 여전히 감상하기 즐거우니
누가 인간 세상에 네 가지 겸해 얻기 힘들다[225] 말하랴?

---

223) 당(唐)의 왕유(王維)가 지은 칠언절구가 악부에 편입되어 만들어진 이별 노래.
224) 도사의 기질을 말한다.
225) 좋은 날, 아름다운 경치, 감상하는 마음, 즐거운 일 이 네 가지는 동시에 얻기 힘들다고
　　 한다.

두 번째

봄물결 바다를 말아내어 성을 길게 감싸 도니

수국이 아련한데 저녁이 어스름히 지네.

별당 가람의 짙은 꽃 붉기가 수만 송이이고

신선 사는 산의 아름다운 나무는 푸르기가 수천 그루라네.

피리 소리 주렴 지날 제 높은 난간에 달 비추고

바람은 비단 휘강으로 고운 향 냄새 보내온다.

훌륭한 경치 감상하는 것이 등왕각226)과 겨룰만 하니

붓을 들어 세 왕씨227)에게 부끄러운들 어쩌랴?

「고당도중(高唐途中)」의 운을 차운하여

젖은 안개에 눈 녹은 계곡 다릿가 언덕에

짧은 채찍 들고 홀로 읊으며 가는 나귀 탄 사람.

높은 나무에 깃든 갈가마귀 한창 즐겁겠지만

어지러운 구름 속 돌아가는 기러기는 슬픈 마음 어찌 견디나?

띠풀 누런 길은 좁고 강마을 먼데

흰 대울타리 무너진 어부집은 가난하구나.

모랫길 걷다 석양에 문득 눈을 떠보니

늙은 매화가 강남의 봄을 홀로 차지했구나.

무양당의 운을 차운하여

용맹한 장군이 뛰어난 지략가를 초빙하여

운조진228)을 펼치며 변방을 다스리던 때

---

226) 당고조(唐高祖)의 아들 원영(元嬰)이 홍주자사가 되었을 때 세운 누각이름. 그가 후에 등
　　왕이 되어 등왕각이라 불린다.
227) 당의 왕발(王勃), 왕서(王緒), 왕중서(王仲舒)를 가리킨다. 등왕각에 왕발이 서(序)를 짓고,
　　왕서가 부(賦)를 지었고, 왕중서가 수각기(修閣記)를 지었다.
228) 진법의 하나로 구름이 흩어지고 새가 나는 것처럼 변화무쌍하다.

흑룡강 앞에는 새로운 관사가 열렸고
황초산 앞에는 큰 깃발을 세웠지.
밤 추울 때 푸른 기름등 아래 검은 노하여 울부짖었고
가을 하늘 높을 때 먼 변방에서 말은 오만하게 울었네.
위풍은 이미 북쪽 산 밖까지 진동시켰으니
강한 오랑캐가 북쪽구석에서 제사지내는 걸 보게 되리라.

보이는대로 읊다 네 수

호수 밖 고향에는 속세 물건이 적어서
바위 문 쓸쓸한데 석양이 옮겨가고,
차가운 집에는 조용한 짝 거문고가 있는데다
저물어 가는 한 해의 그윽한 기약을 국화가 안다.
책을 덮으니 오산에 구름이 흩어진 후이고
술을 깨니 호포에 눈이 갠 때구나.
갈가마귀 둥지로 다 깃드는 황혼이 가까워져
동쪽 봉우리 떠오르는 달 더디기만 하구나.

두 번째

석봉 아래 월선당에
세 갈래 길 황폐한 곳 거사가 돌아왔네.
달빛은 저절로 찾아왔으니 뜻이 있는 것만 같은데
좋은 시절 쉽게 가니 뉘를 위해 바쁘랴?
가엾은 병든 학이 날개를 드리우고
그윽한 난초 다투어 알리듯 짙은 향기 품고 있네.
계절이 끝나 가는지 매화가 움트려하고
근심에 양쪽 귀밑털 날마다 희끗희끗해진다.

세 번째

세 자짜리 거문고에 복건 쓴 것은
몸을 고결하게 하려는 것뿐 가난이 싫은 건 아니라네.
숲 깊어 바위 오래 되었고 안개 짙은데
마을 궁벽져 한가로운 뜰에 새들만 오간다.
흔적이 없으니 스스로 목객[229]과 같다는 걸 아는데
깊은 병을 앓으니 풍인[230]을 다시 만들 수 있으랴?
한 밤중 무슨 일로 잠 못드는가?
대숲 언덕 매화창문에 달빛 새로워서지.

네 번째

몸이 한가로운 곳에 이 마음도 넉넉해지니
고요한 마음에 근래에 물결 일지 않는구나.
이미 깊숙한 곳에 살면서 본분을 깨끗이 지키니
어찌 희끗해진 머리를 황관[231]으로 가린다고 싫어하랴?
청산이 적적하여 때마다 해야하는 일 없고
푸른 대나무 곱고 고와 추운 날씨에도 꿋꿋하다.
집이 가난하여 좋은 물건 없다고 말하지 말라.
엉성한 모습이지만 자금단[232]을 복용하리라.

난설헌의 망고대 시를 차운하여 네 수

오랜 망고대 백 척이라 가장 우뚝 솟았는데
나그네 와서 보니 감개가 무량하다.

---

229) 깊은 산속에 사는 정괴로 형체가 사람과 비슷한데, 새발톱을 지니고 있으며 높은 나무에
　　 산다고 한다.
230) 단풍나무가 오래되면 생기는 혹으로, 사람과 같은 형체를 지녔다고 한다.
231) 대껍질로 만든 볼품 없는 관을 말한다.
232) 옛날 도사들이 복용하던 장생한다는 선약.

지축은 북쪽으로 높아 수 천 산이 모였고
해구는 동쪽으로 트여 배 한 척 지나간다.
용이 일어나 패업을 이루어 세 나라를 열었고
호랑이처럼 웅크린 험준한 관문은 두 강을 누르고 있다.
돌아본 변방 하늘에 가을 해 저물어 가니
바람맞으며 칼 두드려 슬픈 노래 연주한다.

두 번째

마운령은 겨울하늘에 치솟아 있어
웅장하게 동한의 변방 북쪽 표지가 된다.
산세는 동쪽으로 치달려 철령이 장대하고
지형은 서쪽으로 갈라져 서울까지 멀구나.
외딴 성 달 차가운데 풀피리 소리 오열하고
넓은 사막에 가을 하늘 높은데 오랑캐 기개 높다.
듣자니 장군이 새로 관찰사가 되었는데
위풍이 한나라 표요[233)]에게 뒤지지 않는다 하네.

세 번째

높은 데 올라 멀리 바라보며 몇 번이나 훑었는가?
해질녘 마음은 검각[234)] 너머 하늘로 돌아가고 싶네.
해구에는 구름 일어나 뒤처진 기러기 길을 잃었고
언덕머리에 이슬 차가워 샘이 슬프게 오열한다.
국경의 성 저녁 호각소리 바람에 급하게 끌려가고
변새 물가 차가운 모래에 달빛이 치우쳐 비추는구나.
예로부터 멀리 유람하는 것은 남자의 일이니

---

233) 한의 명장 곽거병을 이른다.
234) 제갈량이 축조했다는 대검산과 소검산 사이의 잔도로, 사천과 섬서를 잇는 군사요지이다.

장쾌한 가슴으로 때로 다시 가을 연꽃 어루만진다.

네 번째

세 자짜리 청평검235)이 바로 꾸린 짐인데
짧아진 해에 쌀쌀해져 저녁이 쉬 오는구나.
철령 너머 서리 날자 관사의 나무 늙고
관문 주변 가을 다하자 들녘의 원두막 황폐하구나.
근심스레 가는 길 노래 비장하고
외로운 기러기 눈으로 보내며 생각 아득해진다.
만리를 떠나 와 높은 데 올라 멀리 바라보니
변방 하늘 시들어가는지 두껍게 깔린 구름 누렇구나.

홍자방에게

오랜 병이 해를 넘겨도 완전히 낫지 않은 채
한 번 창강에 눕더니 다시 봄을 보내게 되었다오.
눈 부릅뜨고 서쪽 향해 자주 검을 어루만지고
위급한 마음에 북쪽 높이 걸린 누대에 몇 번이나 올라갔는지.
등불 꺼져가는 긴 밤 혼은 꿈속을 떠돌고
눈 내린 빈 모래섬에 기러기 근심스럽게 우는데
한가롭게 지내니 잔 생각 많아졌다 말하지 마오.
국은이 바다 같으니 죽어도 보답하기 어려운 것을.

임금께서 차도가 있으셔서 정무를 보신다는 말을 듣고 매우 기뻐 나오는대로 읊다

궁궐 숲에 이슬 지고 옥루 추울 텐데

---

235) 명검의 이름이다.

임금께서 오래 비웠던 자리가 안정되었다니
기쁜 소식 처음 듣고 마음 어쩔 줄 몰라
놀란 정신 겨우 안정시키니 눈물 줄줄 흐르는구나.
뒤척이는 베갯머리에서 삼경에 꿈을 꾸니
근심스러운 가슴에는 한 조각 붉은 마음 뿐.
어떻게 하면 절룩거리며 북쪽 궁궐로 달려가
궁궐 뜰에서 배무236)하여 남산을 축하드리지?

백호의 운을 차운한 새상행(塞上行)237)

가을 다한 강성에 나뭇잎 드물고
북풍은 바다에 불어 거무스름한 구름 날린다.
누런 모래톱 차가워 변방 기러기 원망하고
목초는 산에 무성해 오랑캐 말 살지네.
새벽녘 차가운 호각 소리에 변방이 소란스럽고
저녁 봉화 남은 빛이 금미산에 떨어지네.
장군은 저녁에 교하 건너 떠나니
사냥 끝나고 돌아올 때 눈이 옷에 가득했네.

두보의 「등고(登高)」 운을 차운하여

구름 젖고 바람 거세 기러기 슬프게 울고
들 넓고 산 먼데 물이 감돌아 흐른다.
총총히 흐르는 세월 사람을 속이고 가버리고
끊임없는 나그네 근심은 비에 실려 오는구나.
나라 근심해 몇 년 동안 낡은 검을 두들겼는가?
고향 보이는 곳 어디인가, 높은 대에 기대섰다.

---

236) 절하고 춤을 추는 조정에서의 예.
237) 신악부의 제목.

내 쇠약함이 심하구나, 머리 온통 허옇다니.
만사가 술 한 잔보다 못하네.

마음을 풀다
다섯 수

병 앓으며 고향에서 이년 남짓 되었는데
한 해 저무는 호숫가에 바람 서리 많구나.
거문고를 짝으로 삼아 그윽한 흥을 돋우고
대나무가 성긴 울타리 지켜 작은 집 둘렀다네.
센머리 새로 희어짐을 스스로 불쌍히 여기니
수척한 허리에 황금띠 둘렀던 걸 그 누가 알랴?
외딴 마을 적적하고 고운 풍경 사라지니
휘파람 불며 사립에 기대 석양을 보내노라.

두 번째

평소 나라 근심하느라 집 잊고 산다고 자부했지만
뜻은 장대해도 늙어 병든 걸 어쩌랴?
웅검[238]은 남몰래 올라가 북두의 기운을 간섭하지만
새로운 근심은 머리 가득 백발을 재촉한다.
거문고 줄과 거울집은 거미줄로 덮여 있고
풀 우거진 길과 쑥대문은 참새그물 걸어도 될 정도라네.
잠 자기 그만 둔 작은 서재에 가슴만 답답하여
석양에 지팡이 짚고 서있으니 갈가마귀 몇 마리 돌아온다.

세 번째

한 번 교외에 문닫고 들어앉자 한 해 또다시 끝나니

---

238) 춘추 때 오왕 합려가 간장을 시켜 만든 한 쌍의 검 중에 양을 상징하는 검.

병든 가슴 쓸쓸하여 홀로 난간에 기댔노라.
계단 주변 매화나무 봄보다 먼저 움이 트고
주렴 밖 달빛은 차가운 밤에도 들어온다.
만리 떠난 나그네 시름은 쇠피리 들게 하고
오경 내내 돌아가는 꿈은 금란전239)을 향하네.
새벽 오자 서리 기운 빈 휘장을 파고들어
외로운 등불 벽에 가물거리는 것만 보이는구나.

네 번째

바다 마을 풍경이 나그네 시름 일으켜서
홀로 읊다 저녁까지 강가 누대에 기대 있었네.
돌아가는 가마귀 모습 황혼빛을 띠고 있고
뒤처진 기러기 소리 변방 가을을 품고 있다.
백발은 무정하고 사람은 쉽게 늙으니
청산은 말이 없고 물은 공연히 흐른다네.
평생의 뜻 누가 때를 얻어 이룰 수 있으랴?
저녁 경계에 그윽한 기약을 백구에게 맡기노라.

다섯 번째

나그네 가슴 답답해도 누구에게 열어 보이랴?
병든 몸 끌고 강가 누대에 올라가 바라보니,
봉수암 지나는 구름 기러기와 가버리고
호두포에 저녁 돛배 물결 따라 오네.
한겨울 빚어낸 눈이 겨울 해를 가리고
세밑에 봄에 앞서 이른 매화 피어나,

---

239) 임금이 계신 궁전을 가리킨다.

경치 보니 괴로운 사람 근심거리로 심란하여
급히 시골 술을 사들고 가득 찬 술잔 찾노라.

**서울에서 전적 이욱의 「사향(思鄕)」 시를 차운하여
네 수**

남국에 돌아간다는 기약 까마득히 놓쳐버린 채
동화240)에서의 벼슬살이 하루가 일년만 같네.
근심 느는 계절에 서리가 귀밑머리에 내리고
꿈 속의 강호에는 배에 달이 가득하네.
오동잎은 창문 너머 밤비에 울고
기러기떼 가득한 가을 하늘 원망스럽네
고향 떠난 시름 얼마라도 말할 곳 없어
꺼져가는 등불 다 돋워가며 짤막한 글 써보네.

두 번째

스스로 불쌍히 여기는 건 센머리 날마다 희어지는 것,
게다가 흐르는 세월 늘그막으로 치닫는 데라.
매화 얼굴 살지려는지 섣달 비를 재촉하고
고향 그리는 마음은 오로지 낚시배에 가 있다네.
오경까지 꿈속에서 기러기 따라가니
몇 점인가 남은 별 아래 서리가 하늘에 가득하네.
작은 병풍에 근심스레 기대 여전히 잠 못 드니
공연히 팽택241)의 귀거래사 읊어 본다.

---

240) 명청 시대 궁성의 동쪽 문 이름으로, 여기에서는 중앙관서를 가리킨다.
241) 도연명이 팽택령으로 있다가 벼슬을 버리고 고향으로 돌아갔다.

세 번째

이익을 따르고 이름을 다투는 곳 돌아보지 않고
강마을 산두메로 눈을 돌려 뜨리라.
전원이 황폐해져 멀리 가야 하니
부귀에는 무심하여 뜻밖에 얻는 것으로 여기네.
벼슬에 대한 뜻은 봄하늘 한 조각 구름 같고
한가로운 마음으로 물고기 파는 시장에서 술 석 잔 마시네.
이 늙은이 이로부터 한가로이 노니는 사람이니
쓸모 없는 가죽나무요 원래 세상 구할 재주가 아니었다네.

네 번째

가을이 무르익도록 강마을에 길떠난 이 돌아가지 않았으니
고향땅 국화는 누구를 위해 피었을까?
물고기와 새우 잡이 약속 있어 꿈에 먼저 돌아갔으나
기러기 무정하여 편지가 오지 않네.
벼슬살이가 내 몸밖의 일이라는 걸 잘 알기에
뜬구름 같은 인생에 손안의 술은 비워야 하리.
세상 인정 바다처럼 망연해졌으니
이제부터 국수재(麴秀才)242)에게 정을 기울인다오.

총부에서 연일 숙직하며 이전적의「상시(傷時)」의 운을 차운하여
가을 기운 쌀쌀하게 궁궐에 가득하고
물처럼 푸른 하늘 넓고 맑은 모습 드러냈네.
만리 뻗은 산과 강에 은빛 달그림자 비추고
삼경의 궁궐에 물시계 소리 들리네.

---

242) 술을 의인화하여 이른 말.

먼 구름 남쪽 바라보던 통한을 떠올리면
임금님 수레 북으로 달리던 심정을 어찌 견디랴?
외로운 신하 이 밤에 끝없는 눈물
서풍에 더욱 뿌리며 뼛속까지 놀란다.

두 번째
비 기운 처음 걷히자 가을이 성에 가득하고
새벽 바람 이슬을 불어내 강은 개어 맑은데,
변방 기러기 남몰래 무리에서 뒤처진 원망을 호소하고
궁궐 물시계는 추위 속에 서둘러 밤의 시간을 알린다.
자봉루 머리에서 달을 보며 한스러워 하고
백룡퇴 밖에서 구름 보며 생각하네.
임금과 나라의 수치 어느 때 씻으랴?
생각이 근심에 미치면 꿈에서도 놀라네.

중양절에 등고(登高)243)하여 두 수
억지로 병든 몸 끌고 높은 곳에 올라
경치가 사랑스러워 앉은 채 돌아가지 못하네.
좋은 시절은 국화꽃 웃게 할 수 있건만
백의로 돌아온 옛친구를 그 누가 맞아주랴?
맑은 서리 내리려 하고 세월은 저물어가는데
밝은 달 둥글어져 나그네 흥을 돋군다.
세상일 어지러워도 나는 이미 늙었으니
술잔 들고 어디에서 좋은 회포 펼쳐보나.

---

243) 음력 9월 9일 높은 곳에 올라 재앙을 물리치던 풍습.

두 번째

　황폐한 성의 백척 누대에 홀로 오르니
　갈대섬에 가을 저물어 기러기 처음 돌아오네.
　강물은 멀리 호두포를 끌어당길 듯 가버리고
　산세는 웅장하게 봉수암으로 나뉘었네.
　흘러가는 세월에 학이 변하고
　한가한 사람 일을 흰 나귀가 재촉한다.
　풍경에 어쩔 수 없이 새로운 근심이 어지러우니
　나그네 수심 어느 때나 제대로 펼쳐 보이랴?

이전적의 「낙성봉추(洛成逢秋)」를 차운하여

　공연한 시름이 저녁에 심해져 홀로 누대에 기대있자니
　나그네길 계절이 바뀌었음에 문득 놀라네.
　귀뚜라미 소리에 진땅 동산 저녁임을 일찍이 알았고
　매미 소리는 한나라 궁에 가을임을 알려 주려 하는구나.
　세상 인정 가는 곳마다 반가운 눈 하지 않고
　세상 일 흘러감에 따라 이미 머리 희어졌다.
　슬프게 호숫가 하늘 바라보며 세 번 크게 탄식하니
　종남산244) 밖으로 석양이 지는구나.

앞의 시 운을 따라서 고향에 돌아온 뒤에 짓다

　병든 몸으로 일어나 성 위 누각에 오르니
　누각 앞 너른 들에 큰 강이 흐르는구나.
　갈가마귀 돌아가는 저녁 강마을 저물고
　젖은 구름속 뒤처진 기러기 모래 발자국마다 가을이 든다.

---

244) 장안의 남쪽에 있는 산.

호수와 바다에 돌아온 삼년은 벼슬 사직한 것이 아니라
천지의 만사가 머리 긁게 만들어서라네.
저물녘 들려오는 한 줄기 어부의 피리소리에
근심거리 아득하여 거둬들이기 어렵다.

「등강상대(登江上臺)」를 차운하여

크게 취해 미친 듯이 노래하며 나무 배 타고
잠깐 사이 강한을 지나 높은 대에 오르노라.
구름과 안개 만드는 모양은 펼쳤다 말렸다 하고
속일 줄 모르는 갈매기는 갔다가 다시 오네.
무릉도원 향해 기리계와 녹리 선생245) 찾고
다시 백련사246) 두들겨 종병과 뇌차종247)을 찾으리라.
옆에 있는 사람아! 석양이 다 기울어간다고 알리지 말라.
모랫길에 달빛 받으며 돌아간들 어떠리.

두 번째

공연한 시름 물리치려고 술잔 잡고서
봄빛에 이끌려 홀로 대에 올랐노라.
강은 비었고 하늘 넓은데 조각 구름 떠가고
모래 하얗고 물 푸른데 외로운 새 날아 오네.
젖은 안개 흩날리더니 수천 산에 비 내리고
검은 바람이 한 줄기 천둥소리 몰고 온다.
산과 강의 기이한 자태 모두 멋진 볼거리이니
게으른 종은 앉아서 돌아갈 줄 모르는구나.

---

245) 진시황을 피해 숨었던 은자 상산사호(商山四皓) 가운데 두 사람.
246) 동진 때 승려 혜원이 여산의 동림사에 조직한 결사.
247) 백련사 결성에 참여했던 이름난 유자.

마음대로 읊다

물가에서 해 지나도록 병 앓는 사람,
꿈에서도 나루터로 다시 향하지 않는다네.
나그네길에 그림자 짝하여 청려장 짚었는데
세어서 성겨진 머리는 흰 면화건에 부끄러웠지.
세모에 쓸쓸한 마을이라 닫힌 문에는 달빛뿐이고
손님 드문 궁벽한 골목이라 자리에서 먼지가 인다.
가슴속에 얼마간 불평스러운 일 있지만
한가로운 구름 돌아보며 슬픈 마음 견딘다네.

서울에서 물가 고향 친구에게

물가 고향은 세속 물건이 드물어
늙은 매화, 곧은 대나무가 사립을 감쌌겠지.
푸른 산은 꿈만 꾸면 가게 되건만
흰머리 사람을 속인 채 새해가 또 돌아왔네.
천리를 떠난 마음 언제나 기운이 없고
봄 되면 이별의 정 정말로 여전한데,
채찍 휘두를 일을 어찌 꽃 질 때까지 기다리랴?
석악에서 함께 노닐자던 약속 끝내 어기지 않으리라.

우도사에게

한번 강호에 눕고 보니 병은 위독해지고
근심 일으키는 세월은 사뭇 총총히 지나가오.
국화에 내린 비에 가을 풍경 저물어 가고
붉은 잎은 서리에 놀라 나무 모습은 텅비었다오.
뜬구름 같은 세상을 나는 새 너머로 바라보며

남은 인생 취해 잠들며 보내려 하오.
촌늙은이 짚방석 다툰다고 그대는 욕하지 마오.
지금 이 늙은이도 역시 촌늙은이라오.

「시촌견기(柿村見寄)」를 차운하여
　　한 번 들밖 집문을 닫고 삼년이 지났으나
　　병들어 읊조리는 것은 여전히 돌아가지 못한 사람 같네.
　　강한[248] 가는 길은 멀어 청산이 막혀있고
　　세모에 호숫가 생활 서민 집 가난하구나.
　　쓸쓸한 고향에 소나무와 국화 늙었고
　　성기어지는 머리카락 눈서리가 새로 내렸네.
　　전전하는 배갯머리에서 삼경에 꿈을 꾸니
　　때마다 외로운 기러기 쫓아 궁궐에 가 닿는다네.

백교의 운을 차운하여 변승지(邊承旨) 이성이다
　　거사가 돌아와 산은 외롭지 않으니
　　작은 동산 난초밭 사이 토란밭 일구었다네.
　　관직을 그만둔 게 어찌 세 번이나 쫓겨나서랴?
　　계곡에 머문 것은 다만 팔우(八愚)[249]가 있기 때문이겠지.
　　임금을 그리는 마음은 천리 멀리 꿈을 따라 가고
　　근심스러운 때 귀밑머리 변하여 오년내내 탄식했겠지.
　　그대의 능력으로 이미 청운 위로 올랐겠지만
　　무턱대고 쓸데없는 길 찾는 일을 스스로 비웃는 것이겠지.

---

248) 양자강과 한수 근처의 지방.
249) 우계(愚溪), 우구(愚丘), 우천(愚泉), 우구(愚溝), 우지(愚池), 우당(愚堂), 우정(愚亭), 우도
　　(愚島)로, 당(唐)의 유종원이 이름을 짓고 <우계시서>를 지었다고 한다.

생일 술자리에서 입에 나오는 대로

올해 나이 육십오세
만사를 어느덧 겪고 머리털 이미 누렇게 되었네.
병 앓는 가운데 몸과 마음 모두 쓸쓸해졌고
세상의 영욕은 모두 아득해졌네.
고향의 조용한 곳에 사는 새로운 거사는
저자에 뜬 이름 있던 옛 시랑이라오.
술 앞에서 한 번 취하는 것도 나쁠 게 없으니
국화 핀 좋은 시절, 중양절이 가까워 오네.

우도사가 술을 가지고 와준 데 감사하여

좋은 밤 구름이 도리어 샘이 많아서
일부러 달빛 가리고 오랫동안 열지 않았네.
서쪽 언덕 기이한 사람 지팡이 짚고 서있는데
동쪽 이웃 좋은 손님이 술병 차고 왔구나.
손 가는 대로 맛있는 음식 집으며 말 주고 받고
향기로운 술에 마음 붙여 잔에 넘치게 따르네.
귀중한 마음은 다 감사하기 어려우니
어떻게 해야 깊은 밤 다시 오려나.

병이 난 후 생각을 읊다 신사년 겨울

어느덧 병이 난 것이 작년 겨울이었는데
완전히 낫지 않은 채 한 해가 또 다했구나.
살은 다 없어져 살가죽이 뼈에 붙었고
형체를 이미 벗어나 머리털마저 없어진다네.
등불 가물거리는 긴 밤에 근심으로 잠 못 드는데

바람은 겨울 창문 때리고 눈은 하늘에 가득하구나.
새벽을 재촉해 알리는 닭소리가 오히려 반가워
아이 불러 문을 열고 하늘 동쪽 바라보노라.

우공과 신공 두 사람에게 기록하여 보내다 두 수
섣달 다한 쓸쓸한 마을에 한 해 끝나가는데
가련하다, 머리 하얗게 된 노인네가 다시 살아나다니.
앉으나 서나, 잠잘 때나 먹을 때나 온갖 근심에 싸여
봄 여름 가을 겨울 계속 병 앓고 있다네.
세상의 공명이라는 것은 호랑나비 꿈[250] 같고
아는 이 소식은 떨어져 있어 들을 길 없네.
쑥대문 낮에도 닫은 것은 지나는 이 적어서인데
쌓인 눈이 남은 성긴 울타리에 저녁노을이 붉구나.

두 번째
땔나무 걱정 시작한 것이 무인년 가을부터니
강호에 한 번 눕자 오년이 다 되어가는구나.
형제와 사위 죽어 세 번이나 눈물 뿌렸고
굶주림, 추위와 병 모두 수백가지가 근심거리라네.
인생에 얼마나 더 가슴을 슬픔으로 채워야 하나?
세상 일 무심하여 흰눈만 머리에 가득하구나.
다행히 동쪽에 이웃 누구 있으니
언덕마다 서로 방문하는 게 좋지 않을까?

---

250) 장자가 호랑나비가 된 꿈을 꾸고 일어나 자신이 호랑나비 꿈을 꾼 것인지, 호랑나비가
　　　장자의 꿈을 꾸고 있는 것인지 모르겠다고 하였다.

병 앓는 가운데 울적함을 풀며 세 수, 임오년 봄

나그네 수심과 병이 괴롭게 재촉하더니
어느덧 계절은 바뀌어 봄이 다시 오는구나.
땅위에 물결 생기니 장마비가 지나가고
나룻머리 물결 밀려가 물안개 걷힌다.
향을 태워 기분을 풀며 시를 세 번 읊어보고
달 대하여 근심 밀쳐놓고 술 한 잔 드노라.
세상의 벼슬자리와 녹봉을 이미 끊어버렸으니
낚싯대 드리운 채 이끼에 누운 내 신세를 달갑게 여기네.

두 번째

북두 자루 처음으로 돌아가 천지에 봄이 되니
나는 지금 육십칠세라네.
세월은 차츰 근심 속에 흘러가고
성기어진 머리가 거울 속에 새롭구나.
뜬 구름 같은 세상에 이 몸이 나그네란 걸 이미 아는 데다
남은 인생에 다시 병을 이웃으로 삼아야 하네.
임금 향한 마음 꺾이지 않고 강호는 머니
얼마나 진나라 구름 향해 북쪽을 바라보았던가?

세 번째

외진 땅 그윽한 곳에 살아 오는 손님 드물고
작은 뜰 향기로운 풀이 사립문 감싸고 돈다네.
오제의 오래된 나무에는 푸른 이내가 끼어있고
사포의 긴 모래섬에는 백로가 날아든다.
매화 얼굴 아직 피지 않아 봄이 근심스럽고

버들 눈썹 처음 늘어지자 비가 흩날린다.
나막신 신고 한가로이 읊다보니 황혼이 가까워져
몇 마리인가 돌아오는 갈가마귀 황혼빛을 띠고 있네.

우, 신 두 공께 적어바침

하루종일 쑥대문은 닫힌 채 쓸쓸하고
병든 사람 마음은 너무나 무료하오.
작은 뜰 꽃샘추위에 매화가지 수척하고
너른 들 구름은 무르익어 비가 금방 올 것 같네.
앉아서 오래된 나무에 기댄 젖은 가마귀 대하였다가
누워 아득히 높은 하늘을 지나는 오리를 바라보네.
이 때가 바로 흉금을 터놓을 때니
숲언덕에 길 막혀 있다고 멀다 하지 마오.

홍백천의 운을 차운하여

홍주래가 자기가 지은 것을 보여 주어 화답하다

궁벽한 처소를 왕림하며 조금도 허물하지 않았으니
강과 산에 봄풍경이 끝나가려는 때였네.
비 지나간 수풀 언덕에 꽃향기 젖어있고
햇빛 어리는 창가에 대나무 그림자 옮겨가네.
뜬 세상에 말로 재앙입고 야박한 속세 슬퍼했다가
만년에 마음 맞는 친구로 즐거움을 새로이 알게 되었지.
이 몸이 야위고 병 든 지 삼 년
높은 병풍 쳐서 맞이하는 일 너무 늦어 한스럽구나.

우공과 신공 두 분에게 기록하여 보내다

병들어 교외 밖 집 문 닫고 봄을 온전히 다 보내니

작은 집의 봄날 그림자가 애처롭구나.

퇴색한 붉은 꽃잎은 나무와 이별해 바람 따라 흩어지고

부드러운 녹색 가지 숲을 꾸미니 비를 맞아 새롭구나.

검은 제비 쌍쌍이 날아 옛주인을 찾아 오고

노란 꾀꼬리 세 번 지저귀어 은거한 사람을 청하네.

걸린 등 아래 아름다운 대화를 그대는 저버리지 마오.

좋은 날은 여드레뿐 열흘이 안 된다오.

흥이 나서

나는 전생에 학을 탄 신선으로

멀리 떨어진 하늘의 달과 별을 즐겨 돌아다녔으리.

금화동251) 오래된 곳 나무는 일년에 세 번 꽃이 피고

옥계산252) 맑게 개면 연기 아홉 점253)만이 보였겠지.

인간 세상 돌아다닌 흔적은 봄꿈처럼 나른하고

구름 낀 골짜기에 조용히 거처하니 도 닦는 마음뿐이었겠지.

어느 때에나 차가운 바람 몰고 가

봉래산 향해 웃으며 수만 길로 나가보나?

단오일 서울에서 지난 해 성대했던 일을 생각하며 느낀 바 있어

하늘하늘 은색 줄이 나무 끝에 매달렸고

펄럭펄럭 깃옷 입은 신선이 왔다갔다 했었지.

비경254)이 학을 몰고 삼도255)로 돌아갔고

농옥256)이 구름을 타고 구천으로 내려갔었지.

---

251) 명승지 이름. 도교에서 말하는 서른 여섯 동천(洞天) 중의 하나.
252) 신선이 사는 경계를 말한다.
253) 높은 곳에서 구주(九州)를 내려다보면 연기가 아홉 점으로 나는 것으로 보인다 한다.
254) 선녀의 이름.
255) 신선이 산다는 봉래, 영주, 방장을 이른다.

연나라 협객의 화류마[257)가 큰 길을 달리고
진나라 아가씨의 노래와 연주가 화려한 자리에 울렸었지.
옛날의 성대했던 일 생각하면 지금은 쓸쓸해지니
바로 아름다운 때를 두고 탄식하노라.

김생 백휘의 죽음을 슬퍼하여

그대와 다정했던 일은 친동기에 갑절이었고
서울 동쪽 서호에서 이웃으로 살았었지.
자주 왕래하며 서로를 보살폈고
술잔 잡고 담소할 적에는 천진함을 드러냈지.
궁벽한 고향에서 갑자기 한가로운 시절 짝을 잃으니
후미진 골목에 누가 병든 나를 찾아올까?
좋은 시절 가을빛 저물도록 문을 닫고서
슬픈 만사 쓰려니 저절로 눈물에 젖는구려.

옥당에서 숙직하는 꿈을 꾸고 느낀 대로 읊다

한 번 창랑에 은거한 후로 일곱 해를 끌다 보니
한 해가 저물어 나그네 수심 더해만 가네.
땅은 초땅 물가[258)가 아니건만 몸은 야위었고
병은 사마상여 소갈병처럼 끈질기구나.
낙성 동쪽 옛 거처 초가집 무너져 있고
서호에 새로 계약한 돌밭 황폐해 있는데
가련하다, 외로운 침상에서 추운 밤 꾸는 꿈은

---

256) 춘추 때 진목공의 딸로 퉁소를 잘 부는 소사에게 시집 갔는데 둘이 봉새를 타고 날아갔
    다고 한다.
257) 진목왕의 팔준마 가운데 하나.
258) 초나라 대부 굴원이 귀양을 가서 수척한 몸으로 물가를 거닐었다고 한다.

패옥소리 여전히 울리며 옥당을 지키고 있는 것이라니.

울적한 마음을 풀며

사나운 바람 노호하자 북방 구름이 가득차고
세찬 눈 나부껴서 짧은 해 수그러뜨리는데,
오래된 나무 시든 가지에 갈가마귀 추워 오그라들고
저물녘 물가 모래 차가워 기러기 신음하네.
지나며 보니 흐르는 계절은 갈대밭에 불어대고
시든 재 헤치며 석규259)에 들어앉았다.
세상일 많이 힘들고 몸도 늙었으니
이 늙은이 그윽한 거처가 싫지 않다네.

낙성 동편에서 묵는데 눈 오는 밤 괴로움이 심해 울적함을 풀어 이영평에게 기록해 보내다

갑신년 정월

근심스러운 봄추위에 해진 담비옷 꺼내고
밤 깊어 나그네 심사 무료해지네.
퇴락한 처마에 쌓인 눈이 창으로 들어와 얼어붙고
낡은 벽에 부는 거센 바람은 휘장을 펄럭인다.
뜬세상이 지나는 여관과 같음을 이미 알기에
남은 인생 고기 잡고 나무하며 보내려하오.
가련하다, 외로운 침상에 고향 가는 꿈.
몇 번이나 호두포의 다리를 건넜는지 모르오.

---

259) 선녀가 산다는 돌로 된 동굴.

수찬 박졔순이 먼저 호서의 고향으로 돌아가기에 입에 나오는
대로 적어 주다
　강호에 누워 오년을 부대끼다가
　병 들어 서쪽으로 오니 귀밑털 이미 희끗하다.
　무너진 집 몇 칸 먼지가 벽에 가득하고
　버려진 뜰 한 묘260)에는 못에 풀이 자랐어라.
　꿈은 다해 뜬 세상에 벼슬할 뜻 적어졌고
　봄이 생동하자 고향땅 돌아갈 생각에 바쁘네.
　나도 호기 있게 여기를 떠나려니
　석봉에 뜬 으스름달 배회하기 좋겠지.

병 끝에 우도사가 와 준 데 감사하여 갑신년말
　누가 계절이 가면 또 온다고 했던가?
　시절은 정월이 사흘 남았네.
　풍경은 못가 버들에 풀어지려 하고
　봄마음 이미 난간 앞에 매화에 생동하네.
　세 번 지난 가을에 병을 앓으며 겨울이 다했으니
　외로운 잠자리에 수천 가지 근심이 백발을 재촉했다오.
　적막한 버려진 마을의 남은 눈 속에
　쑥대문을 이제야 다행히 그대 위해 여는구려.

면천 박대화 모부인의 죽음을 애도하며
　자식 중에 고관이 나오는 것은 부덕이 훌륭해서이니
　남극에 노인성261)이 바로 올라 빛났었지.

---

260) 땅을 세는 단위.
261) 남쪽하늘에 빛나는 별로 장수성이라고 한다.

고을 수령의 부모 봉양을 모든 사람이 아름답게 여겼고
높고 은혜로운 봉작은 세상에 보기 드문 것이었네.
겨우 회갑연에서 절하여 노래하고 춤추었는데
곧바로 애도의 글 쓰자니 꿈이 아닌가 싶구나.
상여 나가며 광음로(光陰路)를 노래하니
붉은 깃발 쓸쓸히 돌아가는 것을 내 차마 보랴?

권석주의 「압해정(壓海亭)」 시를 차운하여

호서 지방 뛰어난 땅에 높은 정자가 있어
아득히 높은 처마가 백로섬으로 들어가는데,
포구 멀리 돌아오는 배가 지게문으로 보이고
삐죽삐죽한 산에 아지랑이 개어 격자창으로 들어온다.
모랫벌 갈매기 물가에 섰는데 쌍쌍이 하얗고
안개 낀 섬은 공중에 떠서 점점이 푸르구나.
어떤 사람이 편히 누워 속세 생각 끊는가?
이곳에도 소미성이 비추겠지.

권석주의 「해촌(海村)」 시를 차운하여 마음대로 읊다

쓸쓸한 외딴 마을에 저녁 다듬잇소리 급한데
반쯤 남은 노을이 겨울 숲에 어려있네.
안개는 나무를 덮어 새로운 그림을 펼쳐내고
눈올 기색 구름과 만나 한기를 만들어낸다.
한가로이 지내니 사는 곳 궁벽해도 상관 없고
시름 떨치기에는 가득 찬 술잔이 꼭 알맞네.
제갈공명이 재주 감추고 남양땅에서 지낼 때에
무릎 끌어안고 공연히 양보음262)을 불렀다네.

생각을 풀어내어

바람 울부짖는 강가 교외 저녁 추운데
오래된 숲에 성긴 비 내리자 갈가마귀 어지럽게 돌아온다.
외딴 마을 적막한 채 푸른 안개 축축하고
작은 집 쓸쓸하게 대나무조차 시들었어라.
천지는 무정하고 사람은 이미 늙었는데
시간은 쏟아지듯 흘러 한 해가 끝나간다네.
이 늙은이 그윽한 취미를 누가 함께 하랴?
세상을 돌아보니 가는 길이 험난하구나.

두 번째

쓸쓸한 깊은 거처에 세속 일이 드물고
찬 안개와 지는 노을이 사립을 덮고 있다.
구름이 덮인 얼어붙은 포구에 고기와 용이 숨어버렸고
눈 가득한 빈 모래섬에 기러기와 오리 굶주렸네.
흉년 들고 집 가난하니 즐거운 일이 적고
머리 벗겨지고 이가 빠지니 굳건했던 마음 어그러지네.
석양이 다 하도록 외로이 서서 홀로 읊는데
계속해서 겨울 숲에 새 돌아와 깃드네.

홍양목사 심원지263) 영공이 찾아왔기에 베개를 나란히 하고서 읊어 감사하다

홍양의 목백은 내 마음에 형으로 여기는 사람인데
곤궁한 집에 찾아와 주니 옛정에 감사하네.

---

262) 악부 이름. 양보에서 장사지낼 때 부르던 만가에서 기원했다고 한다.
263) 본명은 심지원(沈之源). 원지(源之)는 字. 광해 12년(경신) 정시병과(庭試 丙科)에 급제하였다. 선석보다는 한 해 뒤이다.

침상에서 내려와 활짝 웃으며 맞아들여
등불 아래 애기하니 삼경이 다 되었네.
성난 바람 땅을 말아올려 초가집 냉랭하고
모진 눈 하늘에 가득하여 손님을 놀라게 하는구나.
따로 반가운 눈 다시 뜰 일 멀지 않음을 아니
봄술을 사두고 돌아올 날 기다리려네.

인보가 과거에 낙방하고 돌아왔다는 말을 듣고 위로하여

거센 눈 처음 개어 달은 둥글어지는데
파강264)에서 떠나던 모습 처연하게 되었구려.
어른 되어 청운 위에 오르지 못한 채
짧은 채찍 재촉하여 안개 자욱한 바닷가로 돌아온다니.
성공과 실패가 각각 따로 있는 것이라 말하지 마오.
하늘이 관장하는 때와 운에 달렸으니.
그대는 용을 잡는 솜씨265) 기르기 더욱 힘쓰게.
올해 지나면 황지266)에 그대이름 쓰일 테니.

이상정의 죽음을 애도하며

들밖 내집에 찾아온 것이 지난 봄인데
반가운 두 눈 뜨고 마음으로 맺은 친구를 맞이하였지.
다시 잠자리 나란히 하고 애기하자 약속했는데
지금은 저 세상 사람되었다 말하지 마오.
금슬이 서로 화합하여 장수를 누리다가

---

264) 파수의 다리에서 사람들이 버들을 꺾어들고 이별의 정을 나누었다고 한다.
265) 주팽만이 지리익에게 용을 잡는 법을 배우고 천금이나 되는 가산을 탕진하여 삼년만에
     재주를 이루었는데 쓸 데가 없었다고 한다.
266) 관원의 선발이나 임명의 경우, 황지에 이름을 써서 임금께 올렸다고 한다.

봉황이 서로 따라 간 지 열흘이 되지 않았다네.
집안 계승은 세 형제 믿을만 하니
남은 경사는 아들에게 맡겨야 하리.

성시분공의 「망해정(望海亭)」을 관해의 운을 빌어 차운하여 관해는 이자시이다

아득하게 높은 지붕은 바닷가에 닿을 듯하여
끝없는 풍경을 우리에게 자랑하네.
산은 대륙을 둘러싸 수천 봉우리 줄지어 있고
파도는 푸른 바다 말아내어 여러 갈래로 나뉘는구나.
저멀리 포구에 돌아오는 돛배 구름 밖을 지나고
잔잔한 호수에 어부의 피리소리 달 아래 들리누나.
흥이 나서 모래밭을 늦도록 산보하며
한가로이 무심한 갈매기떼와 짝하노라.

울적한 마음을 풀어 나오는대로 읊다 병술년 늦봄

쑥대문 낮에도 닫혀 있으니 뉘와 친하랴?
쓸쓸한 초가집에 그림자만 나를 짝하였네.
좋은 시절을 그냥저냥 근심으로 날 보내고
남은 해는 병을 이웃으로 삼게 되겠지.
집 가난하여 인적 드무니 세상인정 야박하고
천지는 황폐해져 가는데 세상일은 새로워지는구나.
계절은 이미 끝나 꽃이 지려하니
마을의 술을 사와 남은 봄이나 즐기련다.

지주가 찾아주심을 사례하여 한군 수원이다

병 들어 시골에 누운 지 십년이 지나

좋은 절기 만나니 근심만 쌓여
불쌍한 센 머리 낯 선 거사를
금 띠 두른 나리였던 줄 누가 알리요
집이 헐어서 거미줄 치고
문짝은 떨어져 새그물 벌였네
귀하신 행차가 예까지 오셨으니
궁한 마을 길마다 광영이 넘치네

무료함을 견디지 못하여 두보의 「엄공야정(嚴公野亭)」 시를 뽑아 차운하다

개인 창은 옛사람 글과 꼭 같으니
쓸쓸한 거처가 은거한 것과 같구나.
세상을 논하는 데 옷에 이 있어도 꺼리지 않고
가난을 편히 여기니 고기반찬 없다고 어찌 탄식하랴?
가벼운 바람이 비를 뿌려 꽃향기 젖어들고
길어진 해가 뜰에 들자 대나무 그림자 성겨지네.
동산의 아이에게 손을 조심하라 알려서
난초밭에 봄호미질 함부로 하게 하지 말라.

곽판관에게 수창하여

남은 인생 성명을 보존함을 스스로 다행이라 여기니
감히 하늘이 뜬인생에 박하다고 말하랴?
임금 은혜 멈춘 것은 세 번 쫓김 만나서가 아니고
병으로 칩거하였으니 이루어지는 일 없어도 무슨 상관이랴.
인적 드문 남쪽에 내려와 양 귀밑머리 변했으나
높은 누각에 올라 북쪽 바라보는 이 마음은 밝다네.

바람을 치고 무작정 회오리 타고 오르는
붕새 날개라도 구만리 먼길 기약하기 어렵겠지.

조판서 부인의 죽음을 애도하여

훌륭한 덕은 군자의 배필로 마땅한데
평소에 복록은 오히려 늦추었으니,
담비꼬리 관에 꽂은267) 젊은 시절 영광은 누가 도왔던가?
고희를 축하하는 거문고 음악은 아직 펼쳐지지 못했네.
뜰에 가득한 옥같은 나무는 금마문268)의 선비들이고
눈에 가득한 고운 가지는 재질 뛰어난 아이들이네.
인간의 큰 변화269) 끝내 벗어나기 어려우니
인간세상에 봉 깃들던 오동나무 슬플 것이 한스럽네.

한밤중의 달빛

비 끝에 남은 가을기운 서늘해졌고
외로운 밤 풍경은 나그네 시름 일으키네.
구슬 같은 이슬이 푸른 댓잎에 돋아나고
달빛은 푸른 오동나무 가지 사이로 비쳐든다.
가을벌레는 남몰래 깊은 밤의 한을 호소하고
늙은 기러기는 만리 떠난 슬픔을 울부짖는구나.
한밤중 다 되도록 잠 못 들고 앉았으니
외로이 읊으나 근심이 너무 심해 시가 이루어지지 않네.

---

267) 시중이나 중상시 등의 근신의 관에 담비꼬리로 장식했다.
268) 한나라 궁의 문으로 학사를 대접하던 곳이다.
269) 인간이 태어나면서 죽을 때까지의 큰 변화로 어린 아이, 젊은 시절, 늙은 시절, 죽음 네
　　가지가 있다.

서울로 돌아온 후 오촌(鰲村)의 여러 공께 부치다 정해년 겨울

십 년만에 해진 관복 다시 떨쳐 입고서
조정에 선 백관들 바라보니 아는 얼굴 적더군요.
뜬 세상에 인사란 변한다는 걸 잘 알기에
늘그막에 벼슬 생각 엷어진 것을 더욱 깨달았소.
고기 잡고 나무 하자던 약속 굳어 내 당연히 가야하고
잔나비와 학과의 맹세 깊어 꿈에는 이미 돌아가 있다오.
멀리서 떠올리면 고향 동산에 가을 풍경 다하여
작은 뜰에 오동잎이 서리 맞아 날리겠구려.

송도에서 김행원 영공의 운을 차운하여

삼한땅에 도읍 정한 업적 생각해 보면
당시의 사업 역시 영웅이 한 일이었겠지.
번화했던 천년 동안의 달이 이미 식었고
흥망성쇠 모두가 한 줄기 피리소리로 옮겨졌구나.
나무꾼 다니는 길은 무늬 새겨진 섬돌과 구분 없으니
토끼 뛰는 언덕이 패왕의 궁이었던 것을 누가 기억하랴?
못과 누대 적막하고 산하는 늙었는데
오래된 나무 서리에 젖어 잎이 바야흐로 붉구나.

평양에서 최자적 영공의 운을 차운하여
참판 최혜길이 평양전위사로 동행하였다

조정에서 배사하고 말 탄 길 재촉하니
역로가 멀리 패수성270)까지 이어져 있네.
팔일 동안 말 나란히 달린 일 인연이 있었는데

---

270) 평양을 가리킨다. 평양의 남쪽에 패수가 있다고 함.

하루 아침에 이별하니 어찌 그리 무정한가?
바람 높은 오래된 협곡에 여울소리 돌아 나오고
달 가득한 긴 모래섬에 나무 그림자 가로지르네.
겨울 하늘 돌아보며 돌아갈 생각에 괴로우니
오색 구름 어느 곳이 서울이던가?

순안에 도착하여 최영공과 김영공께 부치다

절 마치고 서쪽에서 오는 길 점점 멀어져
옛성의 안개 낀 나무 몇 번이나 돌아보았네.
사람 사는 세상 이별 많다는 걸 원래 알지만
이 산과 바다에서 떠나고 남음이 갈리게 되다니.
외로운 여관 빗소리는 나그네꿈을 놀라게 하고
깊은 밤 등잔의 재는 나그네 수심 일으킨다.
패수까지 함께 했던 짝에게
풍경을 적어 보내 수창하리라.

안주에서 밤에 술을 따르며

세모의 변방 성에는 눈서리가 서둘러 내리니
홀로 머문 외로운 객사에서 생각 수습하기 어렵네.
산이 너른 들을 둘러싸 강물 소리는 멀고
하늘은 긴 구름으로 이어져 기러기 슬피 우네.
겨울 밤 끝나가고 붉은 촛불 꺼졌는데
성난 바람에 나부껴 푸른 장막이 펄럭이네.
줄 뜯으며 부르는 노래에 고향생각 막을 수 없으니
다시 새로운 근심을 술잔으로 옮기노라.

청안 이원준이 와준 데 감사하여

  십년 동안 서호에서 병 앓던 몸이
  동화문에서 지금은 월나라 노래 읊는 사람 되었네.
  어지러운 세상일 속에 귀밑머리 세어버렸고
  끊임없이 흐르는 세월 속에 이른봄이 다가왔네.
  누추한 골목 황량한데 문은 눈에 덮여 있고
  해진 오두막 쓸쓸한데 자리에서 먼지가 인다.
  그대 유독 소중히 여겨준 정에 감사하니
  내가 혼자 잠드는 걸 가련히 여겨 자주 와 주게.

김사상의 열파정(閱波亭) 운을 차운하여

기축년 여름
  호숫가 그윽한 이의 고초정이 있고
  정자 가운에 봄술 가득한 은병이 있다네.
  구름 이내 층층이 산모양 만들어내고
  갈매기 백로는 세상일 잊은 채 저녁 물가에 내려앉네.
  하얀 달이 모래에 내리니 시흥이 동하고
  좋은 바람 물에 불어와 취해 잠든 이 깨우는구나.
  그대 이미 속세 생각 끊었을테니
  낚시 드리우고 늘그막 보내도 상관 없으리.

탕애 동성 밖에서 돌아오는 길에 입에서 나오는 대로

  저녁무렵 성 동쪽으로 나가 옛자취 찾아가니
  오랜 언덕에 지는 노을 우뚝한 소나무에 걸려있네.
  푸른 산 푸른 물은 옛날 모습 그대로인데
  백발의 창백한 얼굴이 지금 내 모습이라오.

술 들었다고 어찌 질탕하게 놀 수 있으랴.
큰 소리로 노래하여 쇠약함을 떨쳐버리는 것일 뿐.
다시 오자는 아름다운 약속 그대는 저버리지 마오.
맑은 봄날 꽃 한창 짙을 때 기다려 모이세.

영흥 박안효의 죽음을 애도하여

대대로 벼슬하는 사대부 집안으로
조정에 높이 나아갔을 때 청춘이었으니,
인간 세상에서 관직은 삼품에 이르렀고
꿈 같이 흐르는 세월은 육순에 이르렀지.
쌍벽을 이루던 모습 이그러져 피눈물을 닦고
외로운 난새 춤 다 추고 푸른 하늘 향해 울부짖네.
끝없는 친구 생각에 놀라 소리치니
먼 하늘 바라보며 정신 더욱 아득하구나

두 번째

그대가 떠나갔다는 말을 듣고 내 가슴 비통하니
기약 없는 이별이 멀리 떠나 있을 때라니.
무덤가는 길에 손가락 꼽아보면 옛친구 많고
세상길 돌아보면 아는 사람 적구나.
쓸쓸히 나부끼는 상여깃발 관하 밖으로 향하고
돌아가는 혼은 물가에서 몸을 씻겠지.
술 마시며 즐거운 놀이 한바탕 꿈이 되었으니
눈물 속에 애도의 글 쓰는 일 견딜 수 있으려나.

황주의 여관에서 마음대로 읊다

황주와 안주에 전위사로 나왔던 것이

정해년 겨울과 기축년 봄이었지.

돌아다닌 거리가 천여 리 되고 보니

쇠약하고 둔해진 일흔 세 살 된 사람 되어 있네.

외로운 생활에 어질다하여 나만 힘들다고 감히 탄식할 텐가.

늘그막에 자주 먼길 나가게 된다고 누가 가련하게 여기랴?

반평생 살펴보면 무슨 일을 이루었던가?

변방과 서울 오가며 머리카락 은빛이 되었다네.

북신사 상전

두 수, 경인년 봄 선원록271)을 맞이하러 국경에 머물러 기다리는데 북신사
에 비가 내려 한가한 틈에 읊다

응주의 문서 사이에서 이익만 쫓다가

우연히 공무로 인해 봄산을 지나게 되었네.

나는 듯한 폭포 한 줄기 산길을 꿰뚫고

고목은 수천 그루 돌산을 감싸고 있다.

어지러운 산봉우리 들쭉날쭉 눈을 어지럽게 하고

높은 지붕 아득하여 구름끝까지 닿았네.

하느님이 지방관사 나와 있는 내 괴로움 불쌍히 여겨

반나절 쉬도록 화궁을 빌려주었구나.

두 번째

백치 동쪽에 북신사가 있어

산아래 풍경은 새봄이 다되었네.

누대 끝 높은 난간은 푸른 노송나무로 이어졌고

바위에 날리는 샘은 푸른 대나무를 감싸 도네.

---

271) 왕실의 계보를 기록한 책.

눈을 들어 하늘 닿은 산봉우리 다 보려하니
뭉게 구름 장난을 쳐 빗줄기 내려 사람을 만류하네.
근심에 잠겨 베개 베고 한가로이 잠이 들었다가
꿈속에서는 요대272)를 노니는 몸 되었다오.

여러 조카에게 보이다

돌아가련다, 어찌 돌아가지 않으랴.
한 번 관직에 들어와 삼년 동안 너무 번잡하였구나.
마음이 몸의 부림을 받았으니 어찌 부끄러움이 없으리?
병이 해마다 심해지는 것도 슬픈 일일세.
은혜가 백성까지 미치지 못하면서 창고만 축내고 있었고
재주가 맡은 일 분별하지 못하면서 세상만 걱정할 뿐이었지.
고향에 봄이 생동할 텐데 내 장차 돌아갈 것이니
정원 매화 늦게 피지 말라고 소식 전해다오.

영평 이원준이 부쳐온 시를 차운하여 임진년 겨울

외로운 생활 정리하니 슬퍼할 필요 없어
전원으로 돌아가야 하는 두 가지 이유 있다오.
야위고 늙은 남은 육신 쓸 데가 없고
번잡한 병 역시 치료하기 어려워서지.
산하에 눈 쌓이고 추위가 심한 계절
천지는 음산하고 한 해가 저무는 때,
손으로 화로의 재 돋우니 마음이 고요해져
말 잊은 채 조용히 앉았으니 멍청하다 꺼리지 마오.

---

272) 신선이 산다는 아름다운 누대.

두 번째

울타리는 소나무와 대나무로 두르고 문은 쑥대로 엮어
형식 잊은 채 짚방석 다투며 밭 가꾸는 노인네로 산다네.
매화가지 성기어진 모습으로 새달을 맞아들이고
오동잎 고운 소리는 저녁바람과 다투는구나.
지역 궁벽한 산과 물에 세속일 적고
굳게 약속한 고기와 새는 벼슬할 뜻 없애주네.
향 사르고 묵묵히 앉아 추운 밤 다 보내니
반짝이는 밝은 별이 동쪽에 떠있구나.

세 번째

산과 들에 종적 드물어 세상과 멀어지고
내 쇠약함이 심하니 귀거래사 읊는 것이 마땅하리.
노란 국화에 흰술 마시며 도잠의 흥을 느끼고
지는 나뭇잎과 싸늘한 바람에 송옥[273]의 슬픔을 느낀다오.
나그네 세월은 흘러 가을이 다 끝나고
옛친구 소식 전하는 기러기 편지 더디구나.
음을 아는 사람 적어 붉은 줄 끊으려 하나
다행히 그대가 있어 종자기[274]가 되어주는구려.

완산에서 조카 홍의 운을 차운하여

벼슬길 떠도는 심사 가을되니 더 많아졌는데
서리 내리는 밤 달빛 대하니 더욱 어떠하랴?
병상에 새벽 알리는 종소리 멀리서 들려오고

---

273) 초의 시인으로 굴원의 제자. 그가 쓴 초사가 유명하다.
274) 백아가 거문고를 잘 탔는데, 종자기가 그 음을 이해하였다. 종자기가 죽자 들어줄 사람이
　　　 없다고 하며 백아가 거문고줄을 끊었다.

관사에서 아전이 종종거리는 모습 질리도록 보네.
몸은 병든 말 같아 먼 길 가기 걱정스러운데
혼은 외로운 기러기 쫓아 먼 고향집으로 가버렸구나.
북쪽을 바라보면 한 없이 가슴 아프니
푸른 오동나무 산빛이 하늘끝을 막아서고 있어서네.

심정랑을 애도하여

늘그막에 동갑이 몇 사람 남았는가?
난정에서 있던 좋은 일도 이미 옛날 일이 되었네.
해 더할수록 힘들어져 병도 많아지니
이날 살고 죽는 일에 마음은 두배로 상하는구나.
삼품 관직 하는 것이 덕을 채워서가 아니고
팔순까지 목숨을 부지하였어도 인이 부족하다네.
흰 머리의 오랜 친구 슬픔은 끝이 없어
애도사 쓰려는데 눈물이 수건 적신다.

정판서 광성의 죽음을 곡하며

권문세가로는 누가 제일인가?
인간세상 오복을 홀로 겸할 수 있었다네.
일찍 청운에 올라 당시의 인망을 받았고
늘그막 전원에 살며 벼슬살이에 미련이 적었지.
팔좌275)에 있을 때는 무리 중에 뛰어나 임금의 은혜를 받았고
삼태276)에 있을 때는 옛 집안의 명성을 이어 밝혔네.
흰머리에 친구가 몇이나 남았는가?
오늘에사 삶과 죽음 생각하니 갑절로 갓끈 적신다.

---

275) 중앙관서의 여덟 종류 고급관직.
276) 영의정, 우의정, 좌의정의 삼정승을 가리킨다.

양강으로 돌아가는 홍자방과 이별하며
갑오년 봄
  손 잡고 다시 즐거울 일 언제쯤인가 물어보면서
  문득 이번 이별 어찌나 섭섭한지.
  고기잡고 나무하자는 약속 있어 나도 떠날 것인데
  벼슬 자리 무심하여 그대도 돌아가는구려.
  바람 고요한 봄 강에 돛그림자 평온하고
  비 지나간 숲골짜기에 고사리 살쪘겠지.
  그대 가는 길에 만족한다니 탄식할 필요 있겠소만
  흰머리 되어 만날 일 드문 걸 슬퍼할 뿐이라오.

판서 남선을 애도하여
  마음속 품은 뜻은 옥병보다 맑고
  정직하기로는 모두가 금화살처럼 곧다고 하였지.
  절도사로 일곱 지역을 다스려 덕화를 남겼고
  지위는 여덟 자리 두루 돌아 훌륭한 명성 자자했네.
  백발에 병 많아졌다고 서로 불쌍히 여기며
  몇 번이나 특별한 정 담아 반가운 눈을 했었나?
  죽음이 도리어 한바탕 꿈 같아
  슬픈 만사 쓰려하니 눈물이 갓끈 적시네

관서 관찰사 시보 심택과 헤어지며 주다
  서쪽 관문 쇠자물쇠 누구에게 맡겼는가?
  한림원에서 조정의 명령 맡았던 신하를 선발했네.
  부절을 나누어주던 날 초목도 이름을 알고 있었고
  덕정 펼 적에 호수와 산도 기쁜 빛을 하였네.

문무를 온전히 갖춘 재주라 작은 힘으로도 통쾌하게 해치우고
들어맞은 계책이 크게 발휘되어 은택이 새롭구나.
병 앓는 중에 문득 관문 밖으로 가는 사람 이별하니
한잔 술로 계획 없이 먼짓길 떠나보내노라.

충의 이운경을 애도하며
그대 곤궁해져 잘 이해해주는 사람에게 의지하니
소중히 맺은 우정 산이라도 옮길 수 있었지.
반평생 즐거운 놀이 마음대로 다 하였으나
늘그막 깊은 병으로 따를 곳을 잃었다네.
남극성 별빛 어두워진 걸 보고 깜짝 놀랐다가
서호에 학이 위로하러 오는 것이 더딤을 슬퍼하네.
옛날 풍류 지금은 적막해졌으니
한 줄기 이웃의 피리소리에 슬픔을 견딜 수 없네.

달 보며 마음을 풀다
병신년 중추에
서풍이 더위를 없애 조금씩 시원함이 드는데
계절은 어느덧 가을밤이 길어졌구나.
섬돌가 풀에 이슬 무거워 벌레는 찍찍거리고
바다 하늘 구름 걷혀 달이 창창하네.
푸른 매화 가지 그림자는 빈 난간으로 옮겨오고
붉은 월계 꽃향기 작은 방까지 풍겨온다.
한밤중 되도록 여전히 잠 못 들지만
근심거리 도리어 희미해지네.

비 오는 중에 읊다

바닷가 마을 가을 구름에 늦도록 흐렸다가
끝없이 날리는 비가 서쪽 봉우리 지나간다.
종횡으로 내딛다가 너른 들에서 길을 잃었는데
쏴하고 차가운 소리가 저녁숲을 소란하게 하네.
궁벽한 골목 사람 드물어 시든 풀이 적당하고
새 깃들어 닫힌 문에 축축한 안개 깊구나.
이런 때 홀로 휘파람 불며 생각이 끝없는데
바람 밖 어디선가 똑딱이는 다듬잇소리.

인보가 경서를 강독하는 일에 불리하였다는 말을 듣고 탄식하
지 않을 수 없어 읊어서 위로하다

본래부터 오십이 되도록 소문 없으려 했던 게 아니건만
가련하게도 박옥 품은 채 귀밑털 세었네.
벽도화와 붉은 살구꽃이 한스러워할 필요 있으랴?
이슬 머금은 국화와 향기로운 난초도 각자 때가 있는 법.
근심스러운 촉땅 언덕을 말발굽으로 달리면서
민지에서 펼쳐지는 구름의 날개를 바라보게나.
큰 재목은 예로부터 늦게 이뤄지고
빽빽한 푸른 소나무는 섣달에 자태를 드러낸다오.

추석에 비 때문에 선영에 차례 지내러 가지 못하여

막막한 가을 구름이 며칠 동안 흐린 날씨 만들더니
조금씩 내리던 비가 장마비가 되었네.
황토물이 호두포에 넘쳐나고
검은 안개 봉수봉을 덮어버렸네.

정신은 무덤가로 달려간 채 슬픔은 절절하고
마음은 조급하여 그리움 깊다.
추운 서재 그림자와 짝하니 마음 좋지 않아
헛되이 앞산 바라보며 옷깃에 눈물 가득하네.

흥양 이민행을 애도하여

일찍 벼슬에 올라 임지로 말을 달려
다섯 말 수레로 봄바람 맞으며 장해 물가까지 닿았지.
행차가 지나가는 날이면 세상이 간곡하게 돌아보고
멀리 나갈 때면 베푸는 정 진중했었지.
수토가 다른 것이 병이 될 줄 어찌 알았으랴?
겨우 고향땅 돌아와 근심이 끝나게 되었더니
늙어 병으로 결국 어긋나 삶은 닭과 술 적신 솜[277]을 올리게 하니
눈물 닦으며 애도의 글 어찌 쓸 수 있으랴?

순양군 몽윤의 생일 자리에서

화려한 자리에 성대한 잔치는 늦봄에 열렸는데
자리에는 고관들이 가득하여 화려한 자리를 빛내는구나.
효가 드러나는 꽃산에 덕화를 펼친 재상이 있고
복이 온전한 구름 누각에 그림 같은 사람들 모였네.
술잔 앞의 화려한 춤사위는 두 그림자 너울거리고
상 위의 아름다운 음식은 팔진미를 구비하였네.
누가 아름다운 시를 불러 성대한 일을 자랑하랴?
배를 타고 온 시인도 손님으로 왔다오.

---

277) 후한의 서치가 친구인 황경이 죽자 삶은 닭을 술에 담갔다가 말린 솜에 싸 가지고 가서
　　무덤에 늘어놓고 곡을 한 뒤, 누구인지 밝히지 않고 돌아왔다고 한다.

가을에 울적한 기분을 풀며

여섯 수

십리 뻗은 너른 교외에 저녁 노을 밝고
오래된 성 황량한 집에 저녁 연기 인다.
계곡의 노을은 저녁 산의 자주빛 거둬들이고
강에 내리는 비는 잠깐 사이 가을물에서 맑음을 거두어 갔네.
조수 밀려오는 저녁 개천에 외로운 기러기 울고
바람 거센 늙은 나무에 어지럽게 갈가마귀 운다.
호숫가 하늘 적막하게 황혼이 가까워 오는데
먼 봉우리 무한한 느낌으로 슬피 바라보노라.

두 번째

새로운 서리 밤에 내려 노년을 재촉하여
깊이 닫았던 쑥대문 따뜻해져서 처음 열었네.
오래된 나무에 바람 거세 갈가마귀 소란스럽고
저녁 개천에 모래 차가워 기러기 소리 슬프네.
개인 창에 해가 떠도 작은 집 고요하고
외로운 침상에 냉기가 일어 남은 꿈에서 돌아왔네.
가을산 슬피 바라보면 정신이 아득해지니
흰구름 쌓인 어느 곳이 무덤가인가?

세 번째

병 들어 쓸쓸한 물가에 오래 머물렀는데
작은 서재 쓸쓸하여 그림자조차 짝이 없네.
서리 젖은 늙은 나무에 가을빛 스러져가고
구름 다한 추운 허공에 개인 하늘빛 새롭구나.
학문 익히고 무예 닦던 장대한 포부는 백발을 슬퍼하고

자연 속에 떠도는 흔적은 세속 먼지와 떨어져 있다.
좋은 시절 생애가 박하다고 한탄하지 말라,
흰 술과 노란 국화 부족하지 않으니.

네 번째

한 번 자연에 돌아오니 세속 근심 없어지고
마음대로 그윽한 약속을 촌노인네와 하였네.
호수와 산 너머 자연 속을 노닐면서
벼슬살이 뜬 명성을 꿈 속에서 생각하네.
황량한 집 해질녘에 서늘한 방아소리 시작되고
저녁 강에 썰물 빠지고 축축한 안개 자욱하네.
사립문 옆 늙은 나무에 가을 서리 이르고
병든 잎 쓸쓸하게 저녁바람에 떨어지네.

다섯 번째

처량한 나그네 슬픔이 가을되자 심해졌더니
병중에 어느덧 또 가을을 보내는구나.
새로이 서리 내린 나뭇잎은 늙은 나무에서 지고
기러기 가는 눈발에 길을 잃어 빈 모래섬에 내려앉네.
쓸쓸한 백성 집에 다듬잇소리 괴롭고
잎 다 진 푸른 산에 저녁풍경 근심스럽네.
무릎 안고 홀로 읊다보니 겨울 낮이 다하여
홀로 난간에 기대 다시 머리 긁적이네.

여섯 번째

불쌍한 갯버들 같은 이 몸이 가을에 미리 놀라

강호에 누운 채 두 가지 근심 품고 있으니,
한강 북쪽으로 치달리는 마음은 상궐278)에 걸려 있고
낙산(駱山) 동쪽으로 돌아가는 꿈은 고향에 가있네.
세속 먼지 속에 어딘들 반가운 눈을 하랴?
깊은 계곡 살러 왔을 때 이미 백발이었네.
다만 임금 그리는 마음 아직도 붉어
얼마나 자주 근심스레 높은 누각에 오르는지.

문천 홍자방에게

동락에 각자 경력을 넓히기 어려우니
봄강에 우선 한 조각 돛배를 띄어 떠나네.
푸른 등불 일찍이 짝하여 십년을 꿈꾸었고
흰머리로 천리 떨어진 정을 서로 그리워했었지.
아름다운 골짜기에 머물며 꾸려갈 방법 터득했으니
벼슬살이했던 일 역시 헛된 이름일 뿐이라네.
길은 남북으로 멀어 소식 뜸한데
애타는 마음으로 호수 하늘 보니 가을달만 밝구나.

생일날 술자리가 끝날 무렵 즐겁게 마시는 자리에서

세월은 물이 동쪽으로 흐르듯 차츰 흘러서
여든줄 나이 들어 또 구월 가을이 왔구나.
눈에 가득한 풍경은 옛 자태 그대로인데
사람일에 마음 상해 새로운 근심 생겨난다.
노란 국화는 좋은 시절 가까웠다고 웃으려 하고
밝은 달은 처음 높아져 맑은 밤이 길구나.

---

278) 천자나 제후의 궁문 밖 양쪽에 세운 건축물로 교령을 게시하던 곳.

그대들은 꼭 다 취해야 한다고 전하니
술 싱겁고 진수성찬 없다 꺼리지 마오.

달밤에 그냥 읊다
네 수

푸른 등을 다 돋우다 보니 밤이 끝나
버려진 마을 쓸쓸한데 홀로 난간에 기댔네.
달이 이슬을 뿌리니 달빛 차갑고
외떨어진 기러기 서리에 놀라니 하늘이 춥구나.
세상일 이미 어긋난 채 머리털 변했고
가을 풍경 저물어가 국화 시들었네.
외로이 읊으며 은하수 질 때까지 앉아 있자니
어지러운 마음은 대범해지지 않는구나.

두 번째

추운 방 병든 나그네 근심은 끊임이 없고
흘러가는 세월은 물처럼 급히 가버리네.
붉은 잎과 노란 국화는 가을이 다해 한스럽고
뒤떨어진 기러기와 기운 달에 밤 깊어 근심스럽다.
생사의 일에 놀라 슬픔이 가슴을 꽉 채웠고
세월은 늙은 나이를 다그쳐 눈이 머리에 가득하다.
슬프구나, 남은 인생 얼마나 될까?
자연 속에 마음대로 노니는 것만 못하겠지.

세 번째

푸른 하늘에 구름 걷혀 개인 하늘 열렸는데

새벽 되자 은하수가 빛을 내며 돌아가는구나.
가을 바람 나무에 드니 가을산 저물고
맑은 이슬 하늘에 가득하여 떠나는 기러기 슬프다.
동틀 무렵 자줏빛 안개 먼 골짜기에서 솟아나고
곱게 갠 붉은 해가 높은 누대에 가득하네.
쓸쓸한 마을 곳곳마다 다듬이소리 일어나니
농가에서 추수일 서두름을 알겠구나.

네 번째

고즈넉한 작은 방에 전향 향내 좋은데
외로운 밤 홀로 읊자니 마음 편하지 않네.
만리 뻗은 맑은 물에 겨울 달빛 비추고
삼경의 하늘에는 뒤처진 기러기 소리 들린다.
거센 서리에 병든 잎이 뚝뚝 떨어지니
안타까워 새로운 근심 자꾸만 생겨
근심스레 병풍에 기대 잠 못 드는데
창 너머로 새벽닭이 우는구나.

무료함을 견디지 못해 인보를 부르다

추운 서재에 홀로 박혀 있자니 너무나 무료해서
억지로 아이들 놀리며 적막함을 달랬다오.
쑥대 같은 모습은 아주 처량한데
마음은 날리는 버들솜 같아 흔들린다오.
외딴 마을 저녁되자 서늘한 다듬이 소리 급해지고
저녁 나무 서리에 젖어 병든 잎이 시들어가는데,
오늘밤 와줄 수 있을 지 없을 지

아름다운 밤 밝은 달이 하늘 높이까지 가득하다오.

눈 온 후 그냥 읊다

가을철 끝나고 겨울철 다가오는데
삭풍은 눈을 불어 휘몰아치는구나.
넓은 창공에 거세게 용의 비늘 흩어지자
작은 뜰에 영롱하게 옥가루가 쌓이네.
뜨락의 차가운 빛을 밝은 달인가 의심했더니
정원 나무가지 시린 그림자가 활짝 핀 매화로 바뀌었다네.
늙은이는 거북이처럼 개인 창가 아래 움추리고 있으니
화로 차지하고 술 마시면 제격이라네.

우도사를 보내며

병 들어 한수 물가로 돌아간다니
그대 떠나고 나면 그림자만 이웃하겠지.
기쁠 때나 슬플 때나 술잔 앞에서 얼굴 대했는데
웃으며 말하던 일 꿈이런가 싶구나.
만나고 헤어짐은 운명이라는 걸 잘 알고 있으니
떠난 이나 남은 이나 하필 남몰래 마음 상하랴?
다정한 한 조각 호수 하늘의 달이
양쪽으로 나뉜 채 그리워하는 두 사람 따로 비출 텐데.

가을밤 느꺼워서

여든에서 세 살 더 먹은 늙은이가
봄부터 여름까지 온갖 시름 싸여 있어,
몸과 맘은 마른 나무처럼 쓸쓸하기만 하고

귀밑털 성기어져 짧은 쑥대처럼 되었구나.
흐르는 세월 어느덧 가을이 또 다가오고
남은 인생 끝났는지 병은 더욱 심해진다.
쓸쓸한 작은 방에 싸늘한 밤은 길고
근심스레 외로운 등불 마주하니 생각은 끝이 없어라.

꿈 속의 일을 적다

봄 다 지난 관하에 나그네는 돌아가지 못하고
노을 지는 역길을 보며 생각만 하염 없다.
고향땅 구름 천리 돌아갈 생각 뿐이니
관직 때문에 떨어져 있는 시름으로 창자는 아홉번 끊어질 듯.
썰물 빠진 저녁 강가 풀은 축축하고
비 지나간 밭두둑에 팥배가 열렸구나.
내일 아침 신선 사는 산 풍경 마음껏 구경하리니
가는 길 멀다고 재촉해도 어쩔 수 없네.

간량사에서 윤원벽의 시를 차운하여

옛절을 다시 찾아 장해가를 왔는데
저녁 종소리 마침 들려 황혼을 알려 온다.
늙은 스님 손님 보더니 붉은 잎을 쓸고
병든 학은 가을에 놀라 흰구름 속에서 우네.
술동이 앞에 술잔 들고 내 당연히 마시리니
세상에 마음 알아주는 이 그대밖에 없다오.
아침에 떠나면 산악 사이로 나뉘어
밝은 달 함께 보며 끝없이 그리워하겠지.

변사정에게 주다

인취사에서 독서하고 있다

재주 있는 그대는 광산에서 마음껏 노닐며

넓디 넓은 학문의 바다에 빈 배를 띄우겠지.

세상에 매달려 귀밑머리 먼저 하얗게 되더니

흔들리는 촛불에도 시간은 강처럼 저절로 흘렀네.

침상에 누워 마음 졸일 필요 있으랴?

술 석잔 들어 맑은 가을에 보답해야지.

내 생각에는 갈매기와의 약속이 소중하여

도롱이 떨쳐 입으려 하니 푸른 물이 귀중해설세.

지난 일을 적어 무료함을 달래다 10수

안탑에 이름 새긴 것[279]은 꽃다운 나이 때이니

못난 재주 동배들 앞에 부끄러웠지.

세상은 혼란하고 품은 뜻은 깨끗하여

종적을 자연에 감추고 성명을 온전히 했네.

술집과 노랫자리에서 질탕하게 놀았고

강마을과 산성을 마음대로 누볐었지.

누가 알았으랴, 만년에 구름길에 올라

황금대 띠고 눈쌓인 꼭대기에 다다를 줄을.

두 번째

늘그막 섬궁에서 월계수 한 가지를 꺾어[280]

---

279) 당(唐) 때 새로 진사가 된 사람은 곡강에서 벌어진 연회가 끝나면 안탑에 자기 이름을
   새겨 넣었다고 한다.
280) 섬궁은 달에 있다는 궁전으로, 월계수 가지를 꺾었다는 것은 과거에 급제함을 비유한다.

속세의 발자취로 붉은 궁전의 섬돌에 다가갔었지.

높은 하늘의 옥당은 원래 차지하려던 곳이 아니었고

오부와 미원 역시 기필하던 곳이 아니었다네.

자색 인끈 차고 명 받들어 삼남 지방을 돌았고

황금띠 두르고 두 분 임금 모셨으니

반평생 입은 은혜 분수를 넘었지만

조금도 보답 못하고 귀밑머리 이미 실같아졌네.

세 번 째

일본에 사신으로 가다

낙양 동쪽으로 성사281)를 띄운 적 있었지.

장대한 여행이 꿈속으로 들어가는 것 같았네.

한조각 범선 타고 넓은 바다 사천리를 건너

양창자 같은 위험한 길 삼만겹을 지났네.

풍포의 높은 파도 해뜨는 곳까지 이어졌고

부산 찌를 듯한 봉우리 구름 하늘까지 닿았었지.

남아의 원대한 평생의 뜻에

부상282)까지 닿지 못한 것이 한스러울 뿐.

네 번 째

정묘년. 강화도로부터 임진강가 아홉 진의 군병을 감독하는 관향어사로 나가다

생각해 보면 임금님 의장이 강화도에 머물 때

오랑캐 기병이 바다 후미진 곳까지 닥쳐왔었지.

---

281) 한(漢) 때 어떤 사람이 뗏목을 타고 가다고 모르는 새 은하수에 닿아 견우와 직녀를 만났다고 한다. 성사는 배를 가리킨다.

282) 전설상에 해가 뜨는 곳.

수놓은 옷 입고 깃발을 떨쳐 나라의 명을 받들어

강을 따라 수 많은 아궁이 만들어 군사들을 먹였지.

석달 봄 내내 머리 희끗해진 채 배와 수레로 옮기자

아홉 보루 식량 걱정 느슨해졌지만,

외로운 밤 파산의 객사 안에서

꺼져가는 등불 돋우며 얼마나 긴 한숨 쉬었던가?

다섯 번째

정묘년 봄. 임진에서 강화도로 돌아오자 필선283)에서 나주목사로 제수 받았
다가 기사년 가을 옥당으로 돌아오라고 부르다

　칼 세 자루 꾼 꿈284) 하나가 전형을 예견하였는지

　남주를 지키러 다섯 마리 말수레285) 타고 떠났네.

　호수를 줄여 세금을 적게 해도 윤탁286)에게 부끄러워

　마음만 수고로울 뿐 진양성 따르는 정치는 서툴기만 하네.

　몇 년간의 관청문서 이룬 효과가 없다 해도

　백리 뻗은 물과 산은 정겨운 듯 하였지.

　춘방 떠났다가 분서에 돌아오니

　금 관인과 옥패 찬 것 모두가 은혜로운 영광이었네.

여섯 번째

신미년. 겨울. 어사가 되어 호서 일도의 군병을 돌아보다

---

283) 세자시강원의 정 4품 벼슬을 이른다.

284) 晉의 왕준이 칼 세 자루가 들보에 걸려 있는데 또 한 자루가 더 걸리는 꿈을 꾸고는 마
　음에 꺼려하였다. 그런데 이의는 익주의 지방 장관이 되리라고 하면서 축하하였다. 뒤에
　과연 왕준이 익주자사가 되었다.

285) 태수의 수레는 다섯 말이 끈다고 한다.

286) 춘추시대 조간자가 윤탁에게 진양을 다스리게 하자 윤탁이 "비단실 같은 조공을 원하십
　니까? 아니면 잘 지키기를 원하십니까?"라고 물었다. 간자가 잘 지키라고 하자, 호수를
　줄여 세금을 적게 하여 민심을 얻었다고 한다.

신미년 겨울 수 놓은 관복 입고 떠나
서호를 돌며 여섯 영의 군사를 열병하였지.
진을 펼치자 구름낀 섬에 깃발이 빽빽하고
명령 엄숙한데 천둥같은 고각이 울렸지.
골짜기 사잇길로 새봄에 산색이 보이고
바닷가 망루에서 맑은 새벽 파도소리 들렸었네.
예전 전승하여 상받은 일 꿈처럼 흐릿하니
내 늙어 흰머리 나게 된 걸 어쩌랴?

일곱 번째

병자년. 어가를 호위하여 남한산성으로 가다
　끝 없는 비바람 속 천지는 컴컴한데
　터럭 하나 같은 외딴 성에서 나라의 운명 험난하였지.
　누가 전연에서 의기 떨친 구준[287]이었나?
　초루에서 애걸하는 원 같은 이가 있었네.
　개미같은 도움도 끊겨 끝내 어찌할 도리가 없고
　승냥이떼 위협은 차마 말로 못했었지.
　위험 닥쳐 몸바치는 절개 본받지 못하여
　천지에 부끄럽게도 구차히 살아남았네

여덟 번째

무인년 가을. 승지로서 대신으로 추천받아, 강화유수에 제수되어 벽제참에
나가 칙사의 행차를 기다리다
　긴 강 요해처를 잃은 것은 알맞지 않은 사람에게 맡긴 탓이라
　보루와 장벽 다시 넓히자고 조정에서 새로 계획하였네.

---

287) 송신종(宋愼宗) 때 거란이 침입하였는데, 구준이 힘써 여러 사람의 의논을 막고 황제가
　　직접 정벌하도록 권하였다. 마침내 거란을 제거하고 전연에서 강화한 뒤 돌아왔다.

뽑혀 등용되어 처음 황각288)의 노신과 인연 맺었고
머무르다보니 어느덧 궁궐 경연자리 맡게 되었네.
온 성이 모두 자갈밭에 쑥밭이고
사방에 다친 사람, 굶어 초췌한 백성이라네.
가소롭다, 반년동안 이룬 업적이라니.
벽제의 외로운 여관에 귀밑머리 은같이 되었구나.

아홉 번째

기축년 봄. 호조참의로서 전주부윤을 제수받다. 신묘년 봄 방백289) 허적을
거스르게 되어 그만두고 돌아오다

완산290)은 읍 중에서 제일 이름난 땅
남쪽의 중심이자 강대한 번진인 임금의 고향291)으로
영윤 아문은 도호부이고
호관은 특별히 큰 길가에 있다네.
영헌(營軒)의 의장이 금각292)까지 이어져 있고
원묘의 단청이 흰 회벽에 어리네.
소장 읽기 급급할 정도로 내 늙었으니
사공293)이 나는 땅에 있은들 또 어떠랴?

열 번째

을미년 봄. 호조참의에서 갈려 고향에 돌아오다

나약한 몸으로 임금의 은총을 너무 받았으나

---

288) 삼공의 관서를 가리키는 말로, 문에 황색을 칠한 데서 연유하였다.
289) 관찰사를 가리킴
290) 전주의 옛이름.
291) 풍패(豊沛)는 한고조 유방의 고향인 패현의 풍읍을 가리킨다. 조선의 임금이 전주 이씨이
　　기 때문에 전주를 이렇게 표현한 것이다.
292) 지방수령의 관아를 이른다.
293) 독충의 일종.

늘그막 병이 많아 조정 한켠 끝에 서게 되었네.
의금부와 오위도총부 겸임했었고
한성부 좌윤과 호조참판을 맡았었지.
인사가 세상일 따라 점점 변하여
세상길 촉땅 가는 길만큼이나 험난하네.
한 번 강마을에 누워 촌늙은이 되고서는
쑥대로 만든 집을 달가워하며 빈한함에 만족하네.

그냥 읊다

공명정대했던 제갈량은
원래 몸소 밭 갈던 노인으로
종적을 구름 낀 숲 멀리에 숨겼지만
마음은 우주 공간처럼 웅대했었지.
천하를 삼분하자는 계책이 손가락 끝에 있었고
수만 군대 부리는 재주는 흉중에 있었지.
한 번 풍운을 만나서
천년토록 이름은 끝나지 않네.

두 번째

당당하던 도정절294)은
시골집으로 돌아가서
소나무와 국화로 세 갈래 길 열어 놓고
거문고와 책으로 남은 반생 보냈지.
노란 국화와 흰 술에 흥이 나고

---

294) 정절은 도연명의 사시(私諡)이다.

산에 뜬 달과 물에 낀 구름에 정이 갔지.
호탕하게 천명을 즐거워하며
벼슬의 영화는 돌아보지 않았다네.

세 번째

그윽한 거처 있는 골목 궁벽져서
긴 여름에도 오는 손님 드물어,
누런 초가지붕 쓸쓸하고
하얀 대로 만든 사립문 휑하다.
교태로운 꾀꼬리 나무 너머로 지저귀고
새끼 제비 옆 처마로 날아오니,
생애가 박하다 슬퍼 마오.
이 곳에 시비가릴 일 없으니.

안동의 애련당에서 하담의 운을 차운하여

작은 누각 높은 나무 옆에 있는데
빈 처마 비올 기세에 어둑하다.
못은 가을 물색을 머금고
산은 저녁 구름 자취를 띠고 있네.
경물이 모두 시의 재료이니
행장 짊어진 것도 임금님 은혜라네.
너른 바다에 뗏목을 띄워
곧바로 황하의 근원까지 거슬러 올라 가련다.

영천 가는 길에 용계의 운을 차운하여

어스름 저녁 구름그늘은 흩어지고

기운 해 먼 산에 걸렸는데,
바람 심하여 서리 소식 가깝고
근심 심하여 귀밑털 반백이 되었네
나라 위해 목숨 바치겠다는 생각 아직도 굳건하지만
집을 떠난 후 꿈 속에서 몇 번이나 돌아갔던가?
근래 너무 수척해져 놀랄 정도니
거울 들고 창백한 얼굴 비춰보노라.

부산의 객관에서 밤에 읊다

나그네 마음 어디에 붙여야 하랴?
무너진 성곽 침상까지 겨울 물결 밀려온다.
땅은 끝나 남쪽 바다 펼쳐져 있고
하늘은 넓어 북극까지 아득하구나.
근심 일자 심사가 착잡해지고
마음은 머나먼 길로 떠나 버렸다.
오직 가을밤 달만이
다정하게 배를 비추고 있네.

일기도에서

외딴섬에 늦도록 배를 매놓았으니
겨울 하늘 저물려고 할 때였네.
가난한 마을은 야트막한 언덕 의지해 있어
거센 파도가 성긴 울타리를 친다네.
적막한 용궁사와
황량한 성모사에서
풍랑에 막혀 근심 속에 이삼일 묵는 동안
센 머리털 반 너머 실같이 되었네.

일기도에서 남도양을 향하여 가며 상사 이성국의 운을 차운하여

봉래섬에 짙은 구름 걷히고
부상(扶桑) 가지에 돋는 해 붉구나
차가운 물결 바다 멀리서 생겨나니
닻줄 풀며 허공 향해 휘파람 부네.
흰 새는 떠나는 배 너머로 날고
푸른 산은 취한 눈 안에 들어온다.
타루를 가로지르는 저녁 피리소리
맑게 울려 바람 타고 퍼지는구나.

두 번째

새로운 서리가 수국에 날리니
날씨는 초겨울이 다 되었구나.
외딴 배 비좁다는 것만 알 뿐
대지가 넓다는 걸 어찌 알랴?
돛대끝 풍향계에 저녁노을 내리고
뱃머리장식이 미친 듯한 물결에 내맡겨 있지만,
세상살이 이보다 험할 터이니
바다 건너기 어렵다 말하지 말라.

남도 바다에서 용계의 운을 차운하여

떠가는 배 천리로 멀어지니
나라 떠난 이 한 몸 가볍네.
하늘 툭 트여 해가 처음 질 적에
파도 높고 풍랑이 일어나려 했지.
남쪽 향하는 봉새는 날개깃을 정돈하고

북쪽으로 가는 기러기는 갈길을 잃었다.
노란 모자의 선부가 앞길을 가리키니
노 젖는 어깨 너머
외딴 섬 하나 가로로 놓여 있네.

산기(山崎)에서 밤에 머물러
아, 내가 너무나 쇠약해졌구나!
쓸모 없는 가죽나무 되었으니 다시 무엇을 하랴?
말로에 공명이 박하고
외론 신세에 목숨이 위태롭게 되었구나.
장대한 포부로 낡은 검을 바라 보지만
근심으로 귀밑머리에 실같은 머리 새로 생겼네.
침상 머리맡 촛불에 감사하노라.
추운 밤 나그네 휘장을 비추어 주었으니.

진화에서 밤에 머물러
멀리 떠난 배 어디에 멈추었는가?
깊은 밤 갈대수풀 옆이라네.
산 근처라 바람소리 약하고
맑은 물결이 달빛 아래 텅비어 있다.
외로운 침상 밖은 광활한 바다이고
이내 신세 배 한 척 가운데 있다네.
남쪽 바다 험하다고 무서워 말라.
안전한지 위험한지는 하늘에 달렸으니.

상진에서 밤에 머물러 상사 이성구의 운을 차운하여
외로운 배 모래물가에 대었는데

넓은 하늘 조각달이 걸렸어라.
오랑캐 마을은 오래된 성채에 기대있고
이웃 배에서는 차가운 안개가 일어난다.
물고기는 유리 같은 표면으로 뛰어오르고
사람들은 약옥 술잔[295]을 든다.
밤 깊어 쇠피리 부니
선학이 저 높은 하늘에서 내려 오네.

우창 바다에서 상사 이성극의 운을 차운하여

맑은 가을 뗏목 타고 가는 나그네
늘그막에 허공을 떠도는구나.
지는 해는 푸른 바다에 가라앉고
외로운 구름은 먼 산 주변 떠도네.
모습은 근심 속에 수척해졌고
계절은 꿈꾸듯 끝나가는데
명리 다투는 곳에 미련을 두지 말라.
덧없는 인생 손가락 한 번 튕길 짧은 시간인 것을.

하담의 운을 차운하여

난초배를 거울 같은 수면에 띄우니
경물이 한가로이 읊는 속에 끼어든다.
대나무 푸르른 마을은 멀지 않고
모래 사각대는 물은 깊지 않네.
하늘은 강가 나무 너머로 아득하고
산은 골짜기마다 구름으로 흐리네.

---

295) 돌을 약물에 달고 단련시킨 후 윤택이 나게 해서 만든 술잔.

어스름 무렵 서리 바람 대단한 지
안개 낀 모래섬에 내려앉는 저녁 새들.

등택 가는 길에 하담의 운을 차운하여

부상 너머로 가라는 명령을 받았으니
노쇠한 몸으로 분에 넘치는 관직 부끄럽구나.
어깨로 메는 가마로 골짜기 가려니 괴롭고
여행길 말은 모래길 익숙하지 않네.
길 멀어 오랑캐말 이력이 났고
날씨 추워져 나그네 시름 넉넉하구나.
돌아갈 기약은 봄 끝나기 전이니
어떻게 초혼296)을 써야 할까?

용계의 운을 차운하여

가마 타고 등택으로 가는 길에
지는 해 주렴에 비껴들어 밝도다.
멀리 바라보며 바다 끝에 눈길을 헤매고
돌아가고 싶은 마음은 기러기 떠나는 길에 부쳤네.
하늘은 넓어 구름은 북쪽으로 가고
한 해 저무는데 나그네는 동쪽으로 왔네.
안개 낀 모래밭의 새를 공연히 부러워하니
세상일 끊고 한가로이 잠들어 있어서라네.

금천 가는 길 위에서 용계의 운을 차운하여

이국땅 계절은 늦어지고

---

296) 전국 때 초의 굴원이 초회왕의 객사한 영혼을 부르면서 아울러 경양왕을 풍간한 내용을
　　　담고 있는 초사.

산길은 어찌 이리 먼가?
늙은 나무에 서리꽃 차갑고
하늘에 기러기 그림자 떠나닌다.
시 쓰려는 마음은 근심으로 적어지고
거울 속에 모습은 약해져 가네.
오래된 칼집 속에는 용천검이 있어
차가운 빛을 자주빛 하늘로 쏘아 보낸다.

평방에서 밤에 묵으며

뱃사람이 상사의 배가 이미 정포에 도착했다고 알려왔으므로 마지막구에 언급하다.

물길이 아직도 끝나지 않아
온종일 가고 또 밤까지 간다.
갈대섬 물가에 파도 소리 돌아가고
봉창에는 달빛 맑구나.
침상에 누워 편안히 잠들지 못해
괴롭게 읊으며 싯구를 짓네.
뱃사공이 알리는 말 들어보니
앞배가 정포에 닿았다고.

섣달 그믐날 등지(藤枝) 가는 길에

매화 언덕에 봄빛 이르고
덮인 구름에 햇빛 묻혀있네.
한 해를 하룻밤 남겨두었으나
돌아가는 길은 수천 봉우리 막혀있구나.
바람 거세 얼굴에 모래가 날아오고
근심 많아 관잠에 흰눈이 가득하다.

짐작해 보니 동락의 친구들은
술동이 지고 서로 찾기 좋겠구나.

관원으로 가는 길에 관원은 가강과 휘원이 서로 전쟁했던 곳이다
　아득한 관원 가는 길
　너른 들은 옛 전장터라네.
　하늘은 너른 들 끝까지 드리웠고
　골짜기는 어지러운 산을 끼고 늘어서 있다.
　밭두둑의 대나무는 서늘한 그림자 흐릿하고
　바위의 매화는 은근한 향기 보내오는데,
　가마 타고 잡들며 지나고 보니
　지는 해가 으스름으로 바뀌었구나.

강월 장로에게
　남여 타고 대나무길 지나다가
　흥을 타고 제천을 찾아갔더니,
　보배로운 전각의 금빛 모래 고요하고
　신선 누각에는 옥경이 달려 있었네.
　찾아온 이는 머물러 술잔 비우는데
　고매한 선비는 말씀 현묘하구나.
　내일 부상 너머 떠나게 되면
　아름다운 누대는 꿈 속의 일 같겠지.

병고에서 매화를 감상하며
　저녁 무렵 빈관에 묵었는데
　성긴 숲에 옥 같은 이 서 있네.

맑은 혼은 눈이 내려 있는 듯 하고
야윈 뼈는 먼지 하나 남아 있지 않구나.
외로이 강가 성의 비에 젖어서
오로지 바다 나라의 봄을 머금고 있네.
실컷 보느라 나무를 세 바퀴나 돌았더니
향기로운 이슬이 베옷을 적시는구나.

하담이 강월에게 준 시를 차운하여

모래땅에 절이 고요하고
양쪽 숲에 연마하는 도 깊기도 하다.
용신이 설법 들으러 오고
여우 아가씨 달려와 본성을 돌아보네.
섬돌가 대나무에 부는 바람 운치가 있고
정원의 매화에 달은 그늘을 드리운다.
세상 떨어진 이 곳에 세속일이 없고
상쾌한 기운이 신선의 소매에 배여 있다네.

금당현 가는 길에서 삼화의 벽 위에 쓰인 이일휴의 시를 차운하여

채찍 휘둘러 높은 봉우리 오르니
연약한 말이 산 바위를 겁내는구나.
푸른 바다에는 돌아오는 돛배 그림자 있고
푸른 산에는 오랜 비의 흔적 남아 있네.
작은 다리가 좁은 길로 통해 있는데
늙은 나무가 외딴 마을 감싸고 있다.
늘그막에 두루 돌아다니니

멀리 온 여행도 임금님 은혜로다.

삼화의 술자리에서 용강 태수 이상빈에게 주다

겸관297)이 소중히 여겨주는 마음으로
머무는 나그네에게 화려한 잔치를 열어주었네.
옥술잔의 향기로운 술 곱고
은쟁반의 화려한 음식 쌓였네.
구슬픈 가야금 소리 지는 해와 다투고
청아한 노래소리 높은 누대를 움직이네.
촛불이 다 녹는다고 어찌 꺼리랴?
앞산에 좋은 달 돋아오는데.

판서 박정현 부인을 애도하여

관직 높은 귀한 가문 출신이요
집안에 걸맞는 부인의 덕 갖추었으니,
복을 누려 부귀영화의 대열에 들었고
번성하여 과거급제자가 연달았다네.
난초와 옥같은 자손이 남은 경사를 이어가고
금당과 초미가 노년을 빛내 주었으니,
아름다운 행적 글로 새겨서
비석으로 새 무덤을 꾸미게 되었네.

함열 이구익을 애도하여

화를 내림이 어찌 이리 잔혹한가?
하늘이 무너진 지 일년도 되지 않았는데.

---

297) 수령의 자리가 비었을 경우 이웃 수령이 임시로 그 직임을 겸하는 것.

어찌 알았으랴, 지난날의 병이
홀연 근심이 되어버렸네.
고향 언덕에 두 개의 새 무덤 생기고
빈 당에 두 흰 장막 늘어뜨렸으니,
서호는 눈물 다하지 않아
오늘 다시 그대 위해 흘리는구려.

가을을 맞아 고향에 돌아가려 하며 그냥 읊다

가벼운 찬기운이 새벽 침상에 생겨나니
외로운 나그네 가을 온 줄 진작에 알았네.
이슬 짙어 귀뚜라미 소리 젖었고
하늘 개어 달빛이 흐르는구나.
고향 그리는 마음을 홀을 든 벼슬에 부쳐
세사에 시달리며 관잠을 꽂았었지.
아침에 떠나 한강을 지나니
구름산에 돌아가는 길 멀리 뻗어있네.

앞의 운을 따라 우인백을 이별하며 쓰다

뜬구름 같은 세상 이별이 많아
봄바람에 이별했더니 가을에 또 하는구나.
서울집에서 보는 달 수심만 더하여
흐르는 한강물에 한이 맺혔네.
만나면 반가운 눈 몇이나 되려나?
쇠약해져 모두 백발이 되었구나.
서로 그리우면 꿈에서나마 만나려니
길이 멀다고 꺼리지 마오.

벽제역에서 병으로 누워 병풍 그림을 보고 생각나는 대로 읊다

오두막집 산기슭에 의지해 있는데
푸른 소나무 사이로 푸른 대나무 있구나.
수풀 깊어 원숭이 휘파람 소리 평안하고
뜨락 한가로워 학이 길게 잠들었다.
도연명의 집이 아니라면
위야[298]의 산장인가 싶구나.
인간 세상에 이런 곳이 있다면
나도 가서 노닐고 싶네.

정랑 홍자방의 운을 차운하여

강가 교외의 풍경은 저물어가고
궁벽한 마을에 다니는 사람 적구나.
국화 꿋꿋해도 새로운 서리에 꺾이고
기러기가 거센 비에 놀라 운다.
한가로움 달래볼까 거문고를 짝하고
번민을 물리쳐볼까 술을 호위병으로 삼았다네.
술동이에 녹주 없다고 한탄하지 말라.
주머니 속에 공방형[299]이 있으니까.

그냥 읊다

현율[300]이 때에 따라 할 일을 하여
한겨울 되자 눈과 서리 빚어냈구나.

---

298) 송의 촉땅 사람으로 시 읊는 것을 좋아하였으나 유명해지고자 하지 않았다. 섬주의 동쪽
교외에 초당을 지어놓고 거문고를 타고 시를 읊으며 지냈다.
299) 돈을 의인화해서 부른 말.
300) 황제(黃帝)를 가리킨다.

차가운 빛은 먼 나무에서 생기고
짧아진 해는 쉽게 석양이 되네.
잎이 떨어지자 산의 모습 수척해졌고
바람 거세지자 기러기 그림자 바빠졌네.
가련하다, 뜨락의 국화는
꽃은 늙었어도 여전히 향기 품고 있으니.

우도사가 부친 운을 차운하여

먼 산굴로 지는 해 사라지고
너른 교외에 땅거미가 지는데,
땅은 외져 푸른 바다 가깝고
하늘은 트여 저녁구름 잔잔하구나.
오래된 나룻터에 물결 처음 밀려드는데
앞산의 달은 아직 차지 않았구나.
물가 마을 멀지 않음을 알겠으니
어부의 피리소리 한 줄기 들려온다네.

달을 읊다

하늘에 새털구름 사라지더니
차가운 달이 정을 다해 밝도다.
빛은 저녁이슬 밝음을 보태고
그림자는 새벽서리 맑음을 띠고 있네.
큰들에 은빛 바다를 이루고
황량한 마을을 옥경으로 만들었네.
밤새워 보느라 잠들지 못했으니
은하수가 서쪽으로 기울려 하네.

죽은 아들을 슬퍼하며

 네가 갑자기 나를 버리고 떠난 지
 이제 열 네해 된 봄이란다.
 여자라면 화장하고 좋은 배필 맞이하고
 남자라면 학문하여 훌륭한 사람이 다 되었겠지.
 외로운 과부 모습과
 시들어가는 두 노인 신세.
 혼은 이런 줄 아는 지 모르는 지
 어디서 너는 누구랑 이웃하고 있느냐?

기다리며

 한 번 이별한 뒤 가을 끝나 놀랐으니
 호수가 하늘에 달이 다시 이지러지네.
 산이 멀어 혼조차 가기 힘들고
 구름 덮여 기러기 오기 더디네.
 옛나루에 썰물 돌아나간 뒤
 아득한 봉우리에 해 떨어진 때,
 앞 교외에 몇 번이나 눈길을 보냈는지
 손가락 꼽으며 돌아올 날 기다린다.

울적한 마음을 풀며

 바다 마을에 가을이 저물어 가자
 들녘 사립에 해 기울려 하네.
 근심 일어 흰머리 긁적이며
 술이 없어 국화를 저버리게 되었네.
 병 들어 신세를 슬퍼하다가

좋은 때 맞아 화려한 풍경에 연연해 한다.
마음이 근심스러운 것 견디지 못하여
지팡이 짚고 서니 몇 마리 돌아가는 갈가마귀들.

그냥 읊다

두 수

벼슬 그만두고 한적한 작은 집으로 돌아가니
무너진 집 두 세칸 뿐이라네.
땅이 외져 문은 항상 닫혀 있고
정원 비어 잡초만 저절로 우북해졌구나.
누런 구름이 사방 들에 이어져 있고
푸른 안개 수천 산에서 일어나는구나.
해 다 기울도록 지팡이 짚고 있으니
이 늙은이 한가로움 누가 알리오?

두 번째

비 온 뒤 가을 기운 새롭고
쌀쌀하여 너무도 서늘해졌다.
세월은 어찌 그리 끊임없이 흐르는 지
나그네 수심 아득하기만 하네.
푸른 조릿대 바람 소리를 품고
붉은 잎에 이슬은 향기 머금었는데,
다정한 초생달은
월선당만 비추는구나.

황주 가는 길에 김행원 영공의 운을 차운하여

세상일 이처럼 한탄스러우나

감히 멀리 가는 수고로움을 거절하랴?
돌아보니 서울땅 멀어져 가고
올려다 보니 겨울하늘 높기만 하다.
가마 기울어져 고개 넘을 일 걱정스럽고
말 야위어 다리 건너는 일 겁을 내네.
내가 쇠약한 줄 잘 아노니
호방하게 휘파람 불 일 다시 없겠지.

김행원의 「총수산(叢秀山)」 운을 차운하여

누가 천 길 되는 벽옥을 쪼개었는가?
신령스러운 솜씨니 거령301)을 수고롭게 한 것이리라.
창창하여 빼어난 기색 띠고 있으며
우뚝 솟아 기이한 형태 드러냈구나.
세차게 흐르는 물이 까마득한 골짜기에 걸렸고
성긴 소나무가 푸른 절벽에 거꾸로 서있네.
신선타는 학 소리가 분명하니
달빛 틈타 갈매기 있는 물가에 내려앉나보다.

상국 남이웅의 죽음을 애도하여

국가의 중신이 지금 몇 없는데
하늘은 어찌 남겨두지 않으시는가?
영웅과 호걸 같은 그의 기개와 절개
청빈함은 바로 그의 마음이었지.
솥에 새긴 공훈은 손잡이까지 다 썼고
조정에 오르기에 덕행과 명망이 적당하였네.

---

301) 전설에 나오는 화산을 쪼개 놓았다는 물의 신이다.

당당하게 대대로 공업이 빛났으니
하나하나 풍비302)로 남아 있다네.

기지와 손주 아이들 손을 잡고 서쪽 골짜기로 나서다

서담동으로 걸어 나서는데
어른 아이 네댓 명 따라왔구나.
꽃 시들어 봄날을 다 보냈고
풀은 향기로운 비 갠 때라네.
보리 물결은 산두둑까지 아득히 뻗었고
창포싹은 들못 둘러 났어라.
지팡이 짚고 우두커니 오래 서있자니
그윽한 흥이 바로 시를 재촉하는구나.

정월 대보름에 그냥 읊다

작은 집에서 잠자다 처음 일어났더니
개인 창가에 해가 뉘엿거렸네.
몸에는 낡은 학창의303)를 입고
머리에는 해진 오사모 썼네.
지팡이 짚고 곧은 대나무 바라보다가
아이 불러 떨어진 꽃잎 쓸게 하였지.
관등304)하는 날이 바로 오늘 저녁이니
시골 주막은 외상이라도 꺼리지 마오.

---

302) 공업을 기리기 위해 세운 비석.
303) 흰 창의에 검은 천으로 테두리를 넓게 두른 웃옷의 일종.
304) 정월 보름날 밤에 등불을 구경하는 풍속이 있었다.

늙음을 한탄하며

세 수

심하구나, 나의 쇠약함이여.
올해 나이 팔십 노인이라네.
머리는 벗겨지고 이는 듬성듬성해졌고
눈은 어둡고 귀는 먹먹하다.
세상일은 뜬 구름 밖의 일이고
남은 인생 조각꿈 가운데 있어,
아름다운 계절은 근심 속에 지내니
가을 계수나무는 누굴 위해 붉은 것인가?

두 번째

남자가 헛되이 늙어 버렸는지라
자연 속에 남은 인생 기대려 하네.
장대한 뜻으로 자주 검을 바라보았으나
한가한 종적으로 헛되이 갓끈을 씻었지.
강호에 미리부터 약속이 있었으나
천지 역시 무정하여라.
이미 어부와 초동의 친구 되었는데
성명은 물어서 무엇하리오?

세 번째

황금각 드나들던 옛 시랑이
흰머리로 강마을에 누웠으니,
뜻이 장대해도 노년이 슬프고
시름이 지나쳐 긴 밤을 원망하노라.

닭은 초가집 위로 뜬 달을 향해 울고
기러기는 바다하늘 서리에 울부짖는다.
침상에서 뒤척이며 잠 못 드는데
앞마을 다듬이소리 서늘하구나.

물러나 살면서 보이는 대로 읊다
세 수

자연 속에 늘그막까지 머물러 사는데
농막의 생계가 변변치 못하지만,
매화 창문에는 들이 펼쳐졌고
대나무 침상은 산을 향해 비어있네.
울타리 국화에 맑은 이슬 내린 후
시골 방아에는 가랑비가 남았구나.
이 곳에 세속일 적으니
그윽한 흥 어떠냐고 묻노라.

두 번째

내 늙어 끝났음을 한탄하노니
신세를 농가에 부쳤어라.
땅 외져 산 모습이 가깝고
정원은 비어 달빛만 많도다.
짧은 호미로 약초싹을 붇돋우고
긴 휘파람으로 초동의 노래에 화답한다네.
항상 언덕 적막하다 말하지 말라,
풍경이 날마다 읊조릴 거리를 주는데.

세 번째

거처하는 골목이 궁벽져서
가을이 가도록 오는 사람 드물다.
마을 빽빽하여 밥 짓는 연기 덮였고
수풀 깊어 깃든 새들 돌아오네.
거문고와 책은 게을러서 돌아보지 않으니
모습과 그림자만 괴로이 서로 의지한다네.
어스름 저녁에 서리바람 일어나니
빈 뜰에 누런 잎이 날리는구나.

봉수암의 백족에게 주다

스님이 호두포에서 와서는
봉수암으로 돌아갈 길 재촉하는데,
어수선한 안개가 너른 들을 어지럽게 하고
가랑비가 차가운 옷을 적신다.
길은 멀어 푸른 산이 막혀 있고
가을 깊어 누런 잎이 날리는데,
장삼 입은 늙은 스님이
절문에 기대 그대를 기다리겠군.

긴 밤이 괴로워
두 수

외로운 침상에서 깨어나 보니
추운 밤은 아직도 한밤중일세.
창은 빈 채 밝은 달만 가득하고
하늘은 아득한데 서리 바람 울부짖네.

헤어진 이 그리워 수심은 끝없고
죽은 이 생각에 슬퍼서 눈물 끝이 없는데,
어느덧 닭이 새벽을 알리고
이웃에서 덩더쿵 방아소리 들린다.

두 번째

깊은 밤 잠 안 오니 괴로워
시름시름 마음은 편하지 않다.
작은 창 차가운 달빛 비추고
외로운 잠자리에 뒤처진 기러기 소리 들리네.
흰머리 수천 가닥 적어졌고
푸른 등 한 점이 밝은데
이불 덮고 여전히 뒤척거리다
은하수 서쪽으로 이미 기울었어라.

웅아에게

우리 집안 천리마
천상의 석기린[305]이니
열다섯 성과 바꿀 화씨벽처럼 가치 있고
세상에 다시없는 남방의 쇠처럼 귀하단다.
얼음 넣은 옥호처럼 맑은 기개를 가지고
가을달 같은 정신을 가져서
가문에 경사를 높이는 일이
네 몸에 달렸음을 알아두렴.

---

305) 재주 있는 뛰어난 아이를 가리키는 말이다.

납일306)에

흙을 두들기며 새 납일을 맞이하니

시간이 초봄으로 들어가는구나.

날씨 추워 매화는 꽃 필 생각 게으르고

세모에 나그네 근심 어지럽네.

눈은 푸른 산에 오래 쌓였고

흉년들어 백성들 집 가난하다네.

사립문에 해가 지려 하는데

외로이 소나무 대나무 마주하여 휘파람 분다.

눈보라

무녀307)가 엄한 계절을 맡아

세모의 날씨 대단히 춥구나.

성난 바람 우주를 들썩이고

모진 눈이 산천을 뒤덮었네.

급한 시간이 남은 섣달을 재촉하고

추위의 위력이 가는 솜도 꺾을 정도니,

늙은이 깊이 문닫고 들어앉아

고개 움추린 채 화로를 끌어안고 잠드네.

섣달 그믐날 밤에

이 밤이 안타까울만 하니

내일이면 새해이기 때문이라네.

계절은 북두가 제자리로 돌아왔고

---

306) 동지 뒤 셋째 술일(戌日)에 한해 농사의 풍흉과 그밖의 일을 여러 신들에게 고하는 납제
　　　사를 지내는 날.
307) 별자리 이십팔수의 현무 칠수 중 셋째 별자리

내 모습은 흰눈이 머리에 가득하다.
산초술308)에 어찌 취할 수 있으랴?
윷놀이도 사랑할만 하구나.
팔십 년 동안 별탈 없었으니
지상의 신선을 어찌 사양하랴?

정언 김진원을 애도하여

벼슬길에서는 날아다니는 나그네였고
호수와 산에서는 자유로운 사람이었네.
세상일 따라 흘러가면서
웃으며 말할 때 천진함을 드러내었지.
술동이 연 날에 초대하였으나
병을 앓던 때라 어긋나버렸네.
살고 죽는 일 한바탕 꿈으로 돌아가니
늙은이 눈물을 새봄에 뿌리게 하네.

청명일에

한식 청명절
동풍 불고 가랑비 오는 날,
산매화 노랗게 무성하고
언덕의 풀 푸르고 무성하다.
병든 나그네 근심은 수천 가닥이고
새봄에 달은 다시 둥글어지는데,
세월이 흐르는 물처럼 가버리니
흰눈 가득한 머리를 어쩔 수가 없구나.

---

308) 정월 초하루 집안의 어른에게 장수를 기원하는 뜻으로 드렸다.

이자고의 아내를 애도하여

선생께 훌륭한 배필이 있어
오늘의 맹광309)이라 칭찬했었네.
금슬이 좋아 한 집안이 즐거웠고
난초와 옥같은 자식들이 집에 가득했네.
뜬 세상에 백년을 계획했으나
봄밤 꿈에서 깨니 서늘하구나.
너울너울 외로운 봉새 그림자
달 대하는 일 가장 가슴 아프겠지.

소나기에 더위를 식히고서

소나기가 남은 더위 물리쳐서
새로 서늘함이 우물가 오동에 생겨나네.
벌레 소리는 섬돌 풀 속에서 들리고
달빛은 주렴살 사이로 새어든다.
문득 가을이 가까워 옴을 깨달으니
근심거리 끝날 수 있겠구나.
밤 다하도록 여전히 잠 못 드니
이웃집 방아소리 들려온다.

꿈을 기록하다

가을밤 서주의 객사에서
이별을 원망하던 이를 다시 만났네.
검푸른 눈썹 아름다운 자태 예전 그대로
반가운 눈으로 묵은 정 새로워졌지.

---

309) 후한 때 양홍의 아내로 추녀였으나 남편을 잘 받는 아내의 전형으로 일컬어졌다.

비단 휘장에 향기로운 등불 어리고
비단창에 새벽달이 스머드는데,
예전처럼 베개 나란히 한 일이
어찌 현실 아닌 꿈이란 말인가?

우도사에게 주다
자연 속에서 삼 년 동안 헤어져 있어
멀리 두 고향으로 떨어져 그리는 정.
가는 길은 수천 봉우리 막혀 있어
근심에 짧은 꿈에서도 놀란다오.
그대는 돌아가 상책을 얻었지만
나는 늙어 남은 생이 줄어들었소.
서로 그리워하는 괴로움을 어찌 하려나?
추운 밤 외로운 기러기소리 들려온다오.

밤에 빗소리 들려 잠 못 들고 괴로이 읊다
한겨울 추위 아침저녁으로 가득 차
가난한 집 황량하게 되었네.
겨울비 추적추적 내리고
추운 밤 느릿느릿 길기만 하네.
등불 가물거려 두 그림자 가련하고
근심 심하여 속에서 열이 나네.
베개 어루만지며 걱정에 잠 못 드는데
게다가 기러기 소리까지 들려오네.

간량 가는 길에

안장에 올라 채찍 휘둘러 교외로 향해 가는데
북풍 쓸쓸하고 백마도 익숙하지 않네.
젊은 시절 장대한 뜻 아직도 꺾이지 않아
몸 돌려 곧바로 하교로 향해 가고 싶구나.

애련정에서 밤비 소리 들으며

안동 객사의 별관에서
은하수 어둑어둑하니 이 밤을 어쩌랴?
바람이 휘장을 흔들자 촛불이 기울어지는구나.
병풍에 근심스레 기댔으나 잠은 오지 않고
창 너머 오동잎에 빗소리 야단스럽구나.

애련정에서 즉흥으로 짓다

개울물 콸콸 울면서 흘러 내리는데
굽은 난간에 한가로이 기대 남은 맑음을 향유한다.
중양절 좋은 때가 멀지 않음을 알겠도다.
섬돌가 가득 노란국화가 꽃망울을 터뜨리려 하니.

장난삼아 용계의 운을 차운하여

몇 년 되어야 나그네 마음 다하려는 지 물어보세.
초대에 지나가는 비 여전한 지?
악수하며 헤어질 때 다정한 마음 많아
남자의 연약한 마음도 가련하다네.

경주의 이별 잔치에서 장난 삼아 용계에게 주다

용계가 정을 둔 기생과 이곳에서 이별했기에 놀린 것이다.

자리 가운데 아름다운 이가 남몰래 태어난 것을 한스러워 하니
은근한 눈길 내려 뜬 곳에 진주 같은 눈물 흐르네.
달 뜬 성 언덕 별 빛나는 누대 아래에서
얼마나 남자가 이별 때문에 번민하게 만들려는지?

하담의 시에 차운하여

하담이 짤막한 시를 어린 기생에게 주었기에 차운하여 놀리다

좋은 인연이야 하필 삼생에 걸쳐 맺으랴.
금석 같은 단단한 마음이 한 번 웃음에 기울어졌구려.
한밤중 아름다운 누대에 향기로운 꿈 편안하니
별 같은 눈동자 구름 같은 머리의 아가씨가 가장 정겨웠구려.

금포에서

이 다음은 일본에서 지나온 곳의 본 것을 기록하였다

양쪽 산 열린 곳에 작은 호수가 맑고
붉은 나무 푸른 벼랑에 지는 노을 밝도다.
어부집은 쓸쓸하고 절간은 냉랭한데
창 너머 파초 잎에 상등이 섞여 있네.

대마도에서 병중에 용계가 군관들과 술을 마시며 즐겁게 웃는 것을 듣고

깊은 밤 추운 하늘에 달빛이 흐르는데
병든 가슴 쓸쓸하여 저절로 근심이 생겨나네.
창 너머 노래와 웃음소리 너무도 부러운데
술 들고 단란한 즐거움 그만두지 않는구려.

병중에 생각을 적다

한밤중 잠 못 든 채 드는 생각 그만두기 어려우니
물에 시름겹고 바람에 시름겨워 귀밑털 허옇게 되려 하네.
어떻게 하면 이 몸에 날개가 생겨나서
가볍게 동서쪽으로 오갈 수 있으려나?

용계가 현서상인에게 준 시를 차운하여

선심이 청정하여 물 흐르듯 비어서
젊은 나이에 현묘한 애기 도가 이미 통했구나.
다른 날 쌍림에 설법하는 곳에는
사람과 귀신 틈에 천룡도 끼어 있으리.

꿈 속에서 돌아가신 부모님께 절하고 감동하여 울고나서 짓다

분명히 꿈속에서 양친께 절하였으니
깨고 난 후 수건 가득한 눈물을 어찌 감당하랴?
고아가 이역 땅에 온 것을 위로한 것이리니
정령이 바다하늘 끝까지 따라 오셨구나.

꿈을 기록하여 마음을 풀다

너울너울 나비가 된 꿈에 호숫가 고향에 닿았더니
변함없이 추수 마당에 흥이 한창 나 있었건만,
소나기가 까닭없이 나그네 잠자리 놀라게 하니
바다 하늘에 근심스러운 생각 더욱 망망하구나.

바다 가운데 있는 석문

구름물결이 동쪽 멀리 끝없이 흐르는데

천 길 높이 푸르게 돌로 문이 만들어져 있어,
평평한 곳에 궁전은 이미 무너졌고
남은 터 쓸쓸한 채 대궐문만 남았나 의심스럽네.

바다 가운데 흰 모래

푸른 바다 가운데 흰 명주 가로 놓여
옥같은 모래 십리 뻗쳐 석양에 밝구나.
만약 신선이 되어 가볍게 떠난다면
한가로운 짝 잠든 갈매기가 달을 띠고 가겠지.

아미타사에서

적관의 서쪽 언덕 범왕의 집에
소나무 늙은 높은 바위에 길 하나 비껴 나있네.
대나무 침상과 매화 창문에 세속일이 없고
작은 계단에 마주하여 겨울꽃이 드러나 있네.

문자성에서

월주 북쪽 적관 동쪽에
바다에 닿은 황량한 성이 허공에 꽂혀 있으니,
쭉 뻗은 대나무 가득한 산에 안개 낀 나무 실같고
석양이 밝은 곳에 엷은 구름 끼어 있네.

채도 절벽의 작은 암자

깊은 밤 뱃길이 불분명하고
푸른 절벽 희미하게 바다를 가로질러 있네.
아득한 허공에 절이 있는 걸 알겠으니
외로운 등불 걸린 곳에 작은 종이 울리네.

바다 가운데 작은 섬

봉래섬에 소원봉 있다는 것을 내 들었으니
꼭대기에는 천년 지나도 자라지 않는 소나무가 있다네.
비바람에 몇 년엔가 이리로 떠내려 왔다는데
바라보다 옥으로 만든 부용꽃인가 했네.

남도의 술자리에서 현방의 운을 차운하여

사람 많은 잔치에 가득 찬 술잔 자주 따르지 마오.
울리는 피리소리에 즐거운 마음을 부쳤다네.
내일 아침 돛을 걸고 부상 밖으로 떠나니
거센 파도에 노젓는 소리 근심스레 듣는다오.

대판의 지대위에게 주다

열흘간의 체류가 본래 기약했던 것이 아니니
파도가 움츠러들자 비가 번잡해질 줄 알았으랴?
주인의 높은 의기 앞으로 어찌 보답하랴?
고마운 마음 모두 시 한 수로 옮기노라.

대판에 머물러 고향을 생각하며

고향산 아득하고 바다구름 드리웠는데
바다 나라 봄 맑아도 기러기 돌아오지 않네.
다만 잠자리에서 호랑나비 되는 꿈꾸어
잠시나마 날아 갔다 또 날아 온다.

산기의 바다 가운데 고래가 파도 뿜는 것을 보고

쌓이는 물 망망하여 끝이 뵈지 않는데

석양은 저물려 하고 가는 배 더디구나.
끝없이 눈 같은 파도 하늘까지 치솟아
큰 고래가 바다를 차오르는 때라는 걸 알았네.

악포에서 풍랑에 발이 묶여 바다를 건너지 못하다

오랑캐 암자 말 같고 어지러운 봉우리에 둘러싸였는데
양쪽 언덕 붉은 꽃잎이 나그네 옷에 어리네.
부포산 모습이 멀리서 눈에 들어오나
두 날개 없으니 날아갈 수 없구나.

금성의 전별 자리에서 취중에 이별하며

춘방에서 옥당으로 가는 것도
오거니 가거니 모두 영광이었네.
삼년 동안 태부에서 백성들에게 혜택을 끼쳤으니
이별 자리에 술 한 잔 뿐이겠는가?

은율의 경렴당에서 순상 이계휘의 운을 차운하여

어떤 사람이 일 벌이기 좋아하여 못을 만들었는지
수 천 송이 부용꽃이 작은 집을 둘러쌌네.
산에 해 넘어가려는데 비 그치자
맑은 향기 옷에 끼쳐오는 자하상.310)

광량에서 비 온 뒤

높은 데 올라 바라보니 그리움 절절한데
지는 해는 아득히 푸른 산 너머로 지네.

---

310) 국화의 일종.

불현듯 교외 언덕에 상쾌한 기운 많아지니
비의 장수 달려가 돌아가는 축융311)을 전송하고 오는가 보네.

은적사의 도안상인에게 주다

우리집은 산 밖에 있고 그대는 산 속에 있어
가르침은 비록 다르나 종적 숨기는 것은 같다오.
금오산을 절반씩 나누고부터
흰구름 모였다 흩어지며 동서로 오가네.

청주의 객관에서 전사열을 이별하고

타향끼리 함께 열흘을 여행하면서
술 잡고 큰 소리로 노래하니 흥이 더욱 났는데,
해 기우는 역정자에서 그대 홀로 떠나니
어지러운 산에 남은 눈이 이별 근심 더하는구나.

옥천 적동강 누대에 쓰다

어지러운 산 열린 곳에 큰 강이 흐르고
강가 높은 누각은 나루머리에 닿아 있네.
피로한 나그네 돌아가길 서두르는 겨울 해질녘
엷은 안개 우는 새 모두 근심 일으키네.

가산을 지나며

예전에 임금님 명령을 띠고 이곳을 지났었는데
비단방석 맑은 술에 아름다운 이가 노래했지.
꽃 진 작은 뜰에 사람은 뵈지 않고

---

311) 여름의 신으로 불을 주관한다.

푸른 산에 말없이 석양이 기우는구나.

동작의 배 위에서
천천히 강가를 향해 떠가는데
바람 쓸쓸하니 봄날 춥구나.
해질녘에 배 멈추고 생각이 끝없으니
아름다운 사람 멀리 채색 구름 끝 너머에 있겠지.

도중에 비 때문에 체류하며
여행하며 근심거리 정말로 어지러운데
게다가 번잡스럽게 비까지 쏟아 붓는구나.
고향산에 꽃은 웃음을 머금고 있으려니
온봄을 한가롭게 즐기는 것도 임금 은혜로다.

적간관에서 현방의 운을 차운하여
사백년전 여덟살 된 오랑캐의 왕이 역적에게 쫓겨 여기에 이르렀는데 일이
급하게 되자 궁녀가 업고 바다로 뛰어들었다고 한다
해질녘 항구에 물은 급히 흐르고
나그네 마음 쓸쓸하여 저절로 근심 생겨난다.
안개 가로놓인 외딴섬에 층층이 파도 이는데
적막한 충성스러운 혼은 어디를 떠돌고 있는지?

현방의 남도 아곤담 관음사 시에 차운하여
"관음이 매우 영험스럽기 때문에 동전을 던져 복을 기원한다"고 현방이 말
하였다.
추운 밤 바람과 이슬 끝없이 펼쳐지고
달은 외로운 돛대에 가득한데 물결은 하늘에 닿는구나.

남자의 행장에는 충과 신이 들어 있으니
배 멈추고 하필 금전을 던지랴?

소전원에서 눈 가운데 있는 노란 귤
바람 서리 다 겪은 한 해가 다한 때
작은 뜰에 아직도 귤과 유자 달려 있네.
밤이 와 차가운 눈이 겨울나무에 얼어붙으니
백옥과 황금처럼 눈부시게 빛나는구나.

창원태수의 전별 자리에서 상사가 부르는 운에 맞춰 읊다
병영의 기녀 중에 낙양곡을 잘 부르는 사람이 있었다.
덮여 있는 구름 아득히 멀리 서울을 가로막았으니
눈에 가득한 풍경은 나그네 마음 근심스럽게 하네.
홀연히 아름다운 사람의 노래 한 곡 들려
황홀하여 낙양성에 있나 의심했었지.

대마도에서 울적한 마음을 풀다
서쪽으로 가는 외로운 구름 올라탈 수 없으니
황혼녘 돌아올 줄 아는 새가 공연히 부럽구나.
나그네 심정에 층층 파도 막혀 있다 말하지 마오.
하룻밤 새 총총히 고향산으로 돌아가리니.

백호집을 보고 느낌이 있어
견줄 이 없는 호방한 선비 백호공은
도량 넓은 가슴에 옛 협사의 풍모가 있었네.
지금은 사라진 채 짓기가 어려운데

다만 아름다운 시구를 천동에 가득 남겨놓았다.

백호의 향렴(香奩) 시를 차운하여

손 잡으며 헤어질 때 다시 보고 싶었는데
붉은 눈물 남은 자국 아직도 마르지 않았네.
홀로 등을 마주하니 마음은 끊어질 듯
온 주렴 내리는 가랑비에 비단 이불 춥구나.

가을밤

비온 뒤 달빛이 작은 집에 가득하고
옥같은 바람 이슬을 불어 엷은 서늘함을 일으키네.
밤새 우는 가을 벌레 소리 얄미워라.
나그네 근심 많다는 걸 이해하지 못하는구나.

취중에 장난삼아 백주가 태수 임진에게 준 시를 차운하여

열 수

가을 저무는 수천 산림은 마전한 붉은 비단 같고
작은 뜰 노란 국화는 서리 바람에 미혹당했네.
좋은 밤 취한 흥을 그대는 아는가 모르는가?
좋은 달 맑은 빛은 곳곳마다 같겠지.

두 번째

깊은 밤 초가집 촛불 남은 자리 밝갛고
하늘 가득 하얀 이슬은 가을바람 띠고 있네.
맑은 술에 달 대하니 어찌 취한 것이 싫으랴만
흰 머리와 창백한 얼굴이 세월 따라 다르구나.

세 번째

　술 힘으로 사람 속여 양빰을 붉게 하고
　두건 젖혀 쓰고 미친 듯 흥겨워 귀양 온 신선 풍모를 따르네.
　잔 멈추고 푸른 하늘 달에게 묻노니
　질탕하게 노는 마음 같던가 다르던가?

네 번째

　서리맞은 가을 나무 어여삐 붉게 단장하고
　병든 잎이 우수수 저녁 바람에 떨어지네.
　쓸쓸한 작은 뜰에는 외로운 학이 있으니
　달밤의 나그네 심사가 나와 같다네.

다섯 번째

　푸른 도롱이에 여뀌꽃 붉게 어리고
　저녁에 그물 떨쳐 물가 바람에 고기 잡는다.
　한림원의 옛 학사라고 말하지 말라.
　늘그막 그윽한 흥이 촌늙은이와 같으니.

여섯 번째

　시끄러운 먼지가 도성 큰길 붉게 하는 것 실컷 보았으니
　벼슬하려는 마음이 닿지 않을 곳으로 달아났네.
　한가한 가운데 믿는 것은 여러 사람 있어서니
　지팡이에 짚신 신고 취미 같은 사람 맞이하네.

일곱 번째

　귀밑털 허옇게 늘어지고 얼굴에 붉은 기운 사라진 채

병든 침상에서 잠 못 들며 새벽바람에 겁먹네.
한 번 창강에 누운 후로 가을이 또 저물어 가니
나그네 쓸쓸한 가슴 뉘와 같을까?

여덟 번째

대나무 밖 겨울 꽃은 생각대로 붉으니
가지 몇 개 아름다운 꽃송이 서리바람에도 꿋꿋하네.
전원은 한가로운 가운데 짝하기 좋으니
늦은 계절 그윽한 기약은 자연과 내가 함께 하네

아홉 번째

강마을 교외에 지는 태양이 남은 붉음을 거두었고
하늘에는 맑은 가을날씨에 기러기 바람을 등지고 간다.
외로운 학 한줄기 소리에 산에 뜬 달 밝은데
거침없는 맑은 흥을 누가 있어 함께 하랴?

열 번째

십 년 동안 용퇴[312])에 어지러운 햇무리 붉으니
칼집 속에 웅검이 장풍에 울부짖네.
어느 때나 유관 너머를 싹 쓸어
나라의 문물제도 만국이 같음을 보이나?

앞의 운을 따라 태수 임진에게 주다

호수가 나무는 맑은 가을에 고운 잎이 붉은데
그대는 가을 바람 불 제 높은 수레 타는구려.

---

312) 동정호 가운데 있는 모래섬 이름.

어질다는 명성이 이미 수천 마을의 노래에 들어갔으니
혜택으로 교화가 한결같음을 보이게나.

또 앞의 운을 따라 장남삼아 읊다

구름같은 머리와 꽃 같은 얼굴에 분홍빛이 어리고
비단옷 살랑이는 곳에 향기로운 바람 일어난다.
맑은 봄날 한번 이별하면 가을 저물때까지리니
달 보며 서로 그리워하는 마음 두 곳이 같겠지.

광릉 객관에서 천고 홍형에게 주다

멀리 떨어져 그리던 마음 십년 남짓 되었는데
타향에서 다시 만나니 귀밑털 모두 허옇게 되었네.
다정한 이 밤 등불 하나 켜놓고 말하는데
이웃닭 새벽 빨리 알릴까 걱정이네.

사람을 기다리며 장난삼아 읊다

두 수

농가에 비를 바라는 농민의 마음 불쌍히 여기며
이미 삼춘을 보내고 여름이 또 깊었구나.
우습구나, 하느님 장난이 심하여
공연히 오늘도 흐린 구름만 만드네.

두 번째

옛친구 소중하여 오기를 바라노니
산 높지 않고 바다도 깊지 않아,
빨리 가고 싶어도 날개 없음을 한탄할 판인데

어찌 강가 길에 조각구름 끼었다고 꺼리랴?

백주의 운을 차운하여

밤바람이 이슬을 불어와 추위가 몰려드니
화로에 술 데워 먹기에 적당하구나.
달 가득한 높은 하늘에 구름빛 끊기고
몇 줄의 변방 기러기가 서리를 두르고 돌아온다.

두 번째

울적한 심사와 잔병치레가 괴로움을 부추기니
늘그막 때를 맞아도 술 들기가 겁이 나네.
어떻게 하면 신선산의 불로초를 얻어서
다시금 봄빛이 귀밑머리를 감돌게 하나?

벽제역참에서 병중에 울적함을 풀다

나그네 주변은 계절이 한겨울 되었는데
돌아갈 생각 아득하여 병은 심하게 되었네.
오촌에 누구누구 떠올려 보니
초당의 아름다운 달에 서로 찾기 좋겠구나.

서울의 여행길에

외로운 꿈에서 돌아오니 새벽 물시계 더디고
잠자리의 근심거리 실처럼 엉키었네.
다정한 한 조각 서쪽 봉우리에 뜬 달은
아끼지 않고 나그네 휘장에 맑은 빛 비추는구나.

안주에서의 술잔치

쇠약하고 병든 몸 억지로 부지하여 높은 누대에 올랐더니
달 가득한 화려한 잔치에 취흥이 넉넉하네.
젊은 기생 백발을 비웃을까 두려울 뿐
술 앞에서의 옛날 풍류 없어지진 않았다오.

서울에서 고향으로 돌아갈 때 신례원 가는 길에서 채백창의 운을 차운하여

나그네길 끝나려 하고 해는 지려 하는데
석촌의 안개 낀 나무 바라보니 어렴풋하구나.
여윈 말 억지로 채찍질하여 돌아가는 흥 재촉하며
너른 들 서쪽 사립문을 멀리서 가리키노라.

침침해진 눈을 한탄하며

좋은 시절 싱숭생숭 생각을 그만두기 어려운데
가을은 어느덧 병중에 휙 지나 버리는구나.
두 눈이 희미하여 제대로 보이지 않으니
계단 가득 노란 국화는 필 필요 없겠구나.

죽은 얼자를 슬퍼하며

지난 겨울 한 번 이별하고 생사가 갈려
옷소매 피눈물 자국에 다 젖었구나.
골육의 은정이 이로부터 끊어지니
다른 지방 어느 곳에 외로운 혼 기탁하려나?

큰 눈 두 수

깊은 밤 성난 바람이 큰 눈을 불어대어
옥룡과 흰비늘이 천지에 가득하다.
늙은이 목 움츠리고 아침에 게으름 부리니
맑은 날 이미 끝나 항상 문을 닫고 있네.

두 번째

큰눈이 끝없이 깊은 밤에 내리더니
산하는 금새 별천지가 되었구나.
식전의 시골골목 사람자취 끊기고
백성 집에 연기 없이 대낮에도 문 닫혔네.

섣달 그믐밤

허리에 황금띠 찬 채 팔순까지 살았는데
전원에 편히 누워 또 새봄을 맞이하네.
이 노인네 늙었어도 몸은 정정하여
봉래산 신선을 방문하고 싶다오.

두 번째

한 해가 끝나 따뜻한 봄 돌아오려는데
봄소식이 겨울 매화에 나타나 있네.
줄 튕기며 부르는 노래에 맑은 기쁨 충분하고
대청에는 좋은 손님 가득, 술잔에는 술이 가득.

좌랑 이욱의 시를 차운하여

강마을 들은 손바닥처럼 눈앞에 펼쳐져 있고

구름 너머 수천 봉우리 검푸르게 가로놓였네.
홀로 작은 서재에 기대니 서쪽으로 해 지는데
저녁 하늘에 쓸쓸하게 북쪽 기러기 우네.

두 번째

정오에 거울 보며 검은 눈썹 바삐 다듬노라니
어떤 사람 말 달려와 거문고 뜯는 아가씨 싣고 가버렸네.
날 듯이 한 번 떠나서는 소식이 없으니
무산의 구름313) 더디게 흩어지나 보다.

보이는 대로 읊다

두 수, 낮잠에 막 빠지려는데 윤인의가 와서 창밖에 앉았다.
강 위에 구름 막막한데 기러기 울며 가고
떠도는 가벼운 추위에 매화 아직 피지 않네.
불 잘 땐 구들장에서 봄잠 편안하여
창밖에 옛친구 온 줄 몰랐네.

두 번째

들밖 언덕 남은 눈이 채 다 녹지 않고
꽃샘 추위가 해진 담비옷 파고든다.
낮에도 사립문 닫은 것은 찾아오는 이 적어서니
전향이 다 타버리자 고요해졌네.

며느리 제삿날에 병으로 가지 못하고 슬픔을 적다

끝없는 지병이 점점 더해져

---

313) 전국 때 초회왕이 고당에서 놀다가 꿈속에서 한 여자와 동침하였는데, 그 여자가 떠나면
서 자기는 무산의 신녀로 아침에는 구름이 되었다가 밤에는 비가 되어 내린다고 하였다.

외로운 밤 추운 서재에 눈물만 옷깃 가득하네.
떠올려 보면 우뚝 솟은 산 남은 눈 안에
새무덤 하나 구름 깊숙한 속에 얼어있겠지.

두 번째

초가집 닭 울고 새벽빛 다해가는데
작은 창 외로운 침상에 가벼운 추위가 밀려든다.
늙은이 잠 깨어 옷 걸치고 일어나서
슬프게 앞산 바라보며 눈물 마르지 않네.

장흥 우전을 애도하여

그대 죽어 헤어진 채 돌아오지 않을 줄 어찌 알았으랴?
이승에서 다시는 모습을 볼 수 없게 되었구려.
구천에서 죽은 부모님과 편안하다면
이 고아의 목숨이 질기다고 알려 주오.

용암협 가운데에서

파리한 말 타고 저녁에 골짜기 동쪽으로 향해 가는데
늙은 눈 침침한 채 가는 안개 가로질러 간다네.
십리 뻗은 계곡과 물은 옛날 알던 곳이건만
바라보니 꿈 속 같아 분명하지 않구나.

비 오는데

추적추적 가을비가 장마비 되려는데
쓸쓸한 외딴 마을 풀색 짙구나.
종일토록 쑥대문에 사람 오지 않고

깃든 새만 성긴 숲으로 들어가네.

날 개인 게 기뻐서

호수 하늘에 구름 걷히고 며칠 온 비 그쳐서
푸른 산 상쾌한 기운이 맑은 가을을 따라왔네.
오늘밤 밝은 달을 감상할 수 있을까?
어쩔 수 없는 새로운 근심에서 자유롭지 못한데.

새해 아침

병신년 다 가고 정유년이 왔으니
이 늙은이 여든 하나가 되었구나.
서럽다, 남은 인생 얼마나 되랴?
술 들고 겨우 칠천일을 떠올려 본다.

정축년 신안에서 지었던 것을 기억을 떠올려 쓰다

이날 만난 것은 원래 기약 없었지만
등불 (밝히고) 지난 몇년 그리움을 말로 다하네.
약속은 없었으나 오늘밤이 짧아서
다시금 눈썹 찌푸리며 이별을 슬퍼하네.

인보가 산정촌으로 이주하는데 가만히 있을 수 없어

소 우는 작은 언덕 너머 살면서
마음 터놓고 계속 지내지 못하는 것이 안타까웠는데,
게다가 너른 들, 긴 강 너머로 갔으니
한스럽게 앞산의 십리 밖 마을을 바라보네.

영산록에 있는 선대의 유고를 읽고 옛날을 생각하는 마음을
부치다
두 수
　공경히 물려주신 책을 펼쳐 맑은 자취에 절하니
　군자다운 옛 종적 명확하게 진술되었네.
　문채와 풍류 아직도 없어지지 않았으니
　후손들이 이을 가업 누구에게 달렸는가?

두 번째
　자손 중에 누가 뒤를 좇을 수 있을까?
　우리 선조 성대한 업적 모두 버려지겠구나.
　당당하던 세업이 지금은 적막해졌으니
　대대로 사람 있었다 말하지 말라.

영산록 가운데 차운하여서
　영취산314) 앞에 오래된 마을이 있는데
　내 시조가 벼슬하여 가문을 열었던 곳이라네.
　어떻게 하면 풍채와 절조를 볼 수 있을까?
　재배하며 벽 위의 글을 어루만진다.

한밤중 여러 손자들이 글 읽는 소리를 듣고
　깊은 밤 겨울 하늘에 북두성 가로질렀는데
　작은 집으로 글 읽는 소리 들려 온다.
　늙은이 귀 기울여 즐겁기만 하니
　여러 손주들 학업이 이루어진 것을 점칠만 하네.

---

314) 인도 마갈타국 왕사성 동쪽에 있는 산으로 석가가 이곳에서 무량수경을 강론했다고 한다.

영호에서 배 타고 취하여 읊다

만사가 미리 정해져 있는 것이니
이번 길 탄식할 게 있으랴?
아름다운 산과 고운 물에
곳곳이 모두 기이한 경관인 걸.

두 번째

비단 같은 나뭇잎이 강 언덕을 밝히고
노란 국화가 나그네 옷자락에 어리네.
하늘에는 해가 아직 정오가 안 되었으니
사절은 돌아가길 재촉하지 말게나.

영천의 이별 자리에서 취하여 대구 태수 한욱재에게 주다

멀리서 온 손님 떠나기를 서두르니
앞산에 비가 오려 하는 때라네.
헤어질 때 닥쳐 무한한 마음을
오직 술잔만이 알리라.

취하여 경상도 관찰사 이자시의 시를 차운하다

이 술은 남겨두지 마오.
내일 아침 멀리 떠나면 이별이니.
어찌 촛농이 쌓인다고 싫어 하겠소.
동쪽 언덕에 새달이 돋아오는데.

정포의 다화

동지 뒤에 피는 꽃이 눈 같건만
매화 늦게 피는 것이 싫어라.
봄풍경이 한 그루 나무에 치우쳐 있으니
하느님조차 사사롭게 하는구나.

그림에 쓰다

갈대밭 물가에 가을바람 일어나고
밤은 싸늘한데 안개 낀 물 펼쳐졌네.
고기 낚는 노인이 작은 배에 서서
홀로 겨울 강의 달을 낚는다.

그냥 읊다

팔십 살 나이든 늙은이가
흰머리로 황금띠 차고 있다가
크게 웃으며 옷을 떨치고 나섰더니
호수와 산에는 봄이 바로 깊어 있더군.

두 번째

세상 길이란 것이 이런 거지,
하필 시비를 물으랴.
강호가 내 즐거움이니
내 마음을 흰갈매기가 알리라.

가을밤에 읊다

가을밤이 어찌나 더딘지

늙은이 잠 안 와 괴롭구나.
갑자기 후두둑 소리 들리니
오동잎이 성긴 비에 우는가 보다.

두 번째

가을밤이 어찌나 더딘지
서리 내리는 하늘은 밝을 줄 모르는데,
얄미워라, 짝 잃은 기러기는
애달프게 울어대 시름을 일으키네.

계속되는 비가 지겨워

초가집이 축축한 안개에 묻혀
푸른 섶으로 아침 불때기에도 급한데,
구름 속에 해가 이미 높이 솟아
들밥 내가야 하는 아낙이 머리 긁으며 운다.

두 번째

늦은 비가 어찌나 지리한 지
봄에 밭 갈아야 하는 때를 놓쳤네.
창창하던 사람들도 늙었으니
보이는 일마다 늦어지는 걸 탄식해서라네.

봉암사의 백족이 보러 와서 생각을 쓰다

그대는 봉암사에서 왔으니
석촌의 일을 당연히 알겠지.
눈 온 뒤 산중이 추우니

우리 아이 별일 없는지?

새 해 첫 새 벽

　섣달 다해도 한창 추위 대단하여서
　산집의 무명이불 파고든다네.
　새벽 되어 잠시 눈 붙였는데
　남은 꿈 속에서 가을걷이한다고 알리네.

우인백께 드리다

열 살 때 지었다.
　동쪽 이웃에 친구가 있는데
　한몸처럼 아껴왔지.
　겨울 추위로 만나지 못하니
　꽃과 버들 피는 봄만 고대한다네.

소상강의 반죽을 그린 병풍[315] 열두 살에 짓다

　창오산[316] 산빛은 삼상[317]으로 이어져
　한이 강물에 들어가 만고에 드리웠구나.
　천년 전 눈물 흔적 지워지지 않아
　지금까지 반죽이 석양을 띠고 있다.

일본에서 바친 공작 열세 살에 짓다

　한 쌍의 기이한 새가 해동에서 나서

---

315) 순임금이 죽었을 때 두 비인 아황과 여영이 소상강에 투신해 죽었는데, 이 때 흘린 눈물
　　로 대나무가 얼룩졌다고 한다.
316) 순임금을 장사지낸 산이다.
317) 상강 유역과 동정호 일대를 가리킨다.

먼 데 사람이 명광궁318)에 바치러 왔네.
가지런한 깃과 긴 목으로 금조롱 안에 있으나
마음은 남쪽 하늘 흰구름 가운데 있다네.

학질을 쫓는 시

나는 본래 천태산의 녹발선인으로
인간 세상에 귀양 내려온 지 지금 백년인데,
옥황상제가 용천검을 내려주서
학질귀신 베라고 간곡히 부탁하셨느니라.

| 장시(長詩) |

늙어 병든 중에 무료함을 견디지 못하여 평생의 행적 대강을 기록하다

만력319) 5년320) 가을
변변치 못한 사람이 접역321)에 태어났으니,
삼한땅 명망있는 집안의 후예로
대대로 빛나는 집안이었고,
집은 낙성 동쪽에 있었으니
상투를 올리면서 학문에 뜻을 두었지.
일찍부터 문필가들 사이에서 노닐었으니
성취가 더디다는 말은 하지 마오.
그래서 신축년에는

---

318) 한나라 때의 궁궐이름으로 보통 궁궐을 가리키는 말로 사용된다.
319) 명신종(明神宗)의 연호
320) 1577년을 말함.
321) 우리 나라를 가리킴. 동해에 가자미가 많이 산출되므로 통칭함.

처음 사악(思樂)의 물가에 들어가322)

주자들과 함께 지냈는데323)

교유하는 이들이 모두 준수한 선비들이었네.

이 때, 계묘년 여름

아버지께서 벼슬살에 염증을 느끼셔서

벼슬을 내놓고 고향으로 내려가셨네.

편안히 세월을 보내면서

어찌 풍수지탄324)의 슬픔을 헤아렸으랴?

황급히 부모님 봉양하여 받들려 했으나

영원한 통한이 끝까지 쌓여,

모진 목숨 오히려 끊어지지 않은 채

만사에 무심하게 되어 버렸고

세상에 따라 사라졌네.

그렇게 무신년에 이르러보니

아아, 세상은 혼탁해지고

유림에는 옥석이 섞였으니

기미를 살펴 떠나325) 스스로를 깨끗이 해야 했다네.

호수가와 바닷가를 정처없이 다니노라니

술수 부리지 않는 것은 흰갈매기 뿐이었네.

고기 잡고 나무하는 생활 이미 익숙해져

---

322) 성균관에 입학한 일을 가리킨다.

323) "임금이 말하기를 '기야, 너에게 음악을 관장하기를 명하노니 이로써 맏아들들을 가르치
라'고 하였다. ≪書經·舜典≫" 주자(冑子)는 보통 국학의 학생을 가리킨다. 여기에서는
1601년 선석이 사마시에 급제, 생원이 되어 성균관에서 공부한 일을 가리키는 것으로 보
인다.

324) 나무는 고요하고자 하나 바람이 그치지 않고 자식은 봉양하고자 하나 부모는 기다리지
않는다 ≪韓詩外傳≫

325) 새는 사람의 나쁜 표정을 보면 날아서 빙빙 돌며 관찰한 다음에 내려 앉는다 ≪논어·
향당≫

어느덧 십년이나 지나 갔지.
나이가 사십326)을 넘어
청운의 뜻도 그만 끝났는데,
기미년 가을에서 겨울로 바뀔 즈음
우연히 성균관의 과시에 응시하여
일약 용문에 오르게 되었네.
때마침 천운으로
승문원에 뽑히게 되었으나
은거하려던 뜻 고친 것은 아니었다네.
얼마나 다행인가, 계해년 봄
함지327)에서 상서로운 해가 떠올라
대의가 마침내 다시 밝아졌고
떳떳한 도가 세워진 것을 곧바로 보게 되었다.
원추와 난새 같은 어진 백관이 조정에 가득하고
반열에 늘어선 신하들이 엄숙하고 공손하였네.
비와 이슬처럼 적시는 은택을 새로이 받들어
외람되게 조정의 관직첩에 오르게 되었네.
난파328)가 높은 하늘로 이어져
욕되게 높은 지위를 지키고 있다가
이어 대부의 뒷줄을 따르게 되어
종종걸음으로 대궐문을 드나들며
미원329)과 오대330)

---

326) 나는 사십에 마음이 흔들리지 않았다. ≪맹자·공손추 상≫
327) 전설상에 해가 지는 못.
328) 당나라 덕종 때 학사원을 금란전 옆의 금란파 위로 옮긴 일이 있었는데, 뒤에 난파를 한
림원의 별칭으로 사용했다.
329) 사간원을 이른다.
330) 사헌부를 이른다.

춘방331)과 옥당332)을 거쳤네.

어리석은 내가 요행히 결원된 관직을 받들고

머릿수만 채우면서도 외람되게 벼슬이 오르니

쓸모 없는 재주로 무슨 보탬이 있었으랴?

쓸 데 없이 담비꼬리333)만 쌓는다고 조롱당했네.

조정에 선 지 이십여년

지난 일 다 말하기 어려워라.

애통하다, 갑자년 봄에

주인을 보고 짖는 개가 깊이 들어왔도다.

이때 병조정랑이 되어

공주에서 임금의 행차를 호위했었지.

정묘년 봄 정월에

변방의 봉화가 궁궐까지 비치니

임금의 수레가 강화도까지 행차하였네.

지고 끌고 왕의 수레 따랐고

왕의 군대 임진을 지켜섰지.

수놓은 옷 입은 사람들이 병사들 먹는 것을 돌보니

백리에 수만 개 밥 지은 아궁이로

간신히 식량문제334) 해결하였네.

신미년 구월 깊은 가을이 끝날 무렵

임금의 명을 받들어 서호를 살피고

여섯 군영을 열병하면서

---

331) 세자시강원을 가리킨다.

332) 홍문관을 가리킨다.

333) 진(晉)나라 때, 조왕(趙王) 사마윤(司馬倫)이 봉작을 남발하여 관에 장식하는 담비꼬리가
     부족해지자 개꼬리로 대신하기에 이르렀다.

334) 庚은 서방으로 곡식을, 癸는 북방으로 물을 주관하는데서 유래하여 경계庚癸)는 양식을
     빌릴 때 쓰는 군대의 은어이다.

일제히 무기를 점검하였으니
어찌 감히 수고를 꺼렸으랴?
한스러운 것은 그 책임을 아직 행하지 못해
삼남지방 지방관리들이
세금만 독촉할 뿐 정사는 몹시 서투른 것이라네.
사신으로 양쪽 이역의 땅에 갔을 적에는
응대하는 재주 또한 보잘 것이 없어,
금절이 묻혀 드러나지 않았으며
지방관으로 나가도 형편 없었으니,
부패한 유학자가 어찌 알맞게 사용할 수 있었으랴만
한갓 붉은 한 말의 피뿐이었네.
병자년 국운이 막혀
외적이 크게 밀려들어와
임금의 의장이 궁전을 떠나
급히 남한산성으로 향했네.
검은 구름이 칠 리에 덮였고
사직은 한 가닥 머리카락 같아졌는데
천심이 다행이 순조롭도록 도와
우리 나라가 위험에서 부활하여
조정의 의장이 비록 예전 같아도
하늘땅에 얼굴 여전히 부끄러웠네.
정축년 정월 그믐
관원들 궁궐로 돌아왔고
특별히 호조의 지위를 맡기셔서
강화도에 가 남은 곡식을 수습하였지.
은대335)에서 밤을 새며 근무하였고
기조336)에서 참의를 맡았었네.

쫓아 따른 지 반년이 안되어
아경의 반열에 오르게 되었네.
의금부와 오위도총부에서
겸직을 하였지.
가련하다, 무인년 여름
학무릎 같이 종기가 오른쪽 무릎에 생겼는데
마침 빈객의 임무를 맡기셨으나
만리를 가는 노역을 어떻게 하랴?
묘당에서 정세를 살피더니
이름이 제외되도록 감히 임금께 올려져,
비록 멀리 떠나는 일은 면할 수 있었지만
한결같은 절개가 버려진 것이 슬펐네.
병을 구실삼아 사람이 버려지니
해직되어 시골로 돌아가
오랜 병으로 자리에 누었는데
죽을병이 하나로 그치지 않아
인사가 이로부터 끊어지고
헛되이 보낸 세월 십년이 되었네.
다행이 정해년 겨울
오랜 지병이 조금 나았고
성조께서 물건을 버리지 않아
털고 일어나 쇠약한 기골을 수습하고
병든 몸 지탱하여 성문에 들어갈때.
꿈을 처음 깬 듯 당황했네
누른 띠 두른 것이 분수에 넘치고

---

335) 승정원을 가리킴.
336) 병조를 가리킴.

벼슬길 나간 것은 기약한 바 아니네
하물며 내 쇠함이 심하고
살쩍 머리 다 빠져 쓸쓸함에랴
완산에서 다시 세월을 겪으니
번거로운 일 처리하는 효과가 없는 걸 어쩌랴
예닐곱 해를 힘썼으나
부끄럽게도 조그만 보답도 하지 못하고
늙어서도 머물러 있었으니
지난날 잘못을 지금에야 깨달았네.
조정에 있은들 어디에 쓰여지랴?
죽지 않았으니 돌아가도 되리라.
나아가나 물러나나 손익이 없으니
네 마리 기러기 함께 날아가리라.
을미년 봄 이월
나이 일흔 아홉에
미련없이 고향으로 돌아가니
전원은 다 예전과 다름 없고
강호는 내가 즐거워하는 것이었네.
오랜 소원을 비로소 펴니
늙은이의 흥이 적지 않아라.
끼니를 자주 굶어도 편안히 지낼만 하고
저택은 하늘의 해와 멀리 떨어져 있지만
해바라기 마음 같은 정성은 꺾이지 않아
헛되이 개와 말처럼 주인을 그리워하며
몇 번이나 북쪽을 바라보았던가?
강호에 돌밭이 있고
하는 일은 심고 거두는 것뿐이라

농사 짓는 이가 봄이 왔다고 알려주고

뻐꾸기가 밭 갈라고 재촉하면

지팡이 짚고 교외 둑으로 나가

가래를 지고 논두렁 밭두렁을 다지며

기꺼이 늙은 농부가 되었으니

흉년이 들지 않기만을 바랄 뿐이로세.

가을 바람 새로이 서늘해지면

앞내의 고기와 게 살지고

누런 구름 사방의 들판에 가득하여

추수한 곡식 마당에 점점 쌓게 되니

살아가기 고달프다 말하지 마오.

문득 가을 흥이 얼마나 좋은 지 깨닫게 되지.

동산의 늙은이가 시냇가 친구와

술 들고 찾아오면

좋은 시절에 좋은 경치

부르고 맞아들여 함께 즐기니

지극한 즐거움이 다시 있으랴?

집안 식구들 모두 무고하고

아이 어려 눈 앞에 가득하니

기뻐 웃는 일이 적막함을 위로하네.

증손자도 아들이 있어

누리같이 번성한 자손들로 복이 눈에 가득하고

훌륭한 자식들 중에 가장 빼어난 자식은

여러 성을 합친 값의 화씨벽337)에 견줄만 하니,

남은 복이 네 몸에 달려 있어

---

337) 전국시대 진왕(秦王)이 화씨의 구슬을 성 열다섯 개와 바꾸려 했다.

아비의 사업을 이어 일으킬만 하네.
아내와 같이 늙어가
함께 여든 일곱까지 누렸으니
여생이 얼마나 더할 수 있으랴.
질병과 근심 없음이 매우 기쁘구나.
이밖에 무엇을 더 구하랴?
목숨이 끝나면 무덤에 의지하리니.

되는대로 읊다

백살 된 신지사는
세상에서 목숨이 아침저녁 하는 사람.
여생이 얼마나 더 남았으랴?
노래하고 춤추며 남은 봄을 보낸다.
내 친척들에게 말을 부치니
서로 사랑을 잘 보전하라고,
후손끼리 멀다고 말하지 말라,
형제들에게서 나온 자손들이니.
우리 가문은 고려 때부터
십팔대를 벼슬하였는데
지금와서는 매우 쇠미해졌으니
모든 친족들은 더욱 힘써야 하리.
한 마을에서 같이 거처하며
아침저녁으로 서로 따르네.
내 나이 지금 구십을 바라보는데[338]
안타깝다, 얼마나 더 살랴?

---

338) 구십을 바라본다는 것은 여든 한 살을 이른다.

나이 팔십의 노인이
흰머리로 황금띠를 띠었으나
크게 웃으며 옷 떨치고 떠났으니
호수와 산에 바로 봄이 깊을 때였네.
세속도 이와 같다면
시비 묻는 일이 어찌 필요하랴?
강호는 내가 즐거워하는 것,
내 마음을 흰갈매기는 알리라.
가을밤 어찌 그리 더디 흐르는지
늙은이 잠 못들어 괴로운데
갑자기 후둑후둑 소리 들리니
오동잎이 성긴 비에 우는 소릴세.
백발 늘어뜨리고 새로 은거한 선비는
황금띠를 두르던 옛날 시랑으로
임금 향한 정성이 아직 꺾이지 않아
외로운 꿈속에서 낙양을 향한다오.
바닷가 낚시 드리운 노인은
가슴속에 영웅의 지략을 품고 있더니,
하루 아침에 임금의 뒷수레에 실려서
마침내 위풍당당한 업적을 세웠다지.

남도

남쪽 바다 아득히 하늘에 닿은 곳
외딴 섬 부평처럼 떠있는데,
닻줄 풀어 물가에 배를 대자
해 떨어져 구름이 어둑해졌네.
판자집 아주 산뜻한데

새집에서 일찍 떠나기까지 기다리네.
큰 대나무 잘라 서까래 만들고
가는 나무 잘라 울타리 만들어서,
가운데 방이 매우 널찍하고
깐 자리는 유리 같은데,
은촛대 촛불은 휘황하고
금칠한 벽은 광채가 눈 부셨네.
잠깐 사이 쟁반에 음식 올리는데
어지럽게 진수성찬 늘어놓았네.
산꿩과 물새가
깃을 쪼는 모습 황금으로 조각해 놓았네.
마주한 상 아직 다 거두기 전에
잔과 접시 연이어 나오는데,
옥병에는 맛 좋은 청주 가득하고
향귤이 상등을 짓누르게 쌓여 있네.
오랑캐가 긴 바지를 끌며
들어오고 나가는데 매우 규범이 있고,
옥술잔 자주 기어와 바치면서
나그네 심사 위로하네.
기이한 꽃과 풀이
아름다운 처마에 영롱하게 비치는데,
복숭아나무는 푸른 결실을 맺었고
늙은 잣나무는 푸른 수염을 늘어뜨렸네.
성긴 대나무 몇 대에
시든 잎이 서리바람을 머금었는데,
오래된 가지에 매화 피려는 지
은근한 향내를 맡은 것만 같았네.

선학이 영험한 거북이를 쪼더니
사뿐하게 저절로 날아서 도는 모양이
교묘하게 만들어 진짜 같으니
조물주가 도리어 솜씨 없구나.
이 섬 풍속 손님 환대하는 예절이 있어
이 때문에 이름나길 다툰다네.
보이는 곳마다 좋은 감상거리 충분하여
나그네 근심 잊을만도 하였지.
밤이 깊어서야 끝나고 쉬었는데
취한 흥이 정말 끝이 없었네.
닭 우는 소리 새벽을 재촉하고
은하수는 이미 서쪽으로 기울어져,
먼 하늘에 아침해 떠오르고
새벽안개가 큰바다에서 걷히자,
훤하게 사물들이 분명해져
황홀하여 꿈에서 처음 깨어난 것 같았네.
뜰 앞에 어떤 물건이 놓여 있는가?
푸른 자갈이 동전만하게 작았고
동산 가운데 천 길되는 나무에는
가지와 잎이 푸르렀네.
모래사장이 한 자도 되지 않아
잔잔한 파도가 베갯머리를 소란스럽게 하였네.
사는 사람이 아주 드물어
낮은 집들은 산언덕에 의지해 있었네.
생활은 얼마나 고생스럽던지
뱃속을 채울 것은 고기와 새우 뿐.
산밭은 십 묘도 없어

신세를 한조각 배에 부치네.
생애가 이리도 누추하니
예법을 어찌 닦을 수 있으랴?
오랑캐 추장이 한 번 뵙기를 원하며
맨발로 뜰 가운데 서 있으니,
엎드려 기는 것이 힘든 줄 어찌 알랴?
번쩍거리는 것을 좋아할 뿐이어서
스스로 존경을 다한다고 말하며
수백금으로 만나는 예의를 삼네.
성인께서 가르침을 드리웠으니
뇌물로 받을 것이 없다고.
물리친들 불공한 것이 되랴?
짐승같은 마음 움직이는 것을 엄하게 사양하였네.
편한 바람을 하늘이 내어주지 않아
머물다 보니 해가 지는데,
나그네 심사 한창 울적하여
양쪽 귀밑머리에 눈이 쌓였네.
근심 물리치는데 술보다 나은 게 없어
셋이 앉아 술잔을 함께 들었네.
슬픈 거문고 소리와 호방한 피리소리가
바람따라 격양이 되었네.
오랑캐 놈들도 귀를 기울여
나란히 한 머리가 담장같이 둘러쌌네.
소란스러움만 더할 뿐이었으니
어찌 근심거리 느는 것을 막으랴?
날 밝으면 바람에 돛을 달아
한 순간에 부상을 다 지나가리라.

대판에서

　서쪽 포구에 조계[339]가 우니
　나그네 배는 새벽 밝자 출발하였네.
　노를 재촉해 강입구에 닿으니
　부상에서 뜨는 해 아침해로 바뀌었네.
　오랑캐 배들이 다투어 맞이하여
　강물이 좁게만 여겨지네.
　채익선[340]이 얕은 물이라 못 들어가자
　행장을 작은 배로 옮겼네.
　갑판이 매우 깨끗하고
　난간에는 붉고 푸른 빛이 흘렀네.
　강줄기가 나뉘었다가는 다시 합쳐서
　흐르는 기세가 거세지고,
　미풍이 가는 비를 불어와
　언 구름이 홀연 뒤덮었네.
　갈대섬이 물가에 이어져 있고
　기러기와 오리가 날다가는 다시 모였네.
　수십리 흐르는 물가
　양쪽 언덕을 인가가 차지하였네.
　주막에는 푸른 깃발을 꽂았고
　화려한 누각에는 붉은 주렴을 걸었는데,
　장삿배와 짐 실은 배들이
　꼬리를 물고 강가에 대어져 있네.
　어느게 제일 장관인가?
　나무와 돌이 서로 섞여 쌓인 것이었네.

---

339) 전설상에 밀물과 썰물 때 운다는 닭.
340) 채익은 물새의 일종으로, 뱃머리에 이를 그려 장식했다.

진야에는 바위가 말할 만하고
촉산 또한 뒤따라 우뚝하다네.
긴 다리가 곳곳에 가로지르고
맑은 물결에 무지개 그림자 비추는데,
아래는 오십길 정도가 되고
위로는 수레가 몇 대나 지나갈 정도였네.
통행하는 곳이 대륙을 이루어서
배가 없이도 건너기 쉬웠네.
갈 때마다 긴 다리를 지나
채색한 배 처음으로 정박하니,
오랑캐 우두머리 새한간이
재빨리 달려와 사신들을 인도하였네.
도시가 어찌나 바둑판 같은 지
거리거리가 줄처럼 곧은데,
시장의 상점들이 좌우로 끼었고
상품 따라 나뉘어 구별이 있었네.
주택가는 동남쪽이 번성하여
몇만 가구나 되는 지 알 수 없었네.
누대가 처마로 이어져 있어
눈으로 아득하여 볼 수가 없네.
오랑캐 사람들이 네거리마다 가득하고
꽉 막힌 사람들이 빽빽한데,
눈을 씻고 한나라 의장을 바라보더니
다들 손을 모으거나 엎드렸지.
수천 행렬이 숙연하게 떠들지 않고
서로 돌아보며 감탄만 할 뿐.
노정에 옛절을 세 내었는데

집이 매우 널찍해서,

비단 휘장이 푸른 문을 가리고

금빛 병풍이 화려한 벽을 감쌌으며,

상등과 향귤이

무성하여 푸른 대나무에 비추었네.

가는 곳마다 볼거리 매우 많아서

열 걸음에 아홉번은 눈을 돌렸네.

층성341)이 그 동쪽에 있는데

지세가 매우 성대하였고,

날듯한 누각은 허공 중에 나와 있으며

성가퀴가 구름까지 이어져 우뚝했는데,

다만 흰색칠이 되어있지 않아

솜씨가 미치지 못함을 알았네.

형상이 많아 하나가 아니니

황홀하여 다 말하기 어려워라.

붓을 끌어다 새로운 시를 썼으니

빠뜨린 것이나 생략된 것이 있을까 걱정될 뿐이네.

일본에 사신으로 가는 임자정을 전송하며

자정은 임광의 자이다. 관직은 호조참판으로 호는 삼휴암이다.

예전 갑자년 가을

명을 받들어 상역342)에 갔었지.

뗏목을 타고 가마를 타고

가는 길이 바다와 육지를 다 거쳤지.

지금 이년도 더 지났지만

---

341) 전설상에 곤륜산에 있다는 높은 성. 또는 제일 높은 봉우리라고 한다.
342) 해가 뜨는 곳인 부상을 이르는데, 일본이 동쪽에 있었기 때문에 이렇게 부른 것이다.

눈앞에 여전히 역력하네.
조수는 악포의 동쪽으로 물결치고
산은 주길의 북쪽으로 열려 있었지.
대마도는 마름처럼 떠 있었으며
입구봉은 옥을 깎아 놓은 듯 했지.
망망한 풍본포 외떨어졌고
막막한 남도 멀리 떨어져 있었지.
조수 막은 돌수문 푸르렀고
바닷가 차지한 모래밭은 희었네.
적안이 가장 험하니
노한 파도 부딪쳐 바위를 무두질하였지.
진과 관이 위아래로 지키고 있으니
형세가 빼어나 하늘이 만들어 낸 것 같았지.
채도에는 물이 돌아 흐르고
석포에는 파도가 넘실대었네.
우창에는 연사 고요하였고
병고에는 매창이 열려있었네.
바다가 끝나 강입구에 맞닿아
세찬 물결 나뉘었다 합쳐지고,
긴 다리 곳곳에 뻗어 있어
배를 안 타도 건너기 쉬워라.
누대가 양쪽 강언덕에 가득한데
눈을 다해 보아도 다 볼 수 없었네.
이곳은 대판이라 하는 곳인데
지세가 자못 성대하였고
강물이 맑고도 얕아
작은배에도 모래가 스쳤지.

평방이 푸른 물결을 베고 누웠는데
흰 누각과 향기로운 연기가 뻗어 있었네.
정포의 나뭇길이 끝나면
아득한 자줏빛 들판이 탁트였네.
복견은 옛날 오랑캐의 도읍으로
수많은 전쟁통에 황폐한 성가퀴만 남았었지.
쭉쭉뻗은 대숲이 동사를 둘러감쌌고
천층탑이 우뚝 서 있었지.
줄지은 가게가 수많은 골목으로 나뉘어 있고
큰 길이 줄처럼 곧게 뻗었으며
주막마다 푸른 깃발 세워놓았고
아름다운 난간마다 구슬발이 내려져 있었네.
가운데 있는 황금옥은
오랑캐 왕의 사는 집이었네.
동산에 예순 개 절이 있을 뿐인데
하나의 산언덕에 흩어져 있었네.
주도로는 강주로 뻗어있는데
비옥한 들판이 이랑으로 이어져 있었지.
길가에 있는 옛절에
대불의 높이가 백척이었네.
비파호는 하늘까지 잠길 듯하고
일렁이는 물결이 유리처럼 매끄러웠지.
흰 성가퀴가 찌를듯한 누대를 떠받치고 있는데
물을 압도하는 기세가 우뚝하였네.
지세가 유리한 곳은 좌보산이고
군사상 중요한 진은 명호옥이었지.
관원은 보루가 이미 오래되었으나

절하는 어느 해에 그치겠는가?
침현은 구름 닿을 듯 높고
묵천은 바다 향해 달려갔네.
빽빽한 백차하의 소나무
청흑색으로 옛골짜기 희미하였지.
웅장하다, 시작교여
맑은 물결에 무지개다리의 그림자 어렸네.
우뚝하구나, 부사산이여
옥기둥이 남극을 떠받치고 있네.
청견사는 명승지로 명성을 누리는데
끊어질 듯한 벼랑에서 폭포가 쏟아져 내렸지.
송원은 먼 해구로
읍하는 것처럼 둘러싸고 있었지.
상근령은 산세가 험준하여
길이 몇백번이나 끊어질까 두려웠었네.
푸른 절벽이 최고봉을 둘러있고
맑은 호수 푸른 옥을 머금었네.
소전과 대의
금천과 등택을
지나고 지나 강호에 도착했었지.
길은 천육백리
산 넘고 물 건너 온갖 위험 겪었지.
고생스러움을 어찌 말할 수 있으랴만
장대한 여행길 볼거리 충분해서,
나그네 마음 활달해졌는지
지금까지 꿈속에서 달래느라
그리움이 그치질 않는데

그대가 또 이 길을 떠나게 되어
맑은 가을 옥절을 짚게 되었구려.
조정에서는 사신을 중히 여기니
선발된 인물은 당연히 조정의 인걸이라오. .
바람 서리 내리는 추운 계절이지만
충성과 신심이 평소에 쌓였으니
오랑캐 땅도 갈 수 있으리.
이마에 문신한 오랑캐가 스스로 복제를 따라하여
위타343)가 무릎을 꿇게 되어서는
남쪽의 근심이 이로부터 끊겼으니
하물며 다시 아름다운 절개가 있어
마음에 품은 뜻 눈처럼 깨끗한 데랴.
잘 알겠지만, 육대부344)는
명성이 파월을 진동시켰으나
나아가나 물러나나 하늘에 맡겨
위험한 땅에 가는 것은 두려울 바가 아니었지.
남아의 원대한 포부345)
평탄한지 위험한지 본래 가리지 않는다네.
지나는 곳을 생각해보면
산하가 옛날과 같으리니

---

343) 진한(秦漢) 때 남월왕(南粤王) 조타(趙佗). 처음에 남해위(南海尉)였으므로 위타라고 하였
　　다. 스스로 무제(武帝)라고 칭하였으나 황제가 위타 형제에게 상을 내려 덕으로 보답을
　　하자 왕의 칭호를 버리고 신하가 되었다.
344) 한(漢)대의 육가(陸賈)를 가리킴. 한고조를 따라 천하를 평정하였다. 남월에 사신으로 가
　　서 조타를 회유하였다. 돌아와 태중대부를 제수받았다. 효문제 때 조타가 반역하여 황제
　　를 칭하자, 다시 태중대부를 제수받아 남월에 사신으로 가서 조타를 굴복시켰다.
345) 옛날에 왕세자가 태어나면 뽕나무활에 쑥대화살을 메워 천지사방에 쏘았는데, 원대한 뜻
　　을 가지라고 기원한 것이다. 호시(弧矢)는 남자가 태어난 것을 뜻하며, 또 남자는 마땅히
　　어려서부터 큰 뜻을 지녀야함을 뜻하기도 한다.

시간 나면 비단주머니346)에 읊은 시 넣어
풍경 하나하나 모아 두구려.
다만 바라는 것은 여행길 조심해서
몸조심하고 힘 다하기를.
봄되면 일찌감치 돌아왔다는 말이
꽃이 떨어지기 전에 들려야 하오.
이번 이별은 오랜 시간이 걸릴테니
이별의 단장이 몇 번이나 끊기려나?
양쪽 땅 떨어져 그리울 때면
높은 하늘에 뜬 달을 함께 보세나.

연꽃무늬 촛대를 들고 홍문관으로 돌아오다

별이 쏟아지는 궁궐에 밤은 깊고 깊은데
물고기 모양 자물쇠를 물시계 관리가 거두어가고,
임금의 광채에 요행으로 가까이 하니 만번 죽어도 될 텐데
짐승 무늬 겉옷에 금향로 연기를 가볍게 쏘였네.
임금님 베푸는 잔치 겨우 끝나 무늬 새긴 계단으로 내려와
연꽃무늬 촛불 나누어 밝히니 임금 은혜 충만하였지.
세상에 당당하던 소태사
빛나는 문장은 하늘에 박혀 별이 되었고,
뛰어난 재능으로 일찍 청운길을 누비면서
봄바람에 옥패가 꽃무늬 벽돌에 울렸지.
어쩔 수 없이 들었던 붓이 재앙을 일으켜서
천리 먼 황강에서 서리가 머리에 가득하였는데,
금닭머리 장식 의장 닿은 구름에 이슬이 새로워져서

---

346) 당(唐)의 이하(李賀)가 좋은 시를 지으면 비단주머니에 넣어두었다고 한다.

장기 낀 바닷가 출신이 향안선347)이 되었으니,
꼿꼿이 앉아 숙직하던 일 꿈인가 진짜인가
궁궐의 종소리에 새벽잠 깨어 일어나
임금의 조서를 낭독하느라 궁궐 문을 열었지.
지척에 존엄한 얼굴 있는 구름무늬 비단 휘장 두른 잔치자리에
정녕 임금님의 목소리가 종사관에게까지 들리니
감동한 마음 가득하여 두 줄기 눈물 흘렸었지.
밤에 어떻게 홍문관으로 돌아가냐고
지존께서 한쌍의 금빛 연꽃무늬 촛대를 내려주시니
환히 빛나는 차가운 빛이 궁궐 구석구석 비추었지.
옥당 가는 길이 버드나무에 막혀있다고 싫어하랴?
검은 칠한 계단과 섬돌을 천천히 걸어 돌아갔지.
문득 이 몸 주변에 은혜가 치우쳐 있어
옥당이 밤 없이 환한 곳이 되었음을 깨달았네.
푸른 나무 단문348) 앞에 채색을 더하였고
맑은 빛 가득한 홍문관에 영광이 넘쳐
새로운 은혜에 놀라 옛 허물을 잊었고
오랑캐 땅에서 날아다니는 도깨비불을 실컷 보았었지.
어두침침한 오늘밤을 촛불로 밝히고 돌아보니
은촛대가 어찌 궁전벽 장식물의 빛을 빌리랴?
운각349)에서 책 읽느라 밤새워 켜도 힘들지 않으니
영호(令狐)의 금촛대가 어찌 자랑거리가 되며,
적선(謫仙)의 연꽃무늬 촛대가 감히 어깨를 나란히 하랴?
집에 돌아와 남은 광채 우러러 보니

---

347) 임금을 가까이 모셔 따라다니는 신하를 비유적으로 표현한 말이다.
348) 정전의 남쪽 정문을 가리킨다.
349) 교서관을 가리킨다.

천년 겪은 변화가 원우350) 연간 같구나.

전당에 근친하러 갔다가 영가로 부임하는 조올을 배웅하며

가릉 태수는 새끼 봉황이니
문채가 당당하게 가문을 이었네. .
일찍이 구만리 날개를 쳐서 남명까지 날아갔으니
상서성의 높은 지위 사람들이 모두 영화롭게 여겼네.
관복을 바꿔 입고 반자사351)가 되니
천하에 이름난 지역은 오직 영가밖에 없게 되었네.
다섯 말의 수레 타고 떠나는 모습은 신선이 된 듯하고
게다가 근친하러 가는 길도 멀지 않다네.
여항 태부의 옛제후가
의장 행렬 웅장하게 호수 끝에 닿았는데,
빛나는 옷 차려입고 색동옷이 춤을 추니
기쁜 경사에 영화를 더하였네.
백발의 국로와 뛰어난 선비들이
자색 인끈에 은택을 빛내며 대장기를 움직이니,
서평에 그대만이 훌륭한 것이 아니었으니
돌아가 강회를 살펴보면 어찌 자랑할만 하리오?
가주에서도 이 맑고 아름다운 땅을 숭상했고
특별한 곳 구름이 삼파까지 이어져 있는데,
끝없는 풍경이 눈안에 있으니
초산은 푸르르고 오수는 기울어졌네.
풍류는 사강락352)에게 뒤지지 않으니

---

350) 송 철종의 연호로 신법파와 구법파로 나뉘어 정치상 많은 혼란이 있었다.
351) 주나 군의 장관 밑에 속한 관리.
352) 남조 때 뛰어난 시인이었던 사령운(謝靈運)의 봉호.

동각에 봄날 개어 매화가 일찍 피었네.

술이 남으니 흥이 얕지 않고

맑은 생각 읊조리니 구름과 노을에 닿을 듯 하네.

다 읊어 읊을만한 풍경이 거의 없고

그림붓 휘두는 곳에 하늘 꽃이 날리는구나.

거문고와 학353), 맑은 향기는 가문의 법도이니

옥병과 찬 이슬 같이 깨끗한 성품은 흠잡을 데 없으리라.

진산이 어찌 흰구름 멀다고 탄식하랴?

초수에 돌아오는 배를 백성이 가리지 않는구나.

표연히 이번에 떠나는 길은 정말로 뜻을 얻은 것이니

이별을 애석해하며 공연히 탄식할 필요 없네.

손잡고 헤어지면서 몇 마디 전하느라

이별 정자에서 초나라 노래를 부르네.

동정군에게 전하는 글

동정호는 구주의 사이에 있어

제일 커서 파도가 하늘까지 가득찼네.

영험한 지역 황홀하여 인간 세상이 아니니

나아가고 물러나는 다른 길이 어찌 분명치 않으랴?

누가 원망하는 여인의 흰비단 편지를 가져다

아득히 먼 궁중 안에 애써 전하랴?

삼청354)의 기풍이 있는 유씨의 아들은

씻은 듯한 정신으로 귀양 온 신선이라 말해지는데,

인간세상에서 헛되이 벽도의 한을 품은 채

파수로 돌아가는 길 경천을 건넜네.

---

353) 송의 조변이 성도의 전운사로 부임할 때 매우 청렴하여 거문고와 학만 싣고 갔다고 한다.
354) 신선이 사는 옥청, 상청, 태청을 말한다.

개인 모래밭에 날 저물자 새들 놀라 날아가니
어떤 것이 선녀의 근심을 말해주랴?
미인이 박명하여 사위가 제멋대로라
가련하게 비단부채처럼 가을 되자 먼저 버려졌네.
고생 속에서도 쪽진 머리로 양을 키우며 원망하여
피로 쓴 편지 주머니에 간직하였네.
간절히 눈물을 닦으며 정성스럽게 두 번 절하고
멀리 동쪽 호수로 아는 이에게 보내니,
은근한 정성 기탁하며 외롭지 않아
짧은 채찍 재촉하며 삼파의 안개로 향하였네.
호수 그늘의 불길한 징조가 신의 심기를 격동시켜
수국의 파도가 이어진 무지개 다리를 끊었고,
오색 구름 끝에서 궁궐문 두드리자
고운 편지가 용왕의 잠을 깨웠네.
수천 줄 애원하는 말이 용왕의 눈에 들어오자
온 궁의 슬픈 눈물이 샘물을 기울인 것 같았네.
어느덧 붉은 갑옷이 하늘을 가르고 날아가니
경수의 못된 아이는 한 주먹거리가 되어버렸지.
상서로운 바람이 홀연 자색 기운을 몰고와
봉의 피리소리 속에 난새가 맴을 돌았네.
선인의 품격이 완연하게 옛날 자태 되찾았고
옥패 찬 사람들이 웃으며 향기로운 바람 앞에 맞아들였네.
기쁨과 슬픔으로 골육간의 정을 바라보니
높은 의기에 감동하여 불쌍한 마음 드리웠네.
금술병에 붉은 술 따르는데 옥루에 달이 떴고
노래와 피리소리는 아름다운 잔치자리에 머무네.
교인355)들이 구슬 같은 눈물 흘린 것은 말할 것도 없으니

한마음으로 죽을 곳으로 갔다가,
삼생의 좋은 인연이 끝내 그르치지 않았으니
푸른 장막과 금병풍에 향기로운 꿈 편안하네.
표연히 두 소매 날리며 십주356)의 하늘로 날아가더니
하루밤 자고 나니 삼십년이 지났네.
아아!
괴력난신을 이야기하지 않는 것이 옛성인의 가르침이나
내 이 이야기를 시인의 글에서 보았노라.

종신토록 성군의 은정을 입다

분룡일357) 좋은 계절이 한창 다가왔는데
여름 태양이 처음 타올라 성조(星鳥)358)가 밝구나.
궁중의 성인께서 다시 새로운 은혜를 베풀어
옥함같이 눈이 개었고 능라 가볍네.
어진 바람이 더위를 물리친 것도 성은이니
내 생애 끝날 때까지 마음에 깊이 새기리라.
소신의 신세는 본래 포의의 평민으로
재주 없이 외람되게 벼슬길로 통했지.
조정의 높은 관직을 슬며시 자리만 차지하고
붓을 들고 임금 거동 좇으면서 총애를 탐하였네.
털끝 하나 순임금의 의상에 보탬이 없었으나
한조각 붉은 마음은 해를 따르는 해바라기 정성이었네.
시절은 지랍359)으로 불의 덕이 새로워지고

---

355) 바다 밑에 산다는 전설상의 사람.
356) 신선이 사는 열 개의 주.
357) 음력 5월 20일을 가리킨다.
358) 이십팔 수 중의 하나인 조수(鳥宿)이다.
359) 도가에서 5월 5일을 이르는 말.

축융이 까마귀360)를 채찍질해 더워지도록 명하였네.
좋은 시절 임금께서 돌보아주시어 옷을 내려 주시니
임금의 총애 내려 받는 이 모두 높은 벼슬아치인데,
은혜가 노둔한 이 몸에게까지도 미쳐
하늘에서 신하의 성명을 적어 봉해 내주시니,
궁전에서 머리 조아려 절하며 받고
맑은 몸에 소중하게 떨쳐 입었네.
길이에 따라 입으니 마음에 맞아
평생 임금님의 은정을 생각해야 함을 깨달았다네.
바람이 드는 가는 모시옷은 고운 실 부드럽고
눈이 쌓인 듯한 비단에 은실이 가로질렀네.
마르고 꿰맨 것이 올곧게 만들어졌을 뿐만 아니라
짜여진 것은 천손의 베틀로 이루어진 것이라네.
깨끗하여 옥돌 틈의 샘물이 필요 없고
상쾌한 기운은 가을하늘처럼 맑은 수정 같네.
빛나는 광채로 어찌 한갓 벼슬만 자랑하리오?
기이한 광채가 천사람을 놀라게 할 수 있네.
입고서 어찌 맞지 않을까 걱정하랴?
아름다운 이가 끼친 은혜와 감동이 함께 하네.
용의 광채를 입어 영원히 아름다우리니
정직하게 간언하는 것으로 보답하리라.

피리 소리가 멀리서 들려오니 다시 시름이 일어
　황금 전각 어두워지고 반딧불 어지럽게 나는데
　옥주렴 처음 내려 산호 갈고리 하였네.

---

360) 전설에 태양 안에는 세 발 달린 까마귀가 산다고 하였다.

비단 휘장 적막한데 홀로 흐느끼며
비단 창에 홀로 기대니 이별의 한 밀려든다.
바람결에 갑자기 피리 소리 들려오니
다시 빈 규방에 무한한 시름 일으키네.
연꽃을 눈 안의 가시처럼 여겨지니
공자와 끊어진 지 지금 몇 번째 가을인가?
님의 은혜 물 같아서 가더니 돌아오지 않으니
스스로 홍안을 한스러워하지 누구를 원망하며 허물하랴?
이끼 짙은 옥계단에는 방울소리 끊긴 채
동방에 가을 들어 외로운 그림자만 남았구나.
오동잎 시들고 밤풍경 추운데
푸른 창으로 시름겹게 가을물결 뵈는구나.
끝 없는 피리소리는 어디에서 들려오는 것인가?
옥같은 소리 서늘하여 구름 속으로 사라진다.
신선의 음악이 겹겹 하늘 뚫고 내려오는 것인지
아름다운 잔치가 백옥루에 열린 것이 분명하구나.
좋은 밤 끝나려 하는데 음악은 그치지 않으니
어떤 사람이 있어 황제를 따르나 보다.
가련하다, 흥망이 지척에서 달라지니
이 밤의 근심스러운 마음이 흰머리를 감당하랴?
옛날 임금 곁에서 모시던 시절 생각하니
피리 소리 가운데 끝없이 노닐었는데
지금은 창자 끊는 소리가 되었으니 어쩌리오?
옛 곡조 들려와 시름은 그치지 않는구나.
남쪽 궁에서 즐거우면 북쪽 궁에서 원망하니
첩 홀로 어이하여 운명을 그르쳤는가?
은병 묶은 줄이 끊어지니 누가 끌어올려 주랴?

수천 수만 한과 시름이 끝없이 생겨난다.
슬픔 품은 채 상사곡을 연주하려니
다시 붉은 눈물이 공후를 적시는구나.

술이 오른 후 다시 천금을 내리신 데 절하다

강연을 처음 끝내고 궁궐 뜰로 내려서니
해지는 궁궐 홰나무에 가을빛이 어른거리네.
동쪽 누각에 작위를 받아 새로운 은혜 빛나는데
잠깐 황봉361)을 열어 향기로운 술 가득 채웠네.
임금님 은총 이미 가득한데 술에 취하였고
게다가 천금 가는 임금님 글씨에 절하였다네.
재지와 도덕을 갖추신 천자께서 조정에 납시어
태평한 세월에 문치를 펼치셨네.
맑은 가을날 강연을 열고 서재의 휘장을 걷으니
분서362)의 여러 영재들 모두 줄지어 옆에 섰는데,
미천한 이 신하도 요행히 맑은 풍채를 가까이 하여
황권363)의 문서 가운데 강의를 더했으니,
하늘의 향기 소매에 가득하고 영광이 넘쳐
온 경연장이 경륜의 뜻으로 화합하였네.
낭랑하게 패옥 울리며 서서히 물러나
따로 동궁에서 분에 넘치는 하사품을 치웠네.
여러 신료들은 이미 동정의 봄에 취하였는데
다시 황문에서 성대한 물건을 내리신 것에 놀랐네.

---

361) 술의 한 종류. 술단지를 노란색 종이로 봉하여 얻어진 이름.
362) 상서성을 이른다. 한대에 상서성의 벽에 호분을 바르고 옛 현인과 열녀를 그렸던 데서
　　　연유하였다.
363) 관리의 공과나 직책 수행의 가부를 기록하는 문서.

절하고 다투어 한 폭 명주를 펴니
눈에 비치는 아름다운 글씨에는 총애하심이 특별하구나.
어루만지다 불현듯 마음이 상쾌해짐을 깨닫고
아득히 높은 하늘에 봉의 깃이 번득이나 의심하였네.
자미364)의 아름다운 읊음이 쓰여진 글씨에 들어있으니
성스럽고 분명하신 생각에 특별한 뜻이 있네.
미천한 정성으로 작은 마음이 두배로 격동되니
골수에 사무치는 것이 한 번 취하여서가 아니라네.
만금이 있다고 사람을 구할 수 있는 게 아니니
뒤섞여 있는 뛰어난 인재는 하늘이 주신 것이라네.
아름다운 이가 내려주신 것을 영원히 보배로 삼으리니
절세의 은총과 영광을 그 누가 견주랴?
보잘 것 없는 재주 가장 노둔한 것이 스스로 부끄러운데
천년을 기다린 웅대한 포부를 오늘 요행히 만났네.
내 생애 요순 같은 임금을 만난 것이 어찌 우연이랴?
은택을 받은 최초의 마음으로 한 번 펼쳐보이리라 결심했네.
특별한 영광을 어찌 다만 수만 마디로 시끄럽게 떠들랴?
당연히 천년 후까지 훌륭한 일을 전해야 하리.

모습을 그려 남편에게 보내다

남편이 한 번 교하 북쪽으로 떠난 후로
가을 서리에 우물가 오동잎 지는 것을 열 번 보았네.
끝없이 천리 멀리 있는 님을 그리는 마음
꽃 지고 잎 질 때 시름으로 옥같은 피부 녹아버렸다.
변방에 나간 이에게 무슨 물건을 보내야 하나?

---

364) 제왕의 궁전을 가리킨다.

초췌하고 시들어버린 모습을 그림에 넣었다네.
봄바람 불던 열다섯에 나비가 중매를 서서
흰 누각에서 꿈에 젖었고 꽃은 융단처럼 깔려 있었지.
꽃같은 기약은 겨우 백년해로를 하자고 했던 것인데
먼 변새에서 갑자기 그대는 창을 들게 되었네.
붉은 규방 쓸쓸하고 비단 이불 차가운데
거울 비춰보며 난새의 외로운 모습을 공연히 슬퍼한다.
한가로운 구름 막막하여 기러기 무정하니
편지를 누가 하늘 한 끝에 전하겠는가?
난초 창가에 밝은 달 비치면 남몰래 간장을 녹이고
외로운 잠자리에 등불 꺼지면 이별한 그리움 감돈다네.
시간은 유독 첩에게만 더디면서
구름같은 머리 이미 가을 들고 꽃같은 얼굴 시들었다네.
지금 옛날 모습 다시 돌이킬 수 없게 된 것을
그대는 아는지 모르는지?
슬픔 머금고 한 폭 명주를 펴서
거울 속의 얼굴과 흐르는 눈물 그리면,
흐릿하게 초췌하고 야윈 모습 나타날 게 분명하니
멀리 관하에 부치면 탄식 소리 한 번 더 보태게 되리라.
꽃같은 얼굴 시들고 옥같은 피부 야위는 것을 어쩌랴?
그대 때문인 것을 어떻게 하겠는가?
낭군이여! 그림이 진짜가 아니라고 의심치 마오.
그림 중의 마른 모습이 오늘의 나라오.
낭군이여! 너무 쇠약하게 져버렸다고 놀라지 마오.
애타는 마음에 남은 몸마저 다 없어지려 한다오.
모습은 그린다지만 마음은 어떻게 그리랴?
따로 천 개의 소반에 수심과 한을 다 담으리라.

봉하기도 전에 처량해지니
눈물자국 얼룩덜룩 편지 위에 젖었구나.
그대가 돌아와 다시 손을 잡는다면
죽기 전에 진짜 모습을 봐주기 바라오.

금리에서 주인을 맞이하며

우리 집 어디인가? 성도에 있다오.
금관성 너머 화계의 물가에.
풍진으로 어지러워 거처를 정하지 못하고
다른 지방 떠돈 지 지금 몇 번째 봄인가?
쇠락한 끝에 옛 거처로 돌아오니
다행이 맞이하는 착한 주인이 있네.
정공은 당당하여 도량 큰 그릇이라
어른이 따라나와 오랜 손님으로 대접하네.
소방울로 요행히 황종365)의 율조를 맞추며
반평생 도로써 사귀며 소홀히 한 적이 없었지.
금성의 관찰사는 은하수에 속하는데
떠돌아다니다 우연히 다시 만나니 정은 더욱 친밀해졌네.
마음에 품은 생각 귀중히 여겨 나를 멀리 하지 않고
대숲 속 음식 보내오며 자주 왕림해주었네.
어느덧 헤어지고 만나는 고통이 평소 같지 않고
궁벽한 땅에 쑥처럼 굴러 하늘 남쪽 끝까지 갔었네.
병주366)만이 어찌 유독 꿈속에 나타나랴?
친구와 아득히 떨어져 있어 나의 마음 아프게 하네.

---

365) 악률(樂律)의 12율 중의 첫 번째 율조.
366) 당의 가도가 병주를 싫어하면서도 오래 살다가 떠났다. 그후 오히려 시를 지어 그곳을
    고향처럼 그리워하였다고 한다.

공께서 오늘 다행히 다시 부절을 쪼개게 되어
천리 먼 성도까지 더러운 먼지 기운 없으니,
오나라 사람 이제부터 돌아갈 수 있게 되었고
게다가 어진 관부에 귀의하게 되었네.
반가운 눈으로 환영하니 생각은 예와 같고
흰머리 어찌 걱정하랴? 사귀는 정은 새로운데.
옛친구 내가 돌아오길 기다리고 있음을 알겠으니
외로운 모습으로 가엾게 여길 사람 없는 근심은 다시 하지 않으리.
초가집에 다시 돌아와서 우선 마음을 위로했는데
더구나 어르신의 보호에 기대게 되었네.
돌아올 기약을 봄 저물기 전에 지키게 되었으니
바로 강바람이 흰마름꽃에 불어올 때여서
작약으로 꾸민 배를 거듭 손질하여
다시 오사모를 뒤로 젖혀 써 본다네.
작은 길 일찍이 태수의 행차에 익숙하여
대나무 언덕 기꺼이 다시 자리 열었으니,
술동이 앞에서 옛날 술잔 잡는다면
얼마간 이별의 회포를 한 번 펼쳐 보리라.

단지 농어회 때문이라는 것을 스스로 훌륭하게 여기며

그대는 듣지 못했는가?
진나라 승상이 동시에서 탄식한 것을.[367]
상채에서 누런 개를 어찌 끌고 다닐 수 있으랴?[368]

---

367) 한나라 장안의 사형을 집행하던 곳. 조정의 높은 신하도 한순간 몰락하면 이곳에서 사형
　　을 당하였으므로 벼슬길의 무상함을 나타낸다.
368) 진나라 승상 이사가 조고의 계책에 빠져 사형을 당하게 되었는데 자기 아들을 돌아보며
　　'내가 너와 함께 다시 한 번 누런 개를 끌고 고향 상채의 동문으로 나가서 토끼 사냥이
　　나 하려고 했더니 할 수 있으려나?'라고 했다고 한다.

또 듣지 못했는가?

한가한 관직에 종사하면서 홀을 세워놓고 하는 말을.

상쾌한 기운에 공연히 서산 언덕을 바라보았네.

다투어 동오의 장사인[369]과 닮으려 하여

한 조각 돛을 일찍 가을 강의 배에 걸었었지.

농어 때문에 제멋대로 하였어도 오히려 어질다 하였는데

기미를 알고 호탕하게 돌아가는 데랴?

당당한 장한은 강호의 나그네로

말년에 쓸 데 없는 이름에 묶이게 되었네.

청운에 올라 궁궐의 담을 거니니

매일 데 없는 기개 누구와 견주리오?

명성이 갑자기 막부의 인선에 들어가

푸르고 붉은 관복 입은 이들을 안 지 몇 년인가?

위호성에 활을 메길 수 없으니 세상일 그르쳤고

서리를 밟으면서 얼음이 아주 단단하리라는 것을 알게 되었네.

못 속의 물고기에게도 화가 미치는 것이 예부터의 경계이니

옷자락 끌며 권문세가에 연연해 하랴?

가을바람이 세속을 벗어날 생각을 일으키니

꿈에 오강의 모래섬 안개로 달려간다.

순채국과 농어회의 맛 좋은 때이니

작은 배 가을 물결에 띄워 갈만하리라.

외로운 배 아주 작은데 바다 하늘은 광활하니

떠나는 모습 표연하여 바다의 신선 같구나.

공명을 바라던 마음은 이미 재처럼 식었으니

거리낌 없이 일어나는 맑은 흥 당연히 끝이 없겠지.

---

369) 진(晉)의 장한(張翰)을 가리킴. 가을바람이 불자 오땅의 순채국과 농어회가 생각나 벼슬을
　　 버리고 돌아갔다고 한다.

돌아가길 생각한 것이 밥에 고기가 없기 때문이 아니라
기미를 보면 떠나 자기의 현명함에 응답해야 하네.
높이 나는 홍곡이 주살을 어찌 사모하랴?
정처없이 떠돌아 다니는 길은 삼오 지방을 다 돌았네.
아름다운 물고기가 내가 원하는 것이라 말하지 말라.
끝내 위기를 벗어나는 것도 원인을 알아야 하는 것이니.
아아!
방어처럼 꼬리가 붉어지도록 피곤하여도 세상은 끊임없이 돌아가니
남의 재물이나 탐하는 무리들이 오히려 가엾구나.

도원 주인이 어주자를 송별하며

나는 본래 푸른 산에서 세속을 끊고 사는 사람이고
그대는 푸른 물결에 낚싯대 드리운 사람이라서,
평생 사는 곳이 떨어져 있어 만날 기회 없으니
서로 만나게 된 것은 정말 요행일 뿐이라네.
어느덧 꽃 지는 곳에서 헤어지고 나니
어스름녘 산에서 하늘보며 시름 그치지 않는구나.
진나라 궁궐에서 사슴을 말이라고 한[370] 후로
백성들이 모두 만리장성을 향해 죽었다네.
초연하게 은둔하여 기꺼이 한가하게 지내려고
맑은 시냇가에 초가집 지었네.
구름 낀 산 만겹 깊고 또 깊어
별천지라서 잡다한 세속일 없네.
한가한 가운데 복숭아나무 심으나 봄을 기억하지 않고

---

370) 진의 권신인 조고가 난을 일으키려 할 때, 다른 신하들이 복종하지 않을까 걱정하여 떠
　　보려고, 이세 황제에게 사슴을 바치게 하고 말이라고 하였다. 사슴이라고 바른대로 말한
　　사람을 해치니 그 뒤로 모두 두려워하면서 조고를 따랐다고 한다.

물가 언덕 가득 붉은 노을 멀고 가까운 데 타오른다.

사립문 오래 닫혀 학의 꿈 한가롭고

인간 세상 뒤돌아보니 구름이 만리로다.

까닭 없이 무엇 때문에 속세와 인연을 맺으랴?

많은 일 겪은 시든 꽃잎이 흐르는 물에 떠가는구나.

고기잡는 이가 정중하게 근원을 찾아와

조각배 꽃그림자 속에 매어두었네.

황관 쓰고 푸른 도롱이옷 입고서

돌단에서 맞으며 반가운 눈으로 바라본다.

은근한 웃음과 대화로 오늘밤 길어지고

세상의 여러 가지 일이 귀로 번잡하게 들어오네.

매화 핀 창가에 마주하니 정답고

달 아래 맑은 마음을 기뻐하며 서로 풀어낸다.

세속의 인연이 갑자기 고향을 그리워하게 만드니

안개 낀 물결 향해 짐을 꾸리네.

바쁘게 이별 고하니 말릴 수가 없고

작은 배 타고 물가 고기시장으로 돌아가네.

목소리와 모습이 이제부터 양쪽이 아득해지리니

손 잡고 다시 만날 날 어느 날이려나?

산에 사는 사람 어찌 이별의 아픔을 풀어야 하나?

오늘의 이별근심은 느슨해지지 않는구나.

산에 사는 숨은 자취 함부로 전하지 마오.

속세 아이들이 알면 내가 부끄럽소.

아득한 구름과 물은 돌아가기 좋을 때이니

물가 버들과 바윗가 꽃에 바람이 일어나려 한다네.

석양에 절 다 끝내고 공연히 우두커니 서있자니

지는 노을 가볍게 날아 저녁산 자주빛으로 만드네.

무릉의 가을날 임금의 능을 배알하고

남방 출신으로 북쪽 변방으로 나갔던 보잘 것 없는 신하가

겨우겨우 살아 남아 머리 가득 쑥대 같구나.

살아 돌아와 다행이 서울의 해와 달을 보게 되었으나

무릉에 근심스러운 구름 빽빽한 걸 어쩌랴?

끝없이 슬퍼하던 십년 임금을 그리던 마음이었는데

임금을 배알하니 슬픔이 그지 없다.

조정에서 처음 사신으로 임명을 받으니

임금님 음성 간절하여 성총을 받들었지.

용정371)까지 만리길을 옥절 짚고서

나라 위한 용감한 마음에는 강한 적이 없도다.

흉노의 위엄이 어찌 장부의 무릎을 꿇게 하랴.

한결 같은 절개가 감옥 속에서도 땅을 가득 채웠다.

고생스러움 바다 같으나 숫양에서는 젖이 나지 않으니

짐승 마음이 외로운 신하의 충성에 너그러워지랴?

변방 구름 막막하여 기러기 그림자 드무니

해 근처의 소식 통할 길이 없네.

선왕의 혼령이 교만한 오랑캐 마음에 끼쳤는지

남쪽 지방 포로를 다시 천산의 동쪽으로 돌려 보냈네.

고국에 돌아오니 꿈인가 생시인가?

눈에 들어오는 산하는 예와 같구나.

용의 수염 오르지 말게, 정호372)가 차갑구나.

옥좌에는 새로운 겹눈동자373) 팔짱 끼고 앉았으니

슬픔 머금고 어디에다 사신의 일을 말하랴?

---

371) 흉노족의 우두머리가 천신에게 제사를 지내는 곳이다.

372) 황제가 큰 솥을 완성하고 용을 타고 하늘로 올라갔다는 곳. 임금을 가리킨다.

373) 순임금과 항우가 겹눈동자였다고 한다. 여기서는 임금을 가리킨다.

흰머리로 교산374)의 궁을 배알하러 왔다네.
교산은 쓸쓸하여 가을 기운 높고
고운 휘장 처량하고 제단은 비어 있다.
위패에 허리를 굽히니 신하의 마음 격동하여
피눈물 소매에 가득하여 하늘에 울부짖네.
임금의 얼굴 눈앞에 어렴풋하고
홀로 버려진 산에 서서 슬픈 마음으로 가슴아프네.
무덤은 어둡고 막막하여 풍운으로 막혔으니
몸과 마음 다하겠다던 첫마음을 끝내지 못해 한탄하네.
도와주신 영명하신 혼령이 항상 보고 계시니
저승 향해 붉은 이 마음 하소연하고 싶구나.
가을 언덕 풍경 모두 슬프고 처량해
석수는 말 없고 석양 붉구나.
소리 삼킨 채 머뭇거리며 차마 떠나지 못하는데
산중턱 소나무 잣나무에 슬픈 바람 생겨나네.

┃ 사(辭) ┃

속귀거래사(續歸去來辭)

돌아가자!
강호는 내 즐거움이니 어찌 돌아가지 않으랴?
내 나이 이미 저물어 가고
한 번 난 병에 또 야위어 가니.
요순 같은 임금을 차마 끊지 못하더라도
이내 몸이 늙어 능력이 없는 데다

---

374) 黃帝를 장사지낸 곳이다.

좋은 시절 현명하고 능력 있는 사람들이 관직에 나와 있는 데랴?

뛰어난 사람이 뽑혀 훌륭한 인재들이 모두 나아갔으니

보잘 것 없는 내 자신의 진퇴를 생각하노라.

강호에 탈 기러기가 얼마나 되랴?

공 없이 먹는 녹이 부끄럽고

분수 또한 만족함을 알아야 하리.

반백의 나그네 여관의 배갯머리에서 창랑을 꿈꾸며

장석375)처럼 월나라 그리워 읊조리네.

한 마리 말 동문에서 채찍질하여

미련없이 짐꾸려 돌아가련다.

고향 산과 물은 어디쯤인가?

저 호수 서쪽 백년 된 토구376)에

서까래 몇 개 얽은 초가집을 짓고,

소나무, 대나무 심은 세 갈래 길377)을 내어

침상 하나 두고 거문고 뜯기도 하며 책을 읽으리라.

호수와 산은 옛날 그대로이고

친척들은 새로이 기뻐하네.

오제를 바라보니 마음이 달려가고

석봉을 마주하니 얼굴이 펴진다.

갈매기378)와 낚시터에서 약속을 다지고

---

375) 전국시대 월나라 사람. 초나라에서 벼슬했는데 병중에 월나라를 그리워하여 월나라 노래
　　를 읊조렸다 한다.
376) 羽父가 환공을 죽이기를 청하여 大宰가 되려고 하였다. 공이 "아우가 아직 어리기 때문
　　에 내가 다스리는 것이니 앞으로 자리를 물려줄 것이다. 사람을 시켜 토구에 집을 짓게
　　하였으니 나는 장차 거기에서 늙을 것이다."라고 하였다.≪춘추좌전 은공 13년≫
　　토구는 산동에 있는 지명인데 이로 인해 늙어 은퇴한 후 거처하는 곳을 이르게 되었다.
377) 한말의 蔣詡가 병을 핑계로 고향에 은거하며, 정원에 소나무, 대나무, 국화를 심은 작은
　　길 세 개를 내고 求仲, 羊仲과만 왕래했다고 한다.
378) 鴎는 鷗의 오기로 보인다.

학과 짝하여 소나무 우거진 곳에서 꿈꾸네.

서쪽 텃밭에서 봄부추를 베고

동쪽 울타리에는 가을 국화를 심으리라.

구름은 무심하게 골짜기에서 나오고

달은 정겹게 사립으로 들어오겠지.

대나무 창에 기대 자유스러움을 한껏 펴고

무릎 겨우 들어가는 작은 서재를 편안히 여기리.

맑고 깨끗한 속에서 세월을 보내면

벼슬하던 생각은 한바탕 꿈379)으로 부쳐버리게 되겠지.

옛날 안회는 누추한 골목에 살며

한그릇 밥에도 즐거움을 고치지 않았다던데,380)

옛사람의 종적을 따라잡을 수는 없겠지만

그렇다고 자주 끼니 굶는 것381)을 걱정하지 않노라.

십년간 머리에 오사모382)를 쓰고 있다 보니

손에는 비둘기 지팡이383) 들게 되어,

서리 맞은 국화의 떨어진 꽃잎을 먹으며

눈 속 매화의 맑은 향기를 맡아야지.

마음껏 숲과 샘 사이에서 제멋대로 노닐며

---

379) 정나라 사람 중에 들에서 나무하던 자가 있었다. 달려오는 사슴을 만나 막아서 잡아 죽
    였다. 다른 사람이 볼까 걱정해서 얼떨결에 구덩이에 감추고 초마잎으로 덮어두고는 기
    쁨을 이기지 못했다. 갑자기 그가 숨겨둔 곳을 잊어버리고는 마침내 꿈이라고 여기게 되
    었다.≪열자 · 주목왕≫
380) 공자께서 말씀하셨다. "훌륭하구나, 안회여! 한 그릇의 밥과 한 표주박의 음료로 누추한
    골목에 있는 것을 다른 사람들은 그 근심을 견디지 못하는데, 회는 그 즐거움을 고치지
    않으니, 훌륭하구나, 회여!" ≪논어 · 옹야≫
381) 공자께서 말씀하셨다. "안회는 도에 가까웠고 자주 끼니를 굶었다." ≪논어 · 선진≫
382) 벼슬아치가 쓰는 검은 비단으로 만든 관.
383) 전설에 한고조 유방이 항우와 전쟁할 때 패하여 수풀 사이에 숨었는데 항우가 쫓아와 찾
    았다. 이때 비둘기가 바로 그 위에서 울어 항우가 새만 있고 사람은 없는 것으로 여겨서
    도망칠 수 있었다. 나중에 즉위한 후 이 새를 기특하게 여겨서 비둘기가 새겨진 지팡이
    를 늙은 사람에게 하사했다고 한다.

한가로이 지내다 이 생을 마치리라.

돌아가자!

마음은 이미 명성이나 쫓는 곳에 시들해졌으니.

아! 늙고 병들어 쓸모 없음을 스스로 아노라.

세상과 어긋나서가 아니라

국은은 두터운데 헛되이 저버려서이네.

평소에 품은 뜻이 영욕에서 떠나버렸고

한 말의 피가 비록 붉어도

양쪽 귀밑머리에 이미 가을이 든 걸 어쩌랴!

미인을 바라보니 하늘 한켠이 춥구나.

내 눈을 위태로운 누각에 두고 있으니

강호에 있다고 어찌 홀로 근심이 없으랴?

세상일 돌아보면 길게 탄식이 나오니

부질없이 머리 돌려 진나라 구름을 바라보며

멍하니 행로난384)을 외로이 읊노라.

그만두자!

세상에 몸 부칠 시간이 또 얼마나 된다고

어찌 심신을 즐겁게 하며 여생을 보내지 않는가?

어찌하여 마음이 형체의 부림을 받아

술에 취한 듯 꿈을 꾸는 듯 살아가는가?

아, 갯버들처럼 쉽게 시들어버리는 체질이

가을 가까워오자 먼저 늙어버리는구나.

어찌 이 쇠약해진 몸을 억지로 부지하여

몸밖의 헛된 이름에 내던지랴?

게다가 붉은 색이나 자색 인끈 차는 것385)을

---

384) 악부의 잡곡가사. 세상살이의 괴로움과 이별의 슬픔을 노래한 것이 많다.
385) 지위가 높은 고관들이 차던 인끈의 색이 자색과 붉은 색이었다.

내 마음에 영화롭게 여기지도 않으니.

돌밭만 있어도 스스로 늙기에 충분하리니

뜬구름 같은 부귀영화가 나에게 무엇이랴?

즐거워하며 태평성세의 한가한 백성386)이 되리라.

자연과 고요한 약속을 맺고

동산의 늙은이, 시냇가의 벗들과 짚방석을 다투며

으스름한 달에 취해 세상일에 잔꾀 부리는 것 따위는 잊으리라.

소나무, 가래나무387)에 기대 목숨을 마쳐

평생을 저버리지 않으리니 다시 무엇을 의심하랴

| 부(賦) |

석송백(石松栢)

초목을 땅의 터럭이라고 부르나니, 천지의 원기(元氣)를 받아서 자라나도
다. 오직 소나무와 잣나무는 날씨가 추워져도 변하지 않나니, 참으로 사물
의 본성을 빼앗기 어렵도다.

산의 암석을 쪼아내어 서리 같은 모습 만들어 내니, 우습도다 진시황의
교묘한 얼음이요, 교산(喬山)388)의 상역(象役)이로다. 수많은 잎사귀 늙지
않기를 기약하나니, 여섯 개의 무릎이 서쪽에 꿇어 엎드리고389) 함곡관(函
谷關)이 동쪽으로 열렸도다. 온 세상이 통일되니 호랑이 같은 시선 웅대하
였도다. 호탕한 곳에 심지(心志)를 다하고, 사치한 데에 이목(耳目)을 따랐
도다.

하늘 높은 곳에 아방궁을 짓고, 구름에 닿도록 만리의 성을 쌓았도다. 금

---

386) 주나라 때 정전을 받지 못하고 품팔이를 하던 일정한 직업이 없던 사람을 가리킨다.
387) 무덤가에 많이 심는 나무이다.
388) 교산(喬山):황제(黃帝)를 장례 지낸 산 이름.
389) 전국 시대 말(末)의 여섯 나라가 진(秦) 나라에 무릎을 꿇었음을 말한다.

인(金人)390)을 붉은 마당에 세우고, 창진(滄津)391)에 돌다리를 설치하였도다. 태산에 공을 새기니 다섯 소나무는392) 대부가 되고, 낭야(琅琊)393)를 바라보니 삼산(三山)394)은 어디에 있는가.

일찍이 세월은 전광석화처럼 빠름을 생각하노니 인간 세상은 조균(朝菌)395)과 같도다. 온전한 국가도 헌 신이 되고 천자의 자리는 뜬구름과 같도다. 노생(盧生)396)은 이미 죽었으니 비결(秘訣)을 누가 전하겠는가. 서불(徐市)397)도 돌아오지 않으니 영약을 복용하기 어려웠도다. 오래 살기는 이미 틀렸고 신선이 되기도 방법이 없었도다. 차라리 죽은 뒤의 계책이나 세우리라고 만년의 유택(幽宅)398)을 점지하였도다.

이에 죄수들을 징발하여 토목공사를 일으켜서, 은으로 바다를 만들고 돌로는 널을 만들었도다. 여산(驪山)399)의 모퉁이 드높은데 현궁(玄宮)400)에

---

390) 금인(金人): 금속으로 주조한 사람의 형상. 진시황이 천하를 통일하고 나서 전국의 병기를 함양(咸陽) 땅에 모아 주조하여 금인 열 두 개를 만들어 궁정 마당에 세워두었다.

391) 창진(滄津): 여기서는 푸른 바다의 뜻. 진시황이 바다 위에 돌다리를 세우고 바다를 건너 해뜨는 곳을 보고자 하였다.

392) 진시황이 태산에 올라갔다가 갑자기 폭풍우가 몰아쳐 큰 소나무에 의지하여 비를 피했는데, 이 소나무에 오대부(五大夫)라는 작위(爵位)를 수여하였다. 이를 오대부송(五大夫松)이라고 한다. 여기서 '다섯 소나무'라고 한 것은 잘못이다. '오대부' 자체가 하나의 관직 명칭이다.

393) 낭야(琅琊): 중국의 산동성(山東省)에 있는 산 이름. 琅琊, 또는 琅邪로도 쓴다. 진시황이 이곳에 낭야대(琅邪臺)를 세우고 돌에 공로를 새겨 진 나라의 덕을 찬송하였다.

394) 삼산(三山): 여기서는 신선이 산다는 삼신산(三神山)을 가리킨다. 즉 봉래(蓬萊), 방장(方丈), 영주(瀛洲). 진시황이 불로초를 구하기 위해 삼신산으로 사신을 보내었다.

395) 조균(朝菌): 아침에 피었다가 저녁에 스러지는 균류(菌類) 식물. 또는, 아침에 태어나 저녁에 죽는 벌레 이름. 또는, 아침에 피었다가 저녁에 지는 무궁화. 모두 지극히 짧은 생명의 비유.

396) 노생(盧生): 진(秦) 나라 때 연(燕) 출신의 방사(方士). 불로초(不老草)를 구해 오라는 진시황제의 명을 받았으나 구하지 못하자 달아났다.

397) 서불(徐市): 진(秦) 때의 방사(方士). 진시황에게 바다 가운데 삼신산(三神山)과 신선이 있다고 상서(上書)하여, 진시황의 명령으로 어린 남녀 수천 명을 데리고 불사약을 구하러 바다로 떠난 뒤 돌아오지 않았다.

398) 유택(幽宅): 무덤.

399) 여산(驪山): 중국 섬서성(陝西省) 임동현(臨潼縣) 동남쪽에 있는 산. 진시황이 이곳에 아방궁을 지었다.

는 쇠 양·돌 말·은 기러기·옥 물고기 등속을 그 가운데 뒤섞어 놓지 않은 것이 없었도다.

오히려 저 초목이 쉽게 시듦을 생각하노니, 원릉(園陵)[401]이 초목 속에 매몰되었도다. 반수(般輸)[402]에게 명하여 교묘한 솜씨를 부리게 하여, 돌을 연마하는 도끼를 휘둘러서, 조화의 신묘한 공을 빼앗아 한 언덕의 오랜 봄을 마련하게 하였도다.

마침내 드높은 암석을 무너뜨리고 가각(嶍峪)을 쪼개어, 조각을 하고 다듬으니, 소나무인가 잣나무인가. 푸른 수염과 하얀 껍데기에 오만한 부처 모습으로 눈을 덮어쓰니, 곧은 자태와 학의 모습에 용의 형상이 완연하도다. 철을 구부린 것 같은 오래된 가지는, 매서운 서리가 만물을 죽게 하여도 푸른 잎이 시들까 근심하지 않고, 회오리바람이 땅을 뒤흔들어도 어찌 오래된 줄기가 꺾일 염려를 하리요.

하늘과 같이 나란히 높으니, 하늘의 언덕에 일산처럼 누운 소나무인가, 땅과 같이 오래되었으니, 큰 골짝에 거꾸로 자란 잣나무인가. 푸르게 시들지 않는 굳은 절개는 바위에 끼여서 더욱 확고하고, 석수(石獸)[403]를 짝하여 우뚝 솟았으니 반산(半山)[404]의 안색을 나타내도다.

아아, "백성들의 험악함을 돌아보고 두려워하라."[405]고 하였으며, 옛 가르침에 이르기를 "무익(無益)한 일을 짓지 말라"고 하였으며, 옛 성인께서 경계하시기를 "삶이 있으면 죽게 되고, 낮과 같은 것은 반드시 저물게 되고, 사물이 성하면 곧 쇠한다"고 하였으니, 하늘의 이치는 속이기 어렵고, 괴이함을 좋아하는 사람은 망하지 않음이 없도다. 하물며 백성이 원망하고

---

400) 현궁(玄宮): 임금의 관을 묻는 묘혈(墓穴).
401) 원릉(元陵): 제왕의 묘지.
402) 반수(般輸): 옛날에 솜씨가 대단히 뛰어났던 노(魯) 나라의 장인(匠人). 반수(班輸). 공수반 (公輸班).
403) 석수(石獸): 무덤 앞에 세우는 돌로 만든 짐승의 형상. 석마(石馬)·석양(石羊)·석호(石 虎) 따위.
404) 반산(半山): 산의 중턱.
405) 『서경(書經)』「주서(周書)」<소고(召誥)>편에 나오는 내용이다.

하늘이 노하니, 이에 산을 기반으로 하여 흙을 높이 세우는 것은 백성들의
원망과 해악을 쌓는 것이요, 바위를 새겨서 나무를 만드는 것은 백성들의
살과 뼈를 깎는 것임을 알겠노라.

사슴이[406] 한번 진(秦) 나라 관문에서 몸을 빼내니 해대(海岱)[407]의 구름
이 흔들리게 되었도다. 한줌의 흙이 마르지도 않았는데, 여좌(呂左)의 병졸
이 크게 부르짖었도다. 함양의 궁궐이 석달 동안 붉게 불타고 여산 벌판의
황금 관이 하루아침에 찬 재가 되었도다. 2세, 3세, 만세까지 계속하려던
계책이 이내 일순간도 되지 못하고 부질없이 되었도다.

차가운 연기는 언덕에 끊어지고 학은 가을 바람에 조상(弔喪)을 하도다.
묵은 풀은 황량한 들판에 우거지고 원숭이는 가을 달밤에 시름겨워하도다.
드높이 우뚝 솟은 모습으로 가시밭 속에 홀로 서서 눈·서리를 안고서 영
락(零落)하였으니, 천지에 뻗치고 빛남을 자랑하는 의지로 하여금 부질없
이 수많은 사람의 웃음거리가 되게 하고 말았도다.

아아, 근본이 굳으면 나라가 안녕하여 영원히 미덥고 아름다우리라. 두려
워할 만한 것은 백성이 아닌가, 백성을 학대하면 곧 원수가 된다네. 만약
당일에 덕을 세우고 힘을 썼다면 여러 백성들로 하여금 진실로 번창하게
하고, 천명이 어긋나지 않고 초목처럼 찬란하여서, 국가의 세력을 반석 위
에 놓을 수 있었을 것인데, 어찌하여 조룡(祖龍)[408]은 이를 생각지 않고 미
친 짓을 하여서 허탄함을 좋아하고 황음(荒淫)에 빠져, 다만 높은 무덤이
오래 갈 것이라고만 알았지 종묘사직이 장차 엎어질 줄은 생각지 못했으
며, 오직 바위로 만든 소나무가 오래 갈 것이라고만 생각했지, 나라의 근본
이 먼저 무너질 줄을 깨닫지 못했는가.

터무니없는 허황함에 마음을 쓰느라고 오직 날이 부족하였으며, 백성들
을 고통에 빠지게 하여 스스로 멸망에 이르렀으니, 참으로 이른바 '크게 어

---

406) 사슴은 왕권(王權)의 비유이다.
407) 해대(海岱): 지금의 산동성(山東省) 발해(渤海)에서부터 태산(泰山)까지의 지대. 岱는 태산.
408) 조룡(祖龍):진시황(秦始皇)의 별칭.

리석은 사람'은 너 정(政)[409]이니 어찌 그리 악독한가. 역사책을 펼쳐보고
글을 지어서 후세의 허탄(虛誕)함을 좋아하는 임금을 경계하노라.

촉득룡(蜀得龍)

저 용이라는 동물을 아는가. 비늘 달린 삼백 육십 가지 동물의 우두머리
이니, 참으로 보통 어류나 일반 갑각류(甲殼類)와 짝할 바가 아니로다. 능
히 어둡고 능히 밝으며, 능히 작아지고 능히 커지며, 바람과 우레가 배에
가득하고, 변화하여 헤아리기 어렵도다. 혹은 하늘에서 날고 혹은 연못에
서 뛰어오르며, 구름 기운을 타고서 오르내리니, 실로 하늘이 운용하는 신
물(神物)이로다.

대저 어찌하여 융중(隆中)[410]에 누워 있는 용은, 달갑게 자벌레처럼 굽혀
서 밭에 있었던가.[411] 숨어 있는 용이 자신에게 있는 것과 같으니 초당(草
堂)의 봄꿈이 족하였도다.

의연히 대인(大人)을 만남에 이로움이 있으니[412] 예의를 갖추어 모셨도
다. 이는 이른바 '사람 중의 용'[413]이니, 이렇듯이 촉(蜀) 나라가 능히 그를
얻었도다. 옥루(玉壘)[414]의 산하를 열고 천 년의 풍운의 기약을 맺었도다.

청사(靑蛇)가 한번 뛰어오름을 따라서 한(漢) 나라의 불꽃이 재가 되었도
다. 삼정(三精)[415]은 안개에 막히고 구우(九宇)[416]는 회오리바람에 휩싸였
도다. 간웅(奸雄)[417]이 양고기 솥을 보고 턱을 움직이니, 업하(鄴下)[418]와

---

409) 정(政):진시황의 이름.
410) 융중(隆中):중국 호북성(湖北省) 양양현(襄陽縣) 서쪽에 있는 산 이름. 후한(後漢) 말기에
제갈량(諸葛亮)이 은거한 곳이다. 제갈량이 이곳에 은거하고 있을 때 그를 와룡(臥龍) 선
생이라고 하였다.
411) 『주역(周易)』 <건괘(乾卦)>의 '見龍在田(나타난 용이 밭에 있다)'는 표현을 응용한 것이
다.
412) 『주역』 <건괘>의 '利見大人(대인을 만남에 이로움이 있다)'는 표현을 응용한 것이다.
413) 재주가 비상한 사람. 출중한 인물의 비유.
414) 옥루(玉壘): 중국 사천성(四川省) 이번현(理番縣) 동남쪽에 있는 산 이름.
415) 삼정(三精): 해ㆍ달ㆍ별. 삼광(三光).
416) 구우(九宇): 고대에 중국 전체를 아홉 개의 주(州)로 나눈 구주(九州). 또는 높은 하늘.

강동(江東)[419]이 모두 한(漢) 나라의 소유가 아니게 되었도다. 뒤엉켜 어지러이 속임수로써 서로 높은 체하니, 용이 물고기가 되고 쥐새끼는 호랑이가 되었도다.

이에 당당한 제왕의 자손[420]으로 '귀 큰 사람'[421] 이 있어, 한 조각 전주(前州)로 소매를 떨치고 일어났도다. 한 군대를 이끌고서 대의(大義)를 부르짖으며, 말 위에서 얻은 옛 물건[422]을 다시 회복하리라 맹세하였도다. 도원(桃園)에서 한 가닥 향을 사르니[423] 이미 장사들이 구름처럼 따랐도다. 참으로 인물을 얻은 자는 창성하리라는 것을 알겠으니, 영웅에게 수레를 몰아 갈 것을 생각하였노라.

남양(南陽) 땅에 선비가 있으니 사람인가 용인가. 몸소 언덕에서 농사를 지으니 용의 덕을 갖추고서 숨어사는 사람인가. 소문과 영달(榮達)을 바라지 않고 세상을 피해 숨어살면서 번민이 없는 사람인가. 곰도 아니고 큰곰도 아니고, 호랑이도 아니고 비(貔)[424]도 아니니, 진실로 패왕(覇王)의 훌륭한 보필이로다. 이윤(伊尹)[425]이나 여상(呂尙)[426]과 백중간(伯仲間)이요, 삼대(三代)[427] 시대의 인물이로다.

그 발자취를 숨겨서 잠겨야 할 때면 잠겼으니, 도롱뇽이 어찌 뜻을 알겠

---

417) 간웅(奸雄): 중국 삼국(三國) 시대의 조조(曹操)를 가리킨다.
418) 업하(鄴下): 중국 삼국(三國) 시대 때 위(魏) 나라의 도성인 업(鄴).
419) 강동(江東): 중국 양자강(揚子江) 하류 남안(南岸)의 땅.
420) 유비(劉備)를 가리킨다. 유비는 한 나라 왕족인 중산정왕(中山靖王)의 후손이었다.
421) 귀 큰 사람: 유비가 귀가 커서 여포(呂布)가 유비를 욕할 때 '귀 큰 녀석'이라고 불렀다.
422) 말 위에서 얻은 옛 물건: 한(漢) 나라를 말한다.
423) 유비(劉備)가 관우(關羽)·장비(張飛)와 함께 이른바 '도원결의(桃園結義)'를 맺었음을 말한다.
424) 비(貔):호랑이와 비슷한 맹수.
425) 이윤(伊尹):은(殷) 나라의 명 재상. 이름은 이(伊) 또는 지(摯). 尹은 벼슬 이름. 탕왕(湯王)을 도와 폭군 걸(桀)을 쳐서 탕왕이 천하를 통일하게 하였다.
426) 여상(呂尙):주(周) 나라의 현신(賢臣). 성(姓)은 강(姜), 이름은 상(尙), 자는 자아(子牙). 무왕(武王)을 도와 폭군 주(紂)를 치고 주(周)를 세운 공으로 제(齊) 나라 제후로 봉해졌다. 태공망(太公望), 강태공(姜太公), 여망(呂望), 사상보(師尙父) 등으로 불린다.
427) 삼대(三代):중국의 하(夏)·은(殷)·주(周) 세 왕조를 함께 일컫는 말. 정치가 이상적으로 잘 이루어진 시대라는 뜻을 가진다.

는가. 마침 높은 식견과 깨끗한 심성을 가진 사람의 밝은 감식을 만났으니, 널리 찾는 사람에게 소개가 이르렀도다. 신야(莘野)428)에서 있었던 은(殷) 나라의 초빙429)을 본받아서, 열심히 초가집을 세 번이나 방문하였도다. 자기를 알아줌에 감동하여 훌쩍 일어섰으니, 교룡(蛟龍)430)의 비구름을 일으켰도다. 구구(九九)431)의 한창 형통함을 타서 집에서는 대들보가 되고 강에서는 배가 되었도다.

전쟁의 정벌에서 병법을 드넓혀서, 국토를 정돈할 것을 기약하고 신묘한 계략으로 부지런히 힘을 쓰니, 귀신도 소슬하고 누런 수염432)과 자줏빛 구레나룻433)이 그 바람 아래에 휩쓸리지 않음이 없었도다.

용이 만들어낸 오색 빛에 가깝고, 다시금 광활하고 아름다운 기운을 지었도다. 이는 곧 용과 구름이 만나는 때이며, 넉넉히 물고기가 물을 만난 것 같도다. 오(吳) 나라의 개와 위(魏) 나라의 호랑이는 보잘 것 없으니 너희들쯤이야 어찌 족히 적수가 되겠는가.

아아, 한(漢) 나라의 국운이 장차 다하여 하늘이 순조롭게 돕지를 않으니, 웅대한 계획을 다 시행하지도 못하고 큰 별이 떨어지고 말았도다. 팔진(八陣)434)은 부질없이 강가 자갈밭에 남아 있고, 백우선(白羽扇)435)은 용갑(龍

---

428) 신야(莘野):유신(有莘)의 들판. 은(殷) 나라의 명신(名臣)인 이윤(伊尹)이 이곳에서 은거하며 농사를 지은 사실에서 유래하여 '은거지'라는 뜻으로도 쓰인다.

429) 이윤(伊尹)이 유신(有莘)의 들에서 농사를 짓고 숨어사는데 은(殷) 나라의 탕왕(湯王)이 세 번이나 폐백을 가지고 가서 초빙하여 벼슬을 내렸다.

430) 교룡(蛟龍):용의 일종. 깊은 못에 살며 홍수를 일으킨다고 알려져 있다.

431) 구구(九九):구(九)는 양(陽)의 수효로서 가장 큰 수이다. 여기서는 구(九)가 겹쳐서 양기(陽氣)가 성함을 나타내는 듯.

432) 누런 수염: 조조(曹操)의 둘째 아들 조창(曹彰)을 가리킨다. 조창은 성격이 강직하고 누런 수염을 하였다.

433) 자줏빛 구레나룻:중국 삼국 시대 오(吳) 나라의 손권(孫權)을 가리킨다. 그의 별칭이 자염장군(紫髥將軍)이었다.

434) 팔진(八陣):제갈량(諸葛亮)이 창안한 여덟 가지 진법. 동당(洞當), 중황(中黃), 용등(龍騰), 조비(鳥飛), 연횡(連衡), 악기(握機), 호익(虎翼), 질충(折衝).

435) 백우선(白羽扇):새의 흰 깃으로 만든 부채. 제갈량이 군사 지휘용으로 가지고 다니던 것이다.

匣)에 떨어졌도다.

아아, 큰 연못에 용이 없으니 미꾸라지·두렁허리·상어·악어들이 어지러이 춤을 추고 마구 뒤섞이도다. 마침내 뱀을 동강낸 빛나는 공업(功業)[436]이 끊어졌으니 말이 용이 되는 것으로 귀결되었도다. 다만 전후(前後)로 군사를 출동시킨 일이 죽고 나서야 그치게 되었도다. 그 의기와 훌륭한 명성이여, 늠름하여 만년이 흘러도 다하지 않으리라.

전채화(剪綵花)

옛날에 대업천자(大業天子)[437]가 나라의 부강함을 믿고서 마음을 방탕하게 가져, 황음(荒淫)에 빠지고 사치를 다하였도다. 궁실을 높이 지었으니 마흔 군데의 대전이 있었고, 게으르게 놀기를 좋아했으니 이백 리의 정원이 있었도다.

옥 같은 바다 파도 속에 봉래(蓬萊)와 방장(方丈)이 드높고, 용 비늘 같은 도랑 위에 열 여섯 별원(別院)이 날아오를 듯하였도다. 아름다운 나무와 기이한 화초가 온통 정원의 열매를 달고 있었도다. 하늘 나라의 꽃이 옥 같은 나무에 난만하게 피었고, 고운 잎과 푸른 잔디가 옥 같은 숲 속에 가득하였도다. 눈에 가득한 봄빛이 임금의 마음을 환락에 빠지게 하였도다. 안개 낀 아침과 달 뜨는 저녁의 놀이로, 나랏일을 내버리고 오락에 빠졌도다. 삼천 궁녀의 가무에 밤낮을 다하여 쉬지도 않았도다.

아, 즐겁게 꽃구경 한 것이 그 얼마이었던가. 세월은 빨라서 사마(駟馬)[438]가 문 틈을 지나는 것 같으니, 풍광은 쉽게 시들고 꽃들도 쓸쓸하였도다. 붉은 꽃도 사라지고 푸른 잎도 떨어지니 금원(禁苑)[439]이 빛을 잃었도다. 비록 난조(鸞詔)가 선포되어도 봄을 알리기 어렵고, 갈고(羯鼓)[440]가

---

436) 한(漢) 왕실(王室)의 공업을 말한다. 한 나라의 창업자인 유방(劉邦)이 백사(白蛇)를 죽였는데, 이는 진(秦) 나라를 멸하고 새 황제가 될 징조였다고 한다.
437) 대업천자(大業天子): 수(隋) 나라 양제(煬帝)를 가리킨다.
438) 사마(駟馬): 네 필의 말이 끄는 수레, 또는 그 말.
439) 금원(禁苑): 임금 소유의 동산.

울리지 않아 꽃이 피기를 재촉할 기약도 없도다.[441]

　동산의 숲이 매몰되었으니 어떻게 즐길 것인가. 임금의 얼굴이 기쁘지 않으니 기이한 솜씨를 마음의 작용에 옮기고 조물주의 계획을 어지럽혀서, 제(齊) 나라의 깁과 초(楚) 나라의 비단을 베어서, 농염한 꽃과 연한 꽃받침을 만들었도다. 수많은 나무의 긴 가지에다 매달아 놓으니 한 정원의 봄 모습을 되돌려 놓았도다.

　기이한 꽃들이 고운 모습을 다투는, 남쪽으로 뻗은 가지 북쪽으로 뻗은 가지요, 고운 꽃들이 아름다움을 다투는, 위의 수풀과 아래의 수풀이로다. 완연히 아름다운 봄 경치가 어제인 것 같고, 황홀하게 눈을 기쁘게 하여 마음이 즐거웠도다.

　거문고와 노랫소리에 따뜻한 향내가 나니 예쁜 새가 봄을 희롱하는 아리따운 소리인가도 싶고, 춤추는 소매의 차가운 그림자는 노니는 나비의 너울거리는 고운 날개인가도 의심스러워, 긴 봄의 경물이 하나의 별천지를 이루었도다. 처음부터 살아 있는 나무가 아니었으니, 어찌 바람에 꺾여서 낭자하게 될까 근심을 하였으랴. 바꾸어서 새롭게 하니 지는 꽃이 푸르름을 잃는 것을 걱정하지 않도다. 가을·겨울의 저무는 경치를 변화시켜, 따뜻한 봄날의 아름다운 계절로 만들었도다. 누가 계절이 차례가 있다고 말하였던가, 조화(造化)를 손아귀에서 마음대로 하였도다. 비록 즐겁게 놀며 방탕하였어도, 바탕이 튼튼한 큰 계책에는 어두웠도다.

　아아, '사물을 좋아하는데 정신이 팔리면 원대한 뜻을 잃게 된다'는 것은 주(周) 나라 태보(太保)[442]가 경계를 베푼 것이요, '사치함을 숭상하는 자는

---

440) 갈고(羯鼓): 흉노(匈奴)의 한 갈래인 갈족(羯族)이 치는 악기. 받침 위에 올려놓고 두 개의 채로 양면을 치는 장구.

441) 평소에 갈고를 좋아한 당(唐) 현종(玄宗)이 어느 날 내정(內庭)에서 갈고를 치는데, 바로 그때 우연히 온갖 꽃이 만발해 있었다. 여기에서 연유하여 갈고를 치면 꽃이 피기를 재촉한다는 의미로 쓰이게 되었다.

442) 태보(太保):주(周) 나라의 최고 관직인 삼공(三公) 중 하나. 임금이 덕의(德義)를 지키도록 도와 인도하는 역할을 한다. 여기서는 구체적으로 소공(召公) 석(奭)을 가리킨다.

망한다'는 것은 초(楚) 나라 영윤(令尹)[443]의 격언(格言)이로다. 옥수후정
(玉樹後庭)[444]의 즐거운 놀이는, '편안히 노는 것이 짐독(鴆毒)[445]이 된다'
는 것과 같은 꼴이 되었고, 임춘(臨春)과 결기(結綺)[446]의 화려한 사치는
역시 나라를 잃는 매개체가 되었도다.

어찌하여 수 나라 황제는 그렇게도 심하여서, 먼 전철을 밟고서 두려워
할 줄 몰랐는가. 듣고 보는 것에 노예가 되어 사치함이 끝없고, 하고 싶은
대로 다하느라 오직 날이 부족하였도다.

상원(上苑)[447]의 고운 꽃이 아직 시들지 않고 긴 방죽의 수양버들은 잠
시 푸른데, 진양(晋陽)의 복숭아꽃·오얏꽃은 이미 천지의 봄빛을 띠었음
을 누가 알리요. 강도(江都) 천리에 용함(龍艦)은 돌아오지 않고, 고운 꽃은
주인이 없고 번화함은 연기처럼 사라졌도다. 노래하던 누대며 춤추던 전각
은 어디에 있는가, 고라니며 사슴들이 연못가에서 놀도다. 쓸쓸한 서원(西
原)의 경치는 들판의 꽃과 우는 새에 부쳤도다.

수 천백 년 후에 돌아보면 얼마나 많은 사치함에 빠진 임금이 있었던가.
더럽혀진 대나무를 추달하며 길이 탄식하면서, 요 임금 궁전 계단의 명협
(蓂莢)[448] 풀을 찬미하노라.

---

443) 영윤(令尹): 초(楚) 나라의 최고 관직 이름.
444) 옥수후정(玉樹後庭): 아름다운 나무가 우거진 궁전의 후원. 특히 진(陳) 나라 후주(後主)의
고사를 의미한다. 진 나라 후주는 <옥수후정화(玉樹後庭花)>라는 슬픈 노래를 지어 후
궁 미인들에게 부르게 하면서 잔치를 하고 노느라고 정치를 돌보지 않았다. 그 가사 중
에 "아름다운 나무 뒤뜰에서 꽃이 피었는데, 꽃이 피어도 오래가지 못한다네.(玉樹後庭花
花開不復久)"라는 대목이 있는데 노래 가사대로 진 나라는 오래가지 못하였다.
445) 짐독(鴆毒): 짐새의 깃으로 담근 독주(毒酒). 마시면 즉사한다.
446) 임춘(臨春), 결기(結綺): 진(陳) 나라 후주(後主)가 세운 전각 이름. 진 후주는 임춘(臨
春)·결기(結綺)·망선(望仙)의 세 전각을 광소전(光昭殿) 앞에다 세우고 사치스러운 생
활을 하였다.
447) 상원(上苑): 천자의 정원. 대궐 안의 동산.
448) 명협(蓂莢): 전설상의 상서로운 풀. 초하룻날부터 매일 한 잎씩 나서 자라고, 16일부터는
매일 한 잎씩 져서 그믐이 되면 다 떨어졌으므로, 이것을 보고 달력을 만들었다.

안검정종(按劍定從)

호랑이의 시야(視野)[449] 속에 조(趙) 나라가 들어 있어, 아침저녁으로 한단(邯鄲)[450]을 공략하니, 달려가서 서쪽 이웃의 위급함을 도와주려고, 구설(口舌)로써 양단(兩端)간에 논쟁을 하였도다.

합종(合從)[451]의 결정이 한 칼에 약속되었으니, 용감하도다 기개 있는 모생(毛生)[452]이여. 한마디 말에 구원군(救援軍)을 얻었으니, 머리카락 하나에 매달린 것 같은 외로운 성을 온전하게 하였도다.

전국 시대의 천지에 태어나서, 절개 있는 협객의 의기를 짊어지고, 평원군(平原君)에게 식객의 신분을 의탁하여, 삼천 명의 호화로운 식객들 사이에 끼였도다. 큰 재주를 품고서도 그 재주를 팔지 않았으니 초(楚) 나라의 박옥(璞玉)[453]이 연(燕) 나라의 잡석(雜石)과 뒤섞여 있었도다. 이때에 서쪽의 떡 벌린 입이 동쪽의 여섯 개 고깃덩이를 잡아먹으려고 하였도다.[454]

기세가 이미 조(趙) 나라를 삼키려고 하니, 병사들이 홀연히 탄환을 잡았도다. 형세가 뼈를 쪼개어 불을 때야[455] 할 정도로 급박하게 되었으니, 구원을 청해야 할 처지가 되었도다. 장차 서쪽 초(楚) 나라에 크게 구원을 청하려고, 공자(公子)[456]가 이에 사신으로 가게 되었도다. 재능 있는 휘하 식객들을 추렸는데, 열 아홉 사람뿐이고 나머지가 없었도다. 공(公)[457]이 앞장서 나와 스스로를 천거하니, 송곳은 주머니 속에 있으면 겉으로 삐져 나오는 법이로다.

드디어 말고삐를 나란히 하고 서쪽으로 달려가서, 손님과 주인이 한 자

---

449) 호랑이의 시야(視野): 진(秦) 나라가 호시탐탐 노리고 있음을 말한 것이다.

450) 한단(邯鄲): 조(趙) 나라의 수도. 지금의 하북성(河北省) 한단시.

451) 합종(合從): 중국 전국(戰國) 시대 때 한(韓)·위(魏)·조(趙)·제(齊)·초(楚)·연(燕)의 6국이 종(縱)으로 연합하여 진(秦)에 대항하자는 정책. 소진(蘇秦)이 주장하였다.

452) 모생(毛生): 조(趙) 나라 평원군(平原君)의 식객이었던 모수(毛遂)를 가리킨다.

453) 박옥(璞玉): 가공하지 않은 옥돌. 세상에 알려지지 않은 재능, 또는 인재의 비유.

454) 호랑이처럼 입을 벌린 진(秦) 나라가 나머지 여섯 나라들을 침략하려는 것을 말한다.

455) 적에게 포위된 지 오래 되어 보급이 끊긴 극심한 곤경의 형용.

456) 공자(公子): 조 나라의 평원군을 가리킨다.

457) 공(公): 모수(毛遂)를 가리킨다.

리에서 모였도다. 분분하게 설전(舌戰)만 끝없이 오고가니, 해가 중천이 되
어도 결정이 나지 않았도다. 장사(壯士)458)의 웅대한 간담을 격동시켜, 궁
전 계단을 거쳐서 곧바로 당(堂)에 올랐도다. 머뭇거림을 탓하자마자 머리
털을 곤두세우고 칼을 빼어들었도다. 소리를 크게 지르며 혀를 휘두르니
초왕(楚王)의 질책은 어찌 그리 급하였나.

말하기를 "진(秦) 나라와 초(楚) 나라가 원수를 갚는 것은, 부끄러움과 원
한이 쌓여서 설욕하기 어려운 것이오. 한번 싸우고 두 번 싸우고 세 번 싸
워서, 땅을 잃고 능(陵)이 불타고 선왕(先王)을 욕보였으니459), 백세(百世)
가 흘러도 반드시 갚아야 하고 의리상 한 하늘을 함께 할 수 없소이다. 한
마음으로 힘을 써서 함께 토벌하는 것은, 우리 조(趙) 나라를 위함이 아니
고 당신네 초(楚) 나라를 위하는 것이오." 늠름하게 소리 치기를 거침없이
하니, 열 걸음 안에 초 나라 군사는 없었도다.

초 나라 왕이 문득 근심하면서 깨닫고, 한 마디 말로 결정을 하고 우호
(友好)를 맺었도다. 옥쟁반을 받들고 맹약(盟約)을 맺으며, 차례차례 함께
피를 마시니, 화합하지 못한 것을 일치시켜서 맹세를 이루고, <무의(無
衣)>460) 편을 노래하며 군사를 일으켰도다. 일거에 여러 겹의 포위를 푸
니, 없어질 상황에서 조 나라를 존속시켰도다.

위대하도다 선생의 용감한 의기여, 천하에 으뜸가는 선비의 기백이로다.
포의지사(布衣之士)461)가 한번 분노를 떨쳐서, 한치 혀에 만승(萬乘)462)을
굴복하게 하였도다. 마침내 이웃들과 연합하여 원수를 공적(共敵)으로 하
여, 조 나라를 존속시키는 기적을 세웠도다. 국가의 형세를 구정(九鼎)463)

---

458) 장사(壯士): 모수를 가리킨다.
459) 진(秦) 나라의 어린 장수 백기(白起)가 첫 싸움에서 초 나라의 언(鄢)과 영(郢) 땅을 함락
하였고, 두 번 싸워서 초 나라의 이릉(夷陵)을 불태웠고, 세 번 싸워서 초 나라의 선왕(先
王)을 욕보였다.
460) 무의(無衣): 『시경(詩經)』「진풍(秦風)」의 편명(篇名). 서로 협력하여 전쟁에 나아간다는
내용이다.
461) 포의지사(布衣之士): 벼슬하지 않은 평범한 백성.
462) 만승(萬乘): 원래는 천자(天子)를 뜻하나 여기서는 제후(諸侯)의 개념으로 쓰였다.

에 거듭 안정시켰으니, 한번 칼을 어루만져 여유가 있게 되었도다.

스스로 제후에게도 주눅들지 않았으니, 한 몸이 온통 담으로 이루어져 있도다. 저 당(堂) 아래의 보잘 것 없는 사람들은, 남의 뒤꽁무니를 따라다 니면서 일을 이루는 자들이로다. 지난날에 훌륭하게 여겼던 사람들이란, 개 짓는 소리와 닭 울음 소리나 내는 재주일 따름이었는데, 뛰어난 선비를 묻혀 있게 하고 천한 사람이라고 비웃었도다.

때마침 부름을 받아 스스로 재주를 드러내니, 족히 그 조서(詔書)를 면하 지 못하였도다. 나중에 뉘우치고 경탄을 하며, 이궁(貳宮)464)에 으뜸 빈객 으로 삼았도다. 하나의 계단 위의 의기는 천년 후의 뛰어난 풍모였도다.

수심에 차서 칼을 어루만지며 흘겨보는 것은, 필부(匹夫)의 조그마한 용 기일 뿐이니, 작은 용기를 좋아하지 말고 큰 용기를 부리라는 것을, 나는 일찍이 맹자에게서 들었노라.

도록(逃祿)

아, 벼슬아치들이 녹(祿)을 먹는 것은, 부유함을 잃을까 두려워하며 급급 해하니, 안세(安世)465)가 돈을 사양하는 것 같은 일은 드물고 자장(子張)466) 이 녹을 구하는 것 같은 일은 많도다. 어찌하여 오도(於菟)467)가 녹을 먹지 않음은 우인(禹人)이 녹을 구한 것과는 다른가.

자신을 부유하게 하고서 백성들만 부지런하게 하는 것을 부끄러워하며,

재능보다 녹(祿)이 많으면 재앙을 불러온다는 것을 깨닫노라. 약오씨(若敖
氏)468)가 자식이 있어서 초(楚) 나라에 국가의 동량이 되었도다. 부지런히
가산을 털어서 국난(國難)을 구제하였으니, 충성으로 사직이 굳게 되었도
다. 나라의 재상 자리를 세 번이나 헌신처럼 버렸으니, 집안에는 경쇠 하나
걸어 놓은 것처럼 가난하였도다. 탐하지 않는 것으로써 보배를 삼으니, 늠
름하게 빙설(氷雪)보다 고결한 마음이었도다.

오직 해마다 나누어 주는 녹미(祿米)는 그를 부유하게 하려는 임금의 은
혜로운 하사(下賜)로다. 양식을 주지 않으면 살수가 없으니, 비록 그것을
받은들 어찌 부끄러울 것인가. 그러나 기러기를 가져다 임금을 먹인 것은,
어찌 처음에 녹을 먹는 벼슬을 시켜달라고 해서였겠는가. 곤궁한 사람과
모사꾼이 삶을 보전하니, 구휼하는 일에 책임이 실로 크도다. 백성들이 홀
아비가 많고 파리하고 굶주림이 심하여 번성하지 못한 것을, 자기가 도랑
이나 골짜기에 빠뜨린 것처럼 여겼도다. 목장(牧場)과 꼴을 구하기를 감히
느슨하게 하면,469) 이는 남의 소와 양을 기르는데 게을리 하는 것이로다.
오로지 녹(祿)만 구한다면 재앙을 면하기 어려울 것이로다.

원래부터 소유한 것처럼 스스로 즐기지만, 헛되이 주고 헛되이 받는 것
이로다. 어찌 몸을 받들어 도망하리요, 공연히 오해를 받는 재앙과 허물로
부터 벗어났도다. 후한 봉록(俸祿)이 나에게 무슨 보탬이 되리요, 초개처럼
여기며 평소의 절개를 굳게 하였도다.

팔을 내두르고 떠나가며 돌아보지 않으니, 그 마음에는 장차 자신이 더
럽혀질까 여겼도다. 다시 떠나는 것을 왕으로 인하여 그쳤으니, 청렴과 의
(義)에 흠이 없었도다. 위대하도다, 영윤(令尹)470)이 녹을 사양함이여, 쇠퇴

---

468) 약오씨(若敖氏): 약오(若敖)는 복성(複姓)으로 초(楚) 나라 영윤(令尹) 투누오도(鬪穀於菟)
의 성씨(姓氏)이다.
469) 『맹자(孟子)』 <공손추 장구 하(公孫丑章句下)>의 '今有受人之牛羊而爲之牧之者 則必
爲之求牧與芻矣(지금 남의 소와 양을 받아다가 그를 기르는 자가 있다면 반드시 목장과
꼴을 구할 것이다)'에서 따온 표현이다.
470) 영윤(令尹): 투누오도(鬪穀於菟), 즉 자문(子文)을 가리킨다.

한 풍속에서 가히 탐욕 많은 사람을 청렴하게 할 수 있었도다.

사람들이 즐겨하는 것은 부유함이요 가난함은 슬퍼하나니, 나라고 어찌 남들과 다르겠는가. 그러나 먼저 백성들을 구휼(救恤)하고 나 자신은 뒷전으로 돌리니, 마음이 이익에 얽매이지 않았도다. 어찌 물리치고서 존중하지 않았겠는가, 부(富)를 취하는 것이 한도가 있음을 안 것이로다. 탐욕스러움이 어찌 간사함을 근심하리요, 욕심을 충족하는 데에 어긋나지 않음이 없도다.

백성의 부모를 어떻게 우러러보리요, 부질없이 녹(祿)만 먹는 것을 누가 풍자하였던가. 녹(祿)을 피함이 아니고 죽음을 피하는 것이니, 그 지혜만 하겠는가, 그 지혜만 하겠는가. 아침에 저녁 일을 알 수 없는 것을 어찌 근심하리요, 한 광주리의 양식으로 덕에 배부르도다. 애운(厓鄖)에서 끊임없이 제물(祭物)을 흠향(歆饗)하니, 초 나라 어진 신하 중 제일이로다.

그러나 마땅히 녹(祿)을 먹어야 하면 사양해서는 안 되는 것이니 공자님의 가르침을 본받을 만하도다. 도망하여 절개를 드높이는 것은 바로 전국시대의 풍습이었도다.

요홀인주(腰笏引舟)

갈매기는 파도가 잠잠하여 움직이지 않고, 물가에 봄날은 맑고 깨끗하도다. 장식한 배에 붉은 깃발을 반사하면서, 물을 거슬러 올라가며 좋은 모임을 가졌도다. 허리에 상아 홀(笏)을 차고 손으로 채색 닻줄을 잡으니, 어찌 사군(使君)께선 의젓하기가 이와 같은가.

백성들이 때를 빼앗김을 슬퍼하고 이 몸의 홀(笏)이 그치는 것은 잊었도다. 산하(山河)의 맑은 기운을 잉태하고서, 시대를 구제하는 큰 솜씨를 간직하였도다. 천리마의 발471)을 조정(朝廷)에 머물렀고, 작은 읍(邑)에서 소 잡는 칼을 굽히고 있었도다.

---

471) 천리마의 발: 뛰어난 재능, 또는 그러한 재능을 지닌 사람의 비유.

정치는 반드시 백성들을 편히 쉬게 하는 게 먼저이니, 농사짓기에 게을리 하지 않을 것을 유념하였도다. 항해가 편안해야 백성들이 편안하다는 것을 알았으니, 농사일을 으뜸으로 여겨 멸시하지 않았도다. 서쪽 밭두둑에 봄이 이르게 되었으니, 농사일이 바야흐로 성하리로다.

어찌하여 큰 강에서 민첩하게 일할 것을 생각하지 않고, 배를 띄워 놀면서 백성들만 수고롭게 하였는가. 상류로 거슬러 올라가 돌아오기를 잊고, 우리 강토를 가리키면서 서성거리도다. 상앗대질 하는 것을 닻줄 잡아당기는 것으로 대체하니, 어찌 우리 백성들 겨를이 없는가.

다만 내 몸은 한가함이 있어서 오직 이 이일을 대신 할 수 있도다. 장차 손 안의 각판(刻板)을 잡고, 허리 사이의 띠에다 꽂고서, 뱃머리에 팔 척의 몸을 굽혀서, 모랫벌에서 백 길을 당기도다. 바람 앞에 구부러진 몸을 맡기고, 호탕한 강빛을 끌어당기도다. 어찌하여 죽사부(竹使符)[472]를 가진 원님께서는 뱃사공의 노역(勞役)에 종사하는가.

실로 지나친 공손은 예가 아니니, 관장(官長)[473]에게 놀라 묻게 하였네. 대답하기를 "백성들의 일은 늦출 수가 없으니, 가벼이 하지 말라는 밝은 가르침이 있지요. 마땅히 농사 짓고 누에 치는 일이 다가오면, 부지런히 아침저녁으로 일을 해야지요. 팔다리를 다 놀려서 일을 이루고, 함께 노동하여 생활의 터전을 마련해야지요. 혹시라도 때를 어겨서 일에 내몰면, 생업을 잃게 되지 않겠나이까. 이 홀(笏)을 맡긴 것을 스스로의 임무로 여기니, 저는 차마 서로 가혹하게 할 수 없습니다." 말에 뼈가 있어 사람을 감동시키니, 더욱더 저 사람이 부끄러워하도다.

중류(中流)의 즐거운 감상을 다하고, 필마(匹馬)의 행색을 재촉하니, 위대하도다 하후(河侯)[474]의 은혜로운 보살핌이여, 참으로 끊임없이 만물을 생

---

472) 죽사부(竹使符): 한(漢) 나라 때 대나무로 만들었던 군수(郡守)의 신표(信標). 좌우 둘로
　　 나누어 좌는 군수에게 주고 우는 서울에 두었다.
473) 관장(官長): 관리의 우두머리. 장관. 여기서는 상급 관리의 뜻.
474) 하후(河侯): 전설상의 물의 신.

성하는 정성스런 독실함이로다. 마음이 이미 수고롭고 사람들을 곤궁하게 하였으니, 몸소 일을 하는 것이 어찌 병통이 되겠는가. 강가에서 한번 손을 드니, 백성들이 사방에서 생업을 즐기도다.

그날의 홀(笏)을 흔들던 일 회상해보니, 생각이 또한 근엄하면서도 꾸짖거나 성내지 않았도다. 책망하는데 입술과 혀를 빌리지 않고도, 풍자하는 어진 방법을 얻었도다. 항상 백성들을 구제하는 어진 원님이시니, 고금을 뛰어넘어 이와 비슷한 이가 드물도다.

조정(朝廷)에서 홀을 흔드는 것이지, 큰 하천의 배를 젖는 노는 아닌데, 배를 끄는 훌륭한 솜씨를 옮겨서, 세상에서 백성들을 구제하였도다. 마침내 백 리에 은거하였으니, 배만 혼자 들판 나루에 매어져 있도다.

내가 천 년 후에 역사책을 들추어보고, 당(唐) 왕실을 위하여 길이 탄식하도다.

계 하 배 실 솔(階下拜蟋蟀)

사랑스런 조그마한 풀벌레가, 일찍 가을을 알아차리고 슬퍼 울도다. 능히 사람으로 하여금 슬프게 하는데, 나만 홀로 어찌하여 반가운 마음이 이는가. 기쁘게 계단 아래에서 절을 하니, 맑은 소리가 나를 일깨우는 감정이 있도다. 가을 기운이 가까이 다가와 있음을 느끼니, 나의 아름다운 사람이 돌아올 것을 예견한다네.

옛날에 중문(重門)에서 손을 놓고 헤어질 때, 어느 달에나 다시 돌아오느냐고 물었더니, 가을 바람 불면 돌아온다고 기약하고서, 끝없는 정을 안고 서로 이별하였지.

삼천리 밖의 옥문관(玉門關)에 계시니, 양쪽의 소식은 아득하기만 한데, 그림자만 홀로 빈방에 남겨두고, 혼(魂)은 가만히 수루(戍樓)에 가서 맺힌다네. 세월은 일찍이 얼마나 흘렀는가, 하루를 보내기가 삼 년과도 같았네.

남쪽 정원의 푸른 풀을 바라보면, 호랑나비들이 날며 수심을 불러 일으켰고, 홀로 지새는 밤에 창문을 닫으면, 반딧불이 날아다니며 넋을 나가게 하여, 어지러이 듣고 보는 것들이, 모두 이별의 시름만 불러일으키는 빌미가 되었었네.

문득 황혼녘에 무슨 소리가 나는데, 이슬에 젖은 풀 속에서 우는 소리가 흐느끼네. 가을철이 하늘에 가까워 오니, 미물에게서 그 기운을 먼저 알아차렸네. 이는 제철을 기다리는 귀뚜라미 울음소리이니, 나에게 아름다운 계절을 알려줌이라.

허둥지둥 옷을 입고 계단을 내려가서, 가는 허리를 굽히고서 절을 하였네. 이는 너 곤충에게 절을 하는 것이 아니고, 장차 가을철이 다가오는 것에 절하는 것이란다. 가을이 다가오는 것이 기쁜 것이 아니고, 낭군께서 돌아올 기한이 가까워지는 것이 기쁜 것이지. 동물은 무심하게 울어대지만, 사람은 스스로 기뻐서 몸을 구부리네. 무릇 어찌 절하며 예를 표하는 것이라고 말할 수 있으랴, 놀람과 기쁨이 사사로운 정에 넘쳐흐른 것이라네.

낭군께서 돌아오신다는 기약을 하였는데, 가을로 기약을 한 것이 분명하니, 가을 바람이 불어오면 낭군께서도 돌아올 것이니, 내가 날마다 기대하는 것이 어찌도 지극한지. 북두칠성의 자루가 느리게 돌아가는 것이 한탄스럽고, 우물에 오동잎이 아직 떨어지지 않는 것이 원망스러웠다네.

밤마다 밤마다 외로운 베개를 베고, 돌아올 기일을 계산하면서 가슴을 적셨는데, 오늘밤의 이 귀뚤거리는 소리를 들으니, 계절은 가을철이 이르렀도다. 기일은 이미 나에게 발돋움하고 기다리게 하는 때가 되었으니, 거듭 손을 맞잡을 날이 올 것이로다.

어찌 산에 올라가 바라보는 수고를 하며, 어찌 나무에 앉은 까치가 소식을 알려주기를 기다릴 것인가. 흔연히 기쁜 낯빛을 하고, 번거롭게 절하는 것을 꺼려하지 않도다.

귀뚜라미야, 귀뚜라미야, 너의 소리가 나의 마음을 크게 위로하도다. 네가 비록 곤충이고 미물이나, 나는 거듭 거듭 절하며 너의 소리에 감사를 드리노라.

의창(義娼)

'섭진(涉溱)'[475] 시를 읊으며 탄식을 일으키나니, 여기저기에서 이쪽 저쪽 어깨를 드러내도다. 어지러이 뒤엉켜서 눈짓을 하고 마음으로 부르니 말세 풍속의 곧은 기풍을 쓸어내었도다.

무릇 어찌하여 기루(妓樓)의 창기(娼妓)가 길이 한번 마음 아파하면서 죽어도 다른데로 시집가지 않고 마음을 변치 않겠다고 맹세하였으니, 그 의로움만 같겠는가, 그 의로움만 같겠는가. 저 붉은 옷 입은 사람은 장사(長沙)[476]에서, 한 시대의 노래 잘하는 사람으로 이름이 났었네. 몇 곡의 악장(樂章)을 손수 연주하면, 학사들은 진(秦) 나라의 풍류객들이었네.

그 가사를 읊으며 그 사람을 생각하나니, 무슨 방법으로 한번 만나볼 수 있을까. 홀연 지나가는 나그네가 우연히 만나니, 다행이로다 자진(子眞)이 이 아닌가. 문답하는 사이에 옥설(玉屑)[477]을 날리니, 경모(景慕)하던 오랜 뜻에 부합하도다. 두 눈동자로 반가운 빛을 하고 술을 불러서, 노래하며 술을 권하니 다정도 하였네. 하룻밤 향기로운 꿈을 이루니, 삼생(三生)에 좋은 인연을 맺었다네.

촉박한 노정(路程)은 한정이 있어서 되돌리기 어려우니, 슬픔 중에는 다시 서로 이별하는 것보다 더한 슬픔이 없도다. 헤어짐에 임하여 말을 하기를, 이제 이별하면 정절을 지키겠다 알렸네. 오(吳) 나라의 산은 높고 초(楚) 나라의 강은 긴데, 몇 년이나 이별의 간장을 끊었던가.

아, 그 얼굴이 꿈속에 들어와서, 내 옷깃을 아롱아롱 적시도다. 손을 맞잡을 날이 있기를 바라며, 복조부(鵩鳥賦)[478]를 지어 전한 일을 슬퍼하도다. 이생에서 영결함을 애통해하나니, 어찌 내 마음에 다함이 있으리요. 그

---

475) 섭진(涉溱): 『시경(詩經)』 「정풍(鄭風)」의 <진유(溱洧)> 편을 가리킨다. 남녀가 진수(溱水)와 유수(洧水)에서 봄놀이를 즐기는 내용인데, 음란함을 상징한다.
476) 장사(長沙): 지금의 호남성(湖南省) 일대에 있었던 중국의 군(郡) 이름.
477) 옥설(玉屑): 화려한 문사(文詞).
478) 복조부(鵩鳥賦): 한(漢) 나라의 가의(賈誼)가 좌천되어 장사(長沙)에 적거(謫居)해 있을 때 지은 부(賦)의 이름. 복조부를 짓는다는 것은 벼슬살이가 여의치 않음의 비유로 쓰인다.

옷은 낡은 채로 울면서 달려가니, 수백 리의 머나먼 노정이로다. 행관(行館)[479]에 있는 여츤(旅櫬)[480]을 슬퍼하노니, 다만 한 조각 붉은 명정(銘旌)[481]뿐이로다. 손으로 관을 만지며 세 번을 도니, 눈에는 눈물이 말라 피가 되도다.

두 곳으로 생이별한 것을 한스러워하면서, 한 무덤 속에 같이 따라 가기를 원하노라. 차라리 잠들어 깨지를 말 것이지, 짧은 시간에 기꺼이 생명을 보전하랴. 마침내 스스로 목숨을 끊고서, 쌍 널에 한 절개를 이루었도다. 해를 향해도 슬프게 빛이 없고, 행로는 측은하게 되었도다.

태수가 아름답게 여겨 전기(傳記)를 지으니, 높이 들어 부르기를 '의창(義娼)'이라 하였네. 마음과 그 일이 빛나게 조화를 이루고, 이름은 만년토록 그 아름다움 전하리라.

아, 하늘이 부여한 훌륭한 성품은, 어찌 귀천의 차이가 있겠는가. 비록 남자에게는 풍부하고 여자에게는 인색하다고 하지만, 참으로 숨길 수 없는 하나의 단서로다. 저 청루(靑樓)의 부녀(婦女) 귀신은, 길러진 바에 따라 음란함을 가르쳐서,[482] 어지러이 미색으로 사람을 섬기니, 한번 웃음 속에 천금이 있건만, 어찌된 여자가 신의를 지켜서, 깃털 하나보다 가볍게 목숨을 버리고, 깨끗한 몸에 한 마음을 굳게 하여, 자신을 사랑해 준 기이한 만남에 보답을 하였도다.

비록 호방한 풍습에 감정이 있었으나, 본래 바르고 고요함이 그 뜻이었도다. 이는 여자 중에 군자이니, '의(義)'로써 이름을 얻은 것이 마땅하도다. 정(鄭)·위(衛)[483]에 말세가 귀결되나니, 길가 이슬에 젖는 것[484]을 비웃도

---

479) 행관(行館): 옛날에 관원들이 출장갈 때 머물던 임시 거처.
480) 여츤(旅櫬): 객사자(客死者)의 널.
481) 명정(銘旌): 죽은 사람의 관직·본관·성명을 써서 상여 앞에서 들고 가는 깃발.
482) '여자가 아름답게 화장을 하는 것은 남자들에게 음란한 마음을 품도록 가르친다[冶容誨淫]'는 말에서 여자가 화장하는 것을 말한다.
483) 정(鄭)·위(衛) : 중국 춘추(春秋) 시대의 정(鄭) 나라와 위(衛) 나라. 『시경(詩經)』의 「정풍(鄭風)」과 「위풍(衛風)」에 음란한 노래가 많아서 유가에서는 난세의 음악이라고 배척하였다.

다. 율양(溧陽)485)의 의로운 여자에 대해 들으니, 뛰어난 아름다운 절개가
있도다.

| 전(箋) |

의 평안도 주호군병등 청자작선봉 직도노적소혈(擬平安道走回
軍兵等請自作先鋒直擣奴賊巢穴)

　출정하여 그 으뜸가는 지방을 잃었으니, 일패도지(一敗塗地)486)한 것이
애통하였나이다. 원수에게서 도망가는 것은 죽는 것만 같지 못하니, 원컨
대 마땅히 선구(先驅)가 되어서 적의 소굴을 쓸어버리고자 하나이다. 능히
해낼 수 있다고 말하는 것이 아니라, 충성을 하고자 하는 것입니다.
　강대한 무력은 적수가 없고, 용병(用兵)의 상책은 적의 모략을 쳐부수는
것입니다. 강토를 이끌어다가 능히 부지런하니, 세 변방에 조두(刁斗)487)의
경계가 끊어졌습니다. 하늘의 위엄을 두려워하여 천하를 보전하고, 임석(袵
席)488)의 편안함을 바쳤습니다.
　산융(山戎)489)이 준동할 줄 어찌 생각했겠습니까, 이에 감히 천자의 조정
에 항거하여, 그 커다란 뱀이 먹었다 토하니, 고요하던 변방에 전장이 생기
고, 미친 설유(猰貐)490)가 사람을 잡아먹으니, 석봉(夕烽)491)이 대궐에까지

---

484) 길가 이슬에 젖는 것 : 여자가 행실을 단정히 하지 못하고 이른 새벽이나 밤늦게 다니면
　　서 길가의 이슬에 옷을 적시는 것을 말한다. 『시경(詩經)』「소남(召南)」의 <행로(行露)>
　　편에 나오는 내용.
485) 율양(溧陽) : 중국의 강소성(江蘇省)에 속하는 현(縣) 이름.
486) 일패도지(一敗塗地) : 싸움에 패하여 간과 뇌가 땅바닥에 흩어져 피투성이가 됨. 여지없
　　이 패하여 수습할 수 없게 됨.
487) 조두(刁斗): 낮에는 취사도구로 쓰고 밤에는 야경(夜警)을 돌 때 쓰던 도구.
488) 임석(袵席): 요와 자리. 눕는 자리. 또는 연회석.
489) 산융(山戎): 중국 춘추(春秋) 시대 대 지금의 하북성(河北省) 북쪽의 산간 지방에 살던 변
　　방 야만족.
490) 설유(猰貐): 사람을 잡아먹는다는 전설상의 짐승 이름. 악인의 비유. 貐는 㺄와 통용.
491) 석봉(夕烽): 저녁에 올리는 변방의 봉화.

이르렀습니다. 기러기유 나는 변방에서 무기가 빛나고, 주(周) 나라의 분노가 동쪽 정벌하는데 바야흐로 성하였습니다.

옥절(玉節)492)이 제잠(鯷岑)493)에 내려오고, 노(魯) 나라의 군사는 북쪽을 토벌하는데 모두 일어났습니다. 바야흐로 진(晉) 나라의 군사가 주둔하며 곡식을 먹기를 기약하였는데, 갑자기 송(宋) 나라 사람의 기습을 당하였습니다. 주유(朱儒)가 호태(狐駘)494)에서 우리에게 화를 끼치니, 장차 다시 누구를 탓하겠으며, 자옥(子玉)이 계부(鷄父)495)에서 군율(軍律)을 잃으니, 패하지 않고 무엇을 구하겠습니까.

그림자를 용퇴(龍堆)496)에 남기니 이역의 포로가 되었나 싶었는데, 몸이 호구에서 벗어나 고국의 산하로 되돌아 왔습니다. 죽지 않은 나머지 목숨이 비록 피묻은 칼의 귀신은 면하였으나, 의를 머금고 구차하게 살기를 탐하니, 어찌 병장기를 끌고 도망친 부끄러움이 없겠습니까. 남은 용기를 다 북돋아서 맨 앞장을 서서, 저희는 다시 싸우려고 선봉대가 되어서, 저 악한 무리를 곧바로 쳐들어가고자 합니다.

마땅히, 참으로 동쪽으로 돌아올 면목이 없음을 알고, 다만 서쪽에서 잃은 것에 대한 부끄러움을 씻어야 한다는 것만 알뿐입니다. 진실로 창을 어깨에 메고 손에 잡고서 모랫벌에서 죽을힘을 다 바치지 않는다면, 어떻게 의(義)를 떨쳐서 충성을 다해서 나라의 은혜를 털끝만큼이라도 갚을 수 있겠습니까.

적의 화살과 돌에 맞서서 한결같은 마음을 다하여서 변하지 않고, 마땅히 사졸들의 선봉이 되어서, 비록 만 번 죽더라도 후회가 없고, 오직 임금께서 분개하시는 적을 무찌르기를 원하옵니다.

만약 공을 이루면 곧 하늘의 힘이니, 신들의 목숨을 바치는 정성을 가엽

---

492) 옥절(玉節): 옥으로 만든 부신(符信).
493) 제잠(鯷岑): 우리나라를 달리 부르는 명칭.
494) 호태(狐駘): 중국의 산동성(山東省) 등현(滕縣) 동남쪽에 있는 산 이름.
495) 계부(鷄父): 중국 춘추(春秋) 시대 초(楚) 나라의 지명.
496) 용퇴(龍堆): 중국의 지명. 천산(天山) 남로(南路)의 사막 지역. 백룡퇴(白龍堆)라고도 한다.

게 여기시고, 신들의 목숨을 바치는 정성을 살피시옵소서. 마침내 변방에 있는 얼마 남지 않은 목숨들로 하여금 궁궐 밖의 선봉이 되게 명하시면, 재차 일어서는 군사의 출정 소리를 떨쳐서, 파오[497]에서 사는 부족들을 짓밟아 부수어서, 한번 실수한 묵은 분노를 털어버리고, 노상(老上)[498]의 오정(五庭)을 온통 불태워버리고, 마땅히 하늘의 위엄을 크게 행하고, 이들을 섬멸하고 나서 아침밥을 먹을 것이며, 한판 싸워서 사막을 휩쓸어버리겠습니다.

비록 한(漢) 나라 군대가 화살 세 개로 천산(天山)[499]을 평정한 공에는 부끄러울지라도, 거의 당(唐) 나라 군사의 업적은 따를 수 있을 것입니다.

대전진위(大殿陳慰)

수명을 내린 것이 끝이 없어, 성스러운 나이가 바야흐로 화축(華祝)[500]에 경사스러웠는데, 국가가 불행을 당하여, 갑자기 천붕(天崩)[501]을 맞게 됨을 깊이 애통해 하나니, 이 나라의 곡식을 먹는 백성들도, 피눈물을 닦는 것이 어찌 그치겠습니까.

어질고 효성스러운 성품과 슬기롭고 밝으신 자질로, 삼조(三朝)의 침실에 문안하는 정성을 다하시고, 낯빛에 근심스런 모양을 하고서, 다섯 달 동안 여묘(廬墓)살이 하는 제도를 지키셨으니, 마음에 애통함을 가득 안고, 이에 난극(欒棘)[502]의 때를 당하여, 다만 근심과 사랑의 마음이 간절하옵니다.

생각건대 저는 외람되게 은혜를 입고서, 임금의 죽음을 몹시도 마음 아

---

497) 파오: 유목 민족이 사는 반구형(半球形)의 천막.
498) 노상(老上): 원래는 한(漢) 나라 초 흉노(匈奴)족 추장의 이름. 후에는 일반적으로 북방 소수민족의 추장을 가리키는 말.
499) 천산(天山): 중국 신강성(新疆省)에 있는 산 이름.
500) 화축(華祝): 중국 화(華) 땅에 봉해진 사람이 요 임금에게 오래 살고[壽], 부유하고[富], 아들이 많기[多男子]를 기원하였다. 그러나 요 임금은 아들이 많으면 걱정이 많고, 부유하면 번거로운 일이 많고, 오래 살면 욕된 일이 많으니 이러한 것들은 덕을 기르는 것이 아니라고 하여 사양하였다. 후대에 이 말은 송축하는 뜻으로 쓰인다.
501) 천붕(天崩): 임금이나 아버지가 돌아가심.
502) 난극(欒棘): 부모의 상을 당하여 몹시 슬퍼하고 몸이 수척함.

파하지만, 이 남쪽 고을의 원님을 맡고 있어서, 조문(弔問)하러 가는 대열에 달려가지 못하고, 저 북쪽 대궐만 바라보면서, 슬퍼하고 근심하는 마음만 더욱 세차게 일어나옵니다.

중궁진하(中宮陳賀)

아침 저녁으로 임금의 음식을 살피시고, 오래도록 백성들의 마음을 붙잡고 있으며, 해와 달[503]은 고구(高衢)[504]에 이어지고, 이에 오백년(五百年)[505]의 운세를 받으시니, 목을 길게 빼고 기다릴 즈음에 눈을 비비고 바라봅니다.

공손히 생각건대 슬기롭고 밝으심은 요(堯) 임금과 같으시니 덕을 노래하는 것이 계(啓)[506]에게 귀결되었습니다. 하늘이 해(害)를 내려 구휼(救恤)하지 않아, 갑자기 상사(喪事)를 당해 슬픔을 안으시니, 백성들이 왕후가 아니면 누구를 의지하겠습니까. 마침내 자리에 오르시는 의식을 행하시어, 그 천명을 새롭게 하시니, 끝없는 아름다움입니다. 저는 나라를 걱정하며 몸을 잊고 임금을 그리워하며 마음을 다하여서, 풍패(豐沛)[507]의 원님 직을 수행하느라 비록 대궐에서 하례할 길은 막혀 있지만, 축원은 화봉(華封)[508]과 같고 기쁨에 넘치는 해바라기 같은 정성은 곱절이나 간절하옵니다.

산목장(山木杖) 찬(贊)

지팡이여, 지팡이여. 바탕은 무겁고도 굳세며, 색깔은 희고도 빛나며, 머

---

503) 해와 달: 임금과 왕비를 가리킨다.
504) 고구(高衢): 현요(顯要)한 지위의 비유.
505) 오백년(五百年): 전생(前生).
506) 계(啓): 우(禹) 임금의 아들. 어질어서 능히 우 임금의 도를 계승하였다. 우 임금은 자신을 돕던 신하 익(益)을 하늘에 천거하였는데, 우 임금이 죽은 후 삼년상을 마치고 익은 우 임금의 아들 계를 피하여 기산(箕山)의 북쪽으로 들어갔다. 사람들은 익도 훌륭하기는 하지만 계가 더 어질었기 때문에 익을 노래하지 않고 계를 노래하였다.
507) 풍패(豐沛): 한 조고 유방(劉邦)의 고향. 후대에는 왕조 창업자의 고향이란 뜻으로 쓰인다. 여기서는 조선 태조 이성계의 관향(貫鄕)인 전주(全州)를 가리킨다.
508) 화봉(華封): 화(華) 땅에 봉해진 사람. 앞의 주 화축(華祝) 참조

리는 쳐들고 우뚝하며, 몸체는 둥글고도 곧으며, 구름과 놀에서 정기를 받았고, 바위 골짜기에 뿌리를 의탁했도다.

　귀신이 신비함을 탐하여, 조용하게 몇 해의 봄을 지냈는데, 사람이 구하는 바가 있어서, 물건이 또한 사람에게 귀속되었도다. 사물과 내가 서로 만나서, 손 안의 물건이 되었도다. 소리는 맑아서 손톱 같으니 두습유(杜拾遺)[509]의 도죽(桃竹)[510]인가, 불이 바위 위로 달려가니 소학사(蘇學士)[511]의 쇠기둥인가.

　조물주가 돌보고 길러주신 은혜를 입어서, 노년의 좋은 친구를 만나, 너를 붙들고서 일어나니 긴 허리를 굽혔다 펴는 것을 근심하지 않고, 너를 짚고서 다니니 두 다리가 쇠약함을 어찌 걱정하리요.

　나는 장차 동정호(洞庭湖)에서 우혈(禹穴)[512]을 찾고, 군산(君山)[513]에서 맑은 바람을 마시고, 잠깐 사이에 갈피(葛陂)[514]에 한번 내던져서, 구름 기운을 타고 하늘에 올라, 자청(紫淸)[515]에서 놀다가 돌아오리라.

| 제문 |

홍 상사 태초 제문(洪上舍太初祭文)

　아아, 슬프도다. 태초(太初)는 끝났도다. 우리 형과 이생에서 영결하였단 말인가. 목소리와 얼굴 모습이 아득하고, 긴 밤은 새벽이 돌아오지 않도다.

---

509) 두습유(杜拾遺): 당(唐) 나라의 시인 두보(杜甫). 습유(拾遺)는 그가 한때 지냈던 벼슬 이름.
510) 도죽(桃竹): 대나무의 일종.
511) 소학사(蘇學士): 송(宋) 나라의 문인 소식(蘇軾).
512) 우혈(禹穴): 우(禹) 임금을 장례 지낸 곳이라고 알려진 지명. 절강성(浙江省) 회계산(會稽山)에 있다.
513) 군산(君山): 동정호(洞庭湖) 가운데에 있는 산으로 된 섬 이름.
514) 갈피(葛陂): 중국 하남성(河南省)에 있는 호소(湖沼)의 이름. 후한(後漢) 때 비장방(費長房)이란 사람이 노인에게서 얻은 지팡이를 타고 날아다녔는데, 이곳에 지팡이를 던지니 용으로 변하였다.
515) 자청(紫淸): 신선이 산다는 곳.

한바탕 인간 세상을 꿈꾸니 황천(黃泉)을 누가 만들었는가.

아아, 슬프도다. 태초는 끝났도다. 형의 높은 재능으로도 박옥(璞玉)을 품고 은거하여 궁벽한 시골에서 삶을 마쳤으며, 형의 높은 덕으로도 겨우 희수(稀壽)516)에 이르렀고 역시 대질(大耋)517)에는 부족하였으니, 저 푸른 하늘은 어찌 우리 형에게 보답이 없단 말인가.

아아, 가슴 아프도다. 나의 나이가 형보다 약간 많은데, 형의 약관(弱冠) 때부터 나이를 잊고 사귐을 허락하여 마음을 터놓고, 항상 형의 기상이 우뚝하고 마음씀이 관대함을 사모하였으며, 지기(知己)가 되기를 허락하였으니 정은 형제와도 같았도다. 눈빛 비치는 책상이나 반딧불 비치는 창문에서, 소매를 나란히 하고 학문을 연구하고 토론하였으며, 술자리와 시 모임에서 흉금을 터놓고 기뻐하고 웃으면서, 외형(外形)을 따지지 않고 서로 따르면서 반평생에 이르렀도다.

내가 재능이 없으면서도 요행으로 먼저 벼슬길에 나아갔는데, 그대가 바로 뒤를 이어 우리들 차례의 기대함은 오직 형에게 있었는데, 끝내 벽도(碧桃)518)의 한을 안고 포의(布衣)로서 헛되이 늙을 줄을 어찌 알았으랴. 하늘의 뜻인가, 운명인가.

아아, 가슴 아프도다. 골짜기 속에서 뜻을 이루지 못하고 머무르면서, 소박하고 깨끗한 본분을 지키는 것을 편안해 하며, 세상에 번민이 없이 평생을 마쳐서, 우리 형의 뜻은 참으로 부족함이 없음을 알겠으니, 친구들의 한탄하고 애석해함이 어찌 얕고 적겠는가.

아아, 가슴 아프도다. 지금 내가 늙고 병들어 벼슬을 내놓고서 아주 물러났는데, 서로 거처하는 곳이 멀지 않고 다만 몇 집이 떨어졌을 뿐인데도 세상 일에는 방해가 많아서 아직 끝없이 이어지는 봉양을 도모하지 못하고 있소이다.

---

516) 희수(稀壽): 70세.
517) 대질(大耋): 80세.
518) 벽도(碧桃): 신선이 먹는 복숭아.

을미년(乙未年) 가을에 형과 원보(圓甫)가 말을 나란히 하고 찾아와서 술잔을 잡고 웃으면서 환담을 나누고 이틀 밤을 자고 돌아갔는데, 그 후 몇 년 사이에 형 역시 병이 들어서 때때로 맞이하려고 해도 결국 와서 만나지 못하고, 여러 해 동안 서로 막혀서 만나기를 그리워하는 것이 목마른 것 같았소이다. 한번 찾아가서 문병을 하고 아울러 답답한 마음을 토로하고자 생각도 하였지만, 쇠잔한 몸뚱이를 움직이기 어려워 이 마음을 져버렸으니, 멀리서 친구를 그리는 마음만 한갓 저절로 또렷하였는데, 이로부터 갑자기 영원히 유명(幽明)을 달리 할 줄 누가 생각이나 하였겠소.

아아, 가슴 아프도다. 형이 세상을 버린 것이 초가을이었는데 바람결에 전하는 소식을 달을 넘겨서야 비로소 듣게 되었고, 형이 무덤 속에 묻힌 것이 늦가을이었는데 사람들이 전하는 말을 역시 입동(立冬) 뒤에야 들었으니, 이 어찌 사람의 일이 정(情)과 같지 않은 것이 이와 같다는 말인가.

아아, 가슴 아프도다. 나무에 기대어 곡하고 무덤에 임하여 영결하는 일을 형편상 하지 못하고, 한잔 술을 따르며 몇 줄 만사를 짓는 일도 역시 빠뜨림을 면하지 못하여 마치 서로 잊어버린 사람 같았소이다. 그러나 평생토록 서로 사랑한 정은 이제 와서 땅을 쓸게 되었소이다.519)

아아, 가슴 아프도다. 태초는 끝났도다. 형의 미간을 다시는 접할 수 없어, 순수한 얼굴 모습은 눈 속에 아련하고, 형의 말소리와 웃음소리를 다시는 들을 수 없어, 낭랑한 목소리는 귓가에 어렴풋하도다. 형을 생각하는 일넘은 오래될수록 더욱 간절하니, 이 몸이 죽지 않는 한 어느 날이나 잊겠는가.

아아, 가슴 아프도다. 나의 노쇠함이 이미 심하여 아침 저녁으로 죽을 날을 기다리고 있으니, 아마도 황천에서 능히 따를 수 있다면 어찌 이별을 하리요마는, 이 이치는 분명치 않으니 내가 알 수가 없도다.

아아, 가슴 아프도다. 날씨는 점점 을씨년스러워지고 노쇠와 질병은 점점

---

519) 땅을 쓸고 제사를 지낸다는 뜻이다.

심해져서, 자리에 몸을 붙이고 누워서 한 걸음도 움직이기 어려워 손자 아이를 보내어 나의 곡(哭)을 대신하려고 하였는데, 거상(居喪)을 하고 난 뒤에 몸에 병 또한 중하여 회복하기를 기다렸다가 보내게 되어 지체한 것이 지금에 이르러 시일이 이미 오래 되었으니 통탄함이 더욱 심하오. 위패(位牌)를 모셔 놓은 자리에서 한바탕 곡하는 것을 직접 하지 못한 것이 한스러운데, 조잡한 글을 지어 부쳐서 슬프고 가슴아픈 심정을 조금이나마 펴 보이니 혼령께서는 아시는가 모르시는가.

아아, 가슴아프도다. 태초는 끝났도다. 이생에서 영결하니 길이 슬퍼할 따름이오, 길이 슬퍼할 따름이오.

재종재 봉사 득영 제문(再從弟奉事 得榮 祭文)

아아, 슬프도다. 하늘의 이치는 반드시 어떻다고 예측할 수 있는 것인가. 하늘의 이치는 반드시 어떻다고 예측할 수 없는 것이로다. 재능이 있으면서도 좋은 운명이 없고, 어질면서도 오래 살지 못하니, 하늘의 이치는 반드시 어떻다고 예측할 수 없도다.

아아, 슬프도다. 그대는 나보다 뒤에 태어난 것이 스물 다섯 해나 되는데, 지금 나보다 먼저 세상을 떠나가서 나에게 길이 슬퍼하게 할 줄 어찌 알았으랴.

아아, 슬프도다. 이름은 비록 재종(再從)간이지만 정은 한 형제와 같아서, 하루만 서로 왕래가 막혀도 삼 년쯤 지난 것 같을 뿐만이 아니었는데, 하물며 저승과 이승으로 이별을 하다니 황천을 누가 만들었단 말인가.

아아, 슬프도다. 한 아들은 연약하고 세 딸들은 계례(笄禮)도 안 치렀으니, 슬프게도 두 제수씨는 외로이 누구를 의지할 것인가.

아아, 슬프도다. 이 언덕에 새로 무덤 자리를 잡았으니 우리 선영과의 거리가 반식(半息)520)도 안되어, 황천에서 알게 되어 혼이 서로 따른다면 나

---

520) 반식(半息): 15리(里). 식(息)은 거리의 단위로 30리를 나타낸다.

의 큰 다행이리라.

아아, 슬프도다. 널에 임하여 한차례 곡을 하니, 정이 어찌 돈독하지 않겠는가. 나의 쇠약함이 심하여 몸을 일으킬 방도가 없으니, 눈물을 섞어 글을 지어서 큰 슬픔을 부칠 따름이로다.

—부록(附錄)—

숭정대부 판중추부사 겸 판의금부사 세자좌부빈객 오위도총부 도총관 부군 행장(崇政大夫 判中樞府事 兼 判義禁府事 世子左副賓客 五衛都摠府都摠管 府君 行狀)

증손 수화 지음(曾孫受和撰)

공(公)의 휘(諱)[521]는 계영(啓榮)이고 자는 영길(榮吉)이고 호는 선석(仙石)이고 시호(諡號)는 정헌(靖憲)이시다. 본관은 영산(靈山)이고 고려조에 평장사(平章事)를 지내신 휘 경(鏡)을 시조로 한다.

9세가 지나서 휘 혁(革)께서 계셨는데 예부상서(禮部尙書) 영산부원군(靈山府院君)을 지내셨다. 이분께서 휘 원경(原慶)을 낳으시니 양절공신(亮節功臣)에 좌정승(左政丞)을 지내셨다. 이분께서 휘 부(富)를 낳으시니 도원수(都元帥) 밀성군(密城君)을 지내셨다. 이분께서 휘 유정(有定)을 낳으시니 도안무사(都按撫使)를 지내시고 시호가 무절(武節)로서 부자(父子)가 모두 무공(武功)으로 세상에 이름이 나셨고 이러한 사적은 역사책에 실려 있다.

이분께서 휘 인손(引孫)을 낳으시니 우리 세종(世宗) 임금을 섬겨서 형조판서(刑曹判書) 예문관 대제학(藝文館大提學)을 지내시고 시호는 공숙(恭肅)이시다. 이분께서 휘 계조(繼祖)를 낳으시니 남대(南臺)[522]로서 사헌부(司憲府) 집의(執義)를 역임하시고 벼슬이 호조참판(戶曹參判)에 이르셨으니 실로 공(公)의 5대조이시다.

고조(高祖)는 휘가 후담(厚聃)이시니 아산현감(牙山縣監)과 충익부 도사(忠翊府都事)를 지내셨다. 증조(曾祖)는 휘가 의정(義貞)이시니 사재감 직장(司宰監直長)을 지내시고 호조참판(戶曹參判)에 추증(追贈)되셨는데, 막

---

521) 휘(諱): 돌아가신 분의 이름을 높인 말.
522) 남대(南臺): 학문과 덕행이 높아 사헌부(司憲府)의 장령(掌令) 또는 지평(持平)에 천거되어 뽑힌 사람.

내 숙부로 사온서령(司醞署令)을 지내신 휘 종담(從聃)의 아드님이 도사공(都事公)에게 후계가 되셨다.

조부(祖父)의 휘는 진(鎭)이시니 영원군수(寧遠郡守)를 지내시고 병조판서(兵曹判書)에 추증되셨다. 부친의 휘는 종원(宗遠)이시니 호조좌랑(戶曹佐郎)을 지내시고 좌찬성(左贊成)에 추증되셨으니 삼대(三代)가 모두 공(公)이 귀하게 된 때문에 영예가 추증된 것이다.

모친께서는 정경부인(貞敬夫人)에 추증되셨는데 남양 홍씨(南陽洪氏) 좌찬성(左贊成) 정효공(貞孝公) 담(曇)의 따님이시다.

공께서는 만력(萬曆)523) 정축년(丁丑年)524) 9월 초 이렛날 태어났는데, 성품이 따뜻하고 순수하고 고요하고 진중하며, 겸손하고 공손하고 독실하고 후덕하며, 풍채가 수려하고 덕(德)의 기운이 온화하고 밝아서, 어렸을 때 수재의 칭찬을 듣기까지 하였으니, 한번만 보아도 훌륭한 군자임을 알 수 있었다.

열두 살 때 소상반죽(瀟湘斑竹)525) 그림이 그려진 병풍에 시를 지었는데, "창오산(蒼梧山)526) 빛깔이 삼상(三湘)527)에 스며드니, 슬픈 한(恨)은 강물에 스며들어 만고토록 길이 흐르네. 천년토록 눈물 흔적은 사라지지 않고서, 지금껏 얼룩진 대나무가 석양을 띠고 있네."라고 하였으며, 열세 살 때 일본에서 공작(孔雀)을 바친 일을 시로 지었는데, "한 쌍의 기이한 새가 바다 동쪽에서 났는데, 먼 나라 사람이 가져와서 궁궐에다 바쳤도다. 깃을 잘라 금 새장 안에 오래도록 가두어두니, 그 마음은 남쪽 하늘 흰 구름 속에가 있도다."라고 하니 부친인 찬성공(贊成公)께서 크게 기특하게 여겼다.

글재주가 날로 진보하여 명성이 자자하였는데, 열아홉 살에 정시(庭

---

523) 만력(萬曆): 중국 명(明) 나라 신종(神宗)의 연호. 서기 1573~1619년.
524) 정축년(丁丑年): 1577년.
525) 소상반죽(瀟湘斑竹): 중국 소상강 가의 얼룩무늬가 있는 대나무. 그림의 소재로 자주 쓰였다.
526) 창오산(蒼梧山): 중국 호남성(湖南省) 영원현(寧遠縣) 경계에 있는 산 이름. 순(舜) 임금을 이곳에 장사지냈다.
527) 삼상(三湘): 중국의 강 이름인 소상(瀟湘)과 원상(沅湘), 증상(蒸湘)을 합하여 이르는 말.

試)528)에 급제하자, 만취(晩翠) 오억령(吳億齡)께서 공의 이모부로서 시험관이 되어 시험 답안지를 보고 탄식하며 말하기를, "이 아이는 장차 큰그릇이 될 것이니 일찍 과거에 급제해서 그 재능을 다 이루지 못하게 해서는 안 된다."고 하고서 드디어 답안지를 빼내어 버렸다. 찬성공께서는 듣고서 매우 애석해하였으나 공께서는 조금도 마음에 두지 않고, 얻고 잃음과 영예와 욕됨으로써 그 마음을 움직이지 않으니 사람들이 그 도량에 감복하였다.

신축년(辛丑年)529)에 사마시(司馬試)530)에 합격하였는데, 계해년(癸亥年)531) 여름에 찬성공께서 벼슬살이에 싫증을 느껴 식구들을 데리고 고향 예산(禮山) 오리지(梧里池)의 선영 아래에 있다. 으로 돌아가시자 공께서도 문득 따라나서 좌우에서 기쁜 낯빛으로 효성스럽게 봉양하는 예절을 다하였다.

정미년(丁未年)532)에 부친상을 당하고 무신년(戊申年)533)에 또 모친상을 당하였는데, 상을 치르는데 예를 다하여 전후에 어김이 없었다.

상복 입는 기간이 끝나자 마침 혼탁한 시대를 만나서534) 세상 일에 뜻이 없었으니, 간혹 과거에 응시하기는 했으나 평소의 뜻은 아니어서, 당시 무리들의 뜻을 많이 거스르고 자주 성균관 유생의 명단을 삭제당하는 벌을 받기도 하였다.

기미년(己未年)535)에 알성문과(謁聖文科)536)에 급제하여 비로소 괴원(槐

---

528) 정시(庭試): 나라에 경사가 있을 때 대궐 안에서 행하는 과거.

529) 신축년(辛丑年): 1601년, 25세.

530) 사마시(司馬試): 고려와 조선 때의 과거 제도. 진사와 생원을 뽑던 소과(小科). 생진과(生進科).

531) 계해년(癸亥年): 1623년인데, 부친 찬성공은 1607년에 죽었으므로 간지(干支)가 맞지 않는다. 신계영이 사마시에 합격한 신축(辛丑)년부터 부친이 죽은 정미(丁未)년 사이에는 임인(壬寅)·계묘(癸卯)·갑진(甲辰)·을사(乙巳)·병오(丙午)의 다섯 해가 있으므로 여기의 계해(癸亥)는 계묘(癸卯)의 잘못일 가능성이 가장 크다. 계묘년(癸卯年)은 1603년이다.

532) 정미년(丁未年): 1607년, 31세.

533) 무신년(戊申年): 1608년, 32세.

534) 광해군(光海君)의 시대를 말한다.

535) 기미년(己未年): 1619년, 43세.

536) 알성문과(謁聖文科): 조선 때 임금이 문묘(文廟)에 참배한 뒤 성균관(成均館)에서 보이던 과거.

院)537)에 소속되었고, 설서(設書)와 주서(注書)를 역임하였는데, 간혹 취임하지 않기도 하였다. 한원(翰苑)538)에 추천되었으나 강기(講紀)에 바로 응하지 않았다. 다음날 비로소 검열(檢閱)의 직책이 주어졌고 인하여 춘방(春坊)을 겸하였다. 시교(侍敎)·봉교(奉敎)를 역임하고 전적(典籍), 병조좌랑(兵曹佐郎)·정랑(正郎), 예조정랑(禮曹正郎), 정언(正言), 지평(持平), 직강(直講), 장령(掌令), 필선(弼善), 사예(司藝), 상의원정(尙衣院正), 나주목사(羅州牧使), 수찬(修撰), 교리(校理), 사성(司成), 종부시(宗簿寺)·사복시정(司僕寺正)을 역임하였다.

계유년(癸酉年)539)에 통정판결사(通政判決事), 지제교(知製敎), 동부(同副)·우부승지(右副承旨), 호조참의(戶曹參議)를 지내고, 정축년(丁丑年)540)에 가선대부(嘉善大夫)가 되고 좌부승지(左副承旨), 강화유수(江華留守), 도총관(都摠管), 병조참판(兵曹參判), 동의지경연금(同義知經筵禁)541), 호조참판(戶曹參判), 우부빈객(右副賓客), 전주부윤(全州府尹) 이때는 효종(孝宗) 기축년(己丑年)542)이다, 한성좌윤(漢城左尹)을 지냈다.

병신년(丙申年)543)에는 가의대부(嘉義大夫)가 되었다. 현종(顯宗) 을사년(乙巳年)544)에는 구순(九旬)에 가까워져서 특별히 자헌대부(資憲大夫)의 품계에 오르고 지중추부사(知中樞府事)에 제수되었으며, 인하여 기사(耆社)545)에 들어갔다.

---

537) 괴원(槐院): 조선 시대 승문원(承文院)을 달리 이르던 말.
538) 한원(翰苑): 예문관(藝文館). 예문관은 조선 시대 칙령(勅令)과 교명(敎命)을 기록하는 일을 맡아보던 관청.
539) 계유년(癸酉年): 1633년, 57세.
540) 정축년(丁丑年): 1637년, 61세.
541) 동의지경연금(同義知經筵禁): 동의금(同義禁)과 지경연(知經筵)으로 써야 할 것을 잘못 기록한 것으로 보인다. 동의금(同義禁)은 동지의금부사(同知義禁府事)의 준말로 의금부(義禁府)의 종2품 벼슬. 지경연(知經筵)은 지경연사(知經筵事)의 준말로 조선 시대 경연(經筵)의 정2품 벼슬.
542) 기축년(己丑年): 1649년, 73세.
543) 병신년(丙申年): 1656년, 80세.
544) 을사년(乙巳年): 1665년, 89세.
545) 기사(耆社): 조선 때 연로(年老)한 임금이나 실직(實職)에서 물러난 70세가 넘은 정2품 이

정미년(丁未年)546)에는 특별히 숭정대부(崇政大夫) 판중추부사(判中樞府事)에 제수되었고, 기유년(己酉年)547) 4월 초여드렛날에 침소에서 운명하시니 나이가 93세이셨다.

임금께서 관리를 보내시어 제사를 드리고 예산 군청의 동쪽 찬성공의 묘와 같은 언덕에 백보쯤 되는 곳에 임좌(壬坐)548)에 장례를 지냈다.

공께서는 어려서부터 기상과 절개를 숭상하기를 좋아하였는데, 과거에 급제한 날에 이이첨(李爾瞻)549)이가 축하하면서 말하기를, "화동(花童)이 수복(繡服)550)을 입는 것을 내가 돕고자 한다."고 하였다. 이때에 공께서는 월사(月沙)551) 이 상공(李相公)의 자리에 있었는데, 자리에 가득한 사람들이 그 대꾸를 하지 못하고 서로 돌아보면서 말이 없었다. 공께서는 태연하게 천천히 대답하기를, "나이 많고 어버이를 여읜 사람이라 과거 급제의 명예가 영광이 못되는데, 하물며 권세가의 집에 장난감을 빌려서 남의 눈에 기쁨을 취하겠습니까?"하니 사람들이 모두 공을 위하여 위태롭게 생각하였으나 공은 개의치 않았다.

친구 중에 조인소(造訒疏)552)에 참여한 자가 있었는데 공께서 듣고는 바로 그 집에 가서 이치를 능멸하고 윤리를 어지럽힌 죄를 꾸짖고는 마침내 절교를 하였다. 기원(器遠)이 자리에 있었는데 두려운 마음으로 심복하였

상의 문관(文官)을 예우하기 위하여 마련한 곳. 기로소(耆老所).
546) 정미년(丁未年): 1667년, 91세.
547) 기유년(己酉年): 1669년.
548) 임좌(壬坐): 묏자리나 집터가 임방(壬方)을 등지고 자리 잡은 방향. 임방은 정북(正北)에서
　　 서쪽으로 15도 되는 방위를 중심으로 15도 각도의 안쪽 방향.
549) 이이첨(李爾瞻): 조선 시대의 권신(權臣). 정인홍(鄭仁弘) 등과 함께 많은 악행(惡行)과 패
　　 륜 행위를 자행하였다.
550) 수복(繡服): 수놓은 비단 옷.
551) 월사(月沙): 조선 중기의 명신(名臣)인 이정구(李廷龜)의 호. 신흠(申欽)·장유(張維)·이
　　 식(李植)과 함께 한학 4대가로 유명하다.
552) 조인소(造訒疏): 정조(鄭造)와 윤인(尹訒)의 상소. 이들은 이이첨 등의 주구(走狗)가 되어
　　 영창대군(永昌大君)의 생모 인목대비(仁穆大妃)를 시해하려 하였으나 박승종(朴承宗)의
　　 방해로 실패하고, 다시 폐모론을 제기하여 서궁(西宮)에 유폐시키게 하는데 가담하였다.
　　 인조반정으로 처형되었다.

다. 공이 한림(翰林)으로 대궐에 부임할 때를 당하여 기원이 공에게 말하기를, "공께서 아무개와 절교를 할 때의 말이 매섭기가 추상(秋霜)과 같아 사람의 간담을 써늘하게 하였소이다."라고 하였다.

일찍이 어떤 사람의 잔치 자리에서 흉악한 상소를 주창한 사람 한 명이 참석하였는데, 공께서는 사람들이 많이 모여있는 자리에서 정색을 하고 꾸짖어서 말하기를, "근래의 일은 하늘과 땅을 무시하는 것인데 그대가 그 의논을 앞장서 주장하였으니 사대부가 어찌 너와 더불어 한자리에 앉아서 술잔을 함께 할 수 있겠는가?"하고는 소매를 떨치고 일어났다. 그 사람이 놀라서 급히 공의 옷자락을 잡자 공은 차고 있던 칼로 옷자락을 잘라버리고 나가니 자리에 가득한 사람들은 두려운 마음으로 얼굴빛을 잃었다.

인척(姻戚) 중에 북인(北人)에게 붙은 자가 승문원 정자(承文院正字)가 되어서 바야흐로 잔치를 베풀어 사람들이 많이 모였는데 공을 대하여 교만한 기색이 있었다. 이에 공은 <도리고송가(桃李孤松歌)>를 지어서 말하기를, "무성하게 핀 도리화(桃李花)야, 외로운 소나무를 비웃지 말라. 잠시동안 봄을 만나 저와 같이 화려하나, 결국에 풍상이 섞어 치면 누가 홀로 푸른 모습을 하겠는가."라고 하고 문득 술을 한잔 마시고 가버리자 이를 들은 사람들이 두려워서 숨을 죽였다.

갑자년(甲子年)553)의 공산(公山), 정묘년(丁卯年)554)의 강도(江都), 병자년(丙子年)의 남한산성에 함께 임금을 호종하여 일을 주선한 공이 있다. 계해년(癸亥年)과 신미년(辛未年)에는 가도(椵島)555)에 명을 받들어 갔는데 애쓰고 고생함을 꺼리지 않았다. 일본에 종사관으로 가게 되어서는 어려운 상황에서도 몸가짐을 바르게 하여 한 가지 물건도 취하지 않으니 일본 사람들이 모두 감복하였다.

---

553) 갑자년(甲子年): 1624년. 이괄의 난이 일어나 임금이 공산(公山), 즉 공주(公州)로 피난 갔다.
554) 정묘년(丁卯年): 1627년. 정묘호란 때 임금이 강도(江都), 즉 강화도(江華島)로 피난 갔다.
555) 가도(椵島): 평안도 철산군(鐵山郡) 앞바다에 있는 섬.

청렴하고 신중하게 군량을 감독하고 병사를 순시하였으며, 어사로서 명을 받들어 경기·호남·영남 삼도(三道)를 두루 돌아다니며 은혜로운 정치를 많이 시행하여, 돌아오게 되자 온 도로에 백성들이 수레를 붙들고서 전송하면서 말하기를, "저희들이 전답과 마을을 보전하게 된 것은 모두 우리 공께서 베풀어주신 것입니다."고 하였다.

원수(元帥) 정충신(鄭忠信)이 도이(島夷)[556]를 정벌할 때에 임금께서 하교하여 직제학(直提學) 이하에서 함께 할 사람을 엄선하라고 하시자 정충신이 주청하여 공을 종사관으로 삼았다.

공은 교리(校理)로서 부름에 선발되어 매번 강의를 올릴 때마다 토론이 자세하고 밝았으며 진술하여 아뢰는 것이 적확(的確)하였다. 『서경(書經)』 <태서(泰誓)> 편을 강의할 때에 공은 나아가 아뢰기를, "하늘이 임금을 세운 것은 순전히 백성 때문입니다. 그러므로 전편 안에 세 번이나 그 뜻을 설명하고 있으니 임금께서는 마땅히 유념하십시오. 또 말하기를 '우리를 어루만져주면 우리 임금이고 우리를 학대하면 우리의 원수이다'고 하였습니다. 그러므로 '두려워할 만한 것은 백성이다'고 하였으니 백성들을 두려워하지 않을 수 없는 것입니다. 또 상(商) 나라의 죄가 가득 넘쳐서 이미 주(紂) 임금은 일개 보통 사람이나 다름없이 되었는데도 무왕(武王)께서는 오히려 이길지 질지 모른다는 말을 하였으니, 성인께서 일에 임하여 조심하고 두려워하는 것을 볼 수 있습니다."라고 하였다. 인하여 서로(西路)[557]의 무관 출신 수령들이 백성들을 수탈하여 해를 끼치고 권신들에게는 아첨을 하는 폐단을 아뢰어서 문관(文官)으로 교체하기를 청하였다.

강론을 마치자 이귀(李貴)[558]가 추숭(追崇)[559]하는 일을 아뢰니 공이 아뢰기를, "소신(小臣)은 글귀나 익히는 학문도 오히려 잘 알지 못하는데 하

---

556) 도이(島夷):섬에 사는 오랑캐라는 뜻으로 주로 일본을 가리킨다.
557) 서로(西路): 황해도와 평안도를 두루 일컫는 말.
558) 이귀(李貴): 이이(李珥)·성혼(成渾)의 문인으로 인조 반정의 공신이다.
559) 추숭(追崇): 죽은 사람에게 봉호(封號)를 내리는 일. 여기서는 인조(仁祖)의 아버지인 정원군(定遠君) 이부(李琈)를 원종(元宗)으로 추존한 일을 말한다.

물며 큰 예(禮)에 대해서 뭘 알겠습니까. 국론이 이미 정해졌는데 어찌 임금 앞에서 한마디 말로서 다투겠습니까?”하고, 인하여 당(唐) 나라 태종(太宗)의 일에 대해 언급하면서 말하기를, “태종은 대부분 거짓이 많고 성실함에는 힘쓰지 않았기 때문에 당 나라에 그쳤을 따름입니다. 임금의 도는 반드시 먼저 성실해야 하고, 간쟁(諫爭)을 받아들이는 도리에 있어서는 더욱 간절하게 반복해서 의견을 진술하게 해야 합니다. 어두운 조정560)에서는 당시 사람들이 모두 이익이나 지위를 얻지 못할까 근심하고, 비천한 사람들이 권세를 탐하며 아첨을 일삼아 결국 조정이 뒤집어지는 낭패를 당하기에 이르렀으니, 이는 실로 언로가 막혀서 일어난 일입니다. 옛 사람이 이르기를 ‘성문은 닫아도 언로를 열어라’고 하였으니, 언로가 열리면 충성스런 말로 귀를 거스르는 것과 아첨하기 위해 뜻에 따르는 것을 구분하는 것이 어찌 어렵겠습니까.”라고 하고, 인하여 석강(夕講)561)과 야대(夜對)562)의 예(禮)를 복원할 것과 정치의 잘잘못과 백성들의 고통에 대한 의견을 널리 구하여 찾을 것을 청하였다. 또 용강(龍岡)과 동진산성(東津山城)을 수리할 것을 청하였으니, 대개 서로(西路)에서 종사할 때에 세 현(縣)의 백성들 실정을 잘 알았기 때문이다.

추숭(追崇)하는 논의를 당하여서는 사마공(司馬公)563)이 복왕(濮王)564)의 일에 대해 논한 말을 인용하여 그 불가함을 힘써 간쟁하고 양사(兩司)565)의 나약함을 공박하면서 모두 직책을 바꿀 것을 청하였다. 이로 말미암아 임금의 뜻을 거슬러서 벼슬이 깎여 내쫓기는 벌을 받았다. 그 후에 임금께

---

560) 어두운 조정: 광해군이 재임하던 조정을 말한다.
561) 석강(夕講): 임금이나 세자가 저녁에 하는 강론(講論).
562) 야대(夜對): 임금이 밤에 신하를 불러 경연(經筵)을 베푸는 일.
563) 사마공(司馬公): 송(宋) 나라의 명신(名臣)이며 자치통감(資治通鑑)의 저자인 사마광(司馬光).
564) 복왕(濮王): 송(宋) 나라 영종(英宗)의 생부(生父)인 복안의왕(濮安懿王). 영종은 복안의왕의 아들로서 인종(仁宗)의 대통을 이어 대궐에 들어가 왕위를 계승하였는데, 즉위한 뒤에 생부인 복안의왕을 추존하는 일을 의논하게 하자 사마광 등은 이미 왕통으로 인종을 아버지로 삼았는데 또 생부를 추존한다는 것은 잘못이라고 반대하였다.
565) 양사(兩司): 조선 시대의 사헌부(司憲府)와 사간원(司諫院).

서 공이 바른말을 했다는 것을 생각하고 다시 예전처럼 능력을 판별하여
임용하여 품계가 당상관(堂上官)이 되고 인하여 지제교(知製教)의 직책을
띠게 되었다.

조서를 내려 부총병(副摠兵) 정룡(程龍)의 접반사(接伴使)가 되게 하여
겨울을 보냈는데 남한산성에서 주고받은 시들이 황화집(皇華集)566)에 편입
되었다.

승정원(承政院)에 재임하고 있을 때에 추숭(追崇)하지 말 것을 청한 다섯
명의 간언(諫言)했던 신하들을 멀리 귀양보내라는 명령이 있었는데, 전지
(傳旨)567)를 받들지 않고 승정원을 비우고 나가버리기까지 하여 파직당하
고 관직에 등용하지 말라는 벌을 받기도 하였다.

정축년(丁丑年)568)에 성이 함락될 때 호조참의(戶曹參議)로서 강화도의
곡물을 수습하였으며, 심양(瀋陽)에 사신으로 파견되어 붙잡혀간 사람들을
속환(贖還)하였는데, 일에 임하여 처리하는 것이 모두 마땅함을 얻었다. 일
을 마치고 돌아오자 곧 임금의 격려와 표창을 받았다.

나주와 전주 두 고을은 호남이 크게 피폐하여서 평소에 다스리기 어렵다
고 알려져 있었는데, 공께서 폐해를 없애고 피폐한 백성을 소생시키며 위
엄과 은혜를 함께 베풀어서 관리와 백성들이 다투어 그 밝으심을 칭찬하고
비석을 세워서 덕을 칭송하였다.

완산(完山)을 맡아 다스릴 때에 나이가 칠순(七旬)이 넘었는데 공문서가
쌓여 있어도 처결하기가 물 흐르듯 하여서 젊었을 때와 다름이 없었다. 관
찰사 허적(許積)이 평소에 공이 다스림에 극히 재능 있다고 듣고서 사람을
시켜서 엿보게 하여 알고서 칭찬을 하였으나, 거슬림을 당하여 파직되어
돌아갔다.

---

566) 황화집(皇華集): 조선 시대에 명(明) 나라의 사신과 이를 맞이한 원접사(遠接使)들이 주고
    받았던 시를 모아 엮은 책.
567) 전지(傳旨): 임금의 명령서.
568) 정축년(丁丑年): 1637년. 병자호란이 일어난 바로 이듬해.

무인년(戊寅年)569)에 절도사(節度使)에 제수 되어서 변방으로 나가라는 명이 있었는데, 다리의 병 때문에 묘당(廟堂)570)에 아뢰어서 교체되어 고향으로 돌아갔다. 정해년(丁亥年)571)까지 십 년 동안 고향에 있는데 연이어서 벼슬에 제수하는 교지가 있었으나 모두 부임하지 않았다. 그 사이 한성(漢城)572)와 호조(戶曹)의 임명에 응하였다.

공께서는 일찍이 강빈(姜嬪)573)의 억울함을 따지는 상소를 올리려고 하였으나 상소가 올라가기 전에 감사 김홍욱(金弘郁)574)이 상소를 올려서 곤장을 맞아 죽었다. 공께서는 일찍이 자신이 먼저 하지 못한 것을 부끄러워하면서 노래를 지어 애도하니 한때에 사람들이 전파하며 외웠다.

을미년(乙未年)575)에 관직을 사임하고 일체의 벼슬 제수를 병 때문에 내어 놓았다. 병신년(丙申年)에 회혼례(回婚禮)576)를 맞아 승지(承旨) 이정(李程)이 잔치 석상에서 지은 시 "남극성(南極星)이 쌍으로 자리를 빛내는데, 북당(北堂)에 금실 좋아 다시 잔치 열었구려"라는 구절이 『덕수세고(德水世稿)』에 실려 있다.

---

569) 무인년(戊寅年): 1638년, 62세.
570) 묘당(廟堂): 조회를 하고 정사를 의논하는 집.
571) 정해년(丁亥年): 1647년, 71세.
572) 한성(漢城): 한성좌윤(漢城左尹)의 직책을 맡은 것을 말한다. 좌윤은 종2품으로 장관인 판윤(判尹, 정2품)을 보좌하는 직책.
573) 강빈(姜嬪): 소현세자(昭顯世子)의 빈(嬪) 강씨(姜氏). 소현세자와 세자빈 강씨는 청 나라에 인질로 잡혀 있다가 돌아왔는데, 인조의 총애를 받던 조소용(趙昭容)과 세자빈 사이에 반목이 생겨 싸우던 중 소현세자가 죽자 조소용은 세자빈이 세자를 죽였다고 무고하였다. 이로 인해 세자빈은 후원에 유폐되었다가 사약을 받고 죽었으며 그의 어린 아들까지도 유배되었다. 세자빈의 억울함을 아는 효종(孝宗)이 즉위하자 조소용에게도 사약이 내려졌다.
574) 김홍욱(金弘郁): 조선 인조 때의 문신. 원문의 都는 郁의 잘못. 효종은 즉위 초에 강빈(姜嬪)의 죽음에 대한 얘기를 꺼내지 못하도록 엄금하였는데도 김홍욱은 그녀의 억울한 죽음을 호소하였다. 이에 효종은 격노하여 그를 친국(親鞫)하고, 중신들의 만류에도 불구하고 고문을 계속하여 장사(杖死)시켰다. 후에 이를 후회한 효종은 그를 신원(伸冤)하고 이조판서에 추증, 서산(瑞山)의 성암서원(聖巖書院)에 제향(祭享)하였다.
575) 을미년(乙未年): 1655년, 79세.
576) 회혼례(回婚禮): 결혼한 지 60주년 되는 해에 다시 식을 올리며 하는 잔치.

정미년(丁未年)에 현종(顯宗)께서 온양(溫陽) 온천에 행차하실 때에 공께서 고향 집으로부터 와서 길가에서 공손히 맞이하니 임금께서 내관에게 겨드랑이를 부축하게 하고 특별히 불러서 면담하니 공께서는 호서(湖西)[577] 백성들의 고달픔을 진언하고, 이어서 이숙(李翿) 등 일곱 명의 간쟁(諫爭)하던 신하를 용서하여 돌아오게 할 것을 청하였다. 이숙 등은 그때 상신(相臣)이 나라를 욕되게 한 죄를 논하였다가 임금의 뜻을 거슬려서 유배를 갔었다. 청 나라 사신이 와서 변방 백성들이 국경을 넘어 삼(蔘)을 캐어간 일로 의주(義州) 부윤(府尹)에게 죄를 돌려서 일이 장차 어떻게 진행될지 헤아리기 어려웠다. 또 대신(大臣)을 책망하여 관소(館所)[578]에서 죄를 기다리도록 하였다. 우의정 허적(許積)이 몰래 임금에게 권하여 스스로 마땅히 관소에 나아가 북쪽을 향하여 머리를 조아리고 벌금(罰金)의 논의를 끝내도록 권하였다. 이에 양사(兩司)에서 함께 글을 올려 탄핵을 일으키고 아울러 그 당시의 세 정승에게까지 미쳤는데 임금께서 간쟁한 신하들을 유배 보내도록 명하였었다.

공께서 효도하고 우애하는 행실은 타고난 성품에 뿌리를 둔 것이었는데, 다른 친인척들에게까지 그 마음을 미루어서 역시 그 정성을 다하였다. 종족들을 돌보는데 구석진 곳까지 은혜와 의를 베풀었으며, 무릇 두루 도와주는 도리에 있어서 소원(疏遠)한 친척도 따지지 않고 만약 급한 일이 있으면 재물을 취해주는 것을 외저(外儲)[579]처럼 하였으니, 멀고 가까운 친척들이 덕을 우러러보지 않음이 없었다.

다른 사람들과 마주할 때 비록 너그러운 태도를 가지기에 힘썼으나 사람의 선악을 논하고 일의 시비를 가리는 데에 이르러서는 극히 엄하고 섬세하게 하여 범할 수 없는 점이 있었으니, 온 집안의 여러 사람들이 변절(變節)의 일이나 의심나고 어두운 일이 있으면 번번이 공에게 와서 물었고, 공은 한 마디 말로 분석을 하는데 증거를 끌어오는 것이 정밀하여 사람들이 모두 그 가르침의 정확함에 복종하였다.

---

577) 호서(湖西): 충청도 지역.
578) 관소(館所): 외국의 사신이 오거나 관리들이 공무로 여행할 때 거처하는 장소.
579) 외저(外儲): 현명한 임금이 신하의 언행을 보고 듣고서 그 상벌(賞罰)을 결정하는 것. 상과 벌의 요인이 상대방에게 있으므로 '外'라고 한 것이다.

공께서는 명리에 욕심이 없고 친구들과 놀며 쫓아다니는 것을 일삼지 않았으며 당시 사람들의 의론에 오르락내리락 하며 성원을 받는 것을 부끄러워하였다. 그래서 세 임금을 모신 50여 년에 지위가 정랑(正郎)에 불과하여 세상에 드문 국가의 동량이 되는 인재로 하여금 능히 재능을 펴지 못하게 하였으니 매우 애석한 일이다.

만년에 예산의 고향에 돌아가 술 마시고 읊조리며 거문고 타고 노래를 하며 스스로 즐겁게 지냈다. 인하여 꽃을 재배하고 대나무를 심어 산림의 경제로 삼고 거처하는 정사(亭舍)를 '월선헌(月先軒)'이라고 편액을 붙이고 <십육경가(十六景歌)>와 <사시단영(四時短詠)> 약간 편을 지어 집안에 보관하면서 온전히 자연의 맑은 복을 누리니 사람들이 지상의 신선에 비유하였다. 임금이 지으신 제문의 "하얀 눈썹과 누런 머리칼에, 풍채는 학과 같았다"는 구절은 사람들로 하여금 읽으면 그 풍채와 풍류를 상상하게 한다. 공께서 세상을 떠나신 지 지금 이미 70여 년이 되었는데도 덕을 나타내는 글이 없으니 평생의 언행에 대해 참으로 찾아서 따를 바가 없도다. 그러나 당시의 친구 분들이 지은 만사(挽詞)580)와 뇌사(誄詞)581)의 말에 그 대략적인 내용을 갖추고 있으니, 동리(東里) 이상은(李相殷)의 시에 이르기를, "명성과 영예는 처음부터 사관(史官)의 열전(列傳)을 따랐고, 밝은 시대에 오래도록 쌓인 명망은 옥당(玉堂)582)의 신선이었네. 대성(臺省)583)을 두루 거쳐 숭품(崇品)584)에 이르셨고, 돌아와 전원에 누우니 저절로 한창때이셨네."라고 하였고, 구당(久堂) 박장원(朴長遠) 공의 시에 이르기를, "인조 임금 즉위 초에 명사들이 많았으나, 지금에 와 그 누가 우리 공(公)을 뛰어넘으랴. 기로회(耆老會)의 높으신 나이 백에서 일곱이 부족하니, 변치 않는 절개와 곧은 마음으로 끝까지 다른 마음 먹지 않으셨네."라고 하였고, 설봉

---

580) 만사(挽詞): 죽은 이를 애도하는 글.
581) 뇌사(誄詞): 죽은 사람을 애도하는 글. 또는 죽은 이의 생전의 공적을 찬양하는 말이나 글.
582) 옥당(玉堂): 궁전, 부귀한 집, 홍문관(弘文館) 등 여러 가지 뜻이 있다.
583) 대성(臺省): 사헌부(司憲府), 사간원(司諫院)의 총칭.
584) 숭품(崇品): 조선 시대 종1품의 별칭.

(雪峯) 강백년(姜栢年) 공의 시에 이르기를, "존귀하기로는 세 가지를 갖추
고585) 행실은 보통 사람들을 뛰어넘었으니, 사십 년 전 그 옛날에도 시종
(侍從)하던 신하였네." "심신을 즐거이 하며 고요한 별장에서 한가하게 거
처할 적에, 행궁(行宮)586)에서 겨드랑이를 부축받으며 임금 앞에 알현하였
다네."라고 하였다.

공께서는 붓글씨에도 옛 사람의 마음속의 법칙을 깊이 터득하였으니, 서
계(西溪) 박세당(朴世堂) 공은 공께서 쓴 『시경(詩經)』 편목(篇目)을 보고
책상 위에 공손히 놓아두고 늘 바라보면서 싫증도 내지 않고 말하기를,
"그 필획이 저절로 옛날 서예가의 법규에 합치된다."고 하였다.

배필이신 정경부인 평산 박씨(平山朴氏)는 첨정(僉正) 정휘(廷徽)의 따님
이시고 군수(郡守)를 지낸 광산 김씨(光山金氏) 김백간(金伯幹)의 외손녀이
시다. 단정하고 엄숙하며 고요하고 온화하여 남편을 섬기는데 온순하면서
도 바르게 하였다. 공보다 6년 먼저 세상을 떠나 공의 무덤 왼편에 묻혔다.

1남 1녀를 낳았는데 아들 엄(醶)은 선무랑(宣務郎)587)을 지냈으나 일찍
죽고, 딸은 문참판(文參判) 이경진(李慶震)에게 시집갔다. 선무(宣務)를 지
낸 아들은 군수(郡守)를 지낸 풍천 임씨(豐川任氏) 임순지(任順之)의 딸에
게 장가들어서 1남 1녀를 낳았는데, 아들 보벽(輔辟)은 사옹참봉(司饔參奉)
을 지냈고 나중에 승정원 좌승지에 추증되었다. 딸은 대사헌(大司憲) 박황
(朴潢)의 아들 세환(世桓)에게 시집갔다.

사위 이경진은 4남 2녀를 낳았는데 아들은 해(楷)와 정(椗)과 즙(楫)과 참
봉을 지낸 익(檍)이고 딸들은 권급(權伋)과 김재장(金載章)에게 시집갔다.

참봉을 지낸 손자는 승지를 지낸 밀양 박씨(密陽朴氏) 박안제(朴安悌)의

---

585) 존귀하기로는…:천하 고금을 통하여 존경받아야 할 세 가지를 말한다. 즉 조정에서는 작
　　위(爵位)가 높은 사람, 향리에서는 나이가 많은 사람, 사회의 지도자로서는 덕이 높은 사
　　람을 가리킨다.
586) 행궁(行宮): 임금이 거둥할 때에 묵는 별궁(別宮). 여기서는 온양 온천에 행차했을 때 묵
　　은 장소를 말한다.
587) 선무랑(宣務郎): 문관의 종6품 관계(官階).

딸에게 장가들어 1남 3녀를 낳았는데, 아들 수화(受和)는 상의 첨정(尚衣僉正)을 지냈고 딸들은 참봉을 지낸 이진주(李鎭周)와 좌의정을 지낸 최석항(崔錫恒)과 감사를 지낸 이홍(李弘)에게 시집갔다.

측실에게서 난 아들인 태화(台和)는 통덕랑(通德郎)을 지냈고 이화(以和)는 만호(萬戶)를 지냈으며, 딸들은 양익기(梁益機)와 이대저(李大著)에게 시집갔다.

손녀 사위인 박세환(朴世桓)은 아들 태연(泰延)과 현감을 지낸 태진(泰進)을 두었다.

그밖에 내외의 자손들은 다 기록하지 않는다.

아아, 문헌이 갖추어지지 못하여 그분의 일과 행실이 대부분 흩어져 없어져버려 다만 관직을 역임하면서 사람들의 이목에 가장 드러난 것들에 의거해서 삼가 이상과 같이 기록하여 글 잘하는 군자의 판단과 선택을 기다리는 바이다.

어제문(御祭文)

강희(康熙)[588] 8년, 해의 차례로 기유년(己酉年) 5월 계사일(癸巳日) 초하루와 27일 기미일(己未日)에 국왕께서 신하인 예조정랑(禮曹正郎) 조치중(曺致中)을 보내어 제사에 참여하게 하였다.

오직 혼령께서는 그 성품이 참으로 순수했고 그 풍모는 독실하고 두터웠으며, 세상에 나가고 물러나는 것이 시종 한결같았고 효도하고 충성스러웠소이다. 과거에서 3등으로 급제하니 그 이름이 빛났고, 혼조(昏朝)를 만나 스스로 깨끗하게 하여, 세속을 따르지 않고 굳게 자신을 지키면서, 시대가

---

588) 강희(康熙): 청(淸) 나라 성조(聖祖)의 연호. 서기 1662~1722년. 강희 8년은 신계영이 죽은 1669년이다.

맑아지기를 기다려서 마침내 그 무위(武威)를 떨쳤소이다.

막히지 않고 형통하여 천리마가 길을 달리는 듯하였으니, 한원(翰苑)과 옥서(玉署)589)에서 그 진급이 차례가 있었고, 대각(臺閣)에서 이름을 날리고 동서로 사신의 명을 받들었소이다. 은대(銀臺)590)에 승진하고 호조 참판을 지냈으며, 행장을 거두어 고향에 돌아가니 그 발걸음이 평소와 같았소이다.

예의상 마땅히 노인을 우대하고 높은 벼슬에 오르게 하였나니, 지난해 몸소 만나본 일이 아직도 어제처럼 기억이 나오이다. 흰 눈썹에 누런 머리칼로 풍채가 학과 같았으니, 나라에 원로가 계셔서 내가 돌아봄이 더욱 돈독하여, 비록 재야에 거처하였으나 마치 의지하는 바가 있는 것 같았소이다.

삶이 어찌 끝이 없으리요, 마침내 수성(壽星)591)이 떨어졌소이다. 그대의 나이는 아흔 하고도 세 살이니, 벼슬이 나이와 함께 높아 삼공(三公)과 나란히 하였소이다.

그대처럼 천명을 다 누린 사람은 세상에 드물지만, 그러나 나의 슬픈 마음은 한 명의 오랜 신하를 잃었소이다. 세 왕조 동안 덕을 쌓은 사람으로 살아 있는 자 많지 않으니, 보잘 것 없는 정성을 번갈아 올리나니 혼령은 알아주려오.

| 만로(挽誄) |

오복(五福)592)을 말한 기주(箕疇)593)에서 장수(長壽)가 가장 우선인데, 공께서는 90에다 또 3년을 더하셨네. 전원으로 은퇴하여 한가롭게 놀던 날에,

---

589) 옥서(玉署): 홍문관(弘文館)의 다른 이름. 옥당(玉堂).
590) 은대(銀臺): 승정원(承政院)의 다른 이름.
591) 수성(壽星): 남극성(南極星. 장수(長壽)의 상징이다.
592) 오복(五福): 수(壽)·부(富)·강녕(康寧)·유호덕(攸好德)·고종명(考終命).
593) 기주(箕疇): 『서경(書經)』 <홍범(洪範)>편의 천하를 다스리는 아홉 가지 대법(大法)인 구주(九疇). 오복(五福)도 여기에서 언급되었다.

행궁(行宮)에서 승은(承恩)을 입고 지척에서 임금을 모셨다네. 남극성(南極星)이 홀연 놀라 상서로운 빛을 잠겨버리니, 동산(東山)594)에서 어떻게 음악소리 듣겠는가. 봄이 오자 밤길에 어느 곳을 버리고 어느 곳을 따라 들어갔는가, 다시는 인간 세상에서 지상의 신선을 볼 수 없도다.

숭정대부 행예조판서 겸 판금부사 지춘추관사 김좌명
(崇政大夫 行禮曹判書 兼 判禁府事 知春秋館事 金佐明)은
두 번 절하고 곡하면서 애도하다.

나이도 많고 관직도 높으신데 일찍 물러나시니, 공과 같은 사람은 노공(潞公)595)에게서나 찾을 수 있네. 난대(蠻臺)와 옥서(玉署)에서 어렴풋한 꿈 꾸었고, 분사(粉社)와 호촌(湖村)에서 난만하게 놀았었네. 은퇴해서도 백성 근심하느라 홀로 즐기지 못했고, 돌아오시자 곧 자연 따라 변화하셨으니 어찌 오래 머물 수 있었겠는가. 성 동쪽에서 아직도 임금 앞에 절하던 일 기억하는데, 절 올리고 슬픈 글을 쓰노라니 눈물만 저절로 흐르도다.

가선대부 행승정원도승지 겸 경연참찬관 춘추관수찬 예문관직제학 상서원정
남용익(嘉善大夫 行承政院都承旨 兼 經筵參贊官 春秋館修撰 藝文館直提學
尙瑞院正 南龍翼)

백세의 나이에 이공(貳公)596)의 반열이란, 한 가지만도 존귀하니 두 가지 다 갖추기란 극히 어려운 법. 하물며 급류에서 능히 용퇴하셔서, 오래도록 스스로 맑고 한가함을 만끽하게 하셨네. 사안(謝安)597)의 숨은 흥취는 동산(東山)의 달이요, 백부(白傅)598)의 높은 풍모는 팔절탄(八節灘)599)이라. 아

---

594) 동산(東山): 진(晉) 나라의 사안(謝安)이 은거하던 산 이름.
595) 노공(潞公): 송(宋) 나라의 문언박(文彦博). 노국공(潞國公)에 봉해졌으므로 그의 문집을 노공집(潞公集)이라고 한다. 부필(富弼)·사마공(司馬光) 등 낙양에 거주하는 13인의 노인들로 낙양기영회(洛陽耆英會)를 결성하였다. 인종(仁宗)·영종(英宗)·신종(神宗)·철종(哲宗) 네 왕조를 모시면서 현상(賢相)으로 이름이 높았으며 92세에 죽었다.
596) 이공(貳公): 의정부(議政府)의 찬성(贊成)을 가리키는 말인데, 여기서는 의미상 이당(貳堂), 즉 참판을 가리키는 것으로 보인다.
597) 사안(謝安): 진(晉) 나라의 고사(高士).

직도 행궁에서 임금 방문하던 날, 흰머리로 임금님 접견하던 모습 앞다투
어 바라보던 일 기억하네.

보국숭록대부 영돈녕부사 겸 오위도총부도총관 청풍부원군 김우명
(輔國崇祿大夫 領敦寧府事 兼 五衛都摠府都摠管 淸風府院君 金佑明)은
절하고 애도하다.

세 조정을 거친 누런 머리칼의 노성(老成)하신 신하가, 푸른 들에서 여유
있게 또 몇 해의 봄을 지내셨던가. 특수한 대우는 생전에 원로로서 추대하
였는데, 부음(訃音)을 들은 오늘날 대궐에서도 슬퍼하시네. 기로회(耆老會)
에 풍류가 다했음을 슬퍼하고, 남쪽에 운행하는 수성(壽星)이 떨어졌음을
이미 깨달았노라. 길이 멀어 새 무덤에 운구(運柩)를 잡는 일도 하지 못했
으니, 슬픈 만사를 지으려 함에 눈물만 더욱 옷깃을 적시네.

통정대부 예조참의 이준구(通政大夫 禮曹參議 李俊耇)는
두 번 절하고 곡하며 애도하다.

인조 임금 즉위 초에 명사들이 많았으나, 지금에 와 그 누가 우리 공(公)
을 뛰어 넘으랴. 기로회(耆老會)의 높으신 나이 백에서 일곱이 부족하니,
변치 않는 절개와 곧은 마음으로 끝까지 다른 마음 먹지 않으셨네. 동해(東
海)에 금을 나누어 백성을 은혜로 길렀으니, 태평 세상에 마땅히 격양가를
따라 지어야 하리. 이 몸은 다만 등용(登龍)의 자취를 어루만지며, 온전하
게 돌아가서 벽라(薜蘿) 덩굴 속에 장례 지냄을 오히려 기뻐하네.

자헌대부 행사헌부대사헌 겸 지춘추관사 세자빈객 박장원
(資憲大夫 行司憲府大司憲 兼 知春秋館事 世子賓客 朴長遠)은
두 번 절하고 곡하면서 애도하다.

숙질(叔姪) 사이라 의(誼)가 이내 돈독하였으니, 고조 증조에서 파가 처

---

598) 백부(白傅): 당(唐) 나라의 문인 백거이(白居易).
599) 팔절탄(八節灘): 중국 하남성(河南省) 낙양시(洛陽市) 부근에 있는 여울. 백거이의 <開龍
門八節灘>이란 시가 있다.

음 나뉘었다네. 오리(梧里)의 달빛 아래 조용히 거닐었고, 석산(石山)의 구름 보며 거문고와 술을 즐기셨네. 나이 오래 사셨으니 인(仁)이 바야흐로 검증되었고, 관직이 높았으니 덕이 많음도 소문났네. 놀랍게도 남극성(南極星)이 어두워졌다고 전하니, 태사(太史)가 천문(天文)을 아뢰는구나.

통정대부 병조참지 김우형(通政大夫 兵曹參知 金宇亨)이
두 번 절하며.

행궁(行宮)에서 지난해에 조회하고 돌아오시니, 은혜와 예(禮)가 유난히도 높아 임금의 자리를 열었다네. 나이는 백년에서 일곱이 부족한 해를 채우셨고, 벼슬 반열은 1품(一品)에 올라 삼정승(三政丞)에 가까웠네. 일찍부터 청운(靑雲) 위에 명망이 높았고, 노년에는 푸른 들 구석에서 풍류를 즐기셨네. 남극노인성(南極老人星)이 문득 광채가 어두워졌으니, 옛 동산의 꽃과 버들도 모두 슬픔을 머금었네.

자헌대부 의정부우참찬 겸 지의부사 동지춘추관사 세자우빈객 조복양
(紫憲大夫 議政府右參贊 兼 知義府事 同知春秋館事 世子右賓客 趙復陽)

고희(古稀)⁶⁰⁰⁾를 누린 사람 세상에 몇이나 될까마는, 공께서는 이십 년에 또 삼 년을 더하셨네. 훌륭한 이름 일찍이 벼슬에 올라 맑은 조정에 나아갔고, 높은 벼슬로 거듭 새로운 임금의 은혜를 두텁게 입으셨네. 영광의 길을 사절하고 이내 자신의 뜻을 즐기셨으니, 고향에서 한가하게 노닐며 오래도록 정신을 수양하셨도다. 일찍이 한 이웃 모임에서 두분 외삼촌을 모셨으니, 옛 생각 지금 슬픔에 눈물이 수건을 적시도다.

수록대부 영안위 홍주원(綏祿大夫 永安尉 洪柱元) 두 번 절하며.

존귀하기로는 세 가지를 갖추고 행실은 보통 사람들을 뛰어넘었으니, 사십 년 전 그 옛날에도 시종(侍從)하던 신하였네. 나이는 백세에 가까웠으니 하늘의 보답이 두터웠고, 벼슬은 숭품(崇品)에 올랐으니 성은(聖恩)이 새로

---

600) 고희(古稀): 70세.

웠네. 심신을 즐거이 하며 고요한 별장에서 한가하게 거처할 적에, 행궁(行宮)에서 겨드랑이를 부축 받으며 임금 앞에 알현하였다네. 낙사(洛社)[601]의 기로회(耆老會) 잔치 자리가 이제는 쓸쓸해졌으니, 외로운 산 어느 곳에서 아름다운 기풍을 찾을 건가.

가선대부 행용양위 부사직 겸 동지춘추관사 예문관제학 강백년
(嘉善大夫 行龍驤尉 副司直 兼 同知春秋館事 藝文館提學 姜栢年)
두 번 절하고 곡하면서 애도하다.

명성과 영예는 처음부터 사관(史官)의 열전(列傳)을 따랐고, 밝은 시대에 오래도록 쌓인 명망은 옥당(玉堂)의 신선이었네. 대성(臺省)을 두루 거쳐 숭품(崇品)에 이르셨고, 돌아와 전원에 누우니 저절로 한창때이셨네. 구순(九旬)에 세 살이나 더한 것은 고금에 드문 일이니, 여러 임금께서 한결같이 유달리 은혜가 두터우셨네. 문득 자연의 조화에 따르셨으니 남은 여한 없으나, 집안 대대로 맺은 교분을 생각하며 홀로 눈물만 줄줄 흘리네.

두 번째 시

늘 생각하노니, 조정에 나아가서 임금 응대할 때면, 내관이 겨드랑이를 부축해서 궁전 계단을 올랐었네. 임금께 참배함은 절도에 맞고 정신도 왕성하였으며, 아뢰는 말씀은 사람을 놀라게 하여 주변 사람들이 기이하게 여겼다네. 옛말의 세 가지 존귀함을 거의 모두 소유하셨으니, 지금 어찌 한 노인을 남겨 두지 않는가. 슬프도다, 기로회(耆老會) 친구들 지금 아무도 남아 있지 않으니, 가슴 아프도다, 공께서만 어찌 홀로 예외이시랴.

통가[602] 시교생[603] 연안 이은상(通家 侍敎生 延安 李殷相)
두 번 절하고 통곡하며.

---

601) 낙사(洛社): 송(宋) 나라의 구양수(歐陽修)·매요신(梅堯臣) 등이 낙양(洛陽)에 있을 때 조직한 시 모임.
602) 통가(通家): 대대로 사귀어 오는 정분이 있는 집안. 또는 인친(姻親).
603) 시교생(侍敎生): 학덕이 있는 어른에 대하여 자기를 낮추어 이르는 말.

전원에 돌아와 한번 누우니 온갖 생각이 재가 되어, 세상의 흥성과 쇠퇴가 모두 아득하다네. 훌륭한 명성은 일찍부터 선배들을 놀라게 하였고, 임금께 아뢰는 말은 오히려 능히 후배들을 감동시켰네. 편안히 오랜 수명 누리시니 백세에 가까웠고, 은혜는 높은 관직을 뛰어넘으니 삼정승(三政丞)에 가까웠네. 남쪽 하늘 수성(壽星)이 지금 빛을 잃었으니, 차마 슬픈 글을 지으며 옷깃으로 눈물을 훔치노라.

중훈대부 세자시강원 설서 이윤조(中訓大夫 世子侍講院 設書 李潤朝)

관복 입은 젊은 날엔 향로 연기 일으켰고, 은퇴한 노인 되자 사람들이 지상의 신선이라 일컬었네. 2품에 단계 더해 종1품에 이르셨고, 백살에 거의 이르니 가장 높으신 나이라네. 행궁(行宮)에서 말씀 아뢰니 임금의 얼굴 기뻐하셨고, 예전 같은 맑은 정신을 근시(近侍)[604]들이 전했는데, 마침내 기로회(耆老會)를 저버리신 게 한스러울 뿐이니, 남쪽 구름 바라보며 눈물만 부질없이 흘릴 뿐이네.

대광보국숭록대부 영중추부사 이경석(大匡輔國崇祿大夫 領中樞府事 李景奭)

사람이 일흔 살 되기 옛날부터 드문데, 하물며 공께서는 20여 년을 더하셨네. 밝은 시대 특별한 임금 은혜로 축수(祝壽)의 술잔을 더하시니, 판중추(判中樞)의 높은 품계가 삼공(三公)에 가깝도다. 삼성(參星)과 상성(商星)[605]은 저쪽과 이쪽에 떨어져 있어도 마음은 함께 괴로워하나니, 중표(中表)[606] 간에 살고 죽어 눈물만 흘린다네. 옥 같은 나무에 손자들 가지처럼 많아 경사가 넘쳐나니, 기주(箕疇)의 오복(五福)을 시종 온전히 누리셨네.

표종제 가선대부 동지중추부사 홍헌(表從弟 嘉善大夫 同知中樞府事 洪憲)

---

604) 근시(近侍): 임금의 가까이에서 시종(侍從)하는 사람.
605) 삼성(參星)과 상성(商星): 삼성(參星)은 서쪽에 있는 별자리이고 상성(商星)은 동쪽에 있는 별자리이다. 주로 멀리 떨어져 있어 서로 만나지 못함의 비유로 쓰인다.
606) 중표(中表): 내외종(內外從) 간의 호칭.

높은 연세 아흔 하고 또 삼 년을 더했으니, 욕심 없이 물러나서 끝까지 절개를 온전히 했다고 더욱 칭송 받았네. 고결한 명망은 맑은 조정에서 우아한 재상을 지내셨고, 고상한 마음은 지상의 노신선(老神仙)이셨네. 행궁(行宮)에서 잠시 기뻐하며 임금 앞에 나아갔더니, 수성(壽星)이 갑자기 놀랍게도 하늘에서 끝이 났네. 지난날 호조(戶曹)에서 외람되게 동료가 되었던 일 생각하니, 만사(挽詞)를 지음에 임하여 눈물이 줄줄 흘러내림을 못 견디겠네.

자헌대부 형조판서 정지화(資憲大夫 刑曹判書 鄭知和)

선친(先親)과 같이 과거 급제한 분들 지금 아무도 안 계시고, 이백 명 중에 공(公)만 홀로 살아 계셨으니, 한결같은 마음으로 항상 그 덕을 사모하면서도, 세상살이 휩쓸리는 10년 동안 문안 인사도 막혔었네. 임금 은총의 영광은 잠시 동안에도 모두가 특별한 고명(誥命)607)이요, 연세와 벼슬이 지금껏 가장 존귀하셨네. 온천으로 임금 행차 따라 갔었는데 돌아가셨단 소식을 들으니, 억지로 만사(挽詞)를 지어 새 무덤에 부치노라.

전교리 이민서(前校理 李敏叙)

늘그막에 한가한 취향은 전원으로 돌아가는데 있으니, 명예로운 벼슬길 사양하고 만년의 절개를 온전히 하셨네. 90세 넘어 장수(長壽)하셨으니 '어진 사람 장수한다'는 징험이요, 반열을 뛰어넘어 서대(犀帶)608)를 찼으니 임금의 은혜가 유달랐다네. 인간 세상의 복록이 끝내 유감이 없었고, 슬하에 자손들도 또한 어질다네. 흰머리 난 후생(後生)이 아직도 덕을 흠모하며, 만사(挽詞)를 지으며 눈물이 줄줄 흘러내림을 못 견디겠네.

대광보국숭록대부 판중추부사 정치화(大匡輔國崇祿大夫 判中樞府事 鄭致和)

---

607) 고명(誥命): 조정에서 발하는 명령. 작위(爵位)를 내릴 때의 사령(辭令).
608) 서대(犀帶): 무소 뿔로 장식한 허리띠. 품관(品官)이 아니면 찰 수가 없다.

선군(先君)609)께서 일찍이 함께 과거에 급제하셨는데, 어린 내가 도리어 외람되게 옥당(玉堂)의 동료였네. 비록 조정을 멀리 하였어도 고향의 달은 빛나고, 기쁘게 호우(湖右)610) 지방 바라보니 노인성(老人星)은 빛났었네. 9순(九旬)에도 몸 건강하고 호방한 흥이 넘치셨고, 1품의 반열 높아 총장(寵章)611)을 입으셨네. (빠진 글자) 세상에서 문득 신선의 꿈 돌아오기를 재촉하니, 슬픈 만사(挽詞) 지으면서 슬픔이 더할나위 없도다.

대광보국숭록대부 의정부영의정 겸 영경연 홍문관 예문관 춘추관 관상감사 세자사 정태화(大匡輔國崇祿大夫 議政府領議政 兼 領經筵 弘文館 藝文館 春秋館 觀象監事 世子師 鄭太和)

공께서는 우리 선친과 마음을 서로 다하였으니, 정축년(丁丑年) 같은 달 같은 날에 태어나셨지. 전후로 시간만 다르게 약간 차이가 나니, 길고 짧은 것 논하자면 이치를 밝히기 어렵다네. 어삭(魚索)에서 항상 슬픔을 품고 있을 일이 가련한데, 멀리 오산(烏山)을 향하여서 다시금 슬픈 마음이 드네. 숭자(崇資)612)에 많은 나이 겸하셨으니 그 점은 곡(哭)하지 않지만, 다만 가세(家世)613)가 슬퍼서 눈물을 마구 흘리노라.

두 번째 시

계묘년(癸卯年) 중에 관찰사가 되셨을 때, 책상 아래 달려가서 훌륭한 풍채 뵙고 절하였지. 정은 오히려 다함 없어 조용히 모셨는데, 삶에 어찌 끝이 없으랴 눈물 훔치며 슬퍼하네. 이 세상에 선친의 친구로 다시 누가 있으랴, 속마음을 오직 소생(小生)만이 알아준다오. 지금쯤 황천길에서 서로 만나셨는지, 묻고자 하나 아득하여 이치가 의심스럽도다.

---

609) 선군(先君) : 돌아가신 자신의 아버지.
610) 호우(湖右) : 호서(湖西)와 같은 말로 충청도를 가리킨다. 신계영의 고향이 충청도 예산이므로 한 말이다.
611) 총장(寵章): 높은 관작임을 나타내는 복장.
612) 숭자(崇資): 종1품. 숭품(崇品)과 같다.
613) 가세(家世): 집안 대대로 전해오는 문벌. 또는 가족의 세계(世系).

세교생[614] 통정대부 형조참의 이홍연(世敎生 通政大夫 刑曹參議 李弘淵)

신축년(辛丑年)[615]이 지금까지 69년 되었으니, 합격 방(榜)에 이름 적혔던 2백 명 중 공(公)만 홀로 남으셨네. 벼슬은 팔좌(八座)[616]로 높아 태위(台位)[617]에 가까이 연하였고, 이 세상에선 삼존(三尊)[618]을 누려 성원(星垣)[619]처럼 빛났도다. 덕과 의는 이미 우리 선친께서 두려워하는 바가 되었었고, 풍류로는 오히려 젊은 사람들이 존경하기에 이르렀다네. 이 세상의 오복(五福)에는 유감이 없음을 알지만, 고로(孤露)[620]의 남아 있는 이 몸이 스스로 울음을 삼키네.

중직대부 행병조좌랑 이민채(中直大夫 行兵曹佐郎 李敏采)

인생이 백년을 다 사는 것을 그 누가 보겠는가, 공에게서 비로소 참 신선이 있음을 알았도다. 태평한 때에 일을 사양하고 벼슬을 내버리고서, 좋은 날에 잔치 열고 음악을 즐기셨네. 1품의 높은 품계는 새로 원로(元老)를 숭상한 것이고, 아경(亞卿)[621]의 중한 벼슬은 옛날 어진 이 등용한 일이네. 죽은 후의 영예야 있건 없건 유감이 없지마는, 기덕(耆德)[622]은 도리어 응당 세세토록 전하리라.

가선대부 이조참판 윤집(嘉善大夫 吏曹參判 尹鏶)

---

614) 세교생(世敎生): 선세(先世)부터 집안끼리 우의가 있는 집의 어른에 대하여 자신을 낮추어 이르는 말.

615) 신축년(辛丑年): 1601년, 신계영이 과거에 합격한 해이다.

616) 팔좌(八座): 여덟 종류의 고급 관원.

617) 태위(台位): 삼공(三公), 곧 삼정승(三政丞)의 지위.

618) 삼존(三尊): 삼달존(三達尊). 조정에서는 작위(爵位), 향리에서는 나이, 사회의 지도자로서는 덕(德)이 높은 것.

619) 성원(星垣): 동양 천문학에서 성좌(星座)의 세 구획. 곧 자미원(紫微垣), 태미원(太微垣), 천시원(天市垣).

620) 고로(孤露):어버이를 여의고 돌보아 주는 사람이 없음.

621) 아경(亞卿): 육조(六曹)나 한성부(漢城府)의 장관인 판서(判書)나 판윤(判尹)의 다음 가는 벼슬, 곧 참판(參判)이나 좌윤(左尹)·우윤(右尹).

622) 기덕(耆德): 나이가 많고 덕망이 높은 사람.

성스러운 임금께서 행궁(行宮)에 임하실 때, 연세 드높아 은총이 각별했
다네. 공께서는 오직 조정에 가장 오래된 신하이고, 품계로는 바로 판중추
(判中樞)를 지내셨네. 달을 바꾸어 여러 반열(班列)을 두루 역임하시고, 전
원에 돌아오니 만년의 즐거움 허락되었네. 성 동편의 옛집을 바라보자니,
지는 해가 이미 산모퉁이를 비추네.

자헌대부 공조판서 겸 오위도총부도총관 오정일(資憲大夫 工曹判書 兼
五衛都摠府都摠管 吳挺一) 두 번 절하며.

존귀한 벼슬 두루 거쳤으니 융성한 시대를 만났고, 이경(貳卿)623)의 이름
난 지위는 임금의 특별한 은총을 입으셨도다. 임금 은혜는 높은 품계를 더
하니 삼정승(三政丞)에 가까웠고, 수명은 오랜 세월을 누려 백세에 가까웠
네. 매번 육정(六丁)624)을 우러러보아도 용기 되돌리기 어려우니, 이 원로
께서 어찌 능히 슬픔을 남기지 않으랴. 외가와 우호가 좋은데다 선분(先分)
을 겸하였으니, 행조(行朝)625)에서 부음 받들고 눈물만 절로 흐르네.

전교리 홍주국(前校理 洪柱國) 두 번 절하고 통곡하며.

하늘에 수성(壽星)이 있으니 공의 장수(長壽)요, 땅에 낙원이 있으니 공
의 즐거움이라. 공의 변함 없는 절개를 보니 지상의 신선이요, 공의 높은
품계를 경하(慶賀)하니 참으로 하늘이 내리신 벼슬이네. 공은 바로 전 왕조
의 옥당(玉堂)의 신선이시니, 긴 소매에 옥을 차고 궁전 계단에 나아가셨네.
　역상(易象)626)의 진퇴로 나의 삶을 보나니, 벼슬을 내놓는데 어찌 번거로
이 첨윤(詹尹)627)의 점을 칠 것인가. 남산의 남쪽과 북산의 북쪽에서, 피리
하나 거문고 하나에 매화와 학을 벗삼았네. 금적(金狄)628)을 닮아 없애는데

---

623) 이경(貳卿): 시랑(侍郎). 조선 시대의 참판(參判).
624) 육정(六丁): 도교(道敎)의 신(神) 이름.
625) 행조(行朝): 행재소(行在所). 임금이 왕궁을 떠나 멀리 거둥할 때 임시로 머무는 곳.
626) 역상(易象): 주역의 상사(象辭).
627) 첨윤(詹尹): 옛날 점장이의 이름. 점을 잘 치는 사람의 비유.
628) 금적(金狄): 진시황이 천하를 통일한 뒤 병기(兵器)를 거두어 주조한 사람의 형상.

수많은 세월이 걸리니, 약수(弱水)629)와 봉래(蓬萊)에는 구름 그림자 떨어졌네.

지난해에 행궁에서 임금을 알현할 때, 누런 머리로 돌아와서 임금 자리에 함께 하여, 공께서는 능히 응대하여 한 마디 말 아뢰면서, 일곱 명의 직언한 신하를 풀어주고 언로를 넓히라고 청하셨네.

밝은 세상에 삼달존(三達尊)을 갖춘 사람 누가 감히 짝을 할까, 여러 백성 데려다가 수역(壽域)630)에 오르게 하고자 하였네. 총애와 녹(祿) 높아서 판중추(判中樞)에 이르렀고, 서대(犀帶)는 빛나서 조정 신하에 중에 으뜸이셨네. 서호(西湖)의 노래 한 곡으로 임금의 은혜에 감격하고, 봉인(封人)631)이 세 가지 축원 바친 일을 본받고자 하였네.

그 누가 당(唐) 나라의 구로도(九老圖)632)를 전하였나, 완연히 한(漢) 나라 때 상산사호(商山四皓)633) 닮았도다. 아, 어린 나를 일찍이 머리 쓰다듬어주셨는데, 옛일을 생각하니 온통 어제만 같도다. 완산(完山)의 비바람에 왕모(王母)634)를 곡하나니, 대윤(大尹)635)의 깊은 은혜 유달리 감격스럽네. 곤경에 빠졌던 물고기가 보은의 아가미를 아직 볕에 쬐지도 못했는데636), 천지간에 홀로 서서 두 줄기 눈물만 흘리네.

봄이 와서 공을 방문하여 책상 아래서 절을 하고, 서로 만날 좋은 계획으로 지난날을 위로했고, 공의 얼굴을 바라보고 공의 팔을 잡으면서, 안석에

---

629) 약수(弱水): 기러기 털도 가라앉는다는, 험난하여 건너기 어려운 전설상의 바다.

630) 수역(壽域): 사람마다 천수(天壽)를 누리는 태평한 성세(盛世).

631) 봉인(封人): 화(華) 땅에 봉해진 사람. 앞의 주 '화축(華祝)' 참조.

632) 구로도(九老圖): 당(唐) 나라 때 백거이(白居易) 등이 낙양(洛陽)에서 구로회(九老會)를 만들었는데, 이들의 모임을 그린 그림.

633) 상산사호(商山四皓):진(秦) 나라 말기에 세상을 피하여 상산에 숨은 동원공(東園公)·하황공(夏黃公)·녹리선생(甪里先生)·기리계(綺里季)의 네 사람. 수염과 눈썹이 모두 흰색이어서 사호(四皓)라고 불렸다. 후에 모두 한(漢) 나라 혜제(惠帝)의 스승이 되었다.

634) 왕모(王母): 전설상의 여신(女神)인 서왕모(西王母). 불로장생의 상징.

635) 대윤(大尹): 임금 측근의 총신(寵臣).

636) 한(漢) 나라 무제(武帝)가, 낚시에 걸린 물고기가 바늘을 뽑아 달라고 하는 꿈을 꾸고서, 이튿날 곤명지(昆明池)에 가보니, 과연 낚시에 걸린 물고기가 있어서 바늘을 뽑아 주었는데, 그 물고기가 야광주를 가져다 주었다.

기대 조용한 말소리로 주고받았는데, 어찌 알았으랴 저승 문안이 한 달도 지나지 않게 될 줄을, 자연의 변화를 타서 돌아가 거기에 순응하셨네.

풍류는 사라지고 덕업(德業)은 외로운데, 그래도 높으신 나이 백살을 못 채운 것 애석하네. 노래를 지어 공을 애도해도 공은 머무르지 못하시니, 하늘 멀리 호수와 산 어느 곳에서 곡을 할까.

청송 심유(青松 沈攸) 두 번 절하고 통곡하며.

4. 『선석유고』에 실린
선석 신계영의 한시에 대하여

허경진 (연세대 국문과 교수)

선석(仙石) 신계영(辛啓榮, 1577-1669)이 지은 한시는 그의 후손 신익교(辛益敎)가 1959년에 편집해 석판본으로 간행한 『선석유고(仙石遺稿)』에 실려 있는데, 현재 400여수가 전한다.

그는 93년을 살아 장수한 시인으로도 이름났지만, 오랜 벼슬생활을 통해 교지를 100여장이나 받은 것으로도 유명하다. 그의 문집과 교지를 정리하면 그의 생애가 재구성되는데, 작품에 나타난 그의 성격은 몹시 자상하고도 원만했던 것으로 보인다. 그랬기에 늙은 뒤에도 여러 차례 벼슬길에 불려 나갔으며, 가족들을 사랑한 시를 많이 지을 수 있었던 것이다.

그의 생애 가운데 또 하나 특별한 것은 여러 차례 외국에 사신으로 나갔었다는 사실이다. 조선시대에는 교통이 발달되지 않은데다 쇄국정책을 쓰고 있어서, 신라나 고려시대처럼 상인이나 유학생들이 외국에 드나들 수가 없었다. 유일하게 사신들만이 중국이나 일본을 다녀왔으며, 역관이나 상인들이 일부 수행하였다. 그러한 시대에 서너 차례 외국을 다녀온 신계영은 남다른 외국 풍물을 여러 차례 접할 수 있었는데, 그는 이러한 경험을 한시로 표현하였다.

우선 어린 시절 지었던 시들을 중심으로 그의 천부적인 자질을 살펴보고, 자신의 생애 기록, 외국 경험과 인간 사랑, 그리고 고향 사랑을 중심으로, 그의 시가 지닌 특성을 설명해 보기로 한다.

1) 어려서부터 시를 잘 지어

『선석유고』에는 그가 어린 시절에 지은 시들이 더러 실려 있어, 그의 글솜씨가 일찍부터 뛰어났음을 알 수 있다. 가장 일찍 지은 시는 열살 때 지은 것인데, 우인백이라는 친구에게 지어준 시이다.

> 동쪽 이웃에 친구가 있어
> 마치 한몸처럼 아껴왔지.
> 겨울이라 추워 만나지 못해
> 꽃과 버들 피는 봄만 기다린단다.
> 東隣有友人, 愛之如一身.
> 冬寒不相見, 苦待花柳春.
>
> — 「贈禹仁伯 十歲作」

추운 겨울 동안 집 밖에 나가서 놀지 못하고 심심하게 지내다가, 우인백이라는 친구를 그리워하며 지은 시이다. 오언절구 20자만 가지고도 친구를 보고 싶어하는 자신의 심정을 잘 나타냈다. 지금은 추워서 방안에 웅크리고 있지만, 꽃 피는 봄이 오면 집밖에 나가 친구를 만나 뛰어놀고 싶어하는 어린아이의 마음이 잘 드러나 있다.

열두살 때에는 창오산에서 죽은 우임금과 그를 따라 죽은 아황·여영두 왕비, 피눈물로 얼룩진 소상(瀟湘)의 대나무 이야기를 소재로 해서 〈소상반죽(瀟湘斑竹)〉 이라는 시를 지었는데, 자신의 창작이라기보다는 그때까지 공부한 고사를 바탕으로 해서 옛시인들의 시를 모방한 시이다.

이 시를 보면 그가 어린 나이에 얼마나 많이 공부했는지 알 수가 있다.

열세살 때에는 일본에서 공작새를 바쳤다는 이야기를 가지고 시를 지었다.

> 한 쌍의 기이한 새가 해동에서 나서
> 먼 데 사람이 명광궁[1)에 바치러 왔네.
> 가지런한 깃과 긴 목으로 금조롱 안에 있으나
> 마음은 남쪽 하늘 흰구름 가운데 있다네.
> 一雙奇禽出海東, 遠人來獻明光宮.
> 剪羽長鎖金籠裡, 意在南天白雲中.
>
> ─「日本獻孔雀 十三歲作」

우리나라가 중국 동쪽에 있다고 해서 흔히 해동(海東)이라고 불렀는데, 우리나라에서 보면 일본이 바다 동쪽에 있기 때문에 그가 일본을 해동이라고 표현한 것부터 재미있다. 어른들은 기이한 새를 보면서 외국 문물을 즐겼지만, 열세살 어린 나이의 신계영은 공작새가 고향 그리워하는 마음을 노래했다. 열살 때에 겨울 동안 만나지 못해 보고싶었던 친구 우인백을 그리워하는 시를 지었던 것처럼, 그는 어린 시절에 그리움을 바탕으로 해서 많은 시를 지었던 듯하다. 그는 어린 시절부터 뛰어난 글재주를 보였다.

2) 생애를 기록한 시

그는 모든 일을 시로 표현했으며, 늘그막에 한 평생을 돌아보면서 다시 한 편의 장시로 표현했다. 그 시가 바로 「늙어 병든 중에 무료함을 견디지 못해 평생의 행적을 대강 기록하다(老病中不堪無聊略記平生事跡梗槩)」인데, 5언 180구나 되는 장편이다. 그는 이 시를 87세에 지었는데,

---

1) 한나라 때의 궁궐이름으로 보통 궁궐을 가리키는 말로 사용된다.

만력2) 5년 가을
변변치 못한 사람이 접역3)에 태어났으니,
삼한땅 명망있는 집안의 후예로
대대로 빛나는 집안이었고,
집은 낙성 동쪽에 있었으니
상투를 올리면서 학문에 뜻을 두었지.
일찍부터 문필가들 사이에서 노닐었으니
성취가 더디다는 말은 하지 마오.
그래서 신축년에는
처음 사락(思樂)의 물가에 들어가4)
주자들과 함께 지냈는데5)
교유하는 이들이 모두 준수한 선비들이었네.

　라고 시작했다. 명문 집안의 후예로 서울에서 태어나, 어린 시절부터 글 공부에 힘써 1601년에 성균관에 입학한 사실까지 밝혔으니, 이것만 보아도 그의 생애는 이미 관인(官人)으로 결정되었음을 알 수 있다. 이어서 아버지가 벼슬을 내놓고 고향으로 돌아간 뒤에 세상 떠난 슬픔을 표현하고, 나이 마흔이 될 때까지 십여년 초야에 묻혀 살았던 시절을 회상했다.

---

2) 명나라 신종(神宗)의 연호인데, 1573년부터 사용했다. 그러니 그가 태어난 만력 5년은 1577년을 가리킨다.
3) 접(鰈)은 가자미인데, 동해에서 가자미가 많이 잡혔다. 그래서 우리나라를 접역(鰈域)이라고도 불렀다.
4) 즐거워라, 반궁의 물가에서
　미나리를 캐네.
　思樂泮水, 薄采其芹.-≪詩經≫ 〈泮水〉
　제후들의 학궁(學宮)에는 동서남쪽으로 반벽(半璧) 모양의 물이 있어 반수(泮水)라고 했으며, 그 학궁을 반궁(泮宮)이라고 했다. 이 시 첫 구절에서 사락(思樂) 두 글자를 따왔으니, 성균관에 입학한 사실을 가리킨다.
5) ≪서경(書經)≫ 〈순전(舜典)〉에 "임금이 말하기를 '기야! 너에게 음악을 관장하기를 명하노니, 이로써 맏아들들을 가르치라'고 하였다."는 기록이 있다. 맏아들이라는 뜻의 주자(胄子)는 보통 국학의 학생을 가리킨다. 여기에서는 1601년 선석이 사마시에 합격, 생원이 되어 성균관에서 공부한 일을 가리키는 것으로 보인다.

호숫가와 바닷가를 정처없이 다니노라니
술수 부리지 않는 것은 흰갈매기 뿐이었네.
고기 잡고 나무하는 생활 이미 익숙해져
어느덧 십년이나 지나 갔지.
나이가 사십을 넘어
청운의 뜻도 그만 끝났는데,
기미년 가을에서 겨울로 바뀔 즈음
우연히 성균관의 과시에 응시하여
일약 용문에 오르게 되었네. (줄임)
얼마나 다행인가, 계해년 봄
함지에서 상서로운 해가 떠올라,
대의가 마침내 다시 밝아졌고
떳떳한 도가 세워진 것을 곧바로 보게 되었네.

1619년 과거에 급제하고 승문원에 벼슬을 얻었다가, 계해년(1623) 인조
반정 뒤에 그의 벼슬길은 더욱 순탄해졌다. 그는 공신들과 어울리며 대부
의 반렬에 올랐고, 문관들의 출세길이라고 할 수 있는 여러 벼슬들을 두루
거쳤다.

비와 이슬처럼 적시는 은택을 새로이 받들어
외람되게 조정의 관직첩에 오르게 되었네.
한림원 높은 하늘로 이어져
욕되게 높은 지위를 지키고 있다가,
이어 대부의 뒷줄을 따르게 되어
종종걸음으로 대궐문을 드나들었지.
사간원과 사헌부
춘방6)과 옥당7)을 거쳤네.

사간원과 사헌부, 홍문관은 언로(言路)를 담당한 관청이었는데, 이를 합
해 삼사(三司)라고 했다. 그가 삼사를 두루 거친데다 세자시강원 설서(說

---

6) 세자시강원을 가리킨다.
7) 홍문관을 가리킨다.

書)까지 거쳤으니, 그의 출세는 이미 확보된 셈이었다. 이 시에서 굳이 표현하지는 않았지만, 그는 승문원·승정원·춘추관·성균관을 거쳐 병조좌랑까지 올랐다. 그러다가 인조반정의 공신들 사이에 논공행상이 고르지못하다고 알륵이 생겨 이괄이 난리를 일으키자, 그는 잠시 이괄과 관련이있다는 의혹을 사기도 했다. 그러나 언관들이 그를 더 이상 추궁하지 않은것을 보면, 그가 실제로 관련되지는 않은 듯하다. 그도 이 시에서 역적 이괄을 비난했다.

> 애통하다, 갑자년 봄에
> 주인을 보고 짖는 개가 깊이 들어와,
> 이때 병조정랑이 되어
> 공주에서 임금의 행차를 호위했었지.
> 정묘년 봄 정월에
> 변방의 봉화가 궁궐까지 비치니
> 임금의 수레가 강화도까지 행차하였네.
> 지고 끌고 왕의 수레 따랐고
> 왕의 군대 임진을 지켜 섰지.
> 수놓은 옷 입고 병사들 먹는 것을 돌보니
> 백리에 수만 개 밥 짓는 아궁이로
> 간신히 식량문제8) 해결하였네.
> 신미년 구월 깊은 가을이 끝날 무렵
> 임금의 명을 받들어 서호를 살피고,
> 여섯 군영을 열병하면서
> 일제히 무기를 점검하였으니,
> 어찌 감히 수고를 꺼렸으랴?

1624년 봄에 이괄이 난리를 일으키자, 병조정랑이었던 그는 인조를 모시고 공주까지 피난갔다. 그는 이괄을 "주인을 보고 짖는 개"라고 표현했는데, 3년 뒤에 청나라가 쳐들어오자 다시 임금을 모시고 강화까지 피난갔다.

---

8) 경(庚)은 서방으로 곡식을, 계(癸)는 북방으로 물을 주관한다. 경계(庚癸)는 군대에서 양식을 빌린다는 은어로 쓰였다.

이러한 난리가 일어날 때마다 그는 언제나 충신으로 나섰다. 1631년 9월에
도 전라·경상·충청도 어사로 파견되어 무재(武才)를 시험했다.

> 사신으로 양쪽 이역의 땅에 갔을 적에는
> 응대하는 재주 또한 보잘 것이 없어,
> 금절이 묻혀 드러나지 않았으며
> 지방관으로 나가도 형편 없었으니,
> 부패한 유학자가 어찌 알맞게 사용할 수 있었으랴만
> 한갓 붉은 한 말의 피뿐이었네.

그의 일생에서 가장 남다른 경험은 일본과 청나라에 사신으로 다녀온 일
이었다. 그러나 그는 이때 아무런 공을 세우지 못하고, 목민관으로서도 공
을 세우지 못했다고 겸손하게 표현했다. 그가 역시 내세운 것은 붉은 충성
심 뿐이었다.

> 을미년 봄 이월
> 나이 일흔 아홉에
> 미련없이 고향으로 돌아가니
> 전원은 다 예전과 다름 없고
> 강호는 내가 즐거워하는 것이었네.
> 오랜 소원을 비로소 펴니
> 늙은이의 흥이 적지 않아라.

그는 1655년 2월에 79세 나이로 고향에 돌아왔다. 벼슬은 계속 받았지만,
고향 예산에서 강호 생활을 즐기게 된 것이다. 이 시에서는 귀거래(歸去來)
의 즐거움을 계속 그렸다.

> 강호에 돌밭이 있고
> 하는 일은 심고 거두는 것뿐이라.
> 농사 짓는 이가 봄이 왔다고 알려주고

뻐꾸기가 밭 갈라고 재촉하면,
지팡이 짚고 교외 둑으로 나가
가래를 지고 논두렁 밭두렁을 다지며,
기꺼이 늙은 농부가 되었으니
흉년이 들지 않기만을 바랄 뿐일세.
가을 바람 새로이 서늘해지면
앞내의 고기와 게가 살지고,
누런 구름이 사방 들판에 가득하여
추수한 곡식 마당에 점점 쌓게 되니
살아가기 고달프다 말하지 마오.
문득 가을 흥이 얼마나 좋은 지 깨닫게 되지.
동산의 늙은이가 시냇가 친구와
술 들고 찾아오면
좋은 시절에 좋은 경치
부르고 맞아들여 함께 즐기니
지극한 즐거움이 다시 있으랴?
집안 식구들 모두 무고하고
아이 어려 눈 앞에 가득하니
기뻐 웃는 일이 적막함을 위로하네.

　100여장이나 되는 교지만 보더라도 벼슬복을 타고났음을 알 수 있는데, 그는 오복을 두루 타고난 시인이었다. 그는 이 시를 87세에 지었는데, 마지막으로 아내와 해로(偕老)하는 즐거움을 노래했다.

아내와 같이 늙어가
함께 여든 일곱까지 누렸으니
여생이 얼마나 더할 수 있으랴.
질병과 근심 없음이 매우 기쁘구나.
이밖에 무엇을 더 구하랴?
목숨이 끝나면 무덤에 의지하리니.

　병과 걱정 없이 부부가 백년해로했으니, "이밖에 더 무엇을 구하랴?" 그

의 표현 그대로, 그는 죽음까지도 담담하게 받아들였다. 이 작품으로 대표
되는 그의 시는 자신의 인생을 성실하게 살아가면서 온갖 복락을 다 누렸
던 한 시인의 즐거운 고백이라고 할 수 있다.

3) 외국 경험을 표현한 시

(1) 1624년(인조 2) : 통신사 정립(鄭岦)의 종사관으로 일본에 가서 장
군 도쿠가와 이에미쓰(德川家光)의 사립(嗣立)을 축하하고, 임진왜
란 때 포로로 잡혀간 백성 146명을 데리고 1625년에 귀국했다.

(2) 1637년(인조 15) : 청나라 심양(瀋陽)에 속환사(贖還使)로 가서, 병
자호란 때 잡혀간 백성들을 데리고 돌아왔다.

(3) 1639년(인조 17) : 볼모로 잡혀갔던 소현세자(昭顯世子)를 맞으러,
부빈객(副賓客)으로 심양에 다녀왔다.

(4) 1652년(효종 3) : 사은부사(謝恩副使)로 청나라에 다녀왔다.

그가 남달리 여러 차례나 사신으로 차출된 것은 그의 외교수완이 뛰어났
던 까닭도 있지만, 대부분 잡혀간 백성이나 세자를 데리러 갔던 것을 보면
역시 그가 남달리 인간을 사랑했기 때문임을 알 수 있다. 전쟁을 치르느라
고 온 나라가 피폐해진 상황에서 적국에 잡혀갔던 포로들을 데려오는 일은
임무가 막중했는데, 게다가 바다 건너 장기간의 여행길 자체가 힘들었다.
그래서 많은 사람이 온갖 핑계를 대며 사절단에서 빠지려고 했는데, 그는
어려움을 무릅쓰고 사신길에 나섰던 것이다.

그가 청나라 여행길에서 지은 시들은 지금 남아 있지 않다. 생활현장 곳
곳에서 사소한 일까지도 시로 표현한 것을 보면, 그가 중국 여행길에서 지
은 시들이 아마도 뒷날 편집과정에서 한꺼번에 빠진 듯하다. 지금 남아 있
는 외국 체험의 시는 대부분 일본을 다녀올 때 지은 시들과, 늙은 뒤에 일
본 여행을 회상하며 지은 시들이다.

부산을 떠날 때부터 에도(江戶)에서 임무를 마치고 다시 돌아올 때까지,

그가 지은 시들은 문집 곳곳에 흩어져 있다. 문집을 편집할 때 연대 순으로 정리하지 않았기 때문이다.

그의 일본 경험은 평생동안 깊은 충격과 감명을 준 듯하다. 그보다 몇 년 뒤에 호조참판을 지내던 삼휴암 임자정이 일본에 사신으로 가게 되자, 그는 자신의 일본 경험을 되살리며 임자정에게 충고삼아 송별시를 지어 주었다. 이때 지은 시 「일본에 사신으로 가는 임자정을 전송하며(送任子瀞奉使日本)」는 5언 116구나 되는 장편시인데, 이 시를 보면 그가 일본 사신길에서 어떤 경험을 했는지 알 수 있다.

예전 갑자년 가을
명을 받들어 상역(桑域)9)에 갔었지.
뗏목을 타고 가마를 타고
가는 길이 바다와 육지를 다 거쳤지.
지금 2년도 더 지났지만
눈앞에 여전히 역력하네.

이렇게 시작되는 이 시는 주로 일본의 경치와 문물을 노래했는데,

주도로는 강주로 뻗고
비옥한 들판이 이랑으로 이어져 있었지.
길가에 있는 옛절에
대불의 높이가 백척이었네.
비파호는 하늘까지 잠길 듯하고
일렁이는 물결이 유리처럼 매끄러웠지.
흰 성가퀴가 찌를듯한 누대를 떠받치고 있는데
물을 압도하는 기세가 우뚝하였네.

이렇게 조선과 다른 일본의 문물 경치만 노래한 것이 아니라 군사적인

---

9) 해가 뜨는 곳인 부상을 이르는데, 일본이 동쪽에 있었기 때문에 이렇게 부른 것이다.

시설까지도 표현했다.

> 지세가 유리한 곳은 좌보산이고
> 군사상 중요한 진은 명호옥이었지.
> 관원은 보루가 이미 오래되었으나
> 절하는 어느 해에야 그치랴?

　　라는 식으로 일본 국토의 군사적인 정보까지도 언급했다. 사신으로 가는 동료 관원에게 선배 사절단의 경험과 지식을 전수한 것이다.

> 장대한 여행길 볼거리 충분하여서
> 나그네 마음 활달해졌는지,
> 지금까지 꿈속에서 달리느라
> 그리움이 그치질 않는데,
> 그대가 또 이 길을 떠나게 되어
> 맑은 가을 옥절을 짚게 되었구려.
> 조정에서는 사신을 중히 여기니
> 선발된 인물은 당연히 조정의 인걸이라오.
> 바람 서리 내리는 추운 계절이지만
> 충성과 신심이 평소에 쌓였으니
> 오랑캐 땅도 갈 수 있으리. (줄임)
> 지나는 곳을 생각해보면
> 산하가 옛날과 같으리니,
> 시간 나면 비단주머니에 읊은 시 넣어
> 풍경 하나하나 모아 두구려.

　　이 시를 보면 신계영이 상업화하고 도시화한 일본 여행에서 얼마나 큰 충격을 받았는지 알 수 있다. 몇 년이 지난 뒤까지도 일본 땅이 꿈속에 나타나고, 그리워했으며, 일본 여행 덕분에 마음도 활달해졌다고 했다. 그는 이러한 경험을 감추지 않고 시로 표현했는데, 자신만 시를 지어 남기며 즐긴 것이 아니라 뒷날 사신으로 가는 임자정에게도 보고 듣는대로 시를 지으라고 권했다. 당나라 시인 이하(李賀)가 평소에 비단주머니를 가지고 다니다가 새로운 문물을 보면 아름다운 시를 지어 넣었던 것처럼, 그에게도 시를 지어 자신에게 보여 달라고 했다. 자신이 그랬던 것처럼, 임자정에게도 시인의 임무를 확인시키고 외국 문물을 시로 지어 남기라고 권장했던 것이다.

외국에 사신으로 나가면 상대방에서 담력이나 의지를 시험하는 경우가 많았으며, 물품으로 환심을 사려는 경우도 있었다. 그러한 시험에 넘어가면 외교적인 사명을 그르치게 마련인데, 신계영에게도 그러한 시험이 있었다. 일본 추장이 사신들에게 일본도를 선물하자 모두들 신기하게 여겼는데, 경험 많은 신계영이 왜놈들의 간계를 알아차리고 그 선물을 물리쳤던 것이다.

> 빈 관사에 향이 스러지고 해는 저물려 하는데
> 나그네 마음 쓸쓸한 채 절문을 닫노라.
> 깨끗하고 고결한 인품은 서로 권면해야 하는 것이니
> 창수10)의 붉은 실은 건드려서는 안 되는 것.
> 대숲언덕에 시내가 있다면 귀를 씻어 마땅하고
> 매화 핀 창가에 달 대하니 말하고 싶지 않네.
> 몸을 지키기 위해 장검이 없음을 한탄하지 말라.
> 남자가 벼슬하나 은거하나 충과 신은 가지고 있는 것이니.
>
> ─「대진에서 용계의 시에 차운하여(大津次龍溪韻)」

이 시에는 "주왜(主倭)가 사신에게 장검을 선물하자, 일행 가운데 '받아도 된다'고 말하는 자가 있었다. 그러므로 시에 내 뜻을 부쳐 마침내 물리쳤다"고 하는 신계영 자신의 주가 붙어 있다. 요임금이 천하를 물려주겠다고 하자 소부와 허유가 거절하고 "더러운 말을 들었다"면서 시냇물에 귀를 씻었던 것처럼, "일본도를 받으라"는 말을 듣고서 자신의 귀를 씻겠다고 다짐한 것이다. 선비에게 필요한 것은 칼보다 충(忠)과 신(信)이라고 했으

---

10) 신선 이름.

니, 이러한 시 한 편만 보더라도 그가 유자적(儒者的)인 교양을 닦아 외교적 임무를 완수한 유능한 관원이었음을 알 수 있다.

일본에서 지은 시 가운데 어느 일본인의 충절을 노래한 시도 있는데, 유교적인 교양 없이 생활하는 일본인 가운데 충성스런 궁녀를 알게 되었기에 감탄해 지은 것이다.

> 해질녘 항구에 물은 급히 흐르고
> 나그네 마음 쓸쓸하여 저절로 근심 생겨난다.
> 안개 가로놓인 외딴섬에 층층이 파도 이는데
> 적막한 충성스런 혼은 어디를 떠돌고 있는지?
>
> ―「적간관에서 현방의 운을 차운하여(赤間關次玄方韻)」

이 시에는 "오랑캐의 왕이 역적에게 쫓겨 여기에 이르렀는데, 일이 급하게 되자 궁녀가 업고 바다로 뛰어들었다고 한다"는 주가 덧붙어 있다. 유교가 생활화되어 있지 않은 일본에서 이토록 충성스런 궁녀 이야기를 들었기에 오랑캐 땅에서도 사람을 만났다고 감탄한 것이니, 역시 유자적인 교양 속에서 살았던 그의 모습을 엿볼 수 있다.

그는 평소에 꿈을 자주 꾸었으며, 그때마다 시를 지었다. 일본을 돌아다니면서도 그는 꿈을 꾸었는데, 그의 마음이 그만큼 조선을 떠나지 못했다는 증거이기도 하다. 그 가운데 대표적인 작품은 돌아가신 부모님을 만나서 지은 시이다.

> 분명히 꿈속에서 양친께 절했으니
> 깨고 난 후 수건 가득한 눈물을 어찌 감당하랴?
> 고아가 이역 땅에 온 것을 위로하셨으니
> 정령이 바다 하늘 끝까지 따라 오셨네.
>
> ―「꿈속에서 돌아가신 부모님께 절하고 감동하여 울고나서
> 짓다(夢中拜亡親感泣而作)」

이 시를 보면 그가 부모에게 효성스런 아들이었음을 알 수 있으며, 멀리 외국을 다니면서도 마음은 언제나 고향을 떠나지 않았음도 알 수 있다.

그가 외국에서 지은 시는 외국의 경치와 문물을 소개하면서, 조국을 떠나지 않은 그의 마음과, 역시 조선사람다운 그의 교양을 잘 나타내고 있다.

4) 인간 사랑을 표현한 시

그는 누구에게나, 그리고 모든 일에 관심을 가질 정도로 자상한 성품이었으며, 근본적으로 인간을 사랑한 사람이었다. 그래서 그의 문집에는 그가 사랑한 사람들에게 지어준 시가 많은데, 가까이는 가족들을, 멀리는 일본인에 이르기까지, 위로는 임금에서 아래로는 아들 손자에 이르기까지, 그가 사랑한 사람들에게 지어준 시는 이루 헤아릴 수가 없다.

그의 인간 사랑은 가족에게서 시작한다. 자신보다 먼저 세상을 떠난 자식을 불효라고 생각하는 것이 당시 통념이었지만, 그는 세상 떠난 지 14년이나 되는 아들을 계속 그리워하며 시를 지었다.

> 네가 갑자기 나를 버리고 떠난 지
> 이제 열네해 된 봄이란다.
> 여자라면 화장하고 좋은 배필 맞이하고
> 남자라면 학문하여 훌륭한 사람이 다 되었겠지.
> 청초하기만 한 외로운 과부 모습과
> 시들어가는 두 노인 신세.
> 혼은 이런 줄 아는 지 모르는 지
> 너는 어디서 누구랑 이웃하고 있느냐?
>
> ―「죽은 아들을 슬퍼하며(悼亡子)」

아들과 같은 또래였던 동네 아이들이 이젠 장성해 훌륭한 사람이 된 것

을 보고, 세상 떠난 아들을 새삼 그리워하며 지은 시이다. 슬퍼하는 모습이
직접 드러나 있지는 않지만, 아직도 청초하기만 한 과부 며느리와 당시보
다 14년 더 늙어 점점 더 시들어가는 자신 부부의 모습을 대비하면서, 죽
은 아들이 남기고 간 가족들의 슬픔을 간접적으로 묘사했다.

  아들이 세상을 떠났으므로, 그는 손자들에게 많은 사랑을 베풀었으며, 그
만큼 많은 기대를 걸었다.

> 서담동으로 걸어 나서는데
> 어른 아이 너댓 명이 따라왔구나.
> 봄날을 다 보내 꽃은 시들었건만
> 비 개어 풀은 향기롭구나.
> 보리 물결은 산두둑까지 뻗었고
> 창포 싹은 들못 둘러 났는데,
> 지팡이 짚고 우두커니 오래 서 있자니
> 그윽한 흥이 바로 시를 재촉하는구나.
>
> —「손주 아이들 손을 잡고 서쪽 골짜기로
>   나서다(携孫兒輩步出西洞)」

  봄이 가고 여름이 올 무렵 손주 아이들 손을 잡고 서담동으로 나서면서,
계절이 바뀐 모습을 구경했다. 꽃은 시들었지만 풀은 향기롭다는 대비를
통해 봄이 가고 여름이 오는 과정을 묘사했으며, 산두둑까지 뻗은 보리 물
결과 들못에 둘러 난 창포 싹을 통해서 꽃은 시들었어도 생명력은 더 왕성
해졌음을 표현했다. 제목에서 「손주 아이들 손을 잡고...」 한 것부터 새로
운 생명력을 내세운 것이다.

  자손을 사랑하는 마음은 곧 기대하는 마음으로 바뀌며, 가르침으로 바뀐다.

> 우리 집안 천리마
> 천상의 석기린(石麒麟)이니,
> 열다섯 성과 바꿀 화씨벽(和氏璧)처럼 값지고

세상에 다시 없는 남방의 쇠같이 귀하단다.
얼음 넣은 옥호처럼 맑은 기개를 가지고
가을달같은 정신을 지녀,
가문에 경사를 높이는 일이
네 몸에 달렸음을 알아두렴.

―「웅아에게(贈雄兒)」

천리마와 기린아는 출중한 인물을 가리키는 말인데, 이를 다시 화씨벽
(和氏璧)과 남금(南金)으로 표현했다. 그러나 화씨벽과 남금은 보화로써의
개념이기에, 얼음병같이 맑은 기개와 가을달같이 밝은 정신을 지니라고 당
부했다. 가문의 경사가 자손들에게 달려 있기 때문이다. 자식 사랑이 문중
사랑으로 발전했음을 알 수 있다.

깊은 밤 겨울 하늘에 북두성 누웠는데
작은 집에서 글 읽는 소리 들려온다.
늙은이 귀 기울여 즐겁기만 하니
여러 손주들 학업이 이뤄질 것을 점칠 만하네.

―「한밤중 여러 손주들이 글 읽는 소리를
듣고(夜半聞諸孫讀書聲)」

손주들 학업이 이뤄진 것과 늙은이 귀 기울여 듣는 모습도 역시 늙어가
는 자신의 모습과 새롭게 자라나는 젊은 생명력을 대비한 표현인데, 그 가
운데 문중의 장래를 바라보며 기뻐하는 시인의 모습이 절로 엿보인다.
문중 사랑은 조상들에 대한 사랑과 존경으로 확대된다. 이러한 사랑은
유업을 잇는 것과 제사를 받드는 것으로 나타나는데, 그는 선대의 유고를
읽으면서 유업을 잇겠다고 다짐하는 시를 짓기도 했다.

1.
공경히 물려주신 책을 펼쳐 맑은 자취에 절하니

군자다운 옛 종적이 분명히 진술되었네.
문채와 풍류가 아직도 없어지지 않았으니
후손들이 이을 가업 누구에게 달렸는가?
2.
자손 중에 누가 뒤를 좇을 수 있을까?
우리 선조 성대한 업적이 모두 버려지겠구나.
당당하던 세업이 지금은 적막해졌으니
대대로 사람 있었다고 말하지 말라.

─「영산록에 있는 선대의 유고를 읽고 옛날을 생각하는
마음을 부치다(披閱靈山錄中先世遺稿以寓感舊之懷)」

『영산록(靈山錄)』은 영산 신씨 선조들의 유고를 정리한 책인데, 당대에 번성했던 문중의 모습이 문채와 풍류로 나타나 있었다. 그러한 유고들이 자랑스럽긴 했지만, 그 자신에겐 부담이기도 했다. 세업을 잇지 못해, 지금은 적막해졌기 때문이다. 그래서 "우리 문중에 대대로 사람이 있었다"고 조상 자랑만 하지 말고, 우리들 자신이 후손들에게 자랑거리가 되어야겠다고 다짐했다.

조상을 받드는 일은 제사와 차례로 나타나는데, 어쩌다 차례를 지내지 못하게 되면 죄책감에 시를 지었다.

막막한 가을 구름이 며칠 동안 흐린 날씨 만들더니
조금씩 내리던 비가 장마비가 되었네.
황토물이 호두포에 넘쳐나고
검은 안개 봉소봉을 덮어버렸네.
정신은 무덤가로 달려가 슬픔이 절절하고
마음이 조급하여 그리움은 깊건만,
추운 서재 그림자와 짝하니 마음이 좋지 않아
공연히 앞산만 바라보며 옷깃에 눈물 가득하네.

─「추석날 비 때문에 선영에 차례 지내러
가지 못하다(秋夕日阻雨未拜先塋有感)」

　　장마비에 길이 막혀 선영에 차례를 지내러 가지 못하자, 마음 아파 지은 시이다. 죽은 자에 대한 사랑은 윗사람뿐만 아니라, 아랫사람에게도 마찬가지로 지극했다. 그래서 병 때문에 며느리 제사에 가지 못해도 역시 슬픈 마음을 시로 나타냈다.

> 1.
> 끝없는 지병이 점점 더해져
> 외로운 밤 추운 서재에 눈물만 옷깃 가득하네.
> 떠올려 보면 우뚝 솟은 산 남은 눈 안에
> 새무덤 하나 구름 깊숙한 속에 얼어 붙었겠지.
> 2.
> 초가집 닭 울고 새벽빛 다해가는데
> 작은 창 외로운 침상에 가벼운 추위가 밀려드네.
> 늙은이 잠 깨어 옷 걸치고 일어나
> 슬프게 앞산 바라보니 눈물 마르지 않네.
>
> 　　　　－「며느리 제삿날에 병으로 가지 못하고
> 　　　　　　슬픔을 적다(子婦葬日病不能往舒悲)」

　　조상의 차례를 지내지 못해 마음 아파하는 것은 의무 때문이지만, 며느리 제사에 가지 못해 마음 아파하는 것은 사랑 때문이다. 서재에 누워 있으면서도 얼어붙은 며느리의 무덤을 생각하다가 끝내 밤을 지새우며 앞산을 바라보는 시인에게서, 며느리 뿐만 아니라 모든 인간을 사랑했던 한 인간의 모습을 엿볼 수 있다. 그가 인간을 좋아해 시를 지었다는 것은 다음 시만 보아도 알 수 있다.

> 외로운 침상에서 깨어나 보니
> 추운 밤은 아직도 한밤중일세.
> 빈 창가에는 밝은 달만 가득하고
> 아득한 하늘에는 서리 바람이 울부짖네.
> 헤어진 이 그리워 시름은 끝없고

죽은 이 생각에 슬퍼 눈물 끝이 없는데,
어느덧 닭이 새벽을 알리고
이웃에서 덩더쿵 방아소리 들리는구나.
―「긴 밤이 괴로워(苦夜長)」

긴 밤이 괴로운 까닭은 그가 인간을 사랑하기 때문이다. 밤이 길어서 괴로운 것이 아니라, 그 시간에 헤어진 이와 죽은 이를 생각하기 때문에 괴로운 것이다. 새벽닭이 울고 방아소리가 들릴 때까지, 그는 인간 사랑에 괴로워 시를 지었다.

그가 사랑한 사람 가운데는 객지에서 만난 여인도 있었다. 예전에 한때 만났던 여인을 뒷날까지 감추지 않고 사랑을 표현할 정도로 그는 정직한 시인이기도 했다.

가을밤 서주의 객사에서
이별을 원망하던 이를 다시 만났네.
검푸른 눈썹 아름다운 자태 예전 그대로
반가운 눈으로 묵은 정 새로워졌네.
비단 휘장에 향기로운 등불 어리고
비단창에 새벽달이 스며드는데,
예전처럼 베개 나란히 한 일이
어찌 현실 아닌 꿈이란 말인가?
―「꿈을 기록하다(記夢)」

대부분의 관원들이 객지에 부임하거나 출장나가면 기생에게 수청들게 하는 것이 당시 관례였다. 그런데 이러한 사실을 글로 기록한 사람은 많지 않다. 한때 필요해서 있었던 일이고, 다시는 만날 일도 없는 사람이기 때문이다. 그런데 그는 그 사람을 잊지 못해 꿈까지 꾸었고, 실제로 만나지 못해 가슴 아파했다. 그가 인간을 사랑했기에 이러한 아픔까지도 시로 표현했던 것이다.

우리나라 시인들이 사랑을 표현한 관습 가운데 하나가 사미인(思美人)이다. 어떤 사람을 사랑하면서, 관원들이 임금을 사랑하는 모습으로 표현한 것이다. 송강 정철의 <사미인곡(思美人曲)>이 대표적인 작품인데, 신계영도 고향집에 있는 아내가 변방에 출정나간 남편을 그리워하는 시를 지었다.

> 변방에 나간 이에게 무슨 물건을 보내야 하나?
> 초췌하고 시들어버린 모습을 그림에 넣었다네. (줄임)
> 옛날 모습 이제는 다시 돌이킬 수 없게 된 것을
> 그대는 아는지 모르는지?
> 슬픔 머금고 한 폭 명주를 펴서
> 거울 속의 얼굴과 흐르는 눈물 그리면,
> 흐릿하게 초췌하고 야윈 모습 분명히 나타날 테니
> 멀리 관하에 부치면 탄식 소리 한 번 더 보태게 되리라.
> 꽃같은 얼굴 시들고 옥같은 피부 야위는 것을 내 어쩌랴?
> 그대 때문인 것을 어떻게 하랴?
> 낭군이여! 그림이 거짓이라고 의심치 마오.
> 그림 가운데 마른 모습이 지금의 나라오.
> 낭군이여! 너무 쇠약해졌다고 놀라지 마오.
> 애타는 마음에 남은 몸마저 다 없어지려 한다오.
> 모습은 그린다지만 마음이야 어떻게 그리랴?
> 따로 천 개의 소반에 수심과 한을 다 담으리라.

-「모습을 그려 남편에게 보내다(圖形寄夫)」

이 경우에는 어떤 여인을 사랑하면서 이 시에 빗댄 것은 아니지만, 남편과 헤어진 아내의 가슴 아픈 사랑을 표현해줄 정도로 그가 세상 모든 사람들의 사랑과 아픔을 이해했음을 알 수 있다. 그는 인간을 사랑하고, 그 사랑을 시로 표현한 시인이었다.

5) 고향 사랑을 표현한 시

  그는 100여장의 교지가 말해주는 것처럼 평생 벼슬길에 나섰던 관원이
지만, 또한 언제나 고향을 사랑했던 시인이었다. 벼슬길에서나 여행길, 외
국 사신길에서도 늘 고향을 사랑하며 시를 지었는데, 이러한 주제로는 문
집 앞머리에 실린 <속(續) 귀거래사(歸去來辭)>가 대표적인 작품이다.

> 한 마리 말 동문에서 채찍질하여
> 미련없이 짐꾸려 돌아가련다.
> 고향 산과 물은 어디쯤인가?
> 저 호수 서쪽 백년 된 토구11)에
> 서까래 몇 개 얽은 초가집을 짓고,
> 소나무, 대나무 심은 세 갈래 길12)을 내어
> 침상 하나 두고 거문고 뜯기도 하며 책을 읽으리라.
> 호수와 산은 옛날 그대로이고
> 친척들은 새로이 기뻐하네.
> 오제를 바라보니 마음이 달려가고
> 석봉을 마주하니 얼굴이 펴진다.

  이렇게 고향으로 돌아갔던 그는 「월선헌십육경가(月先軒十六景歌)」를
지었다. 아름다운 고향의 경치를 사철로 나누어 노래한 것이다. 월선헌에
는 여러 시인들이 찾아와 시를 주고 받았으며, 그는 월선헌에서 손님들과
함께 시조와 가사를 읊조리기도 했다. 현재 십육경(十六景)을 그대로 읊은
한시는 없지만, 그가 은퇴한 뒤에 지은 시에는 고향 예산의 고즈넉한 풍경

---

11) 우보(羽父)가 환공을 죽이기를 청하여 태재(大宰)가 되려고 하였다. 공이 "아우가 아직 어
　리기 때문에 내가 다스리는 것이니, 앞으로 자리를 물려줄 것이다. 사람을 시켜 토구에 집
　을 짓게 하였으니 나는 장차 거기에서 늙을 것이다."라고 하였다.≪춘추좌전 은공 13년≫
　토구는 산동에 있는 지명인데, 이로 인해 늙어 은퇴한 후 거처하는 곳을 이르게 되었다.
12) 한말의 장후(蔣詡)가 병을 핑계대고 고향에 은거하면서, 정원에 소나무, 대나무, 국화를 심
　은 작은 길 세 개를 내고, 구중(求仲), 양중(羊仲)과만 왕래했다고 한다.

이 잘 나타나 있다.

> 자연 속에 늘그막까지 머물러 사는데
> 농막의 생계가 변변치 못하지만,
> 매화 창가에는 들이 펼쳐졌고
> 대나무 침상은 상을 향해 비어 있네.
> 울타리 국화에 맑은 이슬 내린 뒤
> 시골 방아에는 가랑비가 남았구나.
> 이곳에 세속 일 적으니
> 그윽한 흥이 어떤가 묻노라.
>
> —「물러나 살면서 보이는 대로 읊다(幽居卽事)」

그가 사랑한 고향 예산이 특별히 아름다운 곳은 아니었다. 그가 노래한 십육경(十六景)도 양파의 가는 풀(陽坡細草)·난만한 춘광(爛漫春光)·오서산 뚜렷한 봉우리(烏棲奇峰)·서담의 추색(西潭秋色)같이 여느 시골에 흔한 경치일 뿐이다. 그 경치가 아름다워서 16경을 노래한 것이 아니라, 벼슬을 떠나 유유자적하게 사는 그의 눈에 이러한 경치가 들어온 것이다. 그래서 그의 표현 그대로, 변변치 못한 농막 생활 가운데 그윽한 흥을 느껴 고향 경치를 시로 지었다.

6) 모든 생활을 시로 읊어

그는 구십 평생 많은 시를 지었지만, 굳이 아름다운 시를 지으려고 애쓰지 않았다. 이름난 시인들과 주고받은 시도 많지 않다. 그러면서도 중앙문단의 움직임에도 밝아, 그의 문집에는 백호 임제·난설헌 허초희·석주 권필의 시에 차운한 시들이 실려 있다. 허난설헌 경우에는 여성 시인임에도 불구하고 그의 시에 차운한 시가 여러 편 실려 있어, 신계영이 이들의

시를 무척 좋아했음을 알 수 있다. 이들의 공통점은 학당파(學唐派) 시인이
라는 점이니, 그는 이들과 한 시대에 살면서 같은 분위기를 즐겼던 것이다.
그러면서도 그는 굳이 당시(唐詩)의 낭만적이고 정감적인 분위기를 나타내
려 하지 않고, 자신이 살았던 생활 자체를 시로 읊었다.

그는 슬플 때나 기쁠 때나 시를 지었다. 심지어는 학질에 걸렸을 때에
도 시를 지어 학질귀신을 쫓았다. 물론 이렇게 쫓는 것이 우리 민속이었는
데, 그는 실제로 학질 때문에 시를 지을 정도로 시를 생활화하였다.

> 나는 본래 천태산의 녹발선인으로
> 인간 세상에 귀양 내려온 지 지금 백년인데,
> 옥황상제가 용천검을 내려주셔
> 학질귀신 베라고 간곡히 부탁하셨느니라.
> 我本天台綠髮仙. 謫下人間今百年.
> 玉皇勅賜龍泉劍, 分付丁寧斬瘧神.
>
> —「逐瘧詩」

시골에 살면 농사일이 바쁜데, 그는 바쁜 가운데도 시를 지었다.

> 초가집이 축축한 안개에 묻혀
> 푸른 섶으로 아침 짓기에 급한데,
> 구름 속으로 해가 이미 높이 솟아
> 들밥 내가야 하는 아낙이 머리 긁으며 우네.
> 茅店濕烟沉, 靑薪朝炊急.
> 雲日已高春, 饁婦搔頭泣.
>
> —「苦霖雨」

「계속 되는 비가 지겨워(苦霖雨)」라는 제목의 이 시는 속곡 이달이 지은
「예맥요(刈麥謠)」와 아주 비슷하지만, 그보다 훨씬 더 바쁜 생활을 노래했
다. 손곡이 먹을거리가 없어 걱정하는 농촌 아낙네의 시름을 그렸다면, 신
계영은 장마비 때문에 들밥 지을 생각을 하지 않고 있다가 갑자기 해가 떠

올라 일손이 바빠진 농촌 아낙네를 해학적으로 그려냈다. 그의 초상화는
남아 있지 않지만, 아마도 자상한 할아버지의 모습이었을 것이다.

그러나 생활시라고 해서, 꼭 바쁜 생활만 시로 읊는 것은 아니다. 여든한
살 되던 새해 아침에 지은 시를 보면, 여유있는 그의 모습이 저절로 그려
진다.

> 병신년 다 가고 정유년이 왔으니
> 이 늙은이도 여든 하나가 되었구나.
> 서럽다! 남은 인생이 얼마나 되랴?
> 술 들고 겨우 칠천일을 헤아려 본다.
>
> —「새해 아침(元朝)」

그는 1657년 새해 아침에 자신의 한평생을 돌아보며, 백년을 산다면 아
직도 이십년이나 남았다고 자위했다. 당시 평균연령을 훨씬 넘게 살았지만,
아직도 이십년을 더 살 수 있다고 자신하는 모습에서 여유스런 성품이 그
려진다. 그러면서도 "겨우 칠천일(纔七千日)"이라고 하며 해학도 잊지 않
았으니, 그는 타고난 생활시인이었던 것이다.

신계영의 시를 읽어보면, 그가 일상생활에서 일어나는 모든 일을 시로
읊었음을 알 수 있다. 가족, 벼슬, 여행, 그리고 사람과 자연에 이르기까지,
그는 모든 생활을 시로 읊었다. 그래서 아름다운 서정시가 적은 것이 그의
시가 지닌 흠이긴 하지만, 생활시의 영역을 넓힌 것도 또한 그의 시가 지
닌 특성이라고 할 수 있다. 벼슬할 때마다 새로운 각오로 시를 지었으니,
문집에 실린 그의 시는 그의 인생여정이기도 하다. 그를 한 마디로 성실한
생활시인이라고 평가할 수 있다.

부록

- 선석 신계영이 받은 교지 -

- 선석 신계영이 받은 교지 -

-선석 신계영이 받은 교지- (윤덕진 정리/ 오태권 촬영 편집)

광해 12년(1620) 경신(庚申) 45세

2月　敎權知承文院副正字辛啓榮爲通仕郎者 [敎-1]

2月　敎權知承文院副正字通仕郎者辛啓榮爲務功郎者 [敎-2]

4月1日敎權知承文院副正字務功郎辛啓榮爲宣敎郎者 [敎-3]

5月　敎權知承文院副正字宣敎郎辛啓榮爲承議郎者 [敎-4]

광해 13년(1621) 신유(申酉:天啓 元年) 46세

5月19日 敎權知承文院副正字承議郎辛啓榮爲奉直郎者 [敎-5]

5月22日 敎權知承文院副正字承議郎辛啓榮爲兼世子侍講院說書者 [敎-6]

5月23日 (결락) 世子侍講院說書經筵入番事緊爾其速乘馹上來事有 [敎-7]

10月 敎奉直郎行承文院副正字辛啓榮爲通德郎行承文院副正字者 [敎-8]

11月 辛啓榮爲朝奉(散)13)大夫行承文院副正字者 [敎-9]

광해 14년(1622) 임술(壬戌) 47세

2月11日　辛啓榮爲奉列大夫行承政院注書兼春秋館記注官者 [敎-10]

10月20日　辛啓榮爲中訓大夫行承政院注書兼春秋館記事官者 [敎-11]

인조원년 (1623) 계해(癸亥) 48세

2月22日　辛啓榮爲通訓大夫行成均館典籍者 [敎-12]

3月14日　辛啓榮爲中直大夫行禮文館檢閱兼春秋館記事官者 [敎-13]

4月20日　辛啓榮爲中直大夫行禮文館待敎兼春秋館記事官者 [敎-14]

6月18日　辛啓榮爲通訓大夫行禮文館奉敎兼春秋館記事官者 [敎-15]

10月7日　　辛啓榮爲通訓大夫行兵曹佐郎者 [敎-16]

인조 2년(1624) 갑자(甲子) 49세

正月26日　辛啓榮爲通訓大夫行兵曹正郎者 [敎-17]

2月12日　辛啓榮爲通訓大夫行司諫院正言者 [敎-18]

---

13) 같은 날짜의 두 장이 이 부분만 다름.

3月7日　　　辛啓榮爲通訓大夫行成均館典籍者 [敎-19]

3月21日　　　辛啓榮爲通訓大夫行禮曹正郎者 [敎-20]

4月8日　辛啓榮爲通訓大夫行司諫院正言者 [敎-21]

4月30日　　辛啓榮爲通訓大夫行成均館典籍者 [敎-22]

6月18日　　辛啓榮爲通訓大夫行禮曹正郎者 [敎-23]

7月 3日　　辛啓榮爲通訓大夫行司憲府持平者 [敎-24]

인조 3년(1625) 을축(乙丑) 50세

3月17日　　辛啓榮爲通訓大夫行司憲府持平者 [敎-25]

5月11日　　辛啓榮爲通訓大夫行司憲府持平兼春秋館記注官者 [敎-26]

5月26日　　辛啓榮爲通訓大夫行成均館直講者 [敎-27]

6月2日　　辛啓榮爲通訓大夫行兵曹正郎者 [敎-28]

8月2日　　辛啓榮爲通訓大夫行司憲府掌令者 [敎-29]

9月6日　　辛啓榮爲通訓大夫行成均館直講者 [敎-30]

9月30日　　辛啓榮爲通訓大夫行司憲府掌令兼春秋館編修官者 [敎-31]

10月30日　　辛啓榮爲禦侮將軍行龍驤衛副護軍者 [敎-32]

인조 4년(1626) 병인(丙寅) 51세

正月5日　　　辛啓榮爲禦侮將軍行虎賁衛副司果者 [敎-33]

2月18日　　辛啓榮爲通訓大夫行世子侍講院弼善者 [敎-34]

2月28日　　辛啓榮爲通訓大夫行司憲府掌令者 [敎-35]

3月4日　　辛啓榮爲通訓大夫行成均館司藝者 [敎-36]

4月4日　　辛啓榮爲通訓大夫行世子侍講院弼善者 [敎-37]

7月17日　　辛啓榮爲通訓大夫行司憲府掌令者 [敎-38]

8月27日　　辛啓榮爲通訓大夫行成均館直講者 [敎-39]

9月24日　　辛啓榮爲通訓大夫行司憲府掌令者 [敎-40]

10月2日　　　辛啓榮爲通訓大夫行成均館直講者 [敎-41]

인조 5년(1627) 정묘(丁卯) 52세

3月15日　辛啓榮爲通訓大夫通禮院左通禮者 [敎-42]

3月19日　辛啓榮爲通訓大夫行世子侍講院弼善知製敎者 [敎-43]

4月 4日　　辛啓榮爲通訓大夫羅州牧使者 [敎-44]

인조 7년(1629) 기사(己巳: 崇禎 2年) 54세

7月17日 (辛啓榮爲通訓大夫行承政院)左副承旨戶(결락)經筵入番事緊爾其斯速(결락)事有 [敎-45]

인조 9년(1631) 신미(辛未) 56세

10月25日 辛啓榮爲通訓大夫行弘文館副修撰兼經筵檢討官春秋館記事官者 [敎-46]

인조 11년(1633) 계유(癸酉) 58세

2月19日 辛啓榮爲通訓大夫司僕寺行知製敎者 [敎-47]

3月 7日 辛啓榮爲通訓大夫行弘文館修撰知製敎兼經筵檢討官春秋館記事官者 [敎-48]

3月 8日 (결락)同副承旨　今以爾爲弘文館修撰經筵入番事(결락)爾其斯速乘馹上來事有旨 [敎-49]

4月13日 辛啓榮爲通訓大夫行弘文館副敎理知製敎兼經筵侍讀官春秋館記注官者 [敎-50]

8月 6日 辛啓榮爲知製敎者 [敎-51]

10月28日 辛啓榮爲通政大夫掌隸院判決使知製敎者 [敎-52]

12月14日 辛啓榮爲折衝將軍行龍驤衛副護軍者 [敎-53]

인조 12년(1634) 갑술(甲戌) 59세

正月 7日 辛啓榮爲折衝將軍行忠武衛司直者 [敎-54]

5月29日 辛啓榮爲通政大夫承政院同副承旨知製敎兼經筵參贊官春秋館修撰官者 [敎-55-1]

5月29日 今以爾爲承政院同副承旨爾其斯速乘馹上來事有旨 [敎-55-2]

7月13日 辛啓榮爲通政大夫承政院右副承旨知製敎兼經筵參贊官春秋

館修撰官者 [敎-56]

　　7月29日　辛啓榮爲通政大夫承政院同副承旨知製敎兼經筵參贊官春秋
館修撰官者 [敎-57]

인조 15년(1637) 정축(丁丑: 崇德 2年) 62세

　　閏4月 5日　辛啓榮爲嘉善大夫者 [敎-58-1]

　　閏4月 5日　辛啓榮爲嘉善大夫行義興衛副司果者 [敎-58-2]

　　7月27日　辛啓榮爲嘉善大夫行龍驤衛護軍者 [敎-59]

　　8月 1日　辛啓榮爲嘉善大夫行同知中樞府事者 [敎-60]

　　8月 8日　辛啓榮爲嘉善大夫行承政院左副承旨兼經筵參贊官春秋館修
撰官者 [敎-61]

　　8月23日　辛啓榮爲嘉善大夫行承政院左副承旨兼經筵參贊官春秋館修
撰官者 [敎-62]

　　9月 3日　辛啓榮爲嘉善大夫江華府留守者 [敎-63]

인조 16년(1638) 무인(戊寅) 63세

　　正月26日　辛啓榮爲嘉善大夫行虎賁衛護軍者 [敎-64]

　　2月25日　辛啓榮爲嘉善大夫行虎賁衛護軍兼五衛都摠府副摠管者 [敎-65]

　　3月 5日　辛啓榮爲嘉善大夫行兵曹參議者 [敎-66]

　　3月20日　辛啓榮爲嘉善大夫行兵曹參議兼同知義禁府事者 [敎-67]

　　3月25日　辛啓榮爲嘉善大夫戶曹參判兼同知義禁府事者 [敎-68]

　　7月19日　辛啓榮爲嘉善大夫戶曹參判兼同知義禁府事世子右副賓客者 [敎-69]

　　7月25日　辛啓榮爲嘉善大夫行戶曹參判兼同知義禁府事者 [敎-70]

　　12月13日　辛啓榮爲嘉善大夫行虎賁衛司果者 [敎-71]

인조 17년(1639) 기묘(己卯) 64세

　　正月 9日　辛啓榮爲嘉善大夫行龍驤衛副護軍者 [敎-72]

　　12月 1日　辛啓榮爲兼世子左副賓客者 [敎-73]

인조 19년(1641) 신사(辛巳) 66세

3月 3日　辛啓榮爲嘉善大夫行順天都護府使者 [敎-74]

인조 22年(1644) 갑신(甲申: 順治 元年) 69세

正月 29日　辛啓榮爲嘉善大夫行義興衛副司直者 [敎-75]

4月29日　辛啓榮爲兼世子右副賓客者 [敎-76]

7月 2日　辛啓榮爲兼世子左副賓客者 [敎-77]

인조 25년(16470 정해(丁亥) 72세

9月13日　辛啓榮爲嘉善大夫行掌隷院判決使者 [敎-78]

인조 26년(1648) 무자(戊子) 73세

閏3月 2日　辛啓榮爲嘉善大夫戶曹參判兼同知義禁府事者 [敎-79]

9月21日　辛啓榮爲兼嘉善大夫兼五衛都摠府副摠管者 [敎-80]

인조 27년(1649) 기축(己丑) 74세

正月 15日　辛啓榮爲嘉善大夫全州府尹者 [敎-81]

효종 4년(1653) 계사(癸巳) 78세

8月18日　辛啓榮爲嘉善大夫行漢城府左尹者 [敎-82]

10月27日　辛啓榮爲兼五衛都摠府副摠管者 [敎-83]

11月 6日　辛啓榮爲嘉善大夫戶曹參判者 [敎-84]

효종 5년(1654) 갑오(甲午) 79세

3月15日　辛啓榮爲兼五衛都摠府副摠管者 [敎-85]

효종 6년(1655) 을미(乙未) 80세

2月 6日　辛啓榮爲嘉善大夫行龍驤衛副護軍者 [敎-86]

4月 5日　辛啓榮爲嘉善大夫行義興衛副司直者 [敎-87]

7月27日　辛啓榮爲嘉善大夫行虎賁衛副護軍者 [敎-88]

8月26日　辛啓榮爲嘉善大夫行漢城府左尹者 [敎-89]

9月19日　辛啓榮爲嘉善大夫行龍驤衛副護軍者 [敎-90]

11月16日　辛啓榮爲嘉善大夫工曹參判者 [敎-91]

효종 7년(1656) 병신(丙申) 81세

　　2月 2日　辛啓榮爲嘉善大夫行忠武衛司果者 [敎-92]

　　2月 4日　辛啓榮爲嘉義大夫者 [敎-93-1]

　　2月 4日　辛啓榮爲嘉義大夫行忠武衛司果者 [敎-93-2]

　　4月　　　辛啓榮爲嘉義大夫行虎賁衛副司直者 [敎-94]

　　7月14日　辛啓榮爲嘉義大夫行忠佐衛司果者 [敎-95]

효종 8년(1657) 정유(丁酉) 82세

　　4月11日　辛啓榮爲嘉義大夫行龍驤衛副護軍者 [敎-96]

현종 6년(1665) 을사(乙巳:康熙 4年) 90세

　　5月 1日　辛啓榮爲資憲大夫行龍驤衛副護軍者 [敎-97]

　　5月 6日　辛啓榮爲資憲大夫知中樞府事者 [敎-98]

현종 8년(1667) 정미(丁未) 91세

　　11月 8日　贈通訓大夫司憲府執義辛義貞贈嘉善大夫戶曹參判兼同知義
禁府事五衛都摠府副摠管者 [敎-99-1]

　　贈通政大夫承政院左承旨兼經筵參贊官辛鎭贈資憲大夫兵曹判書兼知義
禁府事者 [敎-99-2]

　　贈嘉善大夫兵曹參判兼同知義禁府事辛宗遠贈崇政大夫議政府左贊成兼
判義禁府事五衛都摠府都摠管者 [敎-99-3]

영조 45년(1770) 乾隆 34년

　　諡號 卒判府事辛啓榮靖憲公 [敎-100]

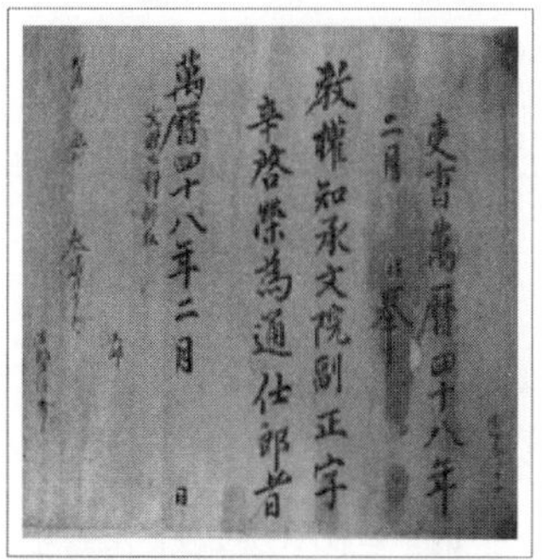

[敎－1] 敎權知承文院副正字辛啓榮
爲通仕郎者

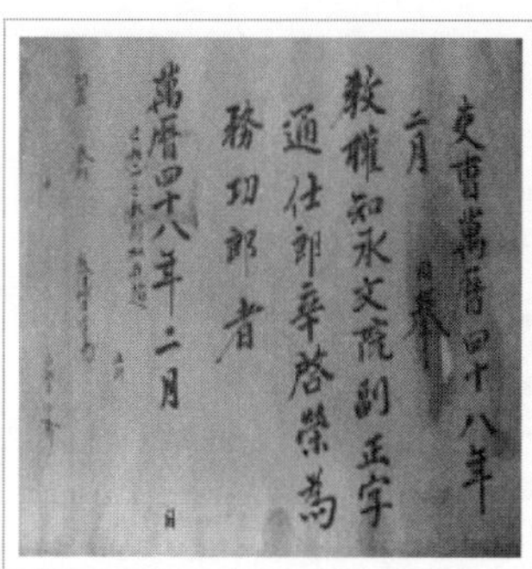

[敎－2] 敎權知承文院副正字通仕郎
者辛啓榮爲務功郎者

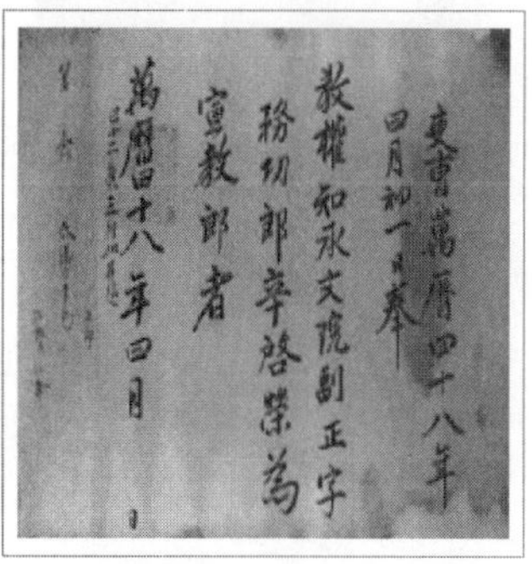

[敎－3] 敎權知承文院副正字務功郎
辛啓榮爲宣敎郎者

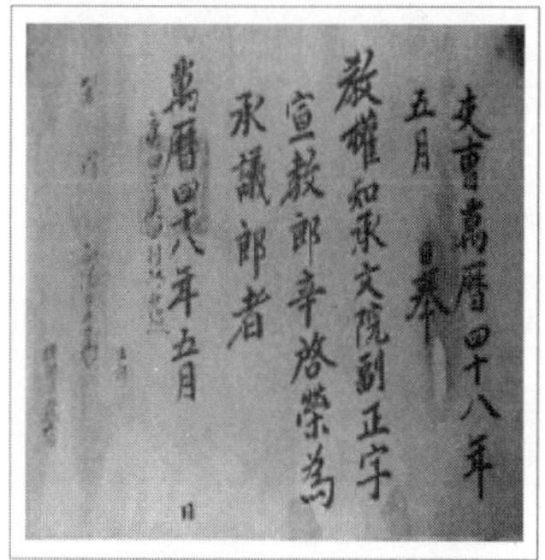

[敎－4] 敎權知承文院副正字宣敎郎
辛啓榮爲承議郎者

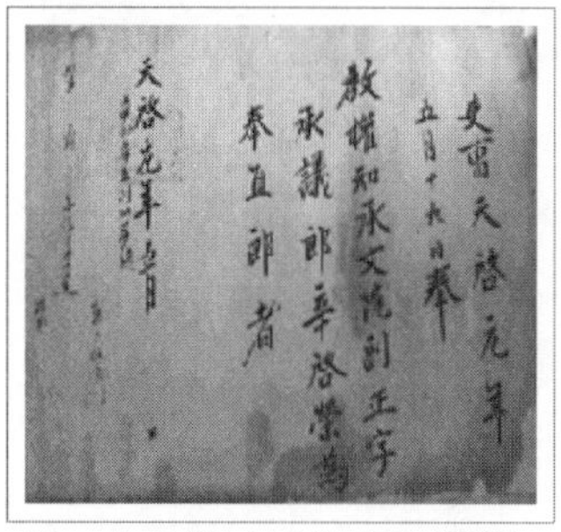

[敎－5] 敎權知承文院副正字承議郎
辛啓榮爲奉直郎者

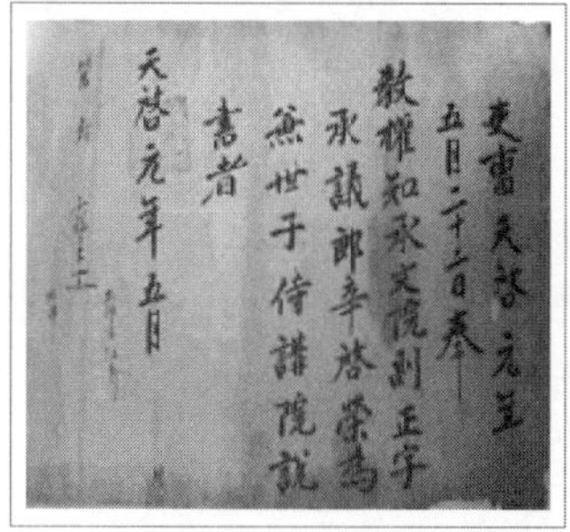

[敎－6] 敎權知承文院副正字承議郎辛
啓榮爲兼世子侍講院說書者

[敎-7]　(결락)世子侍講院說書經筵
入番事緊爾其速乘馹上來事有

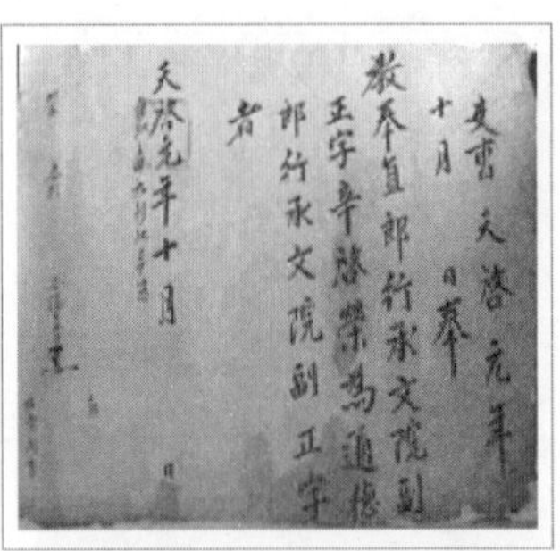

[敎-8]　敎奉直郎行承文院副正字辛
啓榮爲通德郎行承文院副正字者

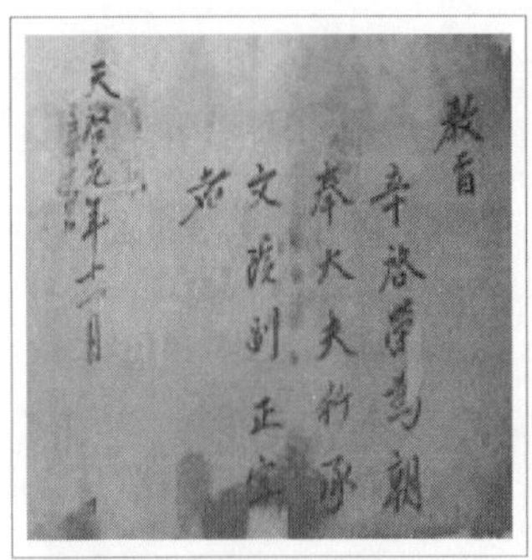

[敎-9]　辛啓榮爲朝奉大夫行承文院
副正字者

[敎-10]　　辛啓榮爲奉列大夫行承政
院注書兼春秋館記注官者

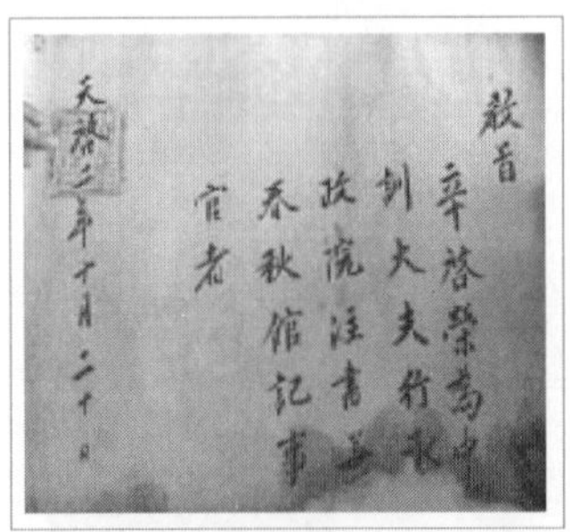

[敎-11]　　辛啓榮爲中訓大夫行承政
院注書兼春秋館記事官者

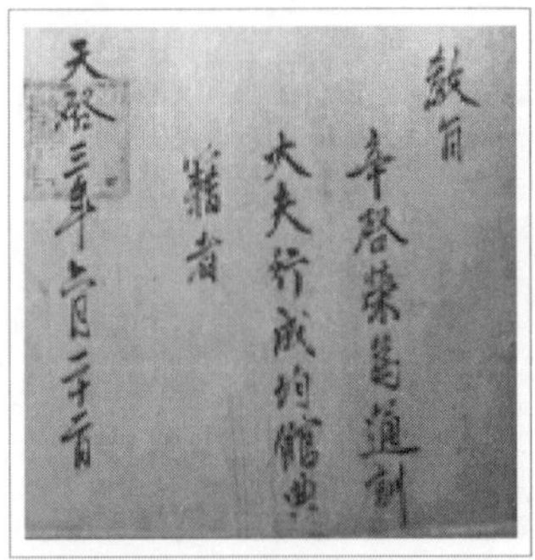

[敎-12]　辛啓榮爲通訓大夫行成均
館典籍者

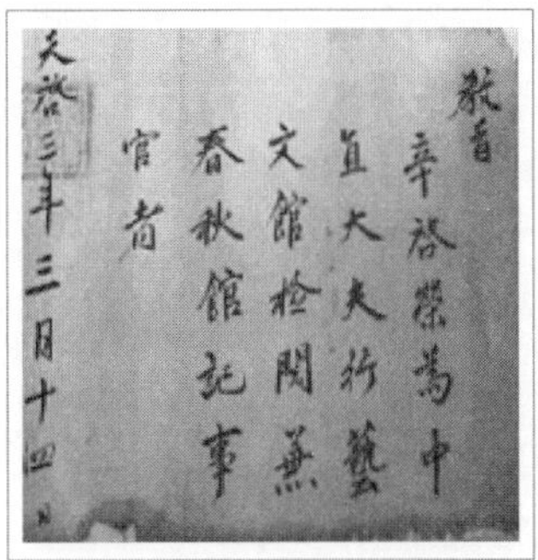

[敎-13] 辛啓榮爲中直大夫行禮文
館檢閱兼春秋館記事官者

[敎-14] 辛啓榮爲中直大夫行藝文
官待敎兼春秋館記事官者

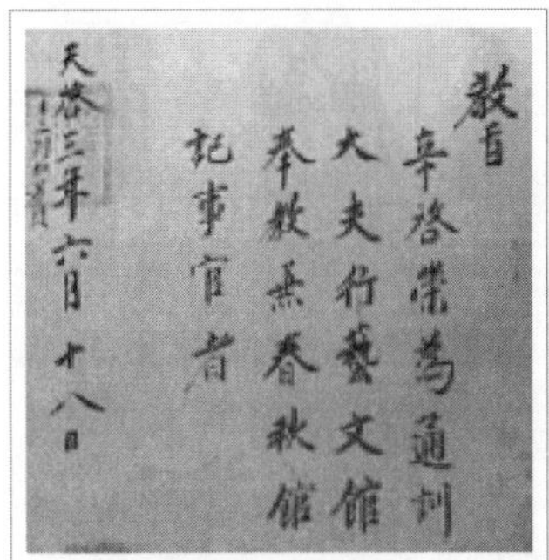

[敎-15] 辛啓榮爲通訓大夫行禮文
館奉敎兼春秋館記事官者

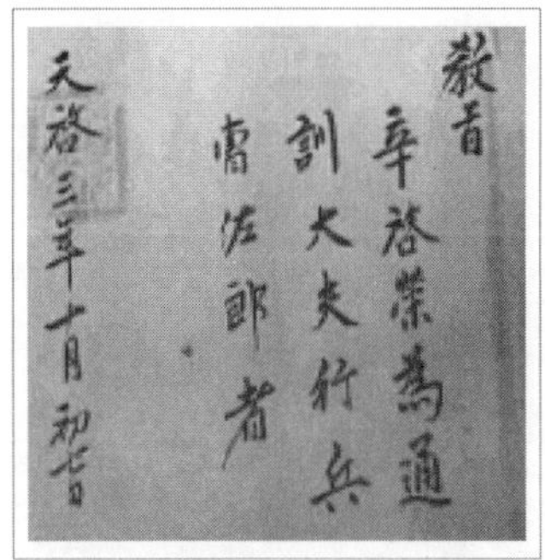

[敎-16] 辛啓榮爲通訓大夫行兵曹
佐郎者

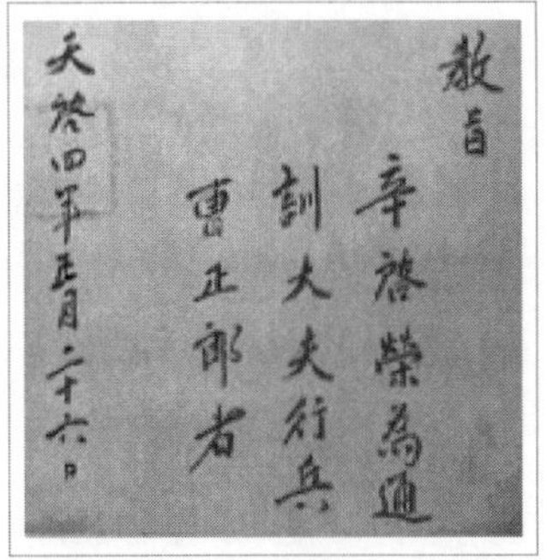

[敎-17] 辛啓榮爲通訓大夫行兵曹
正郎者

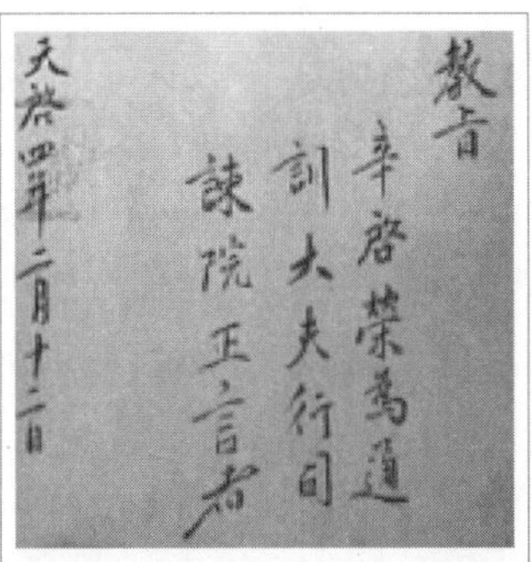

[敎-18] 辛啓榮爲通訓大夫行司諫
院正言者

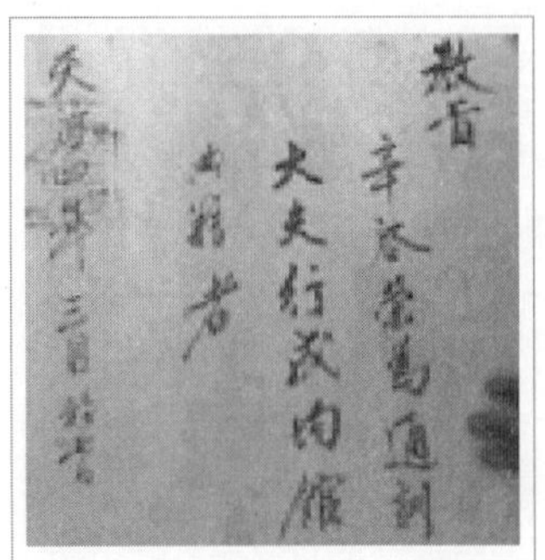

[敎－19] 辛啓榮爲通訓大夫行成均
館典籍者

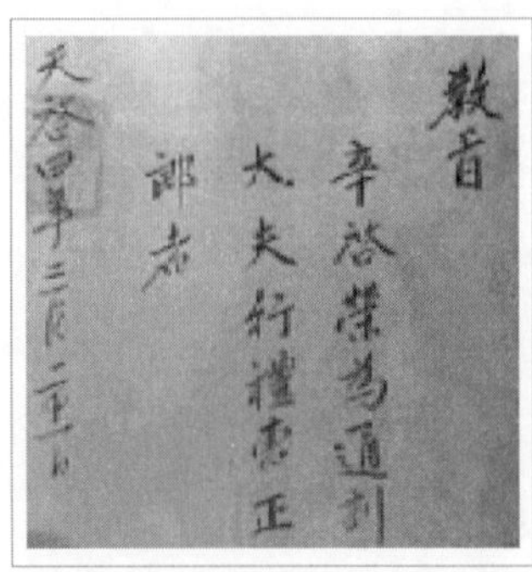

[敎－20] 辛啓榮爲通訓大夫行禮曹
正郎者

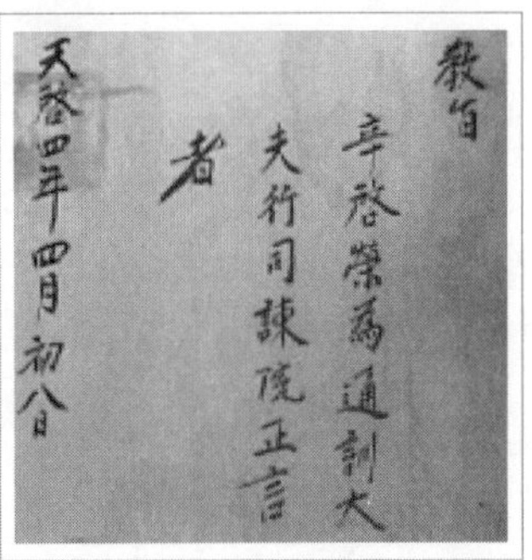

[敎－21] 辛啓榮爲通訓大夫行司鍊
院正言者

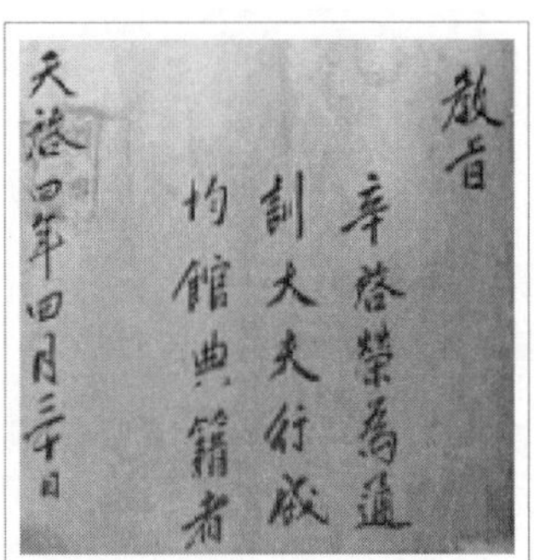

[敎－22] 辛啓榮爲通訓大夫行成均
館典籍者

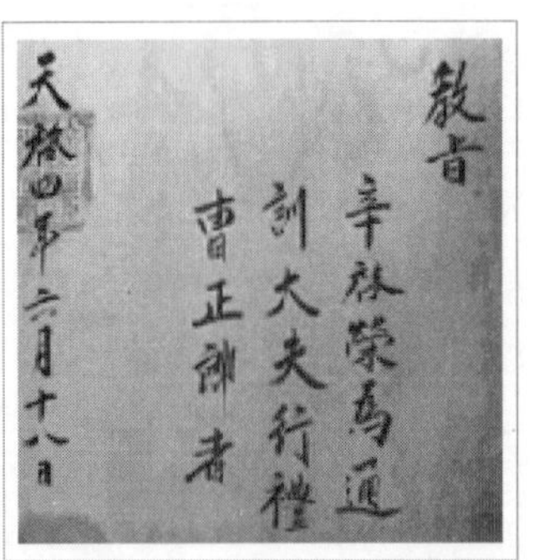

[敎－23] 辛啓榮爲通訓大夫行禮曹
正郎者

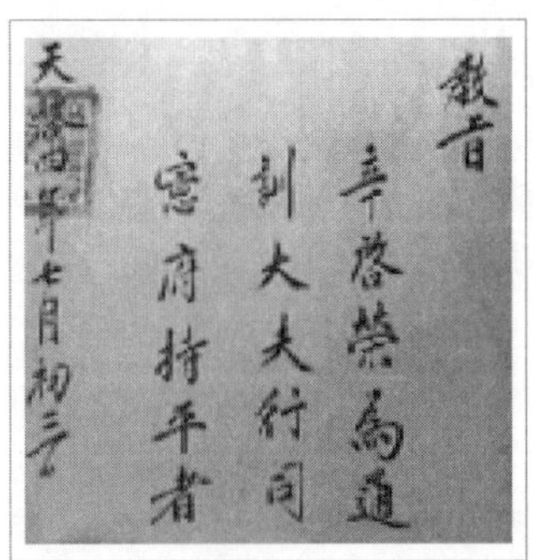

[敎－24] 辛啓榮爲通訓大夫行司憲
府持平者

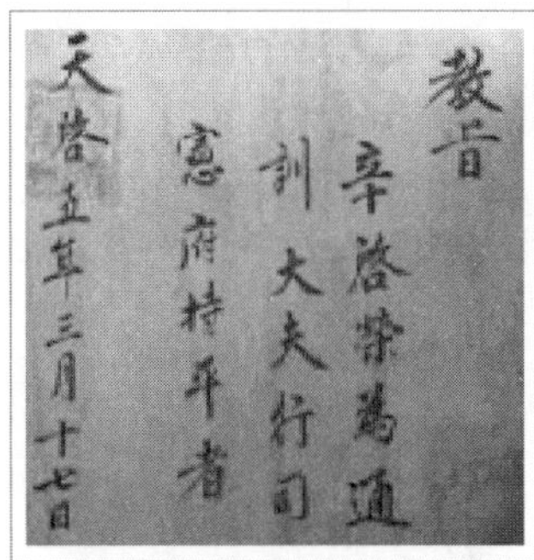

[教－25] 辛啓榮爲通訓大夫行司憲
府持平者

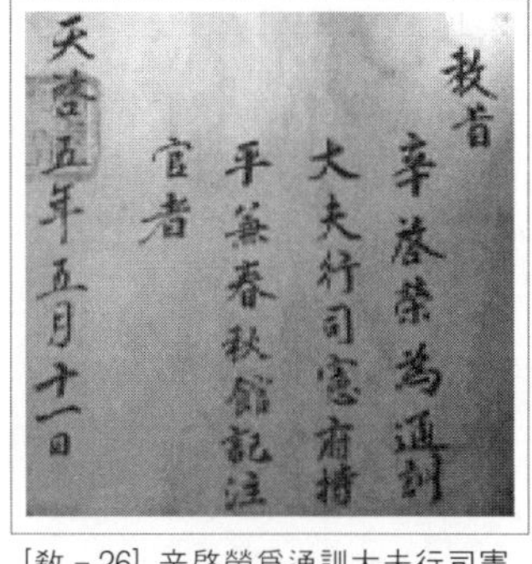

[教－26] 辛啓榮爲通訓大夫行司憲
府持平兼春秋館記注官者

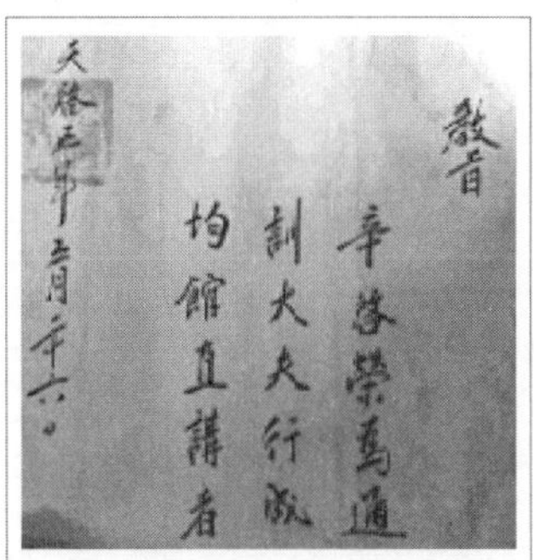

[教－27] 辛啓榮爲通訓大夫行成均
館直講者

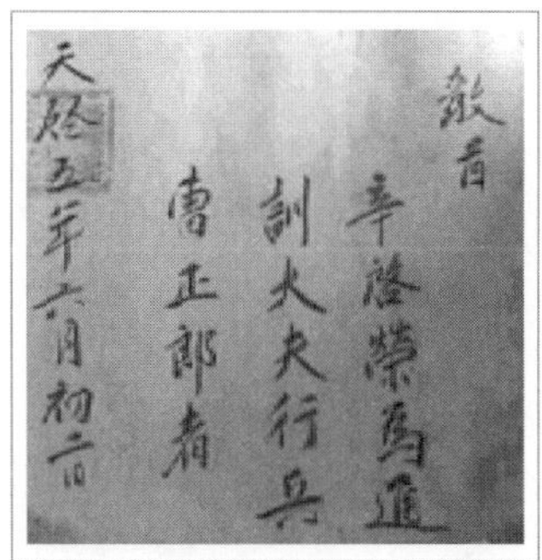

[教－28] 辛啓榮爲通訓大夫行兵曹
正郎者

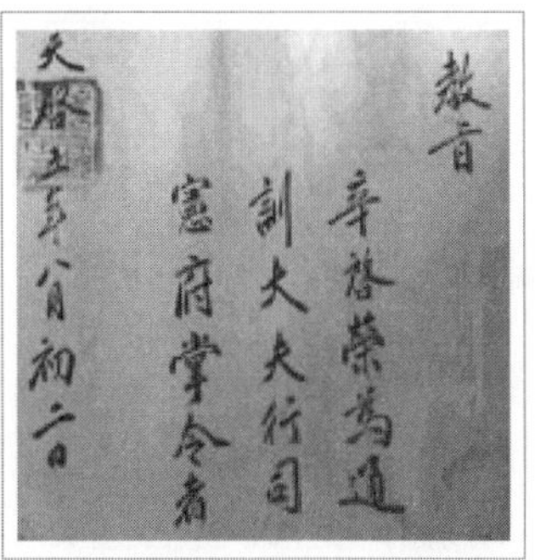

[教－29] 辛啓榮爲通訓大夫行司憲
府掌令者

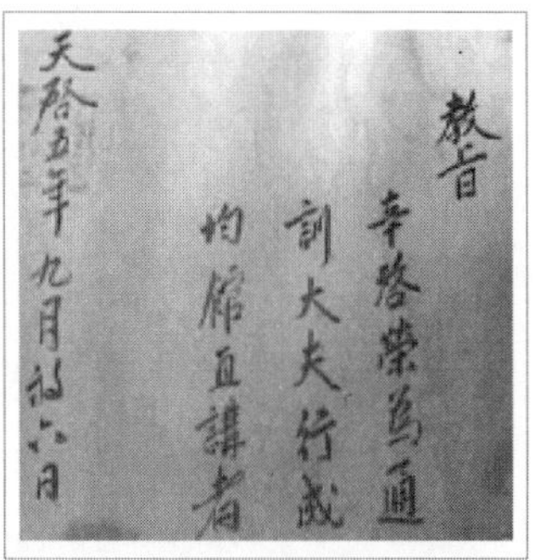

[教－30] 辛啓榮爲通訓大夫行成均
館直講者

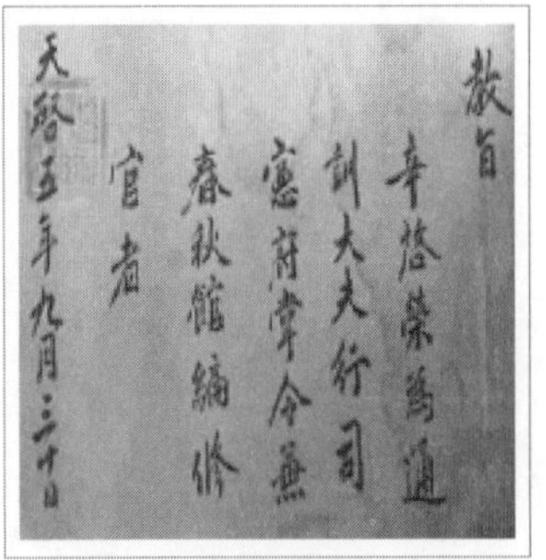

[敎－31] 辛啓榮爲通訓大夫行司憲
府掌令兼春秋館編修官者

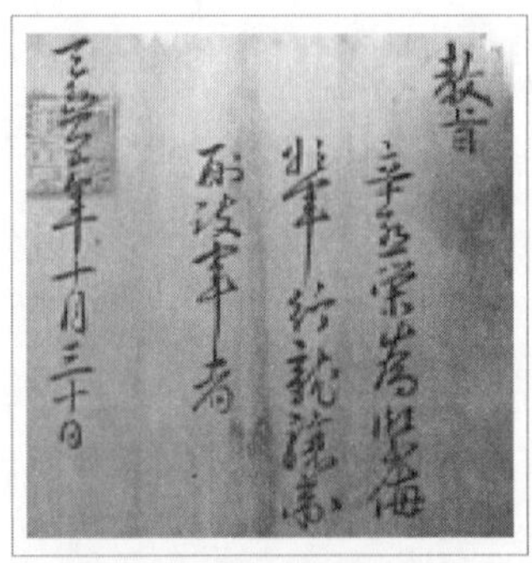

[敎－32] 辛啓榮爲禦侮將軍行龍驤
衛副護軍者

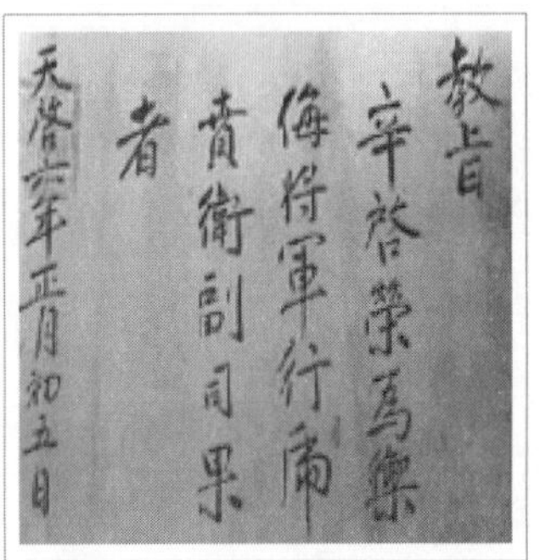

[敎－33] 辛啓榮爲禦侮將軍行虎賁
衛副司果者

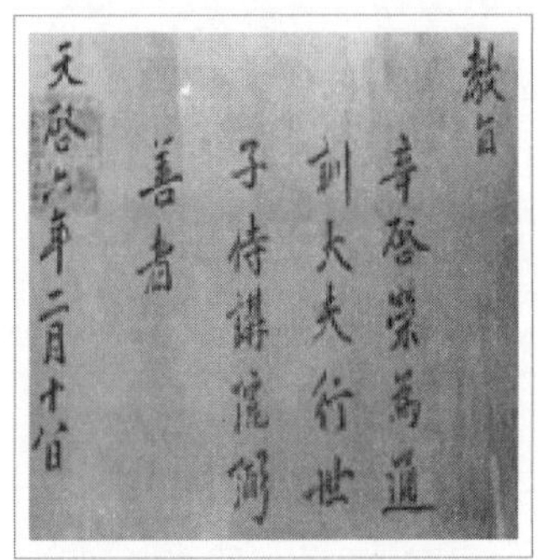

[敎－34] 辛啓榮爲通訓大夫行世子
侍講院弼善者

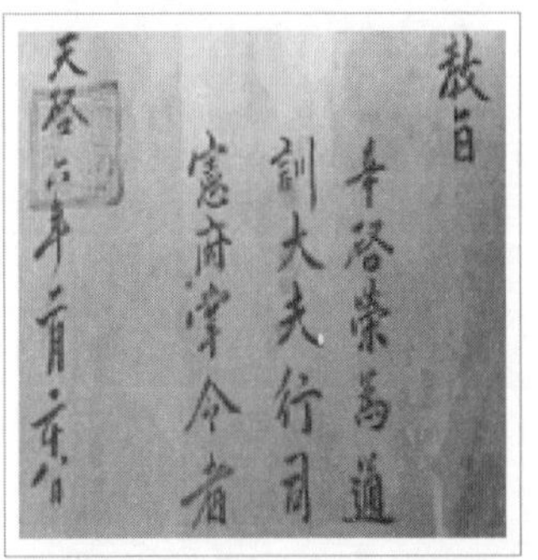

[敎－35] 辛啓榮爲通訓大夫行司憲
府掌令者

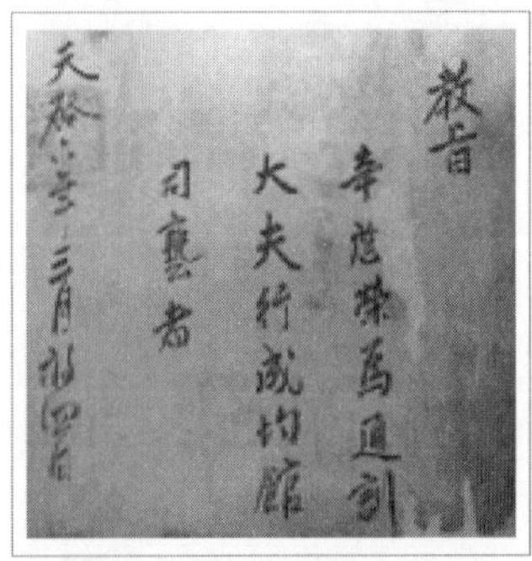

[敎－36] 辛啓榮爲通訓大夫行成均
館司藝者

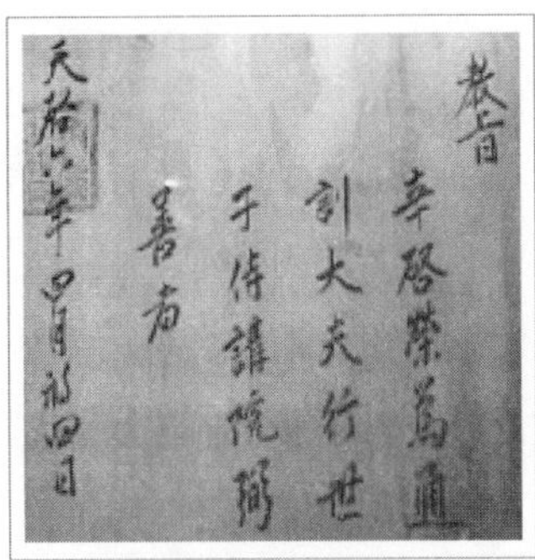

[敎－37] 辛啓榮爲通訓大夫行世子
侍講院弼善者

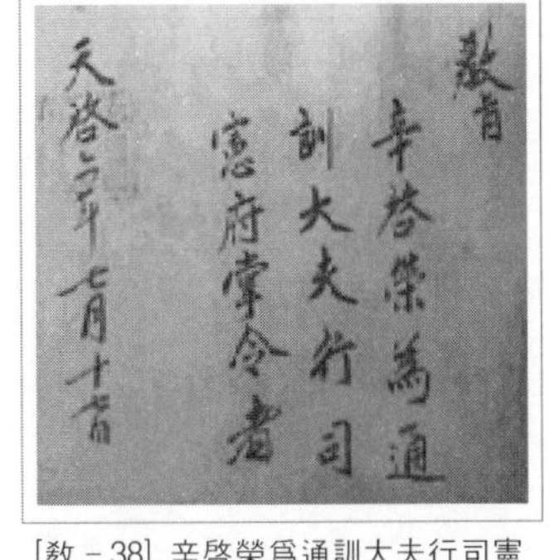

[敎－38] 辛啓榮爲通訓大夫行司憲
府掌令者

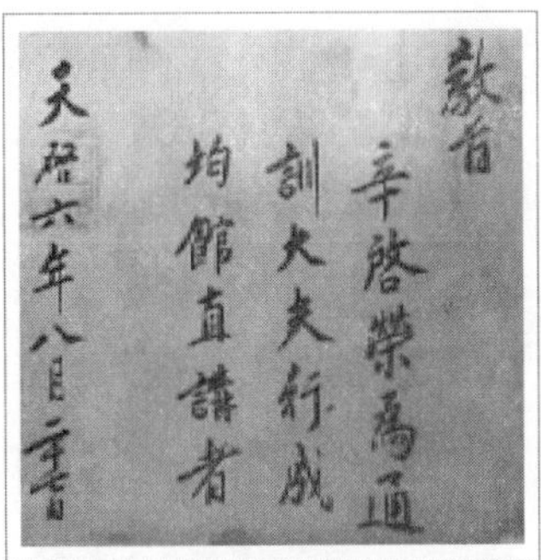

[敎－39] 辛啓榮爲通訓大夫行成均
館直講者

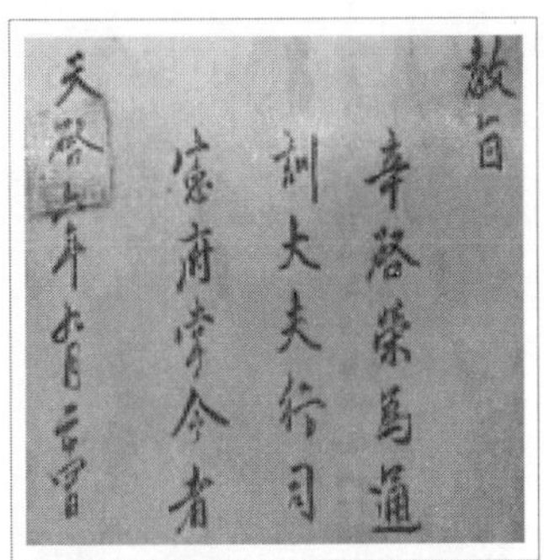

[敎－40] 辛啓榮爲通訓大夫行司憲
府掌令者

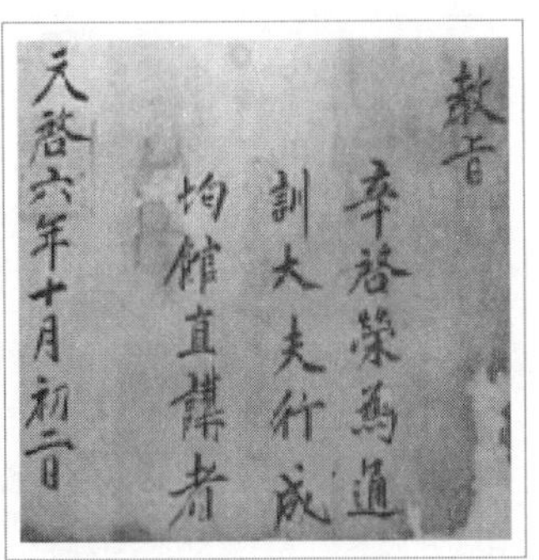

[敎－41] 辛啓榮爲通訓大夫行成均
館直講者

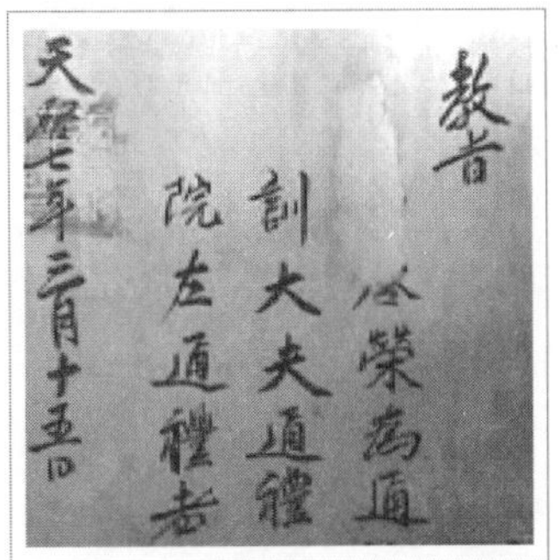

[敎－42] 辛啓榮爲通訓大夫通禮院
左通禮者

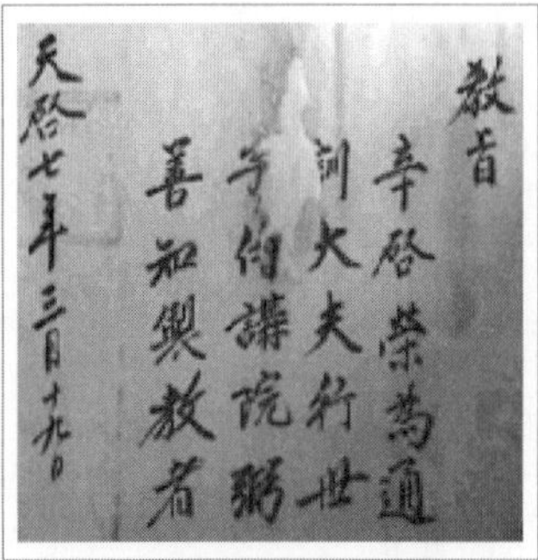

[敎－43] 辛啓榮爲通訓大夫行世子
侍講院弼善知製敎者

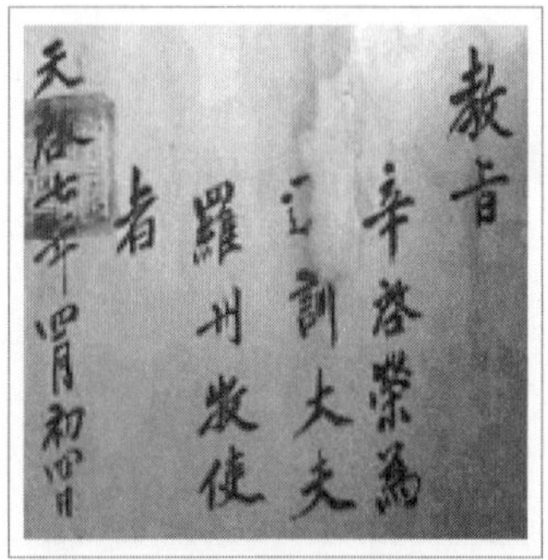

[敎－44] 辛啓榮爲通訓大夫行羅州
牧使者

[敎－45] (辛啓榮爲通訓大夫行承政
院)左副承旨戶(결락)經筵入番事緊
爾其斯速(결락)事有

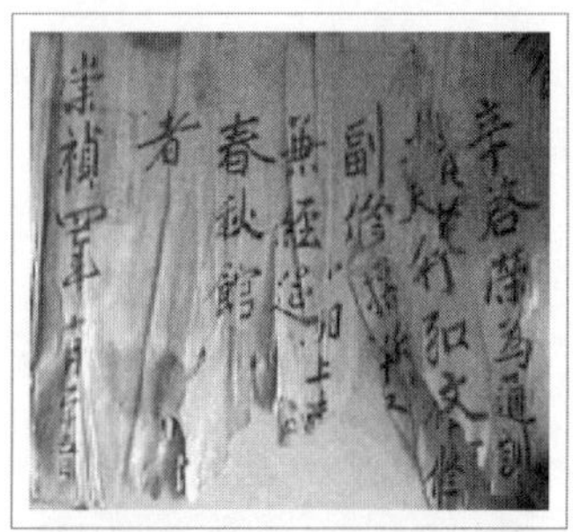

[敎－46] 辛啓榮爲通訓大夫行弘文
館副修撰兼經筵檢討官春秋館記事
官者

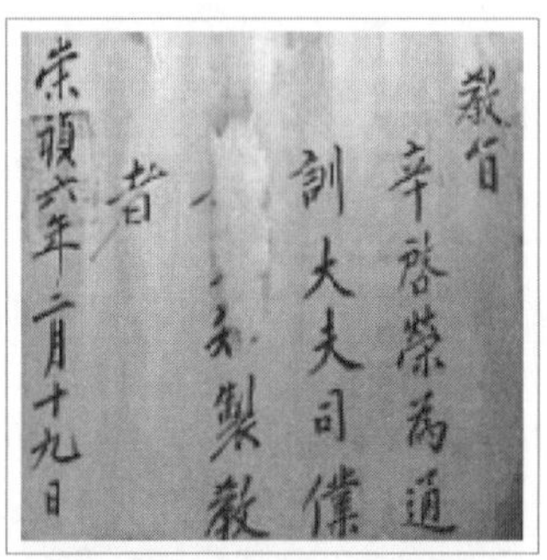

[敎－47] 辛啓榮爲通訓大夫司僕侍
行知製敎者

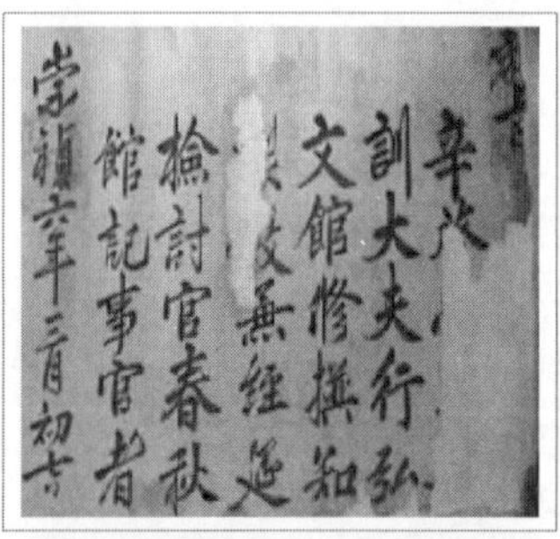

[敎－48] 辛啓(榮爲通)訓大夫行弘文
館修撰知(製敎)兼經筵檢討官春秋館
記事官者

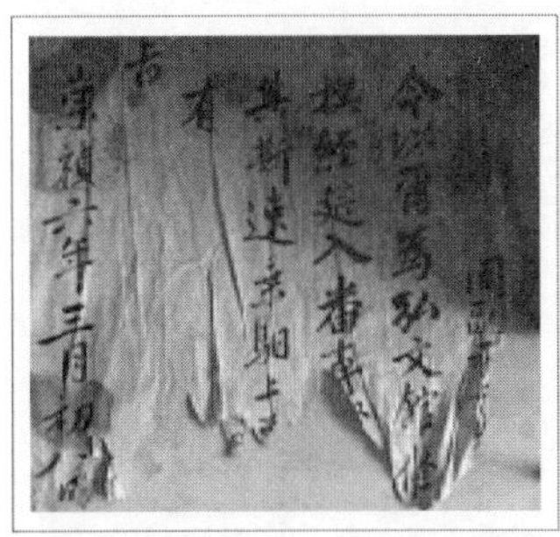

[敎－49] 同副承旨今以爾爲弘文館
修撰經筵入番事(결락)爾其斯速乘馹
上來事有旨

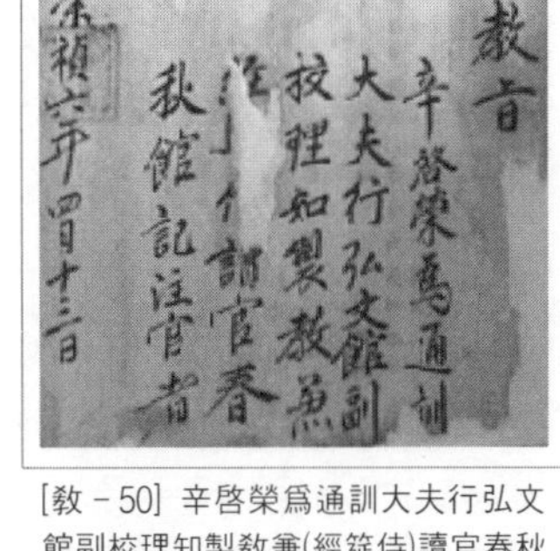

[敎－50] 辛啓榮爲通訓大夫行弘文
館副校理知製敎兼(經筵侍)讀官春秋
館記注官者

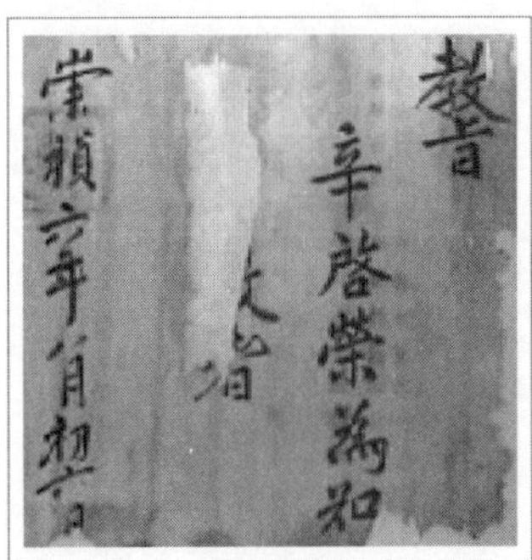

[敎－51] 辛啓榮爲知製敎者

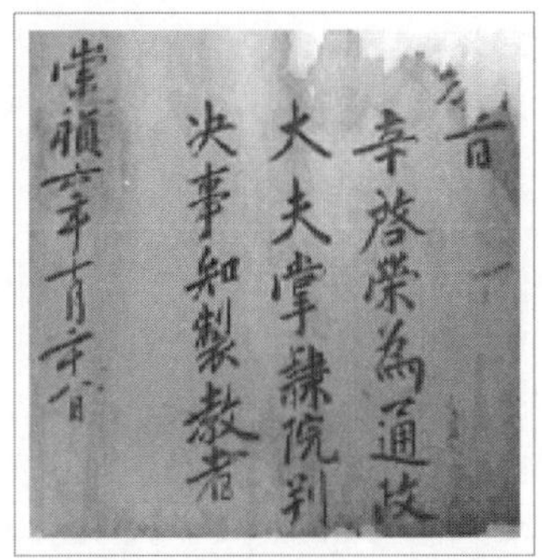

[敎－52] 辛啓榮爲通政大夫掌隷院
判決事知製敎者

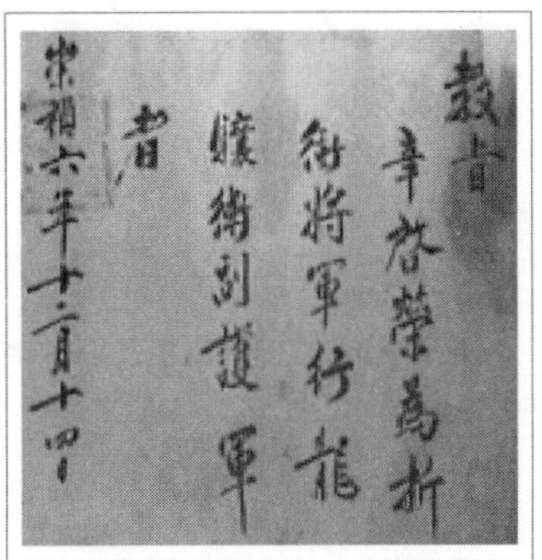

[敎－53] 辛啓榮爲折衝將軍行龍讓
衛副護軍者

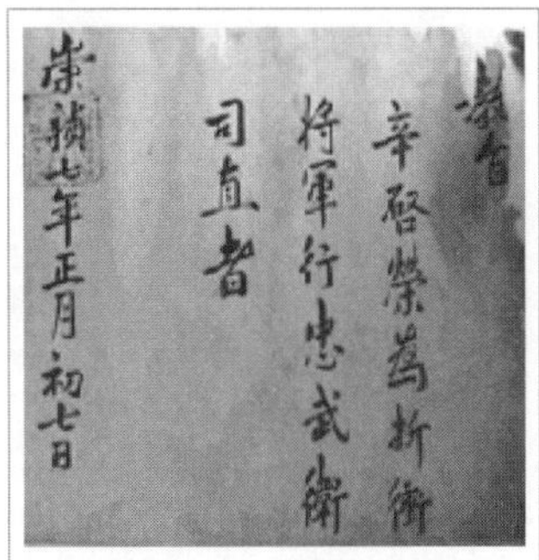

[敎－54] 辛啓榮爲折衝將軍行忠武
衛副司直者

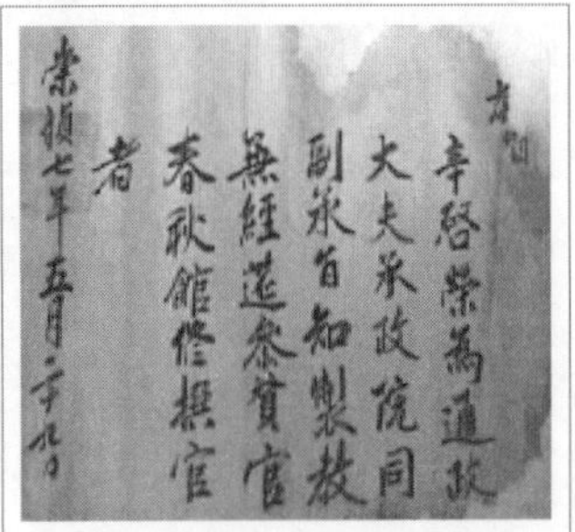

[敎-55-1] 辛啓榮爲通政大夫承政院同副承旨知製敎兼經筵參贊官春秋館修撰官者

[敎-55-2] (결락)今以爾爲承政院副承旨爾其斯乘馹上來事有旨

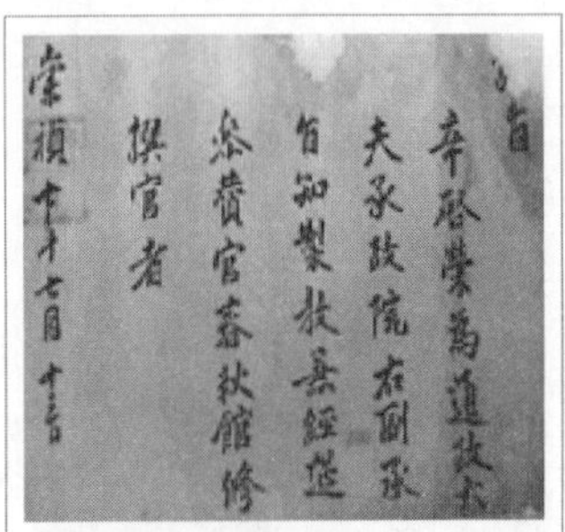

[敎-56] 辛啓榮爲通政大夫承政院右副承旨知製敎兼經筵參贊官春秋館修撰官者

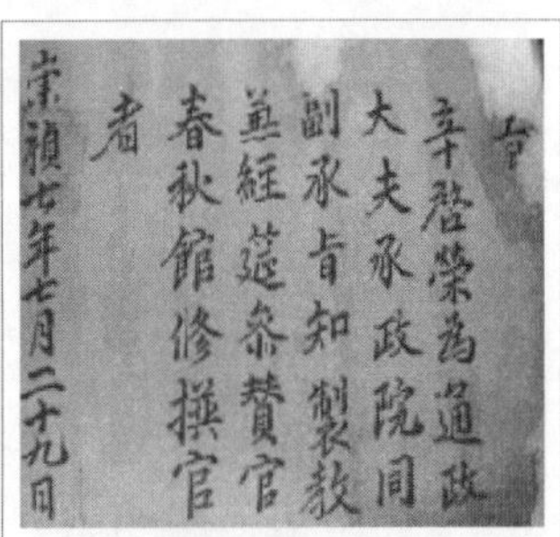

[敎-57] 辛啓榮爲通政大夫承政院同副承旨知製敎兼經筵參贊官春秋館修撰官者

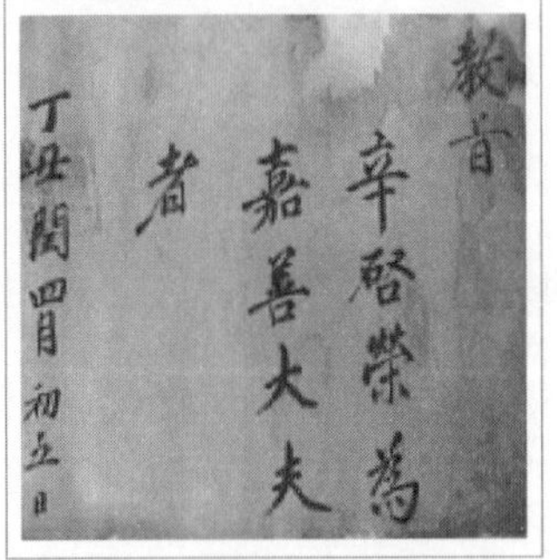

[敎-58-1] 辛啓榮爲嘉善大夫者

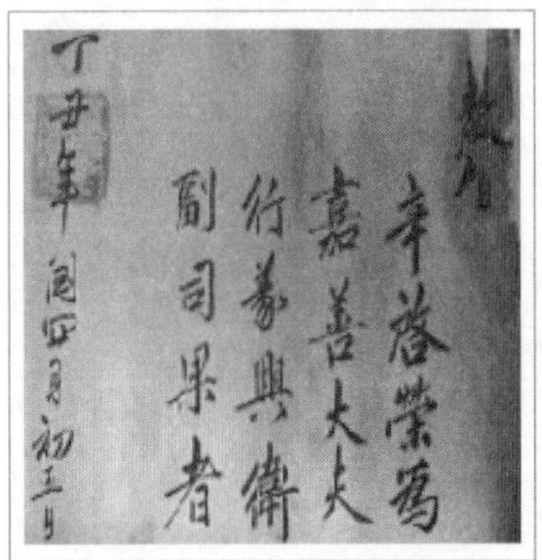

[敎-58-2] 辛啓榮爲嘉善大夫行議興衛副司果者

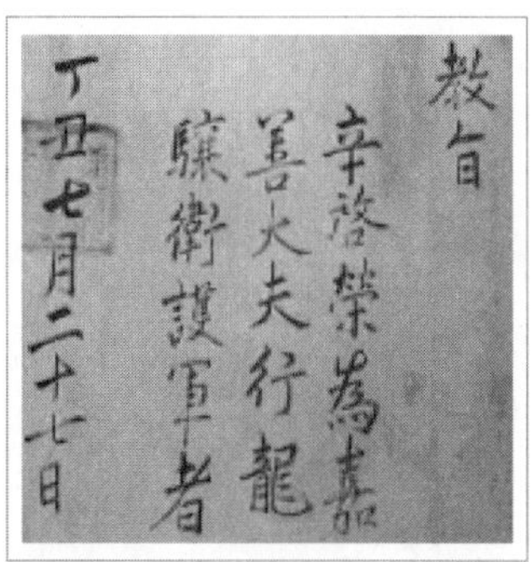

[敎-59] 辛啓榮爲嘉善大夫行龍讓
衛護軍者

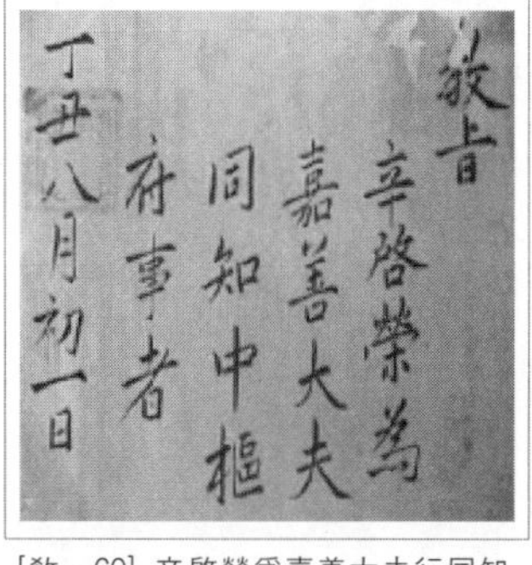

[敎-60] 辛啓榮爲嘉善大夫行同知
中樞府事者

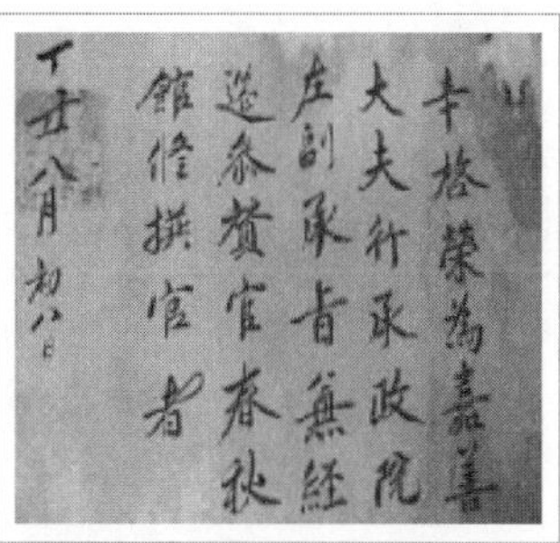

[敎-61] 辛啓榮爲嘉善大夫行承政
院左副承旨兼經筵參贊官春秋館修
撰官者

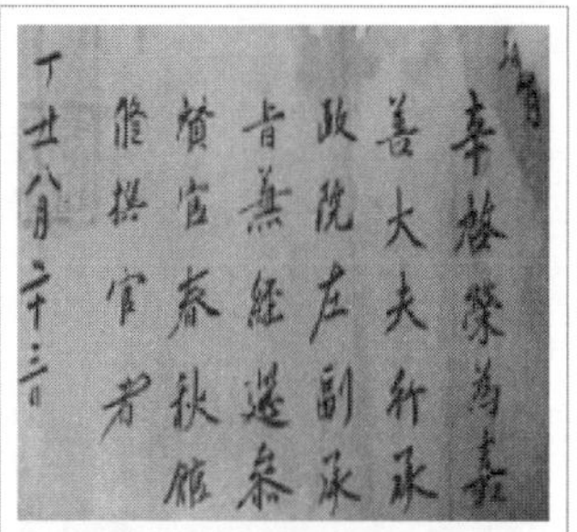

[敎-62] 辛啓榮爲嘉善大夫行承政
院左副承旨兼經筵參贊官春秋館修
贊官者

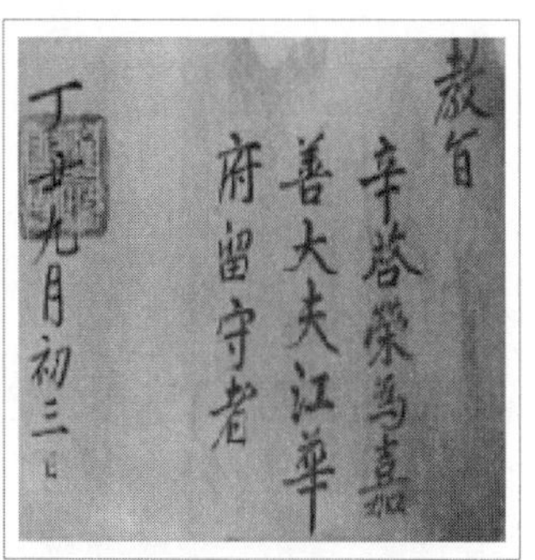

[敎-63] 辛啓榮爲嘉善大夫江華府
留守者

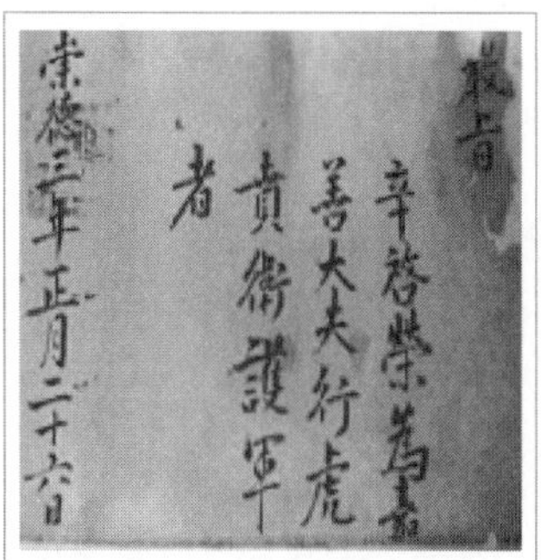

[敎-64] 辛啓榮爲嘉善大夫行虎賁
衛護軍者

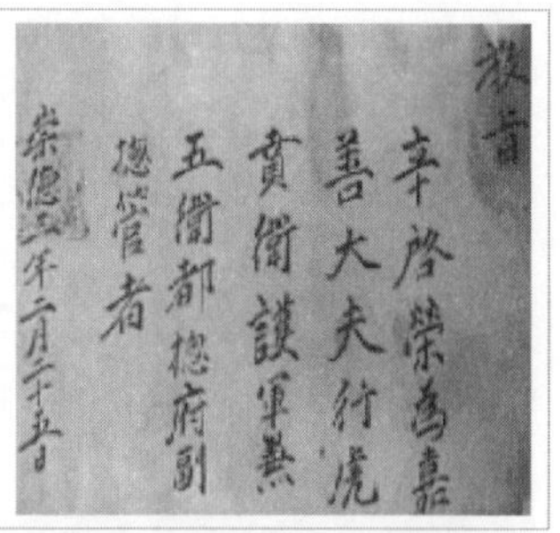

[敎-65] 辛啓榮爲嘉善大夫行虎賁
衛護軍兼五衛都摠府副摠管者

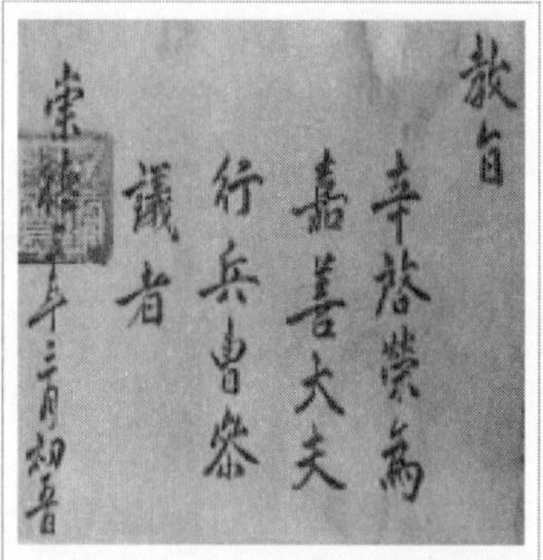

[敎-66] 辛啓榮爲嘉善大夫行兵曹
參議者

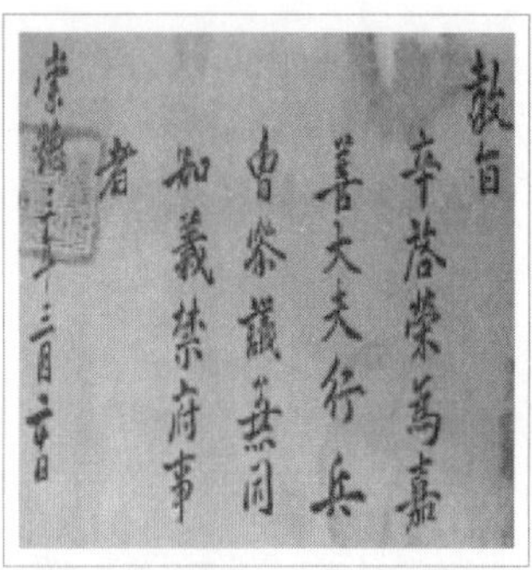

[敎-67] 辛啓榮爲嘉善大夫行兵曹
參議兼同知義禁府事者

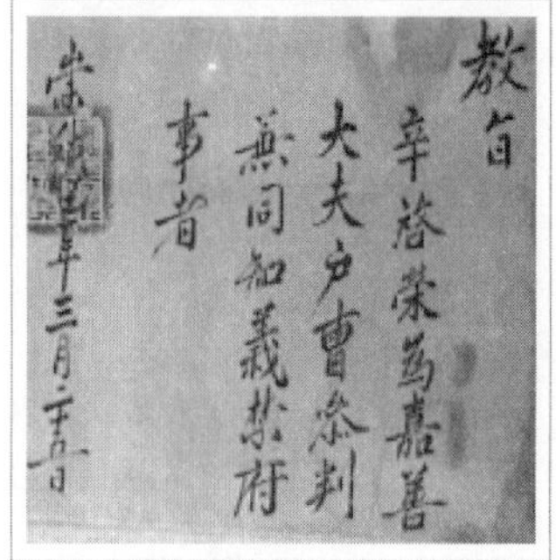

[敎-68] 辛啓榮爲嘉善大夫戶曹參
判兼同知義禁府事者

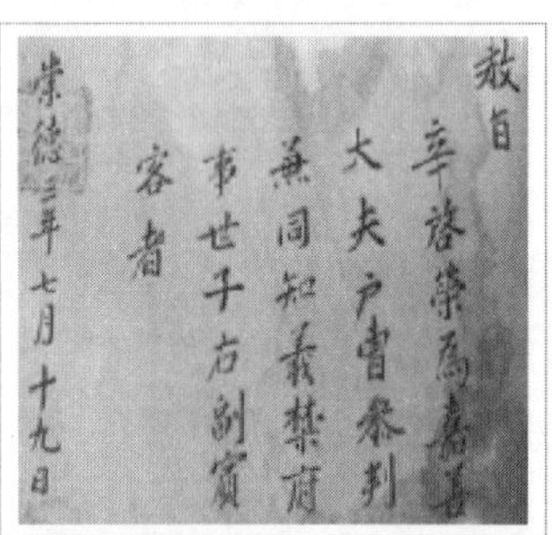

[敎-69] 辛啓榮爲嘉善大夫戶曹參判
兼同知義禁府事世子右副賓客者

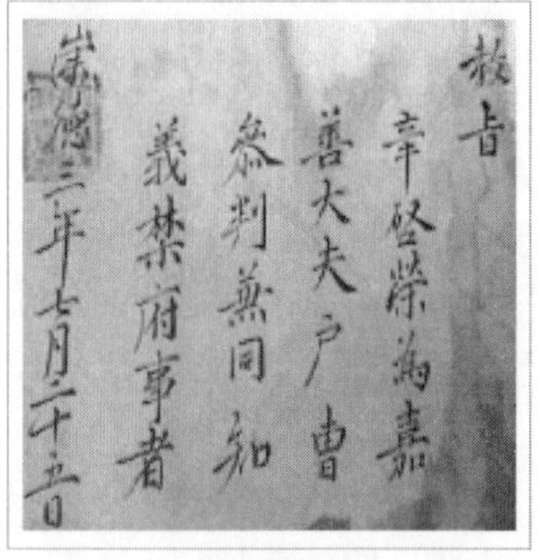

[敎-70] 辛啓榮爲嘉善大夫行戶曹
參判兼同知義禁府事者

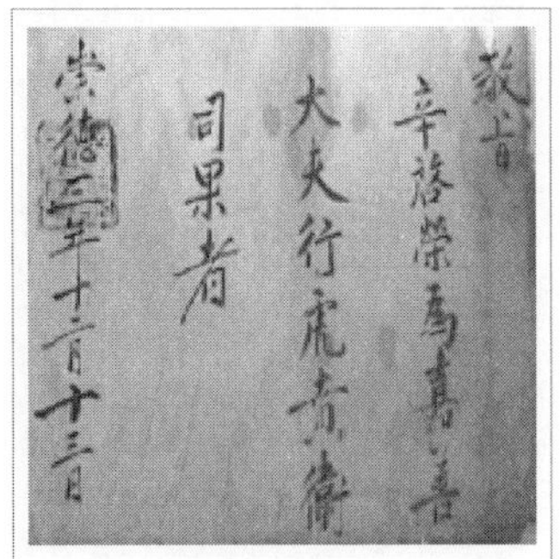

[敎-71] 辛啓榮爲嘉善大夫行虎賁衛司果者

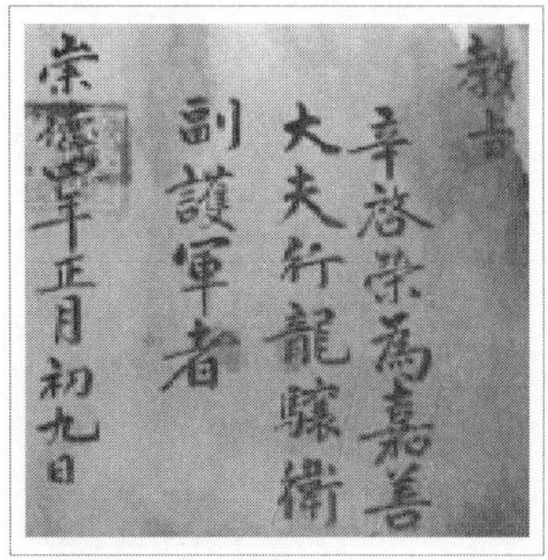

[敎-72] 辛啓榮爲嘉善大夫行龍讓衛副護軍者

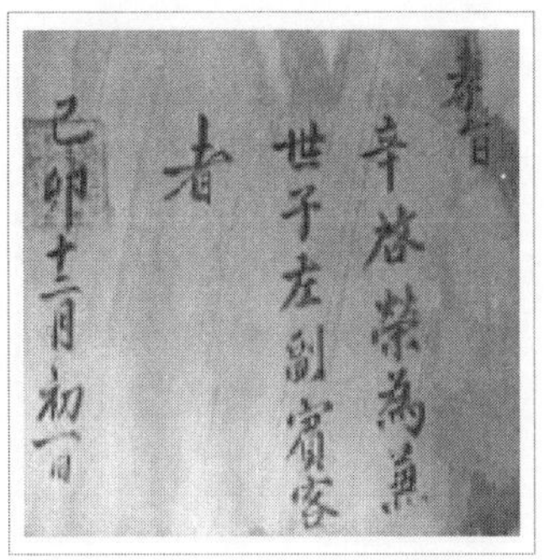

[敎-73] 辛啓榮爲世子左副賓客者

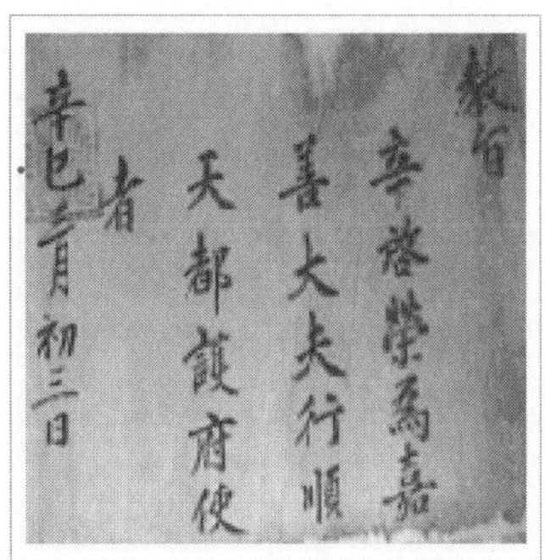

[敎-74] 辛啓榮爲嘉善大夫行順天都護府使者

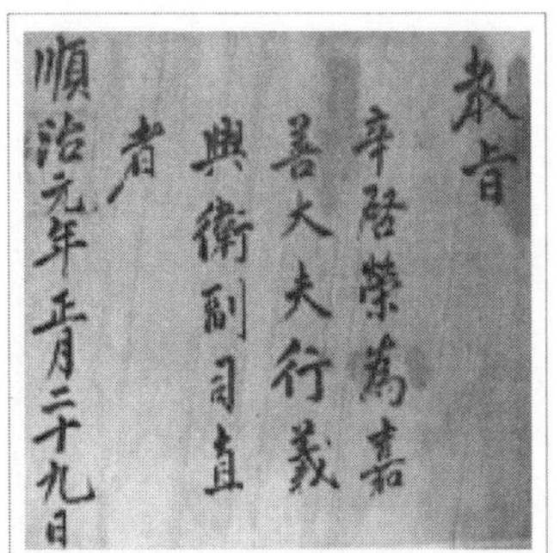

[敎-75] 辛啓榮爲嘉善大夫行義興衛副司直者

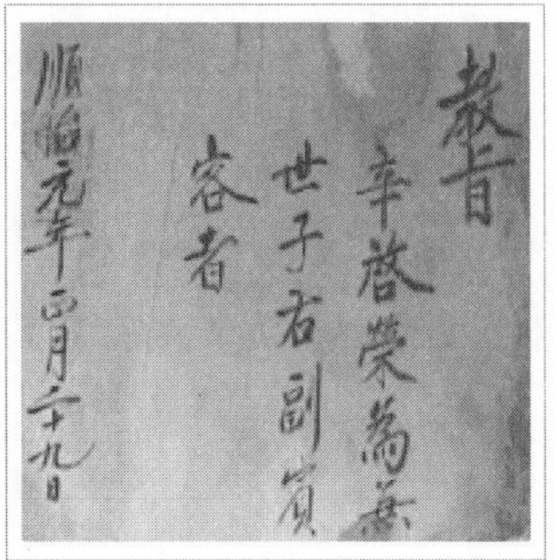

[敎-76] 辛啓榮爲兼世子右副賓客者

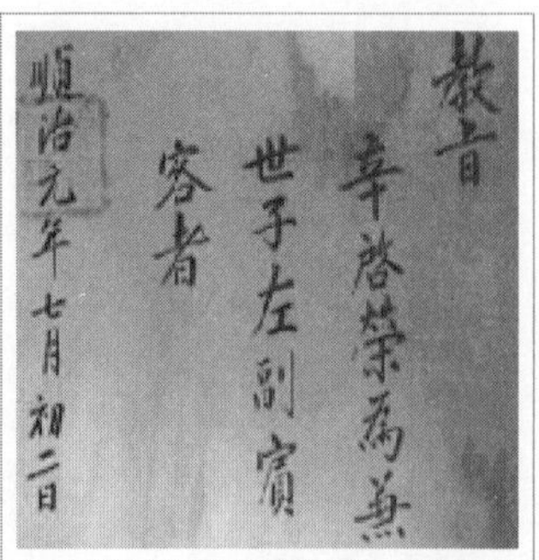

[敎－77] 辛啓榮爲兼世子左副賓客
者

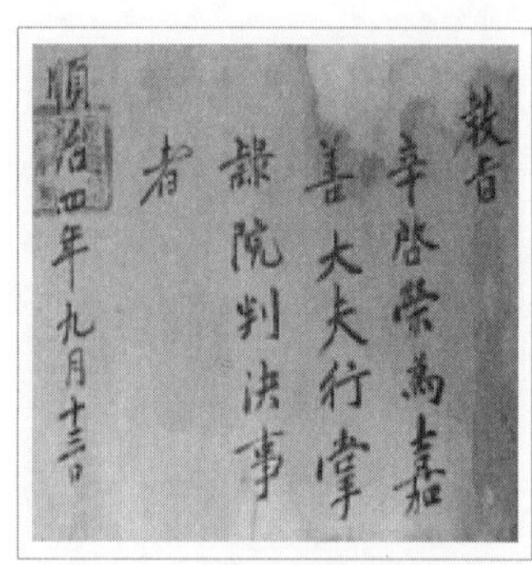

[敎－78] 辛啓榮爲嘉善大夫行掌隷
院判決事者

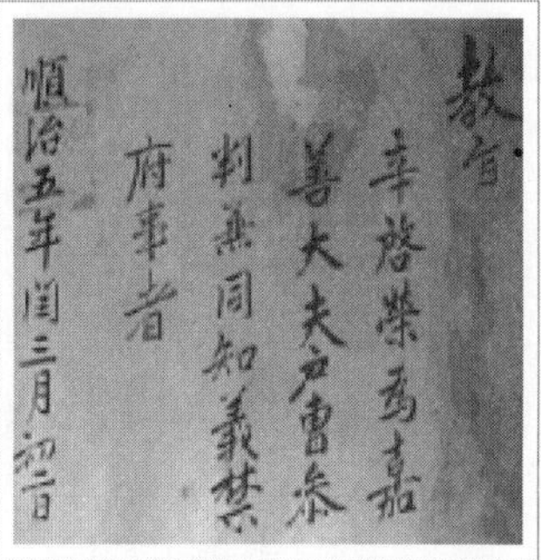

[敎－79] 辛啓榮爲嘉善大夫戶曹參
判兼同知義禁府事者

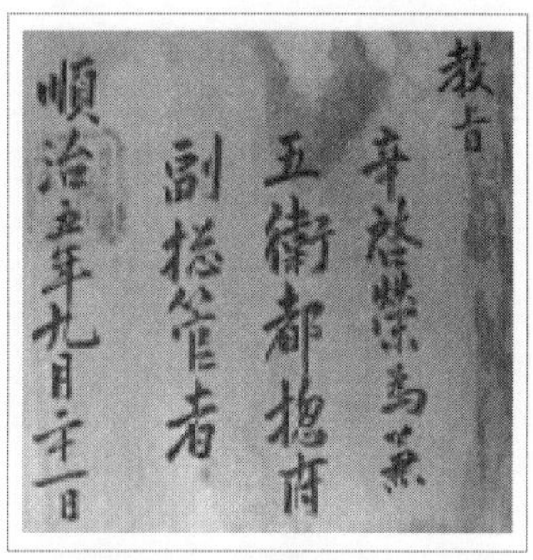

[敎－80] 辛啓榮爲兼五衛都摠府副
摠管者

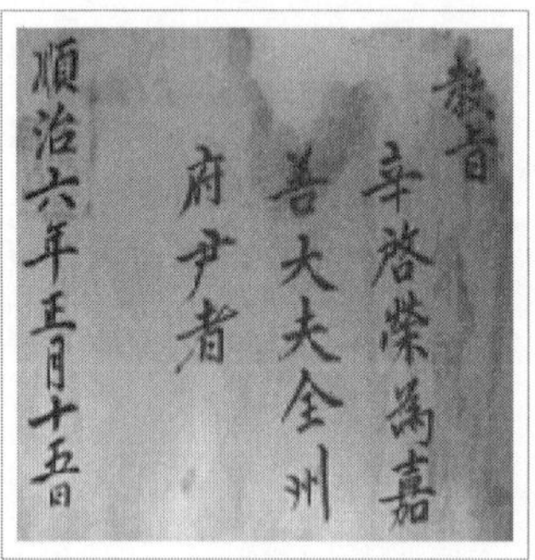

[敎－81] 辛啓榮爲嘉善大夫行全州
府尹者

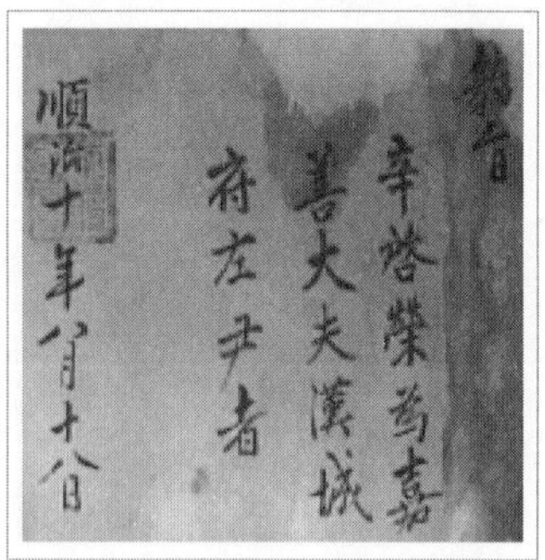

[敎－82] 辛啓榮爲嘉善大夫行漢城
府左尹者

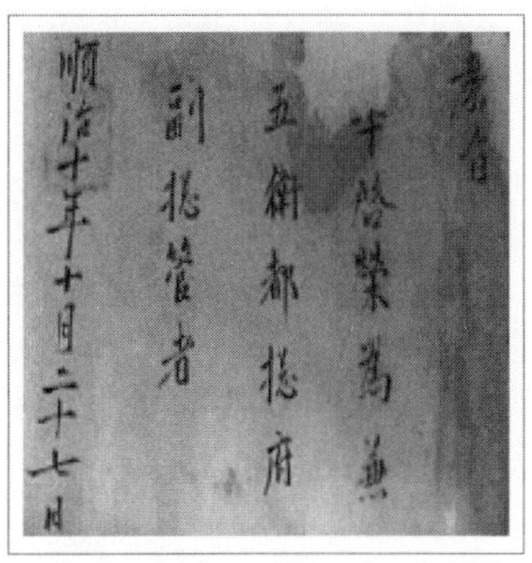

[敎 - 83] 辛啓榮爲兼五衛都摠府副
摠管者

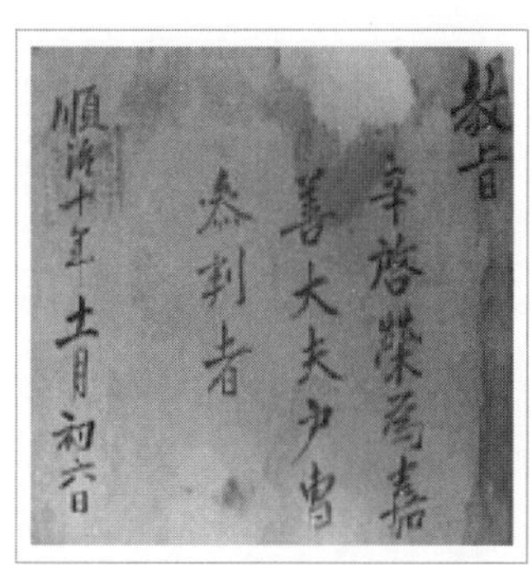

[敎 - 84] 辛啓榮爲嘉善大夫戶曹參
判者

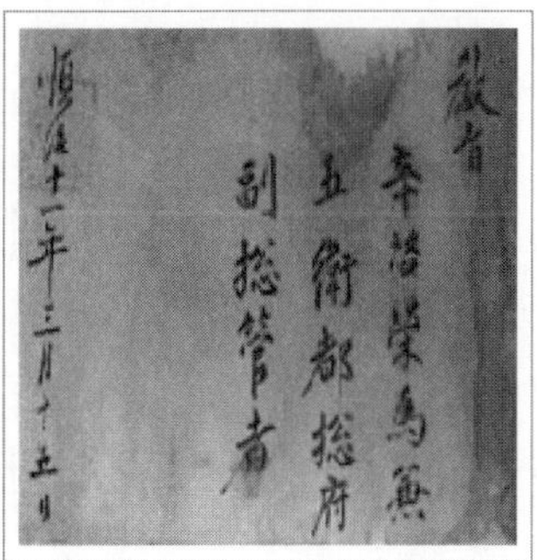

[敎 - 85] 辛啓榮爲兼五衛都摠府副
摠管者

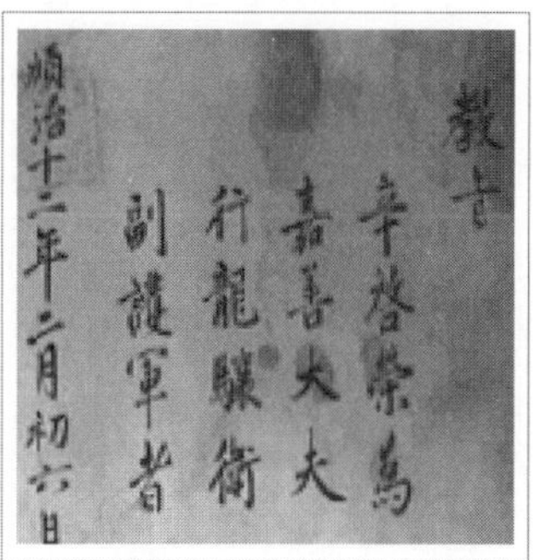

[敎 - 86] 辛啓榮爲嘉善大夫行龍讓
衛副護軍者

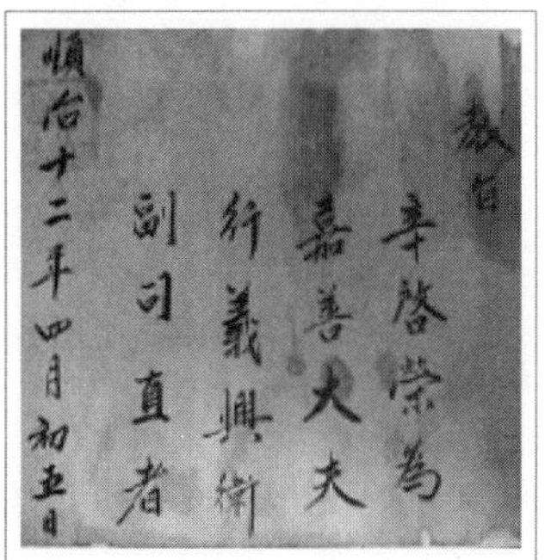

[敎 - 87] 辛啓榮爲嘉善大夫行議興
衛副司直者

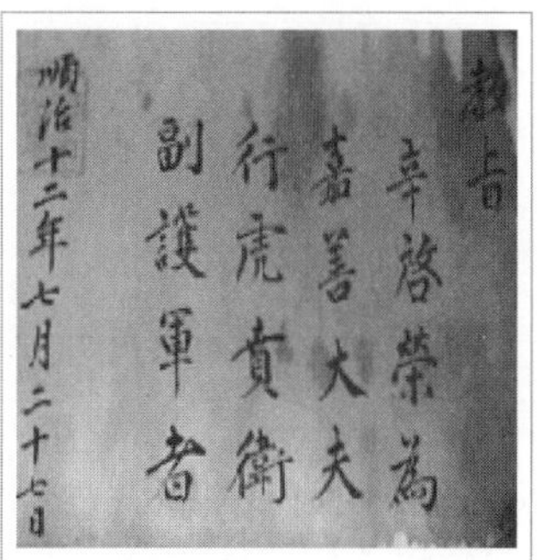

[敎 - 88] 辛啓榮爲嘉善大夫行虎賁
衛副護軍者

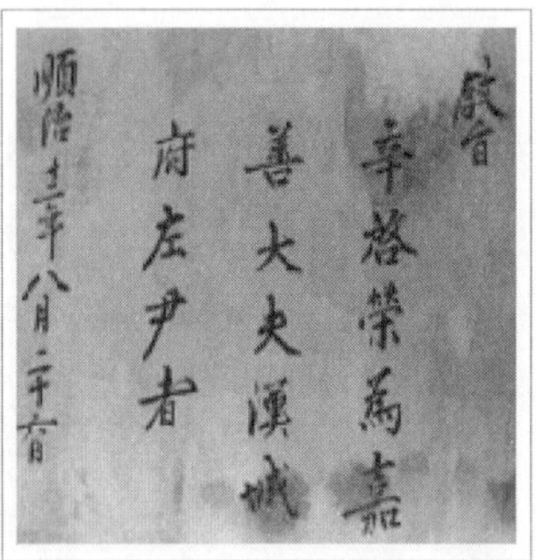

[敎-89] 辛啓榮爲嘉善大夫行漢城
府左尹者

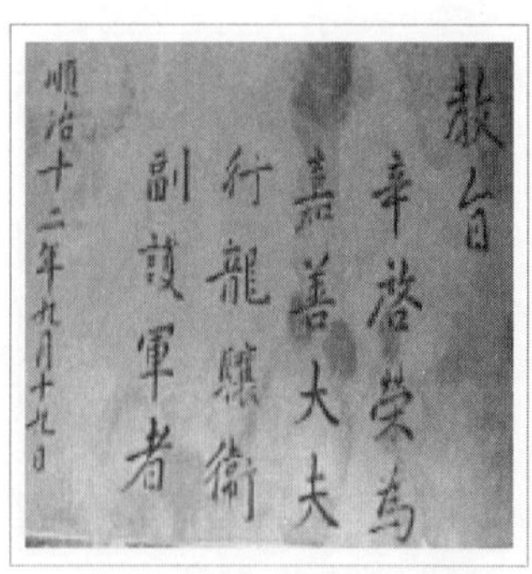

[敎-90] 辛啓榮爲嘉善大夫龍讓衛
副護軍者

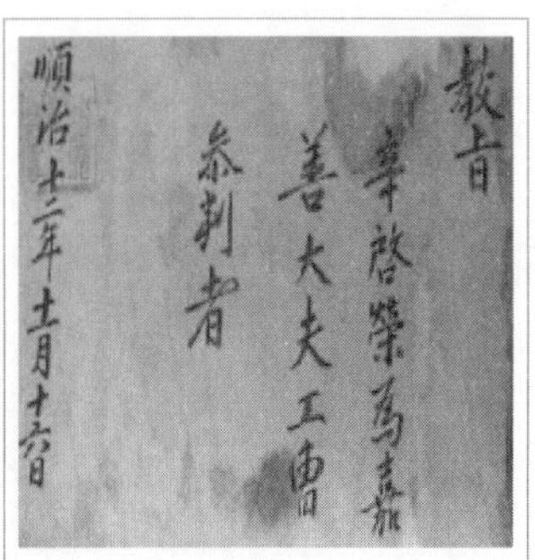

[敎-91] 辛啓榮爲嘉善大夫工曹參
判者

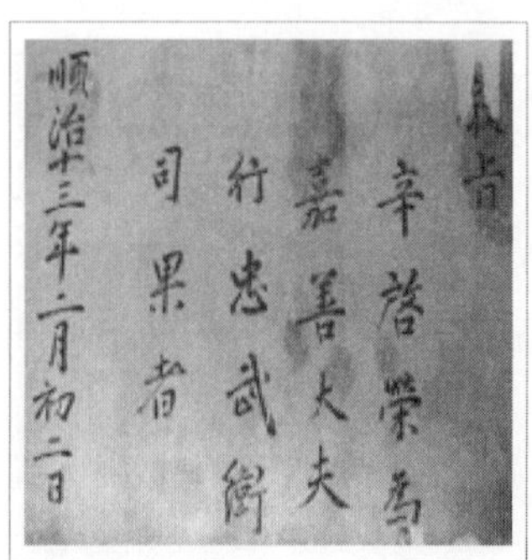

[敎-92] 辛啓榮爲嘉善大夫行忠武
衛司果者

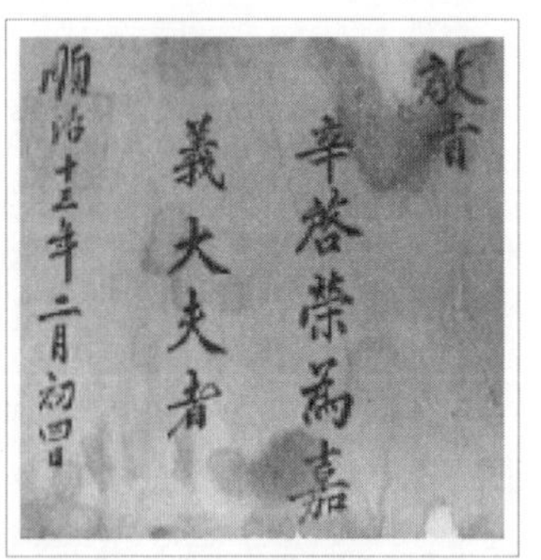

[敎-93-1] 辛啓榮爲嘉義大夫者

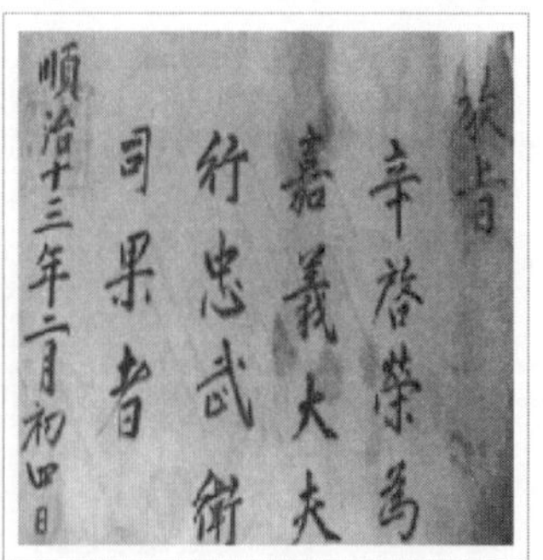

[敎-93-2] 辛啓榮爲嘉義大夫行忠
武衛司果者

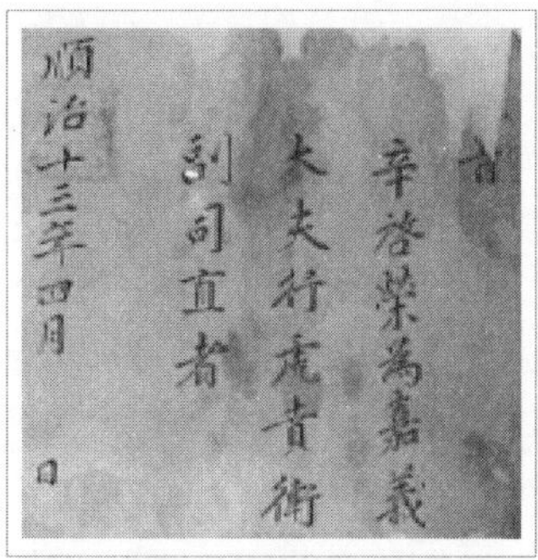

[敎 - 94] 辛啓榮爲嘉義大夫行虎賁
衛司直者

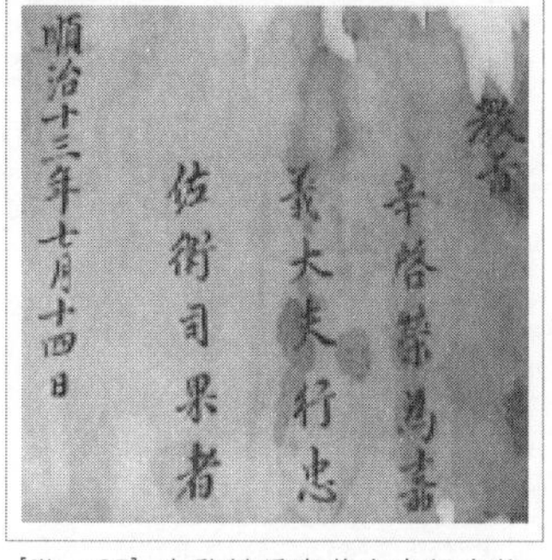

[敎 - 95] 辛啓榮爲嘉義大夫行忠佐
衛司果者

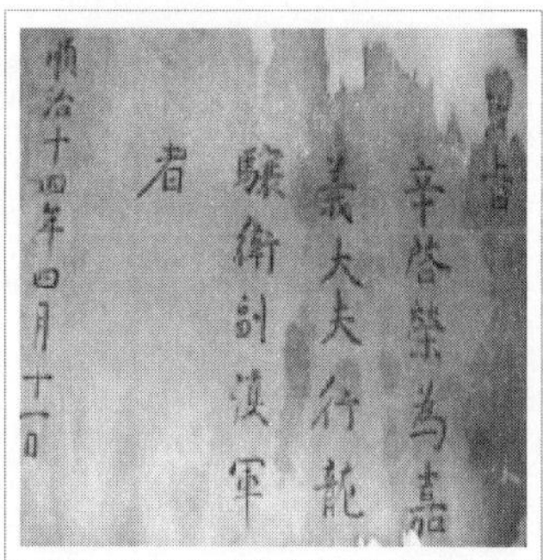

[敎 - 96] 辛啓榮爲嘉義大夫行龍驤
衛副護軍者

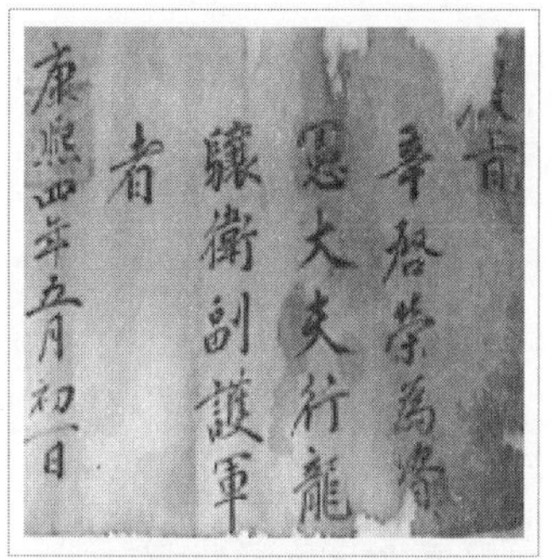

[敎 - 97] 辛啓榮爲資憲大夫行龍驤
衛副護軍者

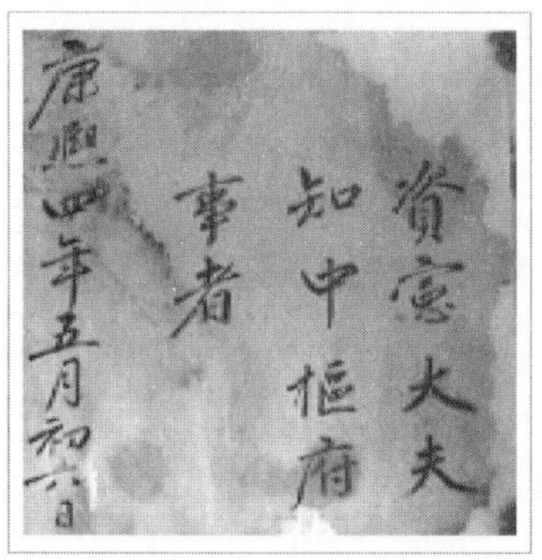

[敎 - 98] 資憲大夫知中樞府事者

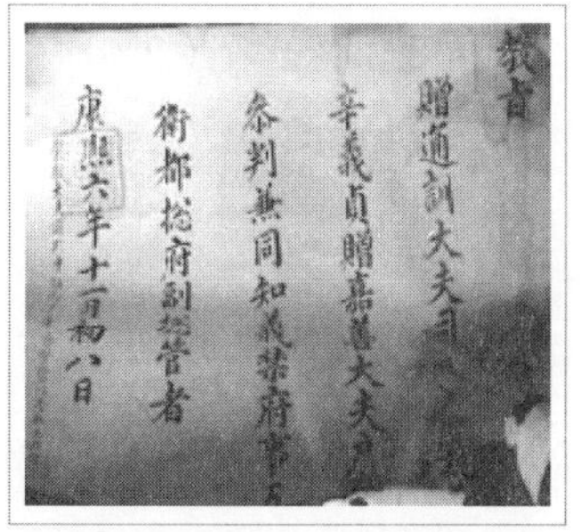

[敎 - 99 - 1] 贈通訓大夫司憲府執
義辛義貞贈嘉善大夫戶曹參判兼同
知義禁府事五衛都摠府副摠管者

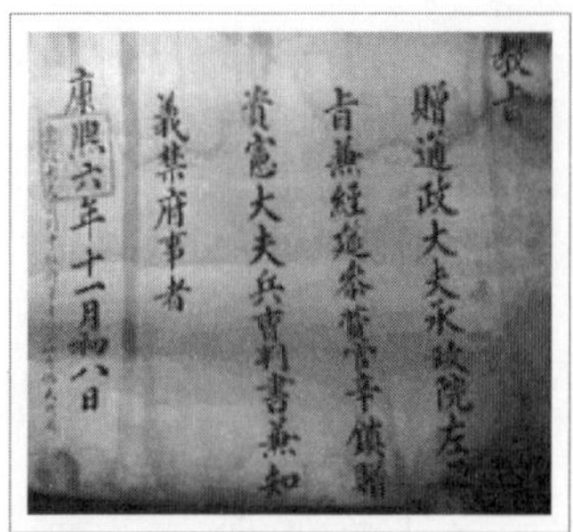

[敎 – 99 – 2] 贈通政大夫承政院左承
旨兼經筵參贊官辛鎭贈資憲大夫兵
曹判書兼知義禁府事者

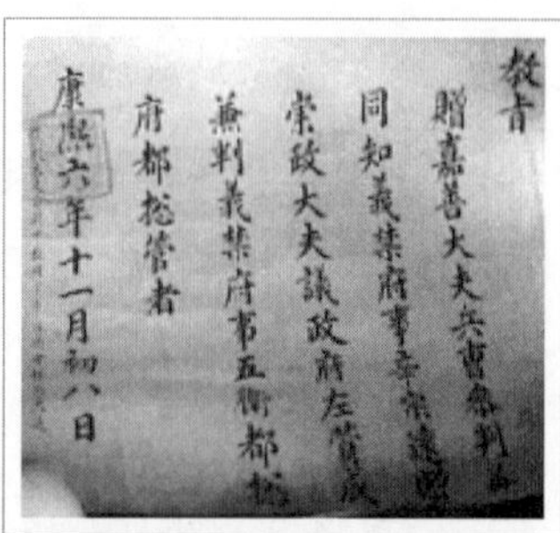

[敎 – 99 – 3] 贈嘉善大夫兵曹參判兼
同知義禁府事辛宗遠贈崇政大夫議
政府左贊成兼判義禁府事五衛都摠
府都摠管者

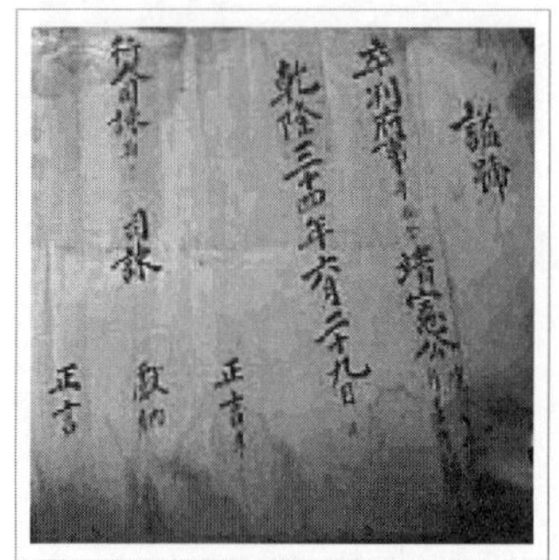

[敎 – 100] 諡號　卒判府事辛啓榮靖
憲公

발간사

　유구한 세월은 역사의 변천과 더불어 무수한 명공거경(名公巨卿)과 허다한 인재를 배출하였다. 그 역사 속에는 각기 성을 바탕으로 한 문중이 있었고 그 문중 인물들이 종중 역사를 형성하여 때로는 나라에 어려운 일이 있을 때 공을 세워 기여하고 때로는 후손들을 배출하여 씨족을 형성하여 문중의 맥을 이어오고 있다.

　우리 신씨도 독자의 맥락을 이어오며 공신들이 탄생하는 가운데 시조로부터 19세손이신 조선 宣祖·仁祖 년간의 啓榮, 字 榮吉, 號 仙石, 시호 靖獻公께서는 임진왜란으로 왜구에 끌려간 동포 146명을 일본으로 사신 가서 인솔해오셨고 병자호란으로 끌려간 동포 600여명을 심양에 속환사로 가셔서 데려오시고 다시 볼모로 잡혀간 昭顯世子를 모셔오셨으며 3차로 효종 때 謝恩副使로 청나라에 다녀오시면서 많은 국사에 참여하셨다. 우리 후손들이 역사를 제대로 조명하지 못하던 차에 29세손인 益敎씨가 유고를 정리 출간하였고 근래 선석 가사문학을 학자들이 연구한 바도 있으나 연세대학교 윤덕진 교수가 가사문학을 전공하고 연구하던 차에 이번에 선석공의 가사문학부문 전반 또는 실록에 나오는 역사 부문을 결집하여 선석문집을 출간하게 되어 감사의 말씀을 드리며 저의 종중을 대표하여 발간사를 올립니다.

2002년 7월 일

靈山辛氏 都事公派 宗中會長

三十一世孫　辛永純

선석 신계영 연구

인쇄일 초판 1쇄　2002년 8월 26일
　　　　　　2쇄　2015년 9월　2일
발행일 초판 1쇄　2002년 9월　1일
　　　　　　2쇄　2015년 9월　8일

지은이 윤 덕 진

발행인 정 찬 용
발행처　국학자료원
등록일 1987.12.21, 제17-270호

서울시 강동구 성내동 447-11 현영빌딩 2층
Tel : 442-4623~4 Fax : 442-4625
www. kookhak.co.kr
E- mail : kookhak2001@hanmail.net
ISBN 978-89-8206-974-1[93910]
가 격 30,000원

*저자와의 협의 하에 인지는 생략합니다.